商品经济新论

（第二卷）

——社会化、全球化大生产商品经济

主　编：邵祥能　左　理
副主编：何风隽　杨韶艳

中国财政经济出版社

图书在版编目（CIP）数据

商品经济新论．第2卷，社会化、全球化大生产商品经济/邵祥能，左理主编．—北京：中国财政经济出版社，2010.10

ISBN 978－7－5095－2475－6

Ⅰ.①商…　Ⅱ.①邵…②左…　Ⅲ.①社会主义经济：商品经济－研究　Ⅳ.①F045

中国版本图书馆CIP数据核字（2010）第184084号

责任编辑：王芝文　　责任校对：杨瑞琦

封面设计：郁　佳　　版式设计：兰　波

中国财政经济出版社出版

URL：http：//www.cfeph.cn

E－mail：cfeph@cfeph.cn

社址：北京市海淀区阜成路甲28号　邮政编码：100142

发行处电话：88190406　财经书店电话：64033436

北京财经印刷厂印刷　　各地新华书店经销

787×960毫米　16开　23.25印张　400 000字

2010年10月第1版　2010年10月北京第1次印刷

定价：60.00元

ISBN 978－7－5095－2475－6/F·2108

（图书出现印装问题，本社负责调换）

本社质量投诉电话：010－88190744

《商品经济新论》编委会

总　序
要科学探讨商品经济的矛盾运动及其发展规律

程　恩　富
（中国社科院学部委员、马克思主义研究院院长）

（一）

当今世界，商品已是无处不在，人人不可或缺的物品；商品经济已是几乎所有国家用以组织社会生产、交换、分配、消费以及其他有关经济活动的根本方式。世界各国要发展生产，就是要发展商品生产；要发展经济，就是要发展商品经济；为要又好又快地发展经济，就必须按照商品经济的客观规律办事，舍此别无它道。商品与市场是孪生姐妹，有商品和商品经济就有市场，商品和商品经济是市场存在和发展的前提和基础。市场是调节商品经济运行的工具和手段。要发展商品经济，就必须依靠市场、利用市场。于是就有了今天大家经常议论与研究的市场、市场机制、市场调节和市场经济。这里所说的市场经济，是指主要由市场机制调节运行和配置社会资源的社会化商品经济。因为能由市场机制作基础性调节运行的经济，只能是社会化大生产的商品经济。这里的市场只是为发展商品经济服务的工具。市场体制改革、市场体系和国家主导性调节的建设，也要按照商品经济规律办事，要与商品经济发展情况相适应。

经济学是研究和阐释经济事物在一定条件下存在的主要矛盾、由矛盾运动形成的经济发展规律，以及依据规律调节经济运行的一门科学。它可以为广大经济工作者解决矛盾和按经济规律办事提供理论依据，以利于他们能够又好又快地推进经济发展。因此，当代的经济学，应该着力研究现代商品经济运行过程的有关矛盾、发展规律，以及按规律调节其运行的方法论；当代中国的经济学，应从中国的实际出发，着力研究现代中国商品经济运行过程的有关矛盾、发展规律，以及按照具有中国特色的商品经济规律，阐释调节商品经济运行的方法论。由于商品经济离不开市场，现代经济学在研究商品经济规律和调节方法论时，当然也需要研究市场，研究如何适应商品经济发展的要求来建设市场体系和市场体制，以及如何利用好市场机制。

但在实行改革开放政策，并提出市场经济体制改革方针之后，我国的许多经济学论著，为了适应经济转型的需要，为了能有效地从以前高度集中的、限制商品经济发展的计划体制，转换为能有效地促进商品经济发展的市场体制，纷纷脱离开了商品经济的有关矛盾、发展规律，特别是脱离开了对具有中国特色的社会主义初级阶段商品经济的有关矛盾、发展规律和调节运行的方法论的研究，而是把主要的精力放在介绍和照搬西方市场经济理论上面。这样做固然有一定的意义，但却给对现代商品经济，特别是对具有中国特色的社会主义商品经济理论研究留下了许多空白。

（二）

可喜的是，由邵祥能研究员和左理教授为主编的《商品经济新论》的出版，填补了这方面的一些空白。这部书紧紧围绕现代商品经济这个主题，分四个部分，从四个不同视角，对商品生产和商品经济涉及的科学范畴、内在矛盾、主要规律以及调节运行的方法论，作了深入而系统的探讨。

第一部分：《商品经济新论——商品经济一般》，同时舍去社会生产力与生产关系的特殊性，探讨了各不同时期、不同社会形态的商品经济都具有的共性；着重阐述了现代商品经济涉及的科学范畴的一般特征和内涵；研究了商品经济与生产劳动、货币、市场、企业的关系；论述了马克思的劳动价值论、剩余价值学说、货币理论以及商品生产与扩大再生理论，并深入地探讨了商品经济共有的主要矛盾和主要规律；对某些反马克思主义的观点也进行了必要的评析。

第二部分：《商品经济新论——社会化、全球化大生产商品经济》，舍去各时期生产关系的特殊性，着重从生产力的视角，探讨了建立在不同生产力水平基础上的商品经济产生的新矛盾、新规律，并对调节其运行的方法论和发展前景做了分析研究。从社会生产力角度考察，商品经济大体上经历了小生产商品经济、社会化大生产商品经济和全球化大生产商品经济三个发展阶段。目前，小生产商品经济已经或即将退出历史舞台，因此，这部书着重讨论了后两个阶段的商品经济的有关问题。

第三部分：《商品经济新论——资本主义社会商品经济》，是从生产关系的视角，着重研究了现代资本主义社会商品经济的主要特征、主要矛盾和特殊规律；对当今世界发达资本主义国家出现的两种完全不同的发展态势，即欧洲的改良主义与美国的现代帝国主义的新情况、新特点、新矛盾及其发展前景，做了必要的探索；并对当前流传很广，对发展中国家危害很大的新自由主义思潮和所谓的“华盛顿共识”也作了必要的评析。最后，在肯定资本主义还有一定生命力和发展空间的同时，阐明了随着生产力的进一步发展，资本主义社会形态消亡的必然性。

第四部分：《商品经济新论——社会主义社会商品经济》的中心内容，是从生产关系的视角，着重论述了社会主义社会形态的性质与本质特征；研究了现代社会主义社会商品经济的必然性和特殊的矛盾与规律；介绍了第一次世界性社会主义革命的胜利、社会主义阵营的建立和初期建设的成就，以及以后的失利情况；分析了成功与失利的原因，总结了社会主义社会建设的经验教训；然后依据党中央在十七大前后总结的中国社会主义建设的系统理论，介绍了1978年以后中国特色社会主义建设的成就，论述了社会主义建设的一般规律，以及调节社会主义商品经济运行的方法论；分析了当今世界重新发展起来的社会主义运动的新动向；最后，在总结前面研究成果的基础上，阐明了社会主义、共产主义社会形态战胜资本主义社会形态的历史必然性和基本途径。这也是本书的最后落脚点。

纵观全书，可以说：它是截至目前我国出版的、内容较为丰富、较为系统的一部研究商品经济的理论专著。

（三）

就具体内容看，这部商品经济理论专著也确有其特色，其中突出的则是它基本上体现了该书《导论》中所提出的“继承发展，批判吸收，时代特征，中国特色”的指导思想。

1. 关于“继承发展”

从书中的《导论》开始，直到以后的每一章，在涉及的有关商品经济的科学范畴、劳动价值论、剩余价值学说、货币理论，商品生产和扩大再生产理论以及价值转型，资本主义、社会主义生产关系的本质等等理论问题时，作者都尽力做到在继承和依据马克思主义基本原理的基础上，本着政治经济学是一门发展的科学和与时俱进的精神，结合当今时代出现的新形势、新特点以及新问题，在许多方面作出了新补充和新解释。一如在本书《导论》第四节中，作者在继承马克思有关生产力和生产关系，经济基础和上层建筑之间的唯物主义辩证关系的同时，进一步结合当今出现的新情况、新特点，对四者的具体内涵和相互关系，进行了新的补充，作出了新的解释。二如在本书的第一、二章，作者在坚持马克思有关商品的本质，商品两因素和劳动二重性的关系，以及在此基础上创立的劳动价值论和剩余价值学说等理论的同时，也结合现实情况提出了新观点，作出了新解释：如将商品的内涵拓展为：劳动创造的产品（包括物质产品和各种非物质产品）、劳动力、自然资源、企业整体性资产产权和虚拟商品五大类；在抽掉生产关系的特殊性之后，认为劳动创造商品价值和剩余价值是商品经济的共性，只要存在商品经济就会有商品价值和剩余价值，就会有价值（剩余价值）规律；针对科技进步和人类需求变化的新情况，大大拓展了商品生产劳动的范畴，认为在当今社会，创造文化艺术产品、提供生产生活服务、进行科学技术创新以及培养人才的劳动，都是创造商品、商品价值和剩余价值的生产劳动。

2. 关于“批判吸收”

对于西方资产阶级经济学，作者的态度十分鲜明，即认为西方资产阶级“经济理论都具有两面性：一方面它具有辩护性，另一方面，它又具有实用性。辩护性的特征，决定其基本理论是不科学的。实用性的特征决定其在某些具体经济问题上所持的理论观点和所采取的研究方法，又具有不同程度的科学性和实用性。”因此要有批判地吸收利用。在该书中，即有许多这方面的实例：

一如作者在第一章中研究人的意识与发展社会生产及商品经济的关系时，在通过多方论证，指出西方资产阶级经济学中有关“理性经济人”问题的基本观点（说“人的本性是自私的”）错误实质之后，部分地吸收了“理性经济人”的一些论点，指出现实社会的绝大多数人的意识（和行为）都是二元结构，的确都有自私的一面。经济问题与人的意识（和行为）问题有着紧密的依存关系，是不容回避的实际问题。这是研究现实经济理论问题，或是政府部门作出经济决策时，都需要涉及的。我国传统的马克思主义经济学和经济理论研究，对此重视不够。因此，作者在这一章中对此作了一定的探索。

二如在本书的第二章中讨论劳动价值论时，作者在批判近几年冒出的种种新版的资产阶级“三要素价值论”的同时，又实事求是地指出：资本和生产资料虽然不能创造新的价值，但是商品生产和工人创造商品使用价值和新价值所必需的，并认为：“生产资料拥有者、投资者、储蓄者因此所得到的利润、利息并非他们提供的生产资料和货币创造的价值，而是由剩余价值的分配所得。对广大劳动人民来说，他们由投资和储蓄所得到的少量利润和利息，原本是自身为社会创造的剩余价值（一般）的一部分，因为他们在这方面为社会作出了贡献，社会再分配回归他们，当然不属于剥削范畴。至于少数资本家，尤其是少数食利者，因投入资本和生产资料而获得的巨额利息与利润收入，虽然是国家允许的，对社会也是有利的，也是他们在这方面对社会作出贡献的回报，同样是合理的、必要的，但‘贡献’、‘合理’、‘合法’是一回事，事情本身的性质又是另一回事。由于他们这部分所得，是来自其他劳动者创造的剩余价值，其性质与前者完全不同，是属于剥削范畴。”

以上这两个实例都可以说是本书作者对西方资产阶级经济学的批判吸收。另外，作者在本书第四部分讨论社会主义国家如何正确对待西方资产阶级经济学问题时，还有这样的一段论述：“社会主义社会，也实行商品经济，也要依靠市场、市场机制和国家调节，也需建立市场体制；也要由社会化大生产商品经济走向全球化大生产商品经济，要融入世界经济。在这些方面与西方资本主义社会经济有着许多共性。因此，西方资产阶级经济学中有关管理、调节社会化大生产和全球化大生产商品经济的各种科学理论及其方式方法，若不涉及社会生产关系的，对西方是有用的，我们是没有任何理由不拿来利用的；若其中有些方法涉及生产关系的，也可以批判地吸收，而不要一概否定。但由于国情不同，绝不能机械搬运，盲目照抄照搬，务必根据我国实际情况予以改造使之中国化。”作者的这段论述，值得读者深思。

3. 关于“时代特征”与“中国特色”

从这本书的命名中可以看到，它研究的对象是商品经济，但其中突出了一个“新”字。从这部书的内容看，不论是每部书及每一章，作者都把研究重点放在与现代商品经济密切相关的问题上面。力求依据马克思主义的基本原理，结合新时代、新情况作出新解释、新论述，或充实新内容；所引用来论证观点的资料，基本上都是近期的。另外，作者还考虑到，该书的读者主要是中国的大学生和年青经济工作者，他们学习的目的是“学以致用”。因此，该书在将研究的重点放在现代商品经济上面的同时，还尽可能联系中国的实际，多引用中国的实例，尤其是其中的第四部分。因此，这是一本现实性较强的商品经济理论著作。读者从中不仅可以得到经济理论知识，而且还可以了解到一定的国内外经济、社会信息。这也可以说是本书的一个特色。

（四）

该书在论述和研究体系上也有新意。这就是在全书内容的逻辑结构上比较新颖。从全书的内容上看，每卷虽有各自独立的研究的对象，有各自的个体性；但彼此之间又是有机联系的整体，形成了一个完整的体系。这是因为私有制商品经济的一切问题的根源，都是由该书第一章所论述的商品共有的四种属性和两对矛盾——即：由使用价值和交换价值两个内在属性组成的一对内在矛盾，以及由“私人”占有性与生产（供给）社会性两个外在属性组成的一对外在矛盾——的相互联系、相互制约和对立统一的运动而来的。商品的这两对矛盾的形式虽然不同，但有着内在的本质联系：外在的一对矛盾，实质上是内在的一对矛盾的外部表现；只有当外在的矛盾得到了解决，内在矛盾才能解决。这两对相互依存的矛盾，组成了商品经济运动过程的基本矛盾，并派生出了其他矛盾，也就是这些矛盾推动着商品经济的发展变化，形成了商品经济的基本规律（价值规律和剩余价值规律），并派生出了其他一系列的商品经济规律。商品经济就是在这些矛盾和规律的推动下，随着社会生产力的发展，从小商品经济走向社会化大生产商品经济，再走向全球化大生产商品经济；由奴隶社会的小商品经济走向封建社会的小商品经济，再走向资本主义社会的社会化商品经济。随着社会生产力和商品经济的这样发展，商品经济原有的这些矛盾和有关的规律性质也随着演变，待到资本主义社会商品经济内在矛盾日趋激化，于是就有了社会主义商品经济。这就是商品经济从产生、发展直至最后消亡的客观必然过程。该书的四个部分，便是根据商品经济运行过程内在的这根主轴而设计的，并顺着这根主轴进行研究与论述的，从而使全书形成有联系的整体。这个研究和论述结构，确有创新之处。

这部书是作者整整进行了十多年苦心研究的成果，也的确对商品经济理论提出了许多新观点，对一些新出现的问题，也作出了新解释，对一些不同的观点亦作了一些新剖析。至于这些新观点、新解释、新剖析，是否科学准确，则有待广大学者、读者探讨评议。正如作者在《导论》中引用我国经济学界老前辈孙冶方的一段精湛论述：“我主张科学研究应该是存同求异，互相找差异，正确地开展争论。这样才能把科学水平渐渐提高起来。‘百花齐放、百家争鸣’贵在一个‘争’字。允许批判，也允许反批判。马克思 1853 年 9 月 2

日给恩格斯的一封信中说：'真理是由争论确立的，历史的事实是由矛盾的陈述中清理出来的'。只有在争论中才能使人们对客观事物的认识逐步深化。真理：并不害怕批判，它只会越辩越明。"① 我完全赞同孙老对科学理论研究的这种精神。因此，我以为本书作者们的解放思想，敢于创新、勇于对不同观点展开善意评析的精神，是值得肯定和赞赏的，也希望广大读者能喜欢这本书，并能在读后对它作出评论，以推动有中国特色的马克思主义经济科学的发展与繁荣。

① 孙冶方：《社会主义经济的若干理论问题》（续集），第141页。

目　录

前　言

商品经济作为一个历史范畴，随着社会生产力的发展而产生、而发展，最终还将随着社会生产力的高度发展而消亡。处于不同生产力水平的商品经济，既有共性，也必然会有不同的特性；在不同时代和不同国家，实际存在的商品经济，又必然是同特定的生产关系联结在一起的，同样既有生产关系共性，也会有着不同的生产关系特性。本书第一卷《商品经济新论——商品经济一般》已探讨了处于不同生产力水平和存在于不同生产关系条件下的商品经济的共性。《商品经济新论——社会化、全球化大生产商品经济》是本书的第二卷，其中心内容是舍掉各时期生产关系的特殊性，着重从商品经济的自然属性与一般社会属性，来探讨建立在不同生产力水平基础上的商品经济运行过程的特殊矛盾和特殊规律性。即着重研究商品和商品经济内在的主要矛盾和发展规律，是怎样随着社会生产力的发展变化而发展变化的，以及相应的调控其运行的方法论。从社会生产力角度考察，就全球范围来说，商品经济的发展已经历了手工小生产商品经济，社会化、机械化、电气化（以下一律简称“社会化”）大生产商品经济，并开始走向全球化、自动化、信息化（以下一律简称“全球化”）大生产商品经济。这三个不同发展阶段的商品经济，固然有其共性，有着共同的运行规律，存在着共同的矛盾；但商品和商品经济的基本矛盾在生产力发展的不同时期，又有着各自不同的特性、不同的发展规律，存在着矛盾的不同表现形式。从目前情况看，手工小生产商品经济已经或基本退出历史舞台，因此，本书第二卷只着重探讨第二、三阶段商品经济的特性和有关的经济规律以及调控其运行的方法论，故定名为《商品经济新论——社会化、全球化大生产商品经济》。

本卷共分 8 章，前 4 章着重研究社会化大生产商品经济运行特征、主要矛盾和主要规律以及调控运行的方法论。在这 4 章中，在扼要地介绍马克思有关社会化大生产商品经济基本理论的同时，着重讨论马克思时代的社会化大生产中还未曾或有所显现，因此马克思也未曾或有所探讨的，但在现实的商品经济中已经突出出来的重大经济理论问题，如：国民经济按比例协调发展问题，经济与人口和自然资源、自然生态的矛盾以及和谐发展问题；国家的干预和混合机制调控的方法论问题等。社会化大生产商品经济，是由各个国家分别发展起来的。最先发展成为社会化大生产商品经济国家的，就是当今世界上几个最发达的资本主义国家，也是第二次世界大战之前统治着广大殖民地的各个殖民帝国。当今世界上的大多数国家，则是在第二次世界大战之后，才陆续进入社会化大生产商品经济阶段。所以，本卷前4章所要研究的商品经济问题，主要是就一个国家而言的。

后4章是本卷的重点，集中研究目前正处于发展成长的全球化大生产商品经济问题，研究的主要内容为：全球化大生产商品经济的基本特征与由来；全球化大生产商品经济，给全球经济带来的新的机遇与挑战，产生的新矛盾与新运行规律，需相应采取的新的调控方法论以及未来的走向。全球化大生产商品经济，是自动化、信息化、知识化、全球化大生产商品经济的简称，是就世界总体情况而言的。它是在第二次世界大战之后，世界上各个殖民地、半殖民地国家陆续独立，在经历数十年的经济发展之后，多数国家已逐步进入了社会化大生产商品经济阶段，并与发达国家一道走上了自动化、信息化、知识化、全球化大生产商品经济的发展道路。从此，世界经济进入了全球化大生产商品经济发展阶段。所以，本卷后4章所要研究的商品经济问题，主要是就全球的情况而言的。矛盾的普遍性寓于特殊性之中，在有些章节的具体论述中，有时也引用了个别国家的事例，但其目的也在于说明全球的情况。

第二部分　商品经济新论

——社会化、全球化大生产商品经济

第一章　社会化大生产商品经济的产生和特征

社会化大生产商品经济，是在手工小生产商品经济的基础上，随着社会生产力和商品经济的发展而发展起来的。它与手工小生产商品经济相比，固然有其共性，但又有着众多特殊性，其中既有生产力的特殊性，又有生产组织体系方面的特殊性。这些特殊性，使它在运行过程中产生了一系列新矛盾、新规律，需要运用与之相适应的调控模式，建立与之相适应的调控体制。因此，我们将“社会化大生产商品经济的特征”列为本卷论述的首章，以为后面各章研究社会化大生产商品经济产生的新矛盾、新规律和调控其正常运行的方法论提供依据。社会化大生产商品经济既存在于资本主义国家，也存在于社会主义国家。它的新矛盾、新规律和相应的调控运行的方法论，在社会性质不同的国家，还有不同的特殊性，那是本书第三卷《商品经济新论——资本主义、社会主义商品经济》所要研究的内容，后面三章，只着重从社会生产力和一般的社会属性方面研究其共性。

第一节　社会化大生产商品经济的含义及其产生

一、社会化大生产商品经济的含义

（一）社会化大生产的含义

“社会化大生产”包含着“社会化生产”与“大生产”两层含义。社会化生产标志的是各个生产经营单位与外部世界的关系；大生产标志的是各个生产经营单位内部的状况。两者虽然是不同的概念。但它们反映的却是生产经营单位的两个不同侧面，彼此又有着相互影响、相互促进的关系。

1. 社会化生产是相对于自给性生产而言的，是指各个独立的生产经营单位所生产经营的产品，不是为满足本单位的需要，而是为满足社会上各个有关单位和个人的需要。虽然它的生产是在本单位内部进行的，但面对的目标市场是社会，它是社会分工中的一个成员，与社会上其他生产经营单位乃至广大居民，紧密联系、相互依存。社会化生产是社会分工的产物，只要有社会分工，各个单位的生产经营活动必然社会化。这一方面是因为，每一个从事生产经营的经济单位，所需要的原材料和设备，是多种多样的，当有了生产上的社会分工，各个生产经营单位就需要从社会上其他的生产经营单位得到所需要的原材料和设备。另一方面是因为，每一个个人和家庭，所需要的生活资料也是多种多样的，当有了生产上的社会分工，他们都需要从社会上其他的生产经营单位得到自己需要而又不能生产的物品。

社会实践表明，通过社会分工，实现社会生产专业化，有助于提高劳动生产率和发展社会生产力，于是有了社会的第一次、第二次、第三次大分工，有了专门从事农业、畜牧业、手工业和商业的大分工。以后，又在这些大分工的基础上，农业、畜牧业、工业内部都又进行了越来越精细化的分工。于是各生产经营单位的社会化程度就越来越高。

2. 这里所说的“大生产”，包含着两层意思，一是相对于分散的单个人的小规模生产而言的，它表现为许多生产资料和劳动力集中在一个经济单位之中进行有分工、有组织的规模化生产；二是相对于手工工具的小规模生产而言的，它表现为所应用的生产工具和动力已由手工工具和完全的体力劳动，转化为机械化、电气化生产，它是现代科学技术进步和社会生产力发展的产物。因为，手工生产只能是小规模生产，只有机械化、电气化生产才能真正进入大规模生产。

3. 社会化大生产就是由孤立的、小规模的个体小生产变为统一的、大规模的社会生产的过程，它是贯串人类社会始终的一种不可逆转的生产力发展系统和总趋势。随着社会分工日益细化、社会协作日益广化，各种生产越来越具有更大范围、更深程度的社会性质。生产要素（资源）在越来越大的社会范围内配置和流动，日益从单个人、少数人支配、使用，变为社会上大批人共同支配、使用；生产过程从一系列个人行为变为一系列不同个人、不同群体的社会行为；产品从个人的直接生产物变为社会的共同生产物。因而，不同生产单位、部门之间相互依存的关系不断扩大、加强，逐步形成不可分割的整体。社会化大生产是社会生产力发展的产物，与社会生产关系性质并无必然的关联性。

（二）社会化大生产商品经济的含义

社会化大生产商品经济，是指建立在社会化大生产基础上的商品经济，它包含着以下三个方面的意义：

1. “社会化”商品经济，标志的是各个商品生产经营单位与外部世界的关系。商品是满足社会需要的物品，商品生产是为满足社会需要而进行的生产。社会分工是商品经济产生与存在的基础，社会生产要素和产品分属于不同所有者，是商品经济产生与存在的另一个必要条件。因此，商品生产必然是社会化生产。在原始社会末期，当社会出现了分工以及生产要素和产品分属于不同所有者的条件，商品和商品经济就随之产生、发展起来。以后，随着社会生产力和商品经济的发展，社会分工愈来愈细，各个单位生产经营的社会化程度越来越高，协作范围越来越广。一种商品的生产，往往要通过社会不同行业的多个生产单位共同协作来完成。例如一辆汽车，是由发动机、轮胎、方向盘、车身以及众多的仪器、仪表等部件组成的。这些组成汽车的部件，多是分别先由各个不同工厂车间生产，最后由一个汽车厂总装配而成的。与此同时，发动机、轮胎等部件又是由许多零件组成的，而其中有些零件也往往是分别先由各个生产单位完成，再由发动机厂、轮胎厂综合生产而成。由此可知，汽车这个商品，是由多个行业、多个生产单位共同完成的。依此类推，在社会化大生产时代，一件综合性较大的商品，都是许多生产单位共同协作的产品。这样一来，小生产时代生产者各自孤立生产的方式，成了彼此互相联结在一起的社会生产过程；使社会上各个有关生产单位，形成一个不可分割的整体。这些情况表明，社会化商品经济，是指各个商品生产经营单位，在生产过程中需要与外部有关单位发生紧密联系的商品经济。与此同时，随着社会生产力和商品经济的发展，商品经济逐步排斥与取代自然经济，成了组织社会经济活动的主体形式；商品销售市场渐渐由狭小的地方市场，汇集成为统一的国内市场，国际性市场也逐渐发展起来。于是社会商品的生产、分配、交换、消费过程以及资源优化配置的范围，渐渐由一个地区发展为一个国家，最后则扩大到全球。由此看来：社会化生产商品经济，是建立在社会分工越来越精细化基础上的，各个商品生产经营单位的协作范围越来越广，彼此间的关系越来越紧密，商品流通外延的范围越来越大，于是社会化的程度越来越高，规模也越来越大的商品经济。

2.“大生产”商品经济，标志的是商品生产经营单位内部的状况。商品经济本质上是竞争经济，随着商品经济的发展，各生产经营单位间的竞争越来越激烈。在激烈的市场竞争中，规模大的，机械化、电气化和管理水平高的生产经营单位，具有较多的竞争优势；小生产者、小企业，机械化、电气化和管理水平低的生产经营单位，很容易被淘汰出局。各个生产经营单位为了不被淘汰，总是想方设法来扩大自身的规模，推动技术进步，提高机械化、电气化和管理水平，以增强竞争的优势。于是有了产业革命，有实力的商品生产单位，逐步实现了机械化、电气化，生产规模越来越大，管理水平越来越高。一个以生产机械化、电气化为特征的商品生产单位内部，同时集中了大量生产资料和劳动力，许多劳动者在不同的但又相互联系的商品生产过程中，在分工的基础上，有计划地一起协同劳动。它不同于小生产商品经济，由一个人独立从事并完成一件商品生产的全过程；而是把制造一种商品的各种操作分解开来，分别交给若干人，每人只负责完成其中一种操作。这样的劳动分工协作，在工场手工业时期生产单位内部即已形成，到了机械化、电气化大生产时代，随着生产单位规模的扩大，则更为细化与复杂化。这时，一个生产单位内部一种商品的生产过程，都是众多劳动者共同协作的生产过程；生产的每一件商品，都是众多劳动者共同劳动的结晶。使各个有关联的生产劳动者形成一个不可分割的集体，并提高了劳动生产率和经济效益。这些情况表明，大生产商品经济是各个生产单位的商品生产经营，已经达到一定的机械化、电气化、规模化、组织化水平的商品经济。

3. 以上分析一方面表明：社会化大生产商品经济中的社会化生产与大

生产，虽然是两个不同层次的经济范畴，但它们反映的却是商品生产和再生产过程的两个不同侧面，彼此间又存在着相互联结、相互促进的关系。这是因为：随着社会生产力的不断提高，社会分工的细化，商品生产和商品经济的进一步发展，各生产经营单位的社会化程度必然持续不断地提高。随着社会化程度的不断提高，市场不断扩大，市场竞争必然日益激烈。各个商品生产经营单位，面对的竞争压力必然越来越大，为了不被淘汰，只要有可能，必然会进一步扩大生产经营规模。而个别生产经营单位规模的不断扩大，社会化分工和专业化生产会越来越快速发展，社会化程度就会随之越来越高。因此，从宏观层面考察，社会化与大生产，又是有机联系的统一体，是一个完整的具有特定含义的经济范畴。另一方面也表明：社会化大生产与商品经济虽然是两个不同的，也并非必然相互依存的经济范畴，但从社会生产力发展的动态考察，彼此之间也存在着相互促进的关系，这是因为：商品经济的竞争属性是推动社会化大生产发展的重要动力；而社会化大生产水平的提高又是促进商品经济发展的重要物质基础。因此，为了又好又快地发展商品经济，有关管理者，不论是有关的政府部门管理者，还是企业管理者，都既要注意处理好社会化与大生产的关系；也要注意处理好提高社会化大生产的水平与发展商品经济的关系。

二、社会化大生产商品经济，是在价值（剩余价值）规律的作用下发展起来的

我们在本书第一卷第七章《商品经济一般规律》的第一节中论述价值（剩余价值）规律时，即曾指出价值（剩余价值）规律是决定商品经济本质的规律，是商品经济的基本规律；是刺激商品生产者改进技术，提高劳动生产率、降低物耗和改善企业经营管理，促进生产力发展的规律；是推进资本积累与集中，企业生产规模不断扩大与社会分工不断细化的规律。在第二节中又进一步阐明了企业资本积累与企业资本总量和企业生产规模的不断增大，是商品经济基本规律作用的必然结果。社会化大生产商品经济即是在价值（剩余价值）规律作用下，在小生产商品经济的基础上发展起来的。但老牌资本主义国家与新兴国家的发展过程和模式，并不完全相同。

（一）老牌资本主义国家的社会化大生产商品经济，是在小生产基础上经历简单协作、工场手工业而发展起来的

小生产商品经济，又称“简单商品经济”，它是建立在个体劳动者使用简

单手工工具和自有的生产资料基础上而进行生产的商品经济；每一个商品生产单位生产规模较小，一般多以家庭为单位，生产者一般都是生产资料的主人。个体手工业的生产经营活动，是典型的小生产商品经济，个体农民的生产，自给有余并在市场上出卖的部分也属于小生产商品经济。小生产商品经济，是在人类社会出现生产分工，社会生产力有所发展，有了剩余产品的基础上产生的。在人类社会发展的很长时期内，商品生产和商品经济都处于小生产状态。通常称之为小生产商品经济时代或简单商品经济时代。

从简单协作的小商品生产到工场手工业，是通过小商品生产者的分化和手工业从属商人而逐步实现的。这一转变大体上又经历了两个过程：

一是简单协作时期。随着商品经济的发展，商人定期向小生产者收购产品，运到较远的市场去出售，他们成为包买主。多数小生产者则由于贫困，不得不求助于包买主出售其产品。这样，商人的收购和贩卖活动，打破了小生产者和消费市场的直接联系；很多小生产者变成受商人剥削的雇佣劳动者。简单协作与后来手工工场的主要区别是没有劳动分工，产品在一个家庭或一个生产单位内就可以完成。手工工场是在简单协作的基础上形成的。手工工场有分散和集中两种形式，在工场手工业时期之初以分散的手工工场为主要形式。生产者仍分散在各自家庭中劳动，但是他们在商人的组织下形成一个生产集体，有一定的劳动分工。商人为保障其货源，将统一购买来的原料交给雇佣工人去加工，付给一些报酬，然后销售成品。但这时的受雇者，还不同于以后一无所有的雇佣劳动者，因为加工的工具大都是那些受雇者自己的。

二是分散的手工工场的进一步发展，形成了集中的手工工场。一群失去生产资料的工人，集中在雇主的工场内，使用雇主提供的劳动工具，在雇主的指挥下工作。在集中的手工工场，分工越来越细，一件产品的制成要经过许多道工序。从当时商品经济最为发达的英国来看，16 世纪，集中的手工工场如雨后春笋般出现了。伦敦西部纽伯里一个名叫约翰·温彻康布的纺织业商人，在 16 世纪初就拥有一个约千人的手工工场，其中男女织工、纺工和助手 600 人，梳毛、理毛工人 250 人，修整工 50 人，染工 40 人，砑工 20 人。随着集中的手工工场的发展，越来越多的小生产者由于经受不住竞争，变为雇工。手工工场直到 18 世纪 60 年代工业革命开始，一直是工业生产组织的基本形式，它有以下特点：第一，工场手工业仍以手工劳动为基础，这是与后来机器生产的主要区别；第二，工场手工业不同于以前家庭手工业的是，它已经实行了生产过程的分工，主要包括手工技术的分工和雇佣工人的分工。分工使工人经常从事某一生产环节的操作，技巧更加熟练，不仅提高了劳动生产率，也增加了改进生产工具的机会，为以后发明和使用机器创造了条件。

以机械化大生产为标志的社会化大生产商品经济，是在工场手工业的基础上，经过产业革命而诞生的。产业革命，又称工业革命，是指以机器取代人力，以大规模工厂化生产取代工场手工生产的一场生产与科技革命。它既是商品经济条件下，价值（剩余价值）规律作用的必然结果；同时，也是15世纪末、16世纪初地理大发现后，掀起的航海运动把几个大洋（太平洋、大西洋、印度洋）联系在了一起，世界市场逐步扩大，西欧各国工场手工业生产的商品越来越不能满足市场客户需要，于是有了以机器替代手工的第一次产业革命。随着第一次产业革命的成就，自然科学有了新发展，并开始同工业生产紧密地结合起来，很快就有了第二次产业革命。经过第二次产业革命，电力等新能源的大规模应用，直接促进了重工业的大踏步前进，使大型的工厂能够便捷、持续地获得廉价的动力供应，进而使大规模的工业生产成为可能，大大发展了社会生产力，从而，在欧美各国以及亚洲的日本，先后形成了社会化大生产商品经济。

（二）许多发展中国家的社会化大生产商品经济，主要是通过直接建设现代企业而实现的

现在的广大发展中国家，绝大多数是在第二次世界大战结束之后，由殖民地、半殖民地摆脱殖民统治之后，才建立起来的。在此之前，它们多是农业国，基本上没有现代企业，连大型的工场手工业也不多。它们的机械化、电气化乃至自动化大企业，多是在独立后的几十年间，通过建立股份公司、引进外资、国家投资，直接建立起来的，并由此而进入社会化大生产的。如我国，在1950年之前，基本上没有现代大工业。我国的现代大企业是在1952年才着手建设的，到2007年，许多工业产品产量已居世界第一，经济总量——国内生产总值，已位列世界第四。亚、非、拉的许多发展中国家，今天的工业已基本机械化、现代化，中国、印度、巴西同俄国一样，还被世人称之为“金砖四国”。总而言之，随着主客观条件的变化，大多数发展中国家的工业化，并不像老牌资本主义国家那样，经工场手工业，产业革命，以渐进的方式，缓慢地发展起来，而是凭借后发优势，跳跃式地发展而成的。

第二节 社会化大生产商品经济的生产力特征

社会化大生产商品经济的生产力特征，集中表现在生产机械化、电气化以及科技现代化上面。世界上最早实现生产机械化、电气化和科技现代化的国家，是经历18、19世纪两次产业革命而完成的。

一、工业生产的机械化、电气化

（一）第一次产业革命与工业生产机械化

工业是指采掘、采伐自然资源和对各种原材料进行加工、再加工的社会生产部门。工业包含着许多门类和行业。按照不同产品在社会再生产过程中的不同作用，从总体上可分为生产生产资料的工业和生产生活资料的工业。在我国，一般习惯称前者为重工业，后者为轻工业。按照工业劳动对象不同，又可分为 采矿业，制造业，电力、燃气及水的生产和供应业。人类社会生产力发展的一个重要物质标志，是生产工具和原材料的改善和创新。工业不仅为人民群众提供大量生活用品，而且还是各种优质生产工具和原材料的制造者，为自身以及国民经济各个部门提供先进技术装备，既推进了整个国民经济包括工业、农业、科技和国防现代化；也促进了社会生产力以及商品经济的发展。因此，工业对国民经济的发展起着主导作用，是国民经济中的主导产业。

由于工业是国民经济中的主导产业，所以工业生产机械化是社会化大生产商品经济的首要特点。工业生产机械化是在工场手工业的基础上，经过产业革命而诞生的。第一次产业革命始于18世纪60年代的英国，这是技术发展史上的一次巨大革命，它开创了以机器代替手工工具，以大规模工厂化生产取代工场手工生产的一场生产技术革命。它既是商品经济条件下，价值（剩余价值）规律作用的必然结果，同时，也是15世纪末、16世纪初地理大发现后，掀起的航海运动把世界各国联系在了一起，世界市场逐步扩大，西欧各国工场手工业生产的商品越来越不能满足客观需要的产物。

发端于英国的这场生产技术革命，是从纺纱机的应用开始的。纺纱机把大量的棉纱生产出来，使手工织布业的生产力不适应纺纱的连续生产要求，迫使人们努力发明并使用织布机，实现织布业的生产机械化，及时消化社会大批量涌来的机器纺纱，织成机织布。织布机的发明和生产应用，解决了机纺纱的销路问题，但又给漂白、染色、印花等生产环节以及成衣加工提出了机械化生产的客观要求。就这样，手工业产品一个生产环节的机械化，引起了相关生产环节逐步实现机械化；一个产品生产行业的机械化，引起了直接相关行业或部门逐步实现机械化；进而逐步实现工业产品生产过程的机械化。在此同时，1768 年，瓦特把 18 世纪初纽科门制成的、运用于矿井的蒸汽抽水机加以改进，在此基础上制成了单动式蒸汽机，以后在 1782 年又制成复动式蒸汽机。这种蒸汽机在效率上比纽科门的高 5 倍，而耗煤量却比纽科门的少 3/4。它起初也用于煤井抽水，1785 年开始应用于棉纺工厂，1789 年开始用于棉织工厂。1790 年第一次使用蒸汽压力鼓风，又大大降低了燃料消耗。在铁的精锻技术方面，科特于 1783—1784 年发明了搅炼和辗压法，炼出了熟铁和钢，提高了效率 15 倍。这些新发明，解决了燃料不足的困难，降低了成本，提高了冶炼量，缩短了冶炼时间，铁产量开始显著增长。1788 年英国生产生铁 6.8 万吨，1835 年达到 102 万吨。冶铁业的发展，蒸汽机的普遍使用，使煤炭的重要性提高。英国是煤炭蕴藏量丰富的国家，采掘也十分容易，但在封建社会，统治阶级以污染空气为名，严禁开采，1700 年煤产量只有 260 万吨。后因木材燃料缺乏，特别是产业革命的推动，蒸汽抽水机在矿井中普遍使用，采煤业迅速发展起来，1790 年煤产量达 760 万吨。进入 19 世纪以后，又陆续出现和采用了一些新的发明，如 1813 年采用蒸汽凿井机，1815 年发明安全灯，1820 年用曳运机代替人工背运，煤产量迅速增加，1835 年达 3000 万吨，英国成为欧洲最大的产煤国。冶铁和煤炭工业的发展，为机器制造业的发展创造了物质条件。产业革命初期，机器是用手工制造的，且多为木质，产量少，质量差，效率低。18 世纪末叶，英国开始运用蒸汽锤和简单的车床制造金属部件，代替机器上的一部分木质部件。19 世纪初，陆续发明了各种锻压设备和金属加工车床，开始用机器制造机器。当人们用机器把机器生产出来以后，才正式宣告机器工业从手工业中独立出来，成为崭新的社会物质产品生产部门。蒸汽机带动着纺织机、鼓风机、抽水机、磨粉机，促成了纺织、印染、冶金、采矿的迅猛发展，创造了人们以前难以想象的技术奇迹。到 19 世纪 30 年代末，在英国，机械化大生产成了工业生产的主体。此后，欧洲大陆、北美等主要国家以及亚洲的日本，在 19 世纪也先后基本上实现了工业生产机械化。

（二）第二次产业革命与工业生产电气化

随着第一次产业革命取得巨大成就，很快就迎来了第二次产业革命。第二次产业革命的显著特点是电力的广泛应用。早在1831年，英国科学家法拉第发现了电磁感应现象，提出了发电机的理论基础。科学家们根据这一发现，从19世纪六七十年代起，对电作了深入的探索和研究。在进一步完善电学理论的同时，开始研制发电机。1866年德国人西门子制成一部发电机，后来几经改进，逐渐完善。到19世纪70年代，实际可用的发电机问世。这一时期，能把电能转化为机械能的电动机也被发明出来，电力开始用于带动机器，成为补充和取代蒸汽动力的新能源。继西门子发明电机之后，1876年贝尔发明了电话，1879年爱迪生发明了电灯，这三大发明，照亮了人类实现电气化的道路。随后，电车、电钻、电焊等电气产品和工艺也不断涌现出来。但是，要把电力应用于生产，还必须解决远距离输送问题。1882年，法国人德普勒发现了远距离送电的方法，美国科学家爱迪生建立了美国第一个火力发电站，把输电线联接成网络。电力是一种优良而价廉的新能源。它的广泛应用，推动了电力工业和电器制造业等一系列新兴工业的迅速发展。人类历史从“蒸汽时代”跨入了“电气时代”。

经过第二次产业革命，随着电力等新能源的大规模应用，直接促进了重工业的大踏步前进，使大型的工厂能够便捷、持续地获得廉价的动力供应，大大发展了社会生产力，推动了世界经济的迅速增长。此时，科学技术在推动生产力发展方面发挥了更为重要的作用，成为推动生产力发展的关键因素。

二、工业生产的机械化、电气化带动了国民经济其他部门机械化、电气化

（一）交通运输部门机械化、电气化

15世纪末、16世纪初的地理大发现，以及由此掀起的航海事业的大发展，推动了世界市场范围的逐步扩大；而机器工业生产的发展，使产品产量快速增长，需要在更大范围交换的生产资料与产成品的数量越来越多。随着商品交换数量的不断增加，物流领域的扩展，商品流通的领域不断拓宽，使人力的非机器运输业显得很不适应，社会化大生产商品经济对交通运输业提出了新的要求，促使人们努力去发明与机器工业生产、流通相适应的交通运输工具。18世纪初叶，帆船和马车仍是主要交通工具。进入19世纪后，随着蒸汽机技术的不断完善，它成为车辆、船舶等交通工具通用便利的动力机器，促成了以铁

路建设为代表的交通运输业的繁荣。1800 年后，人们开始研究用蒸汽机作为牵引动力。1814 年，英国人史蒂芬孙研制出的世界上第一台蒸汽机车试运行成功。1825 年，英国建成世界上第一条铁路，史蒂芬孙的火车头拖着一长列客车和货车前进，时速达 25 公里。此举开拓了陆地交通运输的新纪元，人类进入了所谓“铁路时代”。铁路运输的优越性一经确认，英国迅速掀起一股铁路建筑的狂热，不到 30 年的时间就修建了近万公里的铁路，把各个城市连接起来。1840 年以后，欧洲大陆和美国也相继开始了大力兴建铁路，英、法、德、美四国建成的铁路里程，1870 年为 14.5 万公里，1890 年则增至 37.1 万公里。

内燃机的创制和使用，是第二次产业革命时期应用技术上的一项重大成就。19 世纪 80 年代中期，德国发明家戴姆勒和卡尔·本茨提出了轻内燃发动机的设计，这种发动机以汽油为燃料。90 年代，德国工程师狄塞尔设计了一种效率较高的内燃发动机，因它可以使用柴油作燃料，又名柴油机。内燃机的发明，解决了交通工具的发动机问题，引起了交通运输领域的革命性变革。19 世纪晚期，新型的交通工具——汽车出现了。19 世纪 80 年代，德国人卡尔·本茨成功地制成了第一辆用汽油内燃机驱动的汽车。1896 年，美国人亨利·福特制造出他的第一辆四轮汽车。与此同时，许多国家都开始建立汽车工业。随后，以内燃机为动力的内燃机车、远洋轮船等也不断涌现出来。1903 年，美国人莱特兄弟制造的飞机试飞成功，实现了人类翱翔天空的梦想，预告了交通运输业新纪元的到来。

水上交通技术的变革，同样始自蒸汽机的使用。18 世纪中叶以后，英美等国大力兴修运河，还修建了很多路面平整的大道，这就大大便利了交通运输。在修建运河的热潮中，汽船发明了。1807 年，美国人富尔敦造成了第一艘汽船，他使用从英国进口的万能蒸汽机，驱动客轮在哈得孙河航行，揭开了蒸汽轮船时代的序幕。1811 年，英国人利用这项发明也很快造出了自已的汽船。这样英国担任远洋航运的商船队力量大大加强了。远洋货轮把英国的消费品运销到世界各个角落，又把英国所需要的各种工业原料、生活用品运回。到 1830 年，英国已形成由 4650 多英里运河组成的全国性水路运输网。1838 年英国轮船南阿斯号和大西洋号横渡大西洋成功，使英国海运业进入了一个新时代。

（二）通讯部门机械化、电气化

在机器工业发展的基础上，交通运输工具的机械化、电气化，使商品流通的领域进一步拓宽，通过人力沟通信息的通信业也显得无法适应社会化大生产商品经济的需要了。因此，在第二次产业革命时期，电讯事业广泛地发展起来。1844 年，电报机被发明出来，可以与远地互相通讯，但是还必须依赖“导线”来连接。1876 年，定居美国波士顿的苏格兰人贝尔试通电话成功，爱迪生等人在贝尔发明的基础上作了重要改进，使电话通讯很快风行全球的许多国家。1877 年，美国建成第一座电话交换台。随后，在巴黎、柏林、彼得堡、莫斯科和华沙等地相继成立了电话局。

无线电通讯的发明是 19 世纪末 20 世纪初最为重要的技术成就之一。1888 年，德国科学家赫兹发现了电磁波。利用这种电磁波，1895 年俄罗斯物理学家波波夫，宣称在相距 600 码的两地，成功地收发无线电信号。同年稍后，一个富裕的意大利地主的儿子年仅 21 岁的马可尼制出了无线电通讯设备，在他父亲的庄园土地内，以无线电波成功地进行了第一次发射。1897 年波波夫以他制做的无线通讯设备，在海军巡洋舰上与陆地上的站台进行通讯并获得成功。1899 年，马可尼在英法之间发报成功，1901 年，横越大西洋发报成功。从此有了无线电报。

1906 年加拿大发明家费森登建立无线发射设施，首度发射出声音，无线电广播就此开始。同年，美国人德·福雷斯特发明真空电子管，是真空管收音机的始祖。关于收音机的发明者是有所争论的；有人说是波波夫，有人说是马可尼。波波夫是俄罗斯的物理学家，在 1895 年 5 月 7 日的一场演讲中，公开了他改良洛治（Lodge）的接收器后成功发射及接收了无线电信号的研究结果。1901 年起，他担任圣彼得堡大学的物理学教授；有人认为他才是真正发明收音机的人，但是或许因为他是一位学者，太过专心于学术研究，并没有让收音机的发明广为世人所知；也或许是因为波波夫的发明被俄罗斯海军认为是军事上的一大利器而列入机密，不对外公布。相反地，马可尼却非常有商业头脑，据说，他成立世界上第一家收音机工厂并获得专利权，但是有人批评他制造的收音机，只是结合了其他人的发明——赫尔兹（Hertz）的线圈天线、洛治的调谐器及接收器、尼哥拉·特尔沙（Nikola Telsa）的火花器。尽管如此，他在无线电设备的实际应用方面，的确很有贡献。19 世纪末、20 世纪初，无线电广播的发明和使用在对外宣传史上掀开了崭新的一页。1895 年意大利的马可尼和俄国的波波夫几乎同时发明了无线电，但马可尼首先取得了国际专利。此后发射和接收设备便应运而生，并在很短时间里不断改进，达到群众性使用的水平。世界各国一时竞相建设广播电台、生产收音机。随着发射功率的不断增大，特别是短波频率的使用，使得无线电波越传越远，甚至跨越国界，这样，国际广播也就逐渐产生。在中国大地上出现的第一座广播电台，是1923年初美国商人奥斯邦在上海创办的一个50瓦的广播电台，虽然只办了半年，但它却是中国第一座广播电台。此后不久，外国人相继在上海、天津、北平、哈尔滨等地开办了类似的电台，它们以广播商情、广告为主，辅以娱乐节目，新闻占的比重较小。中国人自己办的第一座电台是哈尔滨广播电台，它于1926年10月1日开播，呼号XOH，发射功率100瓦。1928年1月1日，其发射功率增大到一千瓦，呼号改为COHB，用汉语、俄语和日语三种语言广播。

（三）工业、交通、通讯机械化、电气化，逐步推进到国民经济其他部门

工业生产和交通通讯业的机械化、电气化，促进了社会生产快速发展，城市迅速壮大，城市人口日益增加。这一切，一方面是对农业生产资料和食品提出了越来越多的要求，利用机械化、电气化生产的大农场也随之出现。另一方面是广大生产效率低下的小农户，很快被吞并，耕地被兼并，破产的农民，有的成为农场工人，有的进城成了产业工人。从而农业也逐步走上了机械化、电气化大生产轨道。工业、交通、通讯业的机械化、电气化，使人们感悟到机器的使用，明显改善了生产劳动条件、提高了生产劳动效率，增加了社会财富。于是，人们也逐步地把它们应用推广到社会的其他生产和劳动领域。从而把整个社会的生产引入了机械化、电气化轨道。总而言之：第一次产业革命，煤的热能替代人力和畜力，以蒸汽机为核心的工业生产力取代传统的农业生产力，使工业成为社会生产的主导产业；而第二次产业革命是电力取代蒸汽动力，人类社会从“蒸汽时代”跨入了“电气时代”。

第一次产业革命是从英国开始，然后传导至西欧、北美、日本等国家，而第二次产业革命则是在这些发达国家几乎同时开展的，从而完成了这些国家的工业化，推动了社会生产力的大发展，使这些国家进入了社会化大生产商品经济的新时代。在此同时也显著地拉开了发达国家与不发达国家的经济发展差距。

三、科技创新成了生产力发展的火车头

从科学技术发展的历史进程考察，科学技术发展先是落在生产技术的后面。生产技术则是与生产实践活动相伴相生的。人们在长期的生产活动中，通过不断总结经验教训，把客观事物进行抽象的理性思维，并进行反复的验证、

实验，逐渐对其规律性有了系统的认识，才形成了指导实践活动的科学理论。例如，钟表在实践中已广泛应用，但人们并不懂得由哪些因素决定着钟表运动的周期；在战争中发射了无数的子弹和炮弹，却搞不清怎样才能把弹道计算出来，命中率如何提高。我国的中医、中药，在公元前即已能医治许多疾病，但一直不知其中的真正原理。天文学与人们的生产和生活密切相关，人们种田靠天、畜牧靠天、航海靠天、观测时间也靠天，这就必然会有力推动天文学的发展。我国沈括即是一位杰出的天文学家。公元1072年，沈括负责领导司天监期间，破格推荐精通天文历算、出身平民的淮南人卫朴进入司天监，主持修订新历的重要工作。沈括和卫朴从观测天象入手，以实测结果作为修订历法的根据。为此，他们首先研究并改革了浑仪、浮漏和影表等旧式的天文观测仪器。后来元朝郭守敬于元世祖至元十三年（公元1276年）创制的新式测天仪器——简仪，就是在这个基础上产生的。沈括在《浑仪议》、《浮漏议》和《景表议》等三篇论文中介绍了他的研究成果，详细说明改革仪器的原理，阐发了自己的天文学见解，这在我国天文学史上具有重要的地位和作用。

近代自然科学是以天文学领域的革命为开端的。近代天文学的创始人，首推波兰天文学家哥白尼，他从1506年开始，在弗洛恩堡一所教堂的阁楼上对天象仔细观察了30年，从而创立了一种天文学的新理论——日心说。1543年，哥白尼公开发表《天体运行论》，这是近代自然科学诞生的主要标志。日心说的提出，恢复了地球普通行星的本来面貌，猛烈地震撼了科学界和思想界，动摇了封建神学的理论基础，是天文学发展史上一个重要里程碑。

从16世纪到18世纪，自然科学的发展，取得了一系列重大成果：在天体力学中，开普勒发现了行星运动的三大定律（椭圆定律、面积定律、周期定律）；1632年，伽利略发现了自由落体定律；1687年，牛顿发表《自然哲学的数学原理》，系统论述了牛顿力学三定律（惯性定律、作用力反作用力定律、加速度定律）和万有引力定律。这些定律构成一个统一的体系，把天上的和地上的物体运动概括在一个理论之中。这是人类认识史上对自然规律的第一次理论性的概括和综合。但这一时期其他学科还很落后，主要是在收集材料，积累经验，进行分门别类的初步整理。例如，18世纪，瑞典生物学家林耐就曾致力于对植物的分类，他写了《自然系统》一书，使杂乱无章的关于植物方面的知识形成了完整的系统。在化学领域，英国科学家波义耳把严密的实验方法引入化学，他被称为近代化学的创始人。德国科学家斯塔尔提出燃素说来解释化学反应，燃素说作为化学的理论成果统治了化学界近100年。

18世纪60年代，英国开始了工业革命，是近代以来的第一次技术革命。但这次工业革命的许多技术发明，大都来源于工匠的实践经验，科学和技术尚未真正结合。总之，在18世纪中叶以前，自然科学研究主要是运用观察、实验、分析、归纳等经验方法达到记录、分类，积累现象知识的目的。1755年，德国著名哲学家康德出版了《宇宙发展史概论》，书中提出了著名的星云假说。康德的星云假说能较好解释太阳系的某些现象。他认为，太阳系以及一切恒星都是由原始星云在引力和斥力的作用下逐渐聚集而成的。宇宙中的万事万物有生有死，而发展是永无止境的。恩格斯1875年为《自然辩证法》写的一篇导言中，给予康德的星云假说极高的评价。说它“包含着一切继续前进的起点。”因为，既然地球是随着太阳系的形成而逐渐形成和发展起来的，那么，地球上的万物山川、动物和植物，自然也有它逐渐形成和发展的历史。“如果立即沿着这个方向坚决地继续研究下去，那么，自然科学现在就会进步得多。”康德的星云假说有力地冲击了形而上学的机械自然观，是继哥白尼天文学革命后的又一次科学革命。

在18世纪中叶以后，由于启蒙运动的发展，自然科学便走进了理论的领域，而在这里经验的方法就不中用了，在这里只有理性思维才能有所帮助。理性思维就是对感性材料进行抽象和概括，建立概念，并运用概念进行判断和推理，提出科学假说，进而建立理论或理论体系。19世纪道尔顿的原子论，阿佛加德罗的分子学说，门捷列夫的元素周期律以及康德的星云假说，开始都是以假说形式出现的。不过，康德的星云假说一开始没有得到人们的重视，直到19世纪，由于自然科学不断揭示出自然过程的辩证性质，才最终在哲学领域敲响了形而上学的丧钟。从而使科技进入了不仅知其然，还知其所以然，进入了现代化时代。

在天文学领域，科学家们开始论及太阳系的起源和演化。在地质学领域，英国的地质学家赖尔提出地质渐变理论。在生物学领域，细胞学说、生物进化论，孟德尔的遗传规律相继被发现。在化学领域，原子——分子论被科学肯定；拉瓦锡推翻了燃素说，并成为发现质量守恒定律的第一人；1869年，俄国化学家门捷列夫发表了元素周期律的图表和《元素属性和原子量的关系》的论文。在文中，门捷列夫预言了11种未知元素的存在，并在以后被一一证实。19世纪最重大的科学成就是电磁学理论的建立和发展。自然科学的研究呈现空前活跃的局面，并取得许多重大突破。自然科学同技术发展有着密切的联系，1870 年以后，科学技术的发展突飞猛进，各种新技术、新发明层出不穷，并被迅速、广泛地应用于工业生产，大大促进了商品经济的发展。这是近代以来科学技术上的第二次大突破，工业革命进入了一个新的发展时期，即第二次产业革命时期。从此，科学技术的创新成了社会生产力和社会经济发展的火车头。主要表现有以下两个方面：

一是科学技术创新对经济、社会发展起首要的变革作用。现代科学技术广泛渗透到经济、社会活动中，渗透到社会生产的各个环节，决定了它成为推动经济发展的决定性因素。首先，科学技术不只是使经济在量上即规模和速度上迅速增长，也使经济发生质的飞跃，在经济结构、劳动结构、产业结构、经营方式等方面发生了变革。其次，科学技术以空前的规模和速度进入生产，使生产力成为一个复杂的体系。在这个体系中，科技作用于社会生产力的各个要素，它提高了劳动者的素质，促进了生产工具和生产工艺的进步，扩大了劳动对象的来源、种类和性能。第三，现代科学使社会和企业管理日趋科学化、现代化。在社会生产力的发展中，管理活动，是使物的要素和人的要素有机结合、使潜在生产力变为现实生产力的关键。科学技术与经济广泛结合，使得管理成为生产力的重要范畴。

二是科技创新是当今世界各国推进经济发展的原动力。生产力是推动人类社会发展的最终力量，而在当今社会，科学技术创新则是促使先进生产力取代落后生产力的决定因素。没有科学发明和科技的推广应用，就没有生产力的发展，社会进步也无从谈起。谁忽视科技，谁就可能在竞争中处于劣势。振兴经济首先要振兴科技，只有依靠科学技术，才能为各行各业注入新的活力和生机，才能不断发展生产力，提高国家综合国力，进而改善人民群众的物质文化生活。就理论上讲，科技创新就是生产力的发展，经济、社会进步的生命力所在。从世界范围来看，当代国际竞争，从现象上看是物与物的竞争，实质是科学技术和人才的竞争。今天，富国和穷国之间的差距主要是在掌握知识方面的差距，掌握先进科学技术方面的差距。无数事实已经表明，当今科技已走向世界舞台的中心。就中国而言，要全面建设小康社会，要实现社会主义现代化和中华民族的伟大复兴，必须坚持“发展是硬道理”的战略思想，全面实施科教兴国战略。中共十六大报告也明确提出了经济和社会发展要以科技进步为主要推动力的观点，以改革作为科技发展的动力，深化科技体制改革的观点等等。我们必须把发挥中国特色社会主义制度的优越性同发展先进的科学技术结合起来，这是实现我国生产力快速发展，社会全面进步的必然要求。

第三节　社会化大生产商品经济的组织体系特征

一、企业规模不断扩大，股份制企业成了现代生产经营单位的重要组织形式

（一）科学技术的发展和生产单位机械化、电气化水平的持续提高，企业规模也随着不断扩大

在工场手工业时期，一个生产单位能拥有上百名劳动者，就已经算是一个很大的生产单位了。当经过产业革命，逐步实现科学技术现代化，生产机械化、电气化，进入社会化大生产商品经济时代以后，许多生产单位，随着资本的积累和积聚，资本总量迅速增加，资本有机构成不断提高，建设投资越来越多，生产规模也日趋扩大。

例如，英国的纺织工业，经过产业革命以后，1856 年共有 2210 家工厂，平均每家工厂已拥有 135 台蒸汽织机，12674 纺纱锭。德国到 1907 年，雇佣工人 1000 人以上的企业，有 586 家，它们拥有的工人已多达 138 万人，几乎占全国工人总数的 1/10，平均每一个企业拥有的工人数已高达 2355 人。其中，德国的电气总公司拥有的职工人数和商品周转额，1907 年为 30700 人和 216000 万元，到 1911 年则增加到了 60800 人和 362000 万元。美国在 1904 年产值在 100 万美元以上的大企业，只占企业总数的 0.9%，而拥有的工人数占工人总数的 25%，它们的产值则达到了总产值的 38%；五年之后，在 1909 年，相应数字分别增加到了 1.1%、30.5% 和 43.8%。其中，美国通用电气公司拥有的职工人数和商品周转额，1907 年为 28000 人和 252000 万元，到 1910 年则增加到了 32000 人和 298000 万元①。到 1995 年，世界上已有资本额超过 1000 亿美元的大企业 54 家，拥有职工人数超过 10 万人以上的大企业 93 家，年销售额超过 1000 亿美元的大企业 10 家②。

---

① 资料来源：《列宁选集》，人民出版社 1960 年版，第 739、740 和 790 页。

② 资料来源：国家统计局网站。

（二）企业，特别是股份制企业，成了社会化大生产时代生产经营单位的重要组织形式

各个生产经营单位随着生产机械化、电气化和生产规模的不断扩大，促使内部分工日益精细化，并要求各道生产工序之间须相互协调配合，保持严格的统一性、整体性；也促使商品交易范围不断扩大，社会生产分工日趋精细化、专业化，并要求产业链条上的各个上下游商品生产经营单位之间协调发展，供需平衡衔接。这一切，都需要各商品生产经营单位，建立起与此相适应的组织形式和科学管理体制。本书第一卷第五章论述企业的组织形式和管理体制，就是在以上这样的客观条件下产生并逐步发展完善起来的。在这里特别需要指出的是，在社会化、机械化、电气化基础上发展起来的企业，随着科学技术的进步，机械化、电气化水平的不断提高，为了适应日趋激烈的市场竞争需要，总是要千方百计追加投资，引用更先进生产设备，扩大生产规模，以争取获得更多的超额剩余价值。现代企业有多种组织形式，而其中的股份制企业，最具有适应社会化大生产商品经济发展的功能，它具有以下特点：

一是随着社会化大生产商品经济的发展，在价值（剩余价值）规律的作用下，企业规模越来越大，资本有机构成不断提高，所需资金越来越多。创办股份制企业，通过发行股票能迅速将社会上闲散的资本集中起来，形成巨额资本，以适应生产规模扩大产生的对资本的需求。

二是股份制企业的投资者通过购买股票成为企业的主人，一方面借以取得股息，另一方面通过股东代表大会这个股份制企业的最高权力机构，选出董事组成董事会，形成最高权力机构的常设机构，聘请有能力的企业家为总经理，主持日常生产经营活动，实现所有权与经营权相对分离，它是有利于强化企业经营管理职能的一种企业组织形式，是管理好现代大企业的有效措施。

三是股份制企业具有较强的动力机制，众多的股东都从利益上去关心企业资产的运行状况，从而使企业的重大决策趋于优化，使企业发展能够建立在有效利益机制的基础上。

四是股份制企业创造了一套独特的风险机制，并突破资产所有者与资本支配者直接合一的界限，为法人支配股东资产创造条件，形成了共担风险、共享利益的原则。

由于以上这些优势，股份制企业，特别是股份有限公司，成了社会化大生产商品经济时代微观经济单位的典型组织形式。

二、工业取代农业成为商品经济的主导产业，专业化分工越来越细，社会生产行业越来越多

（一）工业取代农业成为国民经济的主导产业，是社会化大生产商品经济时代国民经济结构的重要特征

欧美各国以及日本等发达国家，经过二次产业革命以后，即进入了社会化大生产商品经济时代，基本实现了工业化，从而工业取代农业成为国民经济的主导产业。

英国18世纪60年代开始产业革命，到19世纪30年代，工业生产基本上实现机械化，成了国民经济中的主导产业；美国工农业产值中，工业所占比重，在1840年仅为26%，经过产业革命，到1890年上升到了59.1%，1900年则达到了61.8%，而在同期内农业所占比重则由74%，下降为40.9%，再降为38.2%；日本工业产值在工农业总产值中所占比重，产业革命初期的1890年仅为27.7%，1900年上升到53.2%，1910年再升为60.4%，从此，也进入了社会化大生产商品经济时代。

英、美、法、德、日五国，随着第一、二次产业革命的实现，进入社会化大生产商品经济时代以后，经济上出现了前所未有的快速增长：到第一次世界大战前夕的1913年，这五国的工业产值已占到世界工业生产总值的75%。从1800年到1913年的113年内，英国工业总产值增长了14.5倍；美国国民收入增长了45倍；从1800年到1913年的113年内，德国工业总产值增长了4.7倍，法国增长了2倍，而日本则增长了103倍。以上五国合计的煤炭产量由1800年的0.17亿吨增加到了1913年的11.5亿吨，113年增长了66.6倍；生铁产量由1800年的30万吨增加到1913年的7051万吨，113年增长了234倍；钢产量由1860年的24万吨增加到1900年的2354万吨，40年增长了97倍。经济实力的快速增长，综合国力也随之强大，为了攫取自然资源，占领商品销售市场，列强先后以武力霸占了大量殖民地，到1914年，它们分别占有的殖民地面积以及这些殖民地的人口，分别为：英国3350万平方公里、39350万人，法国1060万平方公里、5550万人，德国290万平方公里1230万人，日本30万平方公里、1920万人，美国30万平方公里、1240万人。① 在西方国家开展工业革命这段时间里，亚、非、拉各洲的许多国家，由于多方面的原因，未能及时走上工业化发展道路，成

---

① 樊亢、宋则行等：《主要资本主义国家经济简史》，人民出版社1973年版。

了弱国，从而遭受了列强的侵略。当时的中国政府也因腐败无能，闭关自守，未能开展产业革命。1949年新中国成立时，基本上还没发展现代工业。解放后的1952年，虽然完成了国民经济的恢复工作，全国国内生产总值中，工业仍只占17.6%，直到20世纪70—80年代，工业才超过农业成为主导产业（详见表1－1），才初步进入社会化大生产时代，比以上各国落后了一百来年。落后就遭欺凌，旧中国从1840年开始屡遭帝国主义侵略，割地赔款，丧权辱国。

（二）工业内部专业化分工越来越细，生产行业越来越多，是社会化大生产商品经济时代产业结构的另一特征

1. 机械、电力工业大发展。在第一次产业革命的推动下，许多最终产品生产过程的系列机器应用，使各种机器的社会需求量大增，提出了使用机器来制造机器的普遍要求，创造了机器制造业生产力大发展的有利条件。机器制造业的发展，使得社会对金属材料的需求急骤增加，促使冶金工业加速机械化生产的步伐。冶金机器的广泛应用，使市场上对金属矿石的需求量大增，进而提出了对采矿和矿石运输的机械化要求，于是又促进了采矿和运输机器制造业的发展。随着第二次产业革命的出现和电力的广泛应用，电力工业也迅速发展。1907年美国发电量即已达到141亿度，到1913年第一次世界大战前夕，英、美、法、德四国发电总量已经达到380亿度。在此同时，机械与电气产品品种越来越多，专业分工越分越细。

2. “钢铁时代”的到来与冶金工业的发展。伴随“电气时代”而来的是“钢铁时代”。新的技术革命推动了老工业部门的发展，最突出的是钢铁工业。19世纪上半叶，由于房屋结构的改变和铁路建设的需要，熟铁和铸铁的产量提高极快，但钢的产量裹足不前。英国1850年铁的产量已达到250万吨。由于冶炼工艺的限制，钢产量仅为6万吨，还是当时世界上钢产量最多的国家。当时，钢的价格昂贵，其用途局限于工具和仪表。19世纪下半叶，由于西门子、托马斯等人在钢铁冶炼技术方面的贡献，钢的产量、质量大幅度提高，逐渐代替熟铁，成为机械制造、铁路建设、房屋桥梁建筑等方面的新材料而风行全球。钢铁工业的发展如日中天。1860年，英、美、法、德四国合计钢产量仅为24万吨，1900年达到了2354万吨，1910年则上升到了5010万吨，史称“钢铁时代”。随着钢铁冶炼技术的不断提高，钢材的品种日益增多、质量日益提高，于是机械工业产品品种迅速增加。

3. 石油、天然气、化学工业的建立。化学工业是第二次产业革命时期出现的新兴工业部门。在无机化学工业方面，19世纪60—70年代发明了以氨为

表 1-1　中国国内生产总值的产业结构

年份	总值（现价，亿元）					结构（%）				
	合计	第一产业	第二产业		第三产业	合计	第一产业	第二产业		第三产业
			小计	其中工业				小计	其中工业	
1952	679	342.9	141.8	119.8	194.3	100	50.5	20.9	17.6	28.6
1957	1068	430	317	271	321	100	40.3	29.7	25.4	30
1960	1457	340.7	648.2	568.2	468.1	100	23.4	44.5	39.0	32.1
1962	1149.3	453.1	359.3	325.4	336.9	100	39.4	31.1	28.3	29.3
1965	1716.1	651.1	602.2	546.5	462.8	100	37.9	35.1	31.8	27
1970	2252.7	793.3	912.2	828.1	547.2	100	35.2	40.5	36.8	24.3
1975	2997.3	971.1	1370.5	1244.9	655.7	100	32.4	45.7	41.5	21.9
1980	4545.6	1373.6	2192	1996.5	982	100	30.2	48.2	43.9	21.6
1985	9016	2564.4	3866.6	3448.7	2585	100	28.4	42.9	38.3	28.7
1990	18667.8	5962	7717.4	6858.0	5888.4	100	27.1	41.3	36.7	31.6
1995	60793.7	12135.8	28679.5	24950.6	19978.5	100	19.9	47.2	41	32.9
2000	99214.6	14944.7	45555.9	40033.6	38714	100	15.1	45.9	40.4	39
2005	183867.9	23070.4	87364.6	77230.8	73432.9	100	12.5	47.5	42	40
2006	210871	24737	103162	91310.9	82972	100	11.7	48.9	43.3	39.4
2007	249529.8	28095	121381.3	107367.2	100053.5	100	11.3	48.6	43	40.1

资料来源：国家统计局统计年鉴。

媒介生产纯碱和利用氧化氮为催化剂生产硫酸的新方法，使这两种化学工业的基本原料的综合利用得到迅速发展。有机化学工业也随着煤焦油的综合利用得到迅速发展。从 19 世纪 80 年代起，人们开始从煤焦油中提炼氨、苯、人造染料等。利用化学合成方法，美国人发明了塑料，法国人发明了人造纤维。化学工业的发展，极大地改变和丰富了人们的生活。在此同时，内燃机的发明推动了石油、天然气开采业的发展，于是又有了石油化学工业。石油也像电力一样成为一种极为重要的新能源。1870 年，全世界开采的石油只有 80 万吨，到 1900 年猛增至 2000 万吨，石油化学工业也随之得到发展。

4. 重工业在工业中的比重直线上升，制造业分工越来越细。在产业革命开始之前，人类社会主要从事生活资料的生产。产业革命开始时，其重点也是环绕着生活需要，发展轻工业，主要任务是在以纺织工业为代表的轻工业部门。但随着第二次产业革命的推进，从工业到其他各行各业，都普遍推行以机械化、电气化生产代替手工生产，实现了手工工场制度向工厂制过渡的过程，带动了机械、电力、煤炭、钢铁、石油工业发展。于是工业生产从轻工业开始，发展到了以重工业为重点的新阶段，其主要任务是改造、扩大和创新重工业的各个部门。在此同时，制造业发展更为迅速，已成为国民经济中最为重要的一个行业。目前统计分类目录中的制造业，还分列有 30 个大类，500 多个小类。

社会实践充分表明，生产分工专业化，有利于节约投资、增加效率、降低成本。因此，在工业分工细化的同时，其他国民经济部门的社会分工也越来越精细。目前我国国家统计局规定的社会生产行业名称即有一千多个，这是经合并归类后的行业，而实际存在的社会生产分工还要细得多。

三、各个国家实现工业化之后，第三产业随之迅速发展

世界各国经济发展的历史证明，经济发展的过程，也是产业结构的逐步调整和升级的过程。首先是从以第一产业为主逐渐转向以第二产业为主，并逐步由技术含量低的工业，转化为技术含量高的工业，由粗放型工业转化为集约型工业；当实现了工业化之后，产业结构又进一步发生变化，第三产业有了较快的发展。

第三产业的发展是生产力发展和社会进步的必然结果，主要表现在以下几个方面：一是随着社会生产力的迅速发展，社会分工的细化，工农业生产过程

中的许多工种，逐渐单独分离出来成了一个独立的行业与企业，成为为工农业生产服务的第三产业；二是第一、二产业劳动生产率的提高为第三产业提供了劳动力来源；居民消费水平的提高和消费结构的变化，促进了为生活服务的第三产业的发展；三是随着社会生产力的发展，科技教育水平的高低成了各国、各企业市场竞争力的决定性因素，从而推动了第三产业中的科教事业的发展。但第三产业需要在第一产业和第二产业发展到一定水平的时候才能大发展。因为，第三产业的全面发展需要第一、第二产业提供大量的能源、设备、原料以及各种消费资料。而第三产业的发展又能促进第一、第二产业的发展。第三产业不仅为第一、第二产业提供产、供、销服务，而且为第一、第二产业提供知识、信息、资金、技术和人才，从而提高了第一、第二产业部门的劳动生产率。同时，第三产业的全面发展，又为第一、第二产业的发展提供了广阔的市场。

世界各国的发展过程充分表明：只有当该国基本实现工业化以后，第三产业才得到快速发展。所以，第三产业在国民经济中所占比重的高低，已成为衡量各个国家经济发展程度的主要标志之一。在经济发达国家，第三产业在国民生产总值中所占的比重很大，已经成为这些国家最庞大的产业部门。详见表 1－2。

表 1－2　世界主要国家国内生产总值的一、二、三产业结构发展变化情况

（%，以同年国内生产总值为 100）

国家	第一产业			第二产业			第三产业		
	1970 年	1990 年	2007 年	1970 年	1990 年	2007 年	1970 年	1990 年	2007 年
美国	7.3	2.1	1.3	28.7	28	22	64	69.9	76.7
法国	4.2	3.4	2.2	33.7	29.2	20.9	62	66.9	76.9
英国	2.9	1.9	1	44.8	35.2	26.2	52.3	62.9	72.8
意大利	7.6	3.2	2.3	41.3	33.3	26.9	50.9	63.4	70.9
德国	3.7	2.8	0.9	55.8	49	29.7	40.6	48.2	69.4
日本	6.1	2.5	1.7	46.7	42	30.4	47.2	55.5	68.1
墨西哥	11.6	8	4.2	29.4	30.7	26.7	58.9	61.3	69.4
巴西	12.3	10.4	4.9	38.3	38.5	30.6	49.4	51.1	64.5
韩国	25.4	8.7	3	28.7	43.4	39.4	45.9	47.9	57.6

续表

国 家	第一产业			第二产业			第三产业		
	1970 年	1990 年	2007 年	1970 年	1990 年	2007 年	1970 年	1990 年	2007 年
俄罗斯	8.7	16.6	4.8	54.3	47.6	38.6	37.3	35.8	56.7
巴基斯坦	36.8	26	19.6	22.3	25.2	26.8	40.8	48.8	53.7
印 度	45.2	31	17.8	21.9	29	29.4	32.9	40	52.8
泰 国	25.9	12.7	10.8	25.3	37	43.8	48.8	50.2	45.3
中 国	35.2	27.1	11.3	40.5	41.6	48.6	24.3	31.3	40.1
印度尼西亚	44.9	21.5	13.8	18.7	39.4	46.7	36.4	39.1	39.4

注：1. 资料来源：国家统计局网站。

2. 上表中美国、法国、英国、意大利、德国、日本 2007 年栏中的数据，均系 2005 年数。

在这里，对表 1－2 中的数据还需作以下说明：

一是在本书第一卷第五章第一节的研究分析中，已经指出：由于现行的国内生产总值的统计方法，是将政府机关、虚拟经济等一些非生产性单位的工资、税金、利润也计入了第三产业的产值，故上表中的第三产业所占比重偏大，尤其是西方发达国家，近几十年来，虚拟商品，特别是所谓的金融衍生产品，迅速发展，第三产业产值中的虚假成分也迅速增大。因此，第三产业实际比重要小于表中的数据，但表中有关一、二、三产业产值所占比重的发展变化趋势，还是可靠的。

二是第三产业在国民经济中所占的比重增加，主要是表明社会分工的变化，并不意味着第一、二产业已经是越来越不重要了。农业为国民经济的基础、工业是国民经济的主导的地位是不会改变的。因为：民以食为天，离开了农业，就不可能有人类社会，更不会有什么第二、三产业；离开现代工业，就不可能有现代农业与现代的第三产业。其实第三产业中的大多数行业，多是直接或间接为工农业服务的，在这些行业中从事的劳动，原本是工农业生产总体劳动中的一部分，现在它们虽然已从工农业部门独立出来，但其功能并没有改变；另外，第三产业的各种设施和工具也是依靠工业供给的。因此，各个国家在发展经济时，绝不能片面强调发展第三产业，而忽视第一、二产业。

综上所述，结合当前的形势来看，建立在以科技为火车头的机械化、电气化基础上的社会化大生产商品经济，比之手工工具的小生产商品经济，最主要的特点有四：

一是个别生产企业的生产规模越来越大，生产设备越来越先进，商品生产能力越来越强，需要消耗的原材料和建设所需要的投资越来越多，建设的周期也相对延长。

二是随着社会生产力的发展，分工越来越细，各个商品生产经营单位与外部的相关单位之间的联系日趋紧密，国民经济各部门、各地区、各企业以及社会再生产各环节之间的关联度越来越强，联系越来越多，连接的链条越来越长，其中若有一个环节梗阻或脱落，就会发生连锁反应。

三是随着社会生产力的快速发展，商品生产能力的持续扩大，社会商品生产与自然资源、自然生态以及社会领域的各个方面的相互依存关系也越来越紧密。

四是商品流通地域越来越宽广，市场价格波动越来越频繁，竞争越来越激烈，企业随时都有被淘汰出局的可能。

由于以上这些特性，致使社会化大生产商品经济运行过程产生了许多值得深入研究的新矛盾、新规律，为此，就需要建立起相应的调控经济运行的科学方法论。这将是后面三章要研究探讨的内容。

第二章　社会化大生产商品经济的新规律

生产实践是人类最基本的实践活动。社会生产力是人类社会发展的最终决定性力量。人类正是在利用社会生产力改变自然界物质以满足自身各种需要的生产实践过程中，逐步认识客观世界的。因此，人们在经历了社会化大生产商品经济阶段的长时间实践之后，也就逐步认识到了国民经济各部门、各行业之间，经济增长与人口繁衍之间，经济发展与大自然之间存在着内在的客观联系的必然性，并由此认识了在社会化大生产商品经济运行过程中产生的国民经济按比例发展规律，经济与人口协调发展规律以及经济与自然和谐发展规律。这就是本章所要讨论的内容。

第一节　社会化大生产商品经济与国民经济按比例发展规律

一、国民经济按比例发展规律的含义

（一）国民经济的含义与性质

国民经济是指一个国家范围内的所有生产部门以及与生产部门有密切关系的社会公共事业部门的总体。从现实情况看，各国国民经济都是一个复杂的大系统。对此，从我国现行的国民经济统计对国民经济的行业划分中，就可以充分反映出来。

我国现行的国民经济统计，首先将国民经济这个总体，在分为第一、二、三产业的基础上，再划分为 18 个部门，即：农、林、牧、渔业，采矿业，制造业，电力、燃气及水的生产和供应业，建筑业，交通运输、仓储和邮政业，

信息传输、计算机服务和软件业，批发和零售业，住宿和餐饮业，金融业；房地产业，租赁和商务服务业，科学研究、技术服务和地质勘查业，水利、环境和公共设施管理业，居民服务和其他服务业，教育，卫生、社会保障和社会福利业，文化、体育和娱乐业。然后将每个部门又分成若干个行业，将有些行业分解为若干小项，并对有些小项进一步划分成若干细项，共划分为1100个细项。这些细项又内涵着许许多多独立的企业、事业单位以及为数众多的个体经济单位。

由上可见，现实的国民经济确实已是一个复杂的大系统，国家越大，国民经济内涵的单位越多，系统就越复杂。今后，随着社会分工的进一步细化，这个系统还会更加复杂。国民经济这个大系统虽然复杂，但内部的各个组成部分，扩大再生产的各个环节以及社会产品的分配与使用之间，却都存在着相互联系、相互制约的关系，是一个有机联系的整体。

（二）国民经济按比例发展规律的含义

国民经济这个复杂大系统及其内部的各个组成部分，同一切社会事物一样，都处于不停的运动状态，都处于持续发展过程。在这个持续不断的发展过程中，为保证国民经济健康运行，国民经济系统内的各个相关联的组成部分之间以及它们与有关联的外部事物之间，在量的关系上，都需保持一定的比例。它们之间的比例协调，就能正常运行、顺利发展；否则，不仅彼此均难正常运行和顺利发展，还会波及其他有关联的部门。这是不依人们主观意志为转移的客观必然性，也就是通常我们所说的国民经济按比例发展规律。

国民经济按比例发展规律是社会化大生产衍生出来的。在社会化大生产的国民经济大系统中，各个有联系的部门、行业、环节，必须经常保持合理的比例，保持必要的协调和平衡。只有这样，这个大系统才能存在、运行和发展。比如社会的商品流通量与货币流通量，社会商品总需求和总供给，都要互相协调、平衡。不协调、不平衡就可能从以下两个方面发生问题，或者是社会物资短缺，从而造成正常经济生活的全面紧张；或者是社会生产能力相对过剩，从而引起生产的全面下降。无论是前者还是后者，都会给国民经济造成混乱、损失。再如，社会商品总需求和总供给在结构上，社会各个生产部门之间也要保持相应的比例关系。如生产资料和消费资料两大部类的生产要分别与积累基金和消费基金互相适应，生产资料和消费资料内部的各类产品也要保持一定的比例关系；此外，在国民经济的价值运动方面、在国内经济活动与对外经济活动方面也都要有合理的比例，等等。尽管这些比例是动态的，不是固定不变的，是要随着经济、技术、文化以及国内与国际社会环境的变化而改变；并且它也会在经济运行的进程中遭到暂时的、局部性的突破，但是从经济运行总体和长远来看，它总是要求在客观上保持一定的合理的比例，否则经济发展就不能持续进行，并直接、间接地影响到整个国民经济增长的质量和效益，甚至造成严重破坏或经济混乱。总之，搞社会化大生产，国民经济就必须按比例发展，这是已被近几百年的历史实践所一再证明了的一条普遍的客观经济规律。

（三）国民经济发展过程产生的各种比例，概括起来，存在着两类性质不同但又相互关联的比例关系

一是彼此之间存在着供给与需求的比例关系。这是因为，国民经济内部每一个独立的个体或小群体，在其发展过程中，往往既是供给者，同时又是需求者，其中各个有直接联系的个体和小群体，分别组成了一条又一条的供需链，而各条供需链之间的某个环节，又会直接或间接地与另一条供需链联结成供需关系。就这样，一个国家的国民经济内部的各条供需链，纵横交错地连结在一起，组成了一个有如蜘蛛网一样的完整网络。因此，在这一条条纵横交错的供需链上，各个有关联的个体和小群体，在量的关系上都存在着一定的比例关系。这些比例关系若基本协调，国民经济就能正常运行，持续发展。若某一链条上的一个环节或一些环节的相互比例出现不协调（不论是由于供给大于需求，还是需求大于供给），该链条就难以正常运行，并会随之影响有关的其他链条，若比例不协调的状况较为严重（供需缺口很大），持续时间很长，就会波及国民经济整体的正常发展。

每一种商品的生产部门，首先是与其有直接联系的上下游商品生产部门之间存在着按比例发展的关系。如钢铁部门，当它扩大了生产能力，一方面需要上游供给原料的炼铁部门、供给能源的电力、煤炭部门，都能按比例发展生产，并按时供给足够的生铁和电力；另一方面又需要下游以钢材为原料的机械制造和建筑等部门，也能按比例增加生产能力，并按时耗用掉它增产后的全部钢材。只有这样，炼钢部门的扩大再生产才能继续下去。这就是说，炼钢部门的生产，务须同其上下游的有关部门的生产保持按比例协调发展。反过来说，不论是炼铁、电力、煤炭等部门对其下游的炼钢部门，还是机械、建筑部门对其上游的炼钢部门，同样需要其与自身保持按比例协调发展。但这仅仅是第一个层次的比例关系，此外则还有第二、第三、第四……层次的比例关系。如前面列举的炼铁部门又是与铁矿石开采部门，铁矿石开采部门又与地质勘探部门直接存在着按比例发展的关系，从而，炼钢部门与铁矿石开采部门、与地质勘

探部门，也存在着间接的按比例发展关系。而这些生产部门的产品的供需过程，又都离不开运输部门，都需要运输部门与之按比例协调发展，等等。

二是各种社会产品和资源，在各个有关联的国民经部门、行业之间，在社会生产和再生产过程各个环节之间，在各个有关联的社会群体之间分配的量的比例关系。这是因为，在既定的时间内，社会产品和资源的数量是既定的，这些数量有限的社会产品和资源，若在以上这些有关联的部门、行业、环节、群体之间分配的比例不恰当，就会产生种种不良的后果，最终同样会影响国民经济的顺利发展和社会的安定和谐。如若各时期的社会固定资产投资结构分配不恰当，必然导致生产资料、劳动力等生产要素在国民经济的各部门、各行业之间分配的比例失调，最终结果必然会使这些有关联的部门、行业之间的产品供给与需求的不协调，从而影响生产的正常进行。如若各时期国民收入分配的消费与积累的比例不协调，若过多地偏向消费，就会影响经济的发展增长，既会影响新增劳动力的充分就业，也会影响居民生活的持续改善；若过多地偏向积累，固然有利于发展社会生产和新增劳动力的就业，但既不利于改善居民当前生活，也会产生社会商品供给大于需求，并导致产能的浪费。

（四）国民经济的发展过程，不仅要求内部的有关方面按比例相协调，而且还要求与外部有关联事物的发展变化按比例相协调

与国民经济发展有关联的事物，主要有两个大系统：一个是人类自身和国民经济；另一个是大自然（包括自然资源、生态环境）和国民经济。国民经济是人类建立起来的，是为人类生存繁衍服务的。所以社会生产，包含着人类自身的繁衍或称做人类自身的生产，与为满足人类自身生活、繁衍需要而从事的物质产品和精神产品生产，由此逐渐建立起了完整的国民经济体系。从而，人类自身与他们建立起来的国民经济，构成了社会生产内部的一对矛盾。人类社会正是在这对矛盾的互相联系、互相制约、互相渗透中发展起来的，而且两者之间也存在着需要按比例协调发展的客观要求。国民经济的核心是生产人类所需的物品，而物品的生产又离不开耗用自然资源，而生产产品以及人类消费产品的过程，又要向自然界排放各种污染物，于是同大自然结下了不解之缘。但大多数自然资源的数量是有限的，有些是不可再生的，在一定时期内，大自然所能容纳的污染物也是有限的。因此，国民经济与大自然之间也存在着协调发展的关系。

以上这些情况告诉人们：国民经济内部各个有关联的部门、行业、环节、群体之间，国民经与人口以及大自然之间都存在着按比例协调发展的内在关系

和客观要求。国民经济的正常发展，必须建立在内部各个组成部分之间，以及与外部两大系统之间按比例协调发展的基础上。这是谁都不能违反的客观要求。这就是通常所说的国民经济按比例发展规律。马克思曾经把这个规律称为“铁的规律”，又把这个规律视为“以自然规律的不可抗拒的权威起着作用”，它“不为政治领域中的风暴所触动”，“决不可能被社会生产的一定形式所取消，而可能改变的只是它的表现形式”。社会化大生产商品经济一再证明着这个观点的真理性。

二、社会化大生产产生了国民经济按比例发展规律，也增加了国民经济按比例发展的难度

（一）社会化大生产产生了国民经济按比例发展规律

若对主要国家的国民经济发展过程作历史的考察，就可发现国民经济按比例发展规律，并不是从一开始就有的，而是在这个国家的国民经济发展到社会化大生产时代才产生的。这是因为，在此之前的很长时期，即使经历了社会第一、二次大分工，但社会分工简单，市场狭小，自给性生产仍然是社会生产的主体，一个国家的国民经济仍只有几个简单行业，各行业、各生产单位之间的经济关联度也并不紧密。这样的社会经济，没有按比例发展规律的存在条件，是不可能产生国民经济按比例发展规律的。以后，随着社会生产力的发展，到了封建社会后期，西欧各国资本主义商品经济有了一定的发展，社会分工开始细化，并出现了工场手工业，工业与农牧业的联系已较为密切。但这时仍然处于手工工具生产阶段，工业生产规模还小，设备简陋，国民经济的主体仍然是处于自给性比例很高的农牧业。有关联的生产部门间，即使出现比例失调，比较容易调节，即使一时调节不过来，损失也不大，对整个社会生产、生活也不会发生太大的影响。因此，在以手工劳动为主体的小生产时代，国民经济关联部门之间，虽已有某些按比例发展的关系和要求，但还不会形成国民经济按比例发展的客观必然性。

社会实践表明：国民经济按比例发展规律，是在经历两次产业革命，欧美各国进入了社会化大生产商品经济时代以后，才随之产生的。这是因为，当商品经济进入社会化大生产阶段以后，一方面是随着社会生产力的发展，分工越来越细，各个商品生产经营单位与外部的相关单位之间的联系日趋紧密，国民经济各部门、各地区、各企业以及社会再生产各环节之间的关联度越来越强，连接的链条越来越长。因此，国民经济发展过程产生比例失调的概率增大，波

及的面会越来越广。另一方面是生产企业的生产规模越来越大，生产设备越来越先进、数量不断增加、质量不断提高，商品生产能力越来越强，需要消耗的原材料和建设所需要的投资越来越多，建设的周期也相对拉长。在这种情况下，一旦当某一类（或一种）商品生产能力，即产品的可供量大大超过了有支付能力的需求量，生产这一类商品的企业就要减产，而其中成本较高、质量较差的企业就要停产、倒闭。这样一来，为这一产品提供原料的生产、经销企业，推销这一产品的商业企业和以这一产品为原料的企业，都会发生连锁反应，有的要压缩生产经营规模，有的要停产倒闭。而这些受牵连企业的减产倒闭，又会影响与它们有关联的企业，这样的连锁冲击波会持续扩大。加之企业规模较大，生产设备多是专业化的机器，资本难以在不同行业、不同部门间转移，转产、改行既难，而且还需要一定投资和时间；而停产倒闭，既造成业主的巨大损失，还要造成工人失业。而工人失业又会造成有支付能力的需求减少，从而使整个社会生产进入恶性循环状态，并会造成社会振荡。反之，若由于片面追求发展速度，社会固定资产投资增长过快，市场投放的货币量过多，出现社会商品总需求大于总供给，就有可能造成市场物价上涨。若处理不当也会造成社会振荡。社会实践告诉人们：社会化大生产商品经济的实际发展进程，若调控不当，就会产生比例失调，从而会出现这样或那样的不良局面。因此，当进入社会化大生产商品经济时代，为了确保社会经济正常运行，持续发展，国民经济各关联部门、各关联行业乃至各关联企业，需要保持按比例发展。这是不依人的意志为转移的客观必然性，社会实践已一再表明，国民经济按比例发展规律是社会化大生产的客观经济规律。

（二）社会化大生产加剧了商品内在矛盾，增加了国民经济按比例发展的难度

社会化大生产加剧了商品固有的使用价值与价值以及私人劳动与社会劳动的矛盾。其主要原因来自以下几个方面：

一是当社会生产力发展到社会化大生产商品经济阶段之后，社会分工越来越细，商品交易的范围越来越广，生产经营同类商品的单位越来越多，市场竞争激烈，各个生产经营单位保护自身生产经营秘密的意识越来越强烈，各个商品生产经营单位越来越不容易准确地掌握市场商品供求状况，发展生产的盲目性加大。因此，各个商品的社会供需总量，难免会经常处于不平衡状态。

二是在社会化大生产商品经济阶段，从事商品生产经营活动的企业的规模不断扩大，资本有机构成不断提高，企业里多拥有各种各样的专用设备，当市

场出现某些部门、行业的商品供需不平衡时，调节企业转产、减产的难度不断增大，也就是市场调节商品供需平衡难度加大，在优胜劣汰的市场竞争中，某些企业的减产、停产乃至倒闭总是难免的。

三是在社会化大生产商品经济阶段，生产经营单位与外部的相关单位之间的联系日趋紧密，国民经济各部门、各地区、各行业、各企业以及社会再生产各环节之间的关联度越来越强，联系越来越多，连接的链条越来越长，其中若有一个环节梗阻或脱落，就会发生连锁反应。在这样的情况下，某一种商品、一个行业产生供需不平衡，往往会像瘟疫一样逐步扩散波及其他。

以上三个因素综合作用的结果，商品内在的使用价值与交换价值，外在的“私人”占有性和生产社会性之间的矛盾必然加剧，商品价值实现的难度必然加大，这就意味着国民经济按比例发展的难度增大。

三、要又好又快地发展社会化大生产商品经济，必须认真对待国民经济按比例发展规律，适时处理好国民经济发展过程的各项重要比例关系

（一）调控好国民经济发展过程中的主要比例关系，是宏观经济管理的重要内容

在前面的论述中，我们已经反复指出：社会化大生产商品经济条件下，不仅必然产生国民经济按比例发展规律，同时还极易产生国民经济运行过程中的比例失调，而且一旦失调，轻则造成一定的经济损失，影响经济发展，重则会产生经济危机。中外的社会实践都已充分表明了这一点。

英国是最早进行产业革命，因此也是最早进入社会化大生产商品经济时代的国家。就在它进入社会化大生产商品经济时代之后，国民经济按比例发展规律就发挥了作用。由于当时既没有经验，政府未对国民经济实施宏观调控，于是自由资本主义产生了国民经济比例失调，先后一再出现经济危机。其基本情况是这样的：1785 年起，瓦特的蒸汽机开始迅速应用到棉纺织业。纺织行业的生产效率迅速提高，大大超过了消费能力，产品供给远大于需求，大量积压，商家被迫折价抛售。1788 年，棉花进口额与 1787 年相比，下降了 12%。同年，破产事件增加近 50%，工人大量被解雇，兰开夏和柴郡等地的棉纺织工人陷于极端贫困的境地。这就是在英国发生的第一次经济危机。在这次危机过后不久，一方面由于政府发出了 30 份开凿运河和改善内河航道的许可证，内河航运业蓬勃发展，吸收了大量工人，并扩大了本国市场。与此同时，价格下降风潮扩大了英国棉纺织业的对外竞争力，棉纺织品对外出口额显著上升。

这样，短短一年以后，供不应求局面重新形成，价格上涨，竞争缓和，棉纺织业再度繁荣。工业投资迅猛增长，投资品需求旺盛，生产能力迅速扩大，出口不断增加。然而，纺织工业的投资和生产能力的增长又一次超过了其他部门的吸纳能力，比例关系再次失调，1793 年第二次危机降临了。1792 年到 1793 年，100 支棉纱价格从 30 先令跌至 16 先令。企业破产数量急剧增长，甚至连一家最大的负债达 100 万英镑的企业也宣告破产。企业破产带动银行破产，400 家地方银行有 100 家停止支付。从此之后，英国的经济差不多是每隔十年左右总会由于国民经济重大比例关系失调而产生经济危机。以后随着社会生产力的进一步发展，社会化大生产商品经济发展到了更高的层次，于是有了 1929 年的世界性的经济危机。

经济危机之所以越演越烈，固然与资本主义基本矛盾和生产关系有着重要关系，但其根源还在于社会化大生产商品经济。社会实践已经充分表明，不论是资本主义社会，还是社会主义社会，只要是社会生产力发展到社会化大生产商品经济阶段，在国民经济按比例发展规律的作用下，若处治不当，都有可能出现国民经济比例失调和经济危机。当然，资本主义社会的生产关系，不可能从根本上解决国民经济比例失调和经济危机问题，但政府通过必要的恰当的调控措施，也还是可以遏制经济危机发生的时间和为害的程度的。社会主义社会，政府的管理者，若能真正认识和自觉地利用按比例发展规律，能从实际出发，措施得当，是可以基本上保证国民经济按比例协调发展，可以避免发生大的经济动荡，否则，在社会主义社会同样会发生经济危机。

以上这些情况说明：认真对待国民经济按比例发展规律，适时处理好国民经济发展过程的各项重要比例关系，应是每一个国家的国民经济管理者的重要职责和促进国民经济正常运行和持续发展的重要手段。

（二）新中国成立 60 年来的实践已充分证明：国民经济主要比例协调，经济发展就好、就快；否则就差、就慢

本书第一卷第三章在研究商品与货币的关系时，曾深入地分析了新中国成立后产生的三次通货膨胀与市场物价上涨问题。究其原因虽各有不同，但概括起来说，其根本性因素则在于市场投放的货币量与商品流通实际需要量的比例严重失调，从而引发社会全部商品以及许多具体商品的总需求与总供给之间的比例严重失调，总需求大大超过了总供给，结果造成了巨大经济损失。2007 年、2008 两年，我国食品类商品价格之所以分别上涨了 12.3% 和 14.3%，归根到底，其主要因素也是在于这几年农业生产发展滞后，一、二、三产业比例

失调，许多农产品供不应求。

陈云在1957年总结的建国七年间经济建设的五条经验教训，指的都是比例关系的不协调：“一、重工业多些，轻工业、农业少了些。特别是农业比轻工业更重要，建设轻工业并不困难，但是原料要靠农业，就有困难。实际上，主要是重工业与农业的比重。农业发展，轻工业即好解决，当然轻工业也需要一些重工业。二、原料工业与制造工业。原料工业投资少，比如煤、水泥等原料工业。机械工业比较多了，用不完。三、铁道投资，投在新线上过多，投在老线上的嫌少。厂矿多在老线沿线，因而现在感到运输量不够，要减少新线投资数量。四、民用工业与军事工业。军事工业搞多了，这与抗美援朝有关系。五、太讲大规模、现代化了。搞许多大厂，而产品还不能齐全。加之，自己还不能建设，要靠进口，要外汇。如果修建中小型的厂矿就不会是这样了。”①

1979年3月，陈云又强调指出：“按比例发展是最快的速度。”同年4月，李先念也强调指出：“只有按比例，才有高速度。”② 同年6月1日陈云再次强调：“经济工作我们搞了‘四朝’即中财委、大计委、小计委、现计委。有一条教训，就是综合平衡都未搞好，说明我们本领不够。……综合平衡，就是要研究比例关系。比例是客观存在，问题在于我们是不是自觉地去研究、认识。要承认在这个问题上，我们本领不够，还要慢慢钻研。”③ 这是新中国成立后，长期主管我国经济建设工作的两位宏观经济管理领导者，对社会经济建设实践深刻的规律性总结，是新中国前30年经济建设中得到的宝贵经验，很值得珍惜与思考。

（三）要保证国民经济健康发展，还必须随着形势的发展变化，统筹兼顾、全面协调，紧紧抓住并处理好国民经济发展过程的主要比例关系

胡锦涛总书记在党的第十七次代表大会的报告中，论及深入贯彻落实科学发展观时，针对我国当前实际情况曾经指出：“——必须坚持全面协调可持续发展。要按照中国特色社会主义事业总体布局，全面推进经济建设、政治建设、文化建设、社会建设，促进现代化建设各个环节、各个方面相协调，促进生产关系与生产力、上层建筑与经济基础相协调。坚持生产发展、生活富裕、生态良好的文明发展道路，建设资源节约型、环境友好型社会，实现速度和结

① 《陈云文集》第三卷，第179页。

② 《坚持改革、开放、搞活》，人民出版社1987年版，第21和27页。

③ 《陈云文集》第三卷，第459页。

构、质量、效益相统一、经济发展与人口、资源、环境相协调，使人民在良好生态环境中生产和生活，实现经济社会永续发展。

——必须坚持统筹兼顾。要正确认识和妥善处理中国特色社会主义事业中的重大关系，统筹城乡发展、区域发展、经济社会发展、人与自然和谐发展、国内发展和对外开放，统筹中央和地方关系，统筹个人利益和集体利益、局部利益和整体利益、当前利益和长远利益，充分调动各方面积极性。统筹国内国际两个大局，树立世界眼光，加强战略思维，善于从国际形势发展变化中把握发展机遇、应对风险挑战，营造良好国际环境。既要总揽全局、统筹规划，又要抓住牵动全局的主要工作、事关群众利益的突出问题，着力推进、重点突破。”

胡锦涛的上述讲话，不仅强调了按比例发展国民经济的重要性，而且还明确地指出在我国今后的建设事业中，需要安排好的各种主要比例关系。因此，有关这些比例关系的具体内涵、性质、现状以及如何调控才能使之协调发展的方法措施，应是政府有关部门的管理者以及经济学家深入探讨的重要内容。

（四）从我国多年来的社会实践经验来看，需要特别注意研究协调好以下几个方面的比例关系

1. 社会商品生产流通总量的比例关系。社会商品生产流通总量的比例关系，主要表现为社会全部商品及其中生产资料、生活资料的总供给与总需求的按比例协调发展问题。这是保持商品经济正常运行的最重要的比例关系。这些方面的运行过程协调与否，大体上可通过以下两方面的定量数据的对比分析反映出来：

一是国内生产总值减去净出口之后的数值，按可比价格计算的增长速度、增长绝对量（该数值大体上可以反映国内商品可供总量的增长速度和增长量）与同期国内货币流通量（即 M_0、M_1、M_2）的增长速度和增量（该数值大体上可以反映国内商品需求总量的增长速度和增长量）的对比分析。

二是将以上数据与各个时期各类商品的综合价格升降幅度的定量数据结合起来对比分析。我国国家统计部门按期编制的价格指数有：居民消费价格指数，商品零售价格指数，工业品零售价格指数，原材料、燃料、动力价格指数，固定资产投资价格指数，农业生产资料价格指数，农产品生产价格指数，房地产价格指数等。

将上面这两组数据结合起来对比分析，可以反映出社会商品生产流通过程的全部商品及各大类商品的供需是否平衡，从而也可以反映出国民经济内部各

生产部门发展过程的比例关系是否协调。

2. 国民收入分配的主要比例关系，这方面最重要的比例关系有：

（1）消费与积累的比例关系。从长期趋势考察，消费和积累的比例关系究竟应定在什么样的界限才算合适，其实这主要是个实践问题。专家、学者众说纷纭，较多的人以为在正常情况下，消费、积累的比例，以保持在75∶25左右为宜；也有人认为分配给居民的消费基金总量（按可比价格计算）增幅的最低限，应略高于同期人口总量的增幅，并以此作为积累基金的最高限，然后再根据当时的具体情况，研究最佳平衡点。至于各个年度的比例关系，不能一概而论，需充分考虑上年的实际情况，如果上年积累过多，则本年应适当调高消费基金的分配份额，反之亦然。

（2）财政收入占国民生产净值（国民生产总值－固定资产折旧）的比例；中央财政收入与地方财政收入的比例关系。根据积累的经验数据，在正常情况下，财政收入占国民生产净值的比例保持在20%—25%的区间为宜，这个比例若低于20%，许多该由政府从事的社会公共事业就无法开展，若低于10%，则政府的职能就无法实施；中央财政收入宜保持在总收入的50%—60%的区间为宜，过低，如若低于30%，许多中央政令就难以在地方推行。此外，财政支出的结构，也需保持适当的比例关系。

（3）城乡居民以及各阶层居民之间收入分配的比例关系。根据现行的分配制度，各不同阶层居民收入分配保持一定的差距是必要的，但彼此之间也需要保持一个适宜的比例关系。如城乡居民之间的人均收入的比例，一般宜保持在不超过2，而“2007年我国城乡居民人均纯收入之比为3.33∶1，两者之间的绝对差额达9646元。这两个数字属改革开放以来的‘最大’[①]。这是一个很不协调的，不利于社会稳定的比例关系。

3. 关系国计民生的若干种主要商品的供需平衡关系。在这方面最为重要的：一是能源中的煤炭、电力、石油和天然气，这些商品是每一个生产单位和每一个家庭，须臾不可或缺的。一旦供应不足就会影响到每一个经济单位的生产经营和每一个家庭的生活。二是粮食。若粮食供应不上，不仅居民的主食，而且以粮食为饲料的畜牧业以及以粮食为原料的各行各业的食品加工业的生产都要受影响。所以保证这些商品的按比例协调发展，事关国计民生战略大局。

---

① 《第一财经日报》，2008年8月29日。

四、要处理好国民经济发展过程中的比例关系，需要认真研究国民经济按比例发展规律所涉及的各种比例关系，并熟悉其调控方法

管理经济，需要按经济规律办事。为此，首先需要管理者熟识并掌握有关的经济规律。同样道理，要按照国民经济按比例发展规律办事，首先需要管理者能够深刻地了解与熟练地掌握自身工作范围内所涉及的各项经济事物之间的比例关系及调控的方法。

国民经济发展过程中的比例关系，包涵着多方面的内容，既有国民经济内部方方面面的比例关系，又有国民经济与外部世界的方方面面的比例关系。就国民经济内部来说，又有许多不同层次和不同领域的比例关系，主要的有以下四个方面：一是前面提到的18个部门之间的比例关系，这里面还包括农业与工业，轻工业与农业，第一部类与第二部类之间的比例关系；二是18个部门内部各行业以及行业内部各细类之间的比例关系：三是国民经济内部的各个有关的具体企业、事业单位之间的比例关系；四是社会商品生产再生产和扩大再生产过程的总供给与总需求，社会货币流通量与商品流通量，消费与积累的比例关系。

就国民经济与外部事物之间的情况考察，也有人类自身的繁衍与国民经济发展之间的比例关系；国民经济的发展与自然资源保有量以及自然生态承载能力的比例关系。

以上提及的这些方方面面的比例关系，还内涵着许多具体的比例。如在本书第一卷的第七章论述社会商品简单再生产和扩大再生产的条件时，即曾指出：

为要实现社会商品简单再生产，第一部类与第二部类之间，需在发展的过程中保持如下的比例关系：

①Ⅰ（V+M）=ⅡC

②Ⅰ（C+V+M）=ⅠC+ⅡC

③Ⅰ（V+M）+Ⅱ（V+M）=Ⅱ（C+V+M）

为要实现社会商品扩大再生产，一方面需要第一部类与第二部类在发展过程中，保持如下的比例关系：

①Ⅰ（V+M）>ⅡC，或Ⅰ（C+V+M）>ⅠC+ⅡC

②Ⅱ（C+V+M）>Ⅰ（V+M）+Ⅱ（V+M）-（Ⅰm+Ⅱm）

简化后即为：Ⅱ（C+m）>Ⅰ（V+M-m）

另一方面还需要第一部类和第二部类之间以及这两个部类中的剩余价值的分配，保持如下的比例关系：

①Ⅰ［V+Δc+Δv+（M－m）］=ⅡC+ⅠΔc+ⅡΔc

②Ⅰ（V+Δc+Δv+M－m）+ⅠC=ⅡC+ⅠΔc+ⅡΔc+ⅠC

③Ⅱ（c+v+M）=Ⅰ［v+Δv+（M－m）］+Ⅱ［v+Δv+（M－m）］

但以上这些比例关系，仅仅是顺利实现社会商品再生产过程中，第一、二部类之间最基本的比例关系。要使社会商品扩大再生产能顺利运行，涉及的具体比例关系还很多很多，至于调控好这些比例关系的方法论的内容就更丰富。对此，需要专著进行研究论述，本书不可能一一加以探讨。考虑到社会化大生产商品经济同外部的人口以及自然（包括自然资源和自然生态）之间的按比例协调发展问题，关系到人类社会当前和长远可持续发展，是当前我国和国际社会研究探讨的重要问题，故以下将分别用两节的篇幅加以专门论述。

第二节 社会化大生产商品经济与人口协调发展规律

人类社会生产包含两个不同的方面：一是人类自身的繁衍即人类自身生产；另一是人类为满足自身生活需要而从事的物质产品和精神产品的生产。二者构成了社会生产的一对矛盾，并存在着客观的比例关系和协调发展的客观要求，主要表现在两个方面：一是社会化大生产商品经济的发展与人口总量要适应并协调发展，即既要使社会化大生产商品经济的发展能保证既定人口生活质量的不断提高；又要通过调控人口总量的增长，使之与社会化大生产商品经济的发展相适应。另一是社会化大生产商品经济的发展与人口素质，也要协调发展，即要通过发展教育事业，逐步提高人口素质，使之适应社会化大生产商品经济发展的要求。但在控制人口总量发展过程中，又必然会派生出人口年龄结构的老龄化以及由此产生的与发展社会经济的种种关系问题。本节所要讨论的即这方面的问题。

一、社会化大生产产生了商品经济发展与人口增长之间的矛盾以及经济与人口协调发展规律

（一）人口总量快速增长与社会化大生产商品经济发展的矛盾，并由此产生了经济与人口协调发展规律

人类自身的繁衍，社会人口的不断增长，必然会使物质资源，如住宅和各种生活设施用地以及用来生产各种生活资料的自然资源的耗用量持续增加。人口的增长可以是无限的，社会生产对自然资源的需求和消耗也可以是无限的，可是地球上可用的多数资源是有限的，有些是不可再生的。因此，人口的不断增加，对自然资源的过度消耗一旦突破了正常的比例关系，人口与自然之间产生一定的冲突，是必然的，不可挽回的。在两种生产的矛盾运动中，物质资料生产是矛盾的主要方面。人口生产最终总是适应着物质资料生产的客观要求而变动，并围绕着物质资料生产这个经济基础而变动，这是马克思主义人口理论的重要内容。从马克思和恩格斯的《德意志意识形态》、《政治经济学批判》导论、《资本论》、《家庭、私有制和国家的起源》等论述中都可看出。

社会实践表明：当一个国家进入社会化大生产商品经济时代以后，随着社会生产能力的机械化、电气化乃至自动化，人口的增长与经济的发展、生活的改善之间往往会出现一定的矛盾。这个矛盾主要表现在以下几个方面：

一是人类发展经济的目的是为了不断提高自身的物质文化生活。为此，就需要保持用于生活消费部分的商品生产的发展速度快于人口总量的增长速度。而人口总量的增加必然带来新增劳动力的增长。为了确保社会安定和谐以及生产的持续发展，以满足居民收入的增加与生活水平的不断提高，就需要保证新增劳动力充分就业，需要将各时期的一部分乃至大部分剩余价值或新增加的物质资料，作为追加资本和生产资料，用于积累。人口总量增加越快，这方面的需求量就越大。这两个方面需求的综合，必然要求商品生产的发展速度须远远快于人口总量的增长。这往往是难以持续的，何况还有自然资源、自然生态环境等等方面的制约因素。

二是对发展中国家来说，必然要经历从小生产商品经济到社会化大生产商品经济的发展过程，也即是国民经济要从以小农经济为主体的阶段，过渡到以机械化、电气化大工业生产为主体的阶段。在这个过渡阶段，必然会产生本书第一卷第七章第二节研究“资本积累和资本有机构成提高规律”时所论述的问题，即：一个国家在由小农经济到实现工业化的过程，亦即由小商品生产走

向社会化大生产商品经济的过程中，难免会发生一定时期相对人口过剩和失业率增加问题，人口增长越快，相对人口过剩和失业问题就会越加突出。这时，若为了多就业，就只能少消费，多积累、多投资用于扩大再生产。这样一来，人民当前生活就难以改善；若为了多照顾人民群众眼前利益，就只能多消费，少积累。但这样一来，社会生产必然发展缓慢，失业问题无法解决，人民长远的生活也将难有较快的改善。

三是土地，尤其是可用于农业生产的耕地是有限的，而这些有限的耕地，还要随着人口的不断增长，特别是进入社会化大生产商品经济时代之后，随着工业化、城市化以及交通道路的发展而不断递减，从而必然影响农业生产的发展。农业是国民经济的基础，农业发展缓慢，又必然会制约人民生活的改善和第二、三产业的发展。据西班牙《起义报》2008年7月12日报道："粮食危机又突然加重，提醒人们饥饿仍在威胁世界上将近10亿人的生活。目前的粮食短缺已经在全世界大约40个国家中引发民众抗议。联合国粮农组织6月5日在罗马召开峰会，讨论粮食安全，但会议并未就重振全球粮食生产达成一致意见。"①

以上分析表明：人口的快速增长，特别是在小生产商品经济向社会化大生产商品经济转化这个阶段，定会成为发展经济和提高人民生活水平的重要制约因素，甚至会出现恶性循环的不良局面。为了避免这种不良局面的出现：当进入社会化大生产商品经济时代，各个国家人口的增长变化，必须与社会经济的发展相协调。这已是人类认识到的不能违背的客观规律，也是各个国家必须面对而无法回避的实际问题。

（二）近几十年来的实践表明，许多发展中国家人口的过快增长，确已成为发展经济、改善人民生活的重要制约因素

在当今世界，对地球可容纳人口数量的有限性，已成为人们的共识。但对地球究竟可以养活多少人，人口的适宜限量究竟是多少，多年来众说纷纭。1972年联合国人口环境会议公布的报告认为：稳定在110亿人左右为好。但从目前世界人口的发展趋势来看，若无有效对策，这个目标可能会被突破。

据估算，1800年到1900年，世界人口由约8.5亿增至16亿人，100年仅增7.5亿人。20世纪前50年，世界人口增长还比较缓慢，1950年为25.24亿人，50年增加了9.24亿人，平均年递增0.93%、1848万人。但自此以后，

① 《参考消息》，2008年7月14日。

世界人口进入了高速增长期，2005 年世界人口已达到了 64. 38 亿人，55 年增加了 39. 14 亿人，平均每年递增 1. 77%、7116 万人。若进一步分析，则可发现这一时期人口增长速度最快的是非洲和低收入国家，人口增长绝对量最多的则是亚洲与低收入国家。在这里特别值得关注的是低收入人群，在 2000 年，这一占世界总人口 35. 5% 的人群，到 2005 年的 5 年中，所新增加的人口，却占到世界新增总人口的 55. 5%，见表 2 - 1。

表 2 - 1　　1950 年以后世界各大洲人口增长情况分析表

地区	人口数（万人）			平均年递增%		增加人口数（万人）	
	1950 年	2000 年	2005 年	1950—2000 年	2001—2005 年	1951—2000 年	2000—2005 年
世界总计	252400	605671	643778	1. 77	1. 22	353271	38107
其中：低收入国家	—	214960	236114	—	1. 89	—	21154
亚洲	140200	367234	393070	1. 94	1. 37	227034	25836
非洲	22400	79363	86918	2. 56	1. 84	18630	7555
欧洲	54100	72730	72556	0. 59	- 0. 05	18630	- 174
北美洲	17840	48718	51254	2. 03	1. 02	30878	2536
南美洲	16600	34574	36718	1. 48	1. 21	17974	2144
大洋洲	1260	3052	3262	1. 79	1. 04	1792	210

资料来源：国家统计局统计年鉴。

对于发展中国家人口过快增长带来的不良后果，《人民日报》2007 年 4 月 7 日（作者 黄培昭）即有过具体而又深刻的报道，现摘录如下：

“这几天，有关人口的话题成了埃及媒体关注的焦点。原因是 4 月 3 日，埃及公布了最新人口普查结果，埃及人口已经突破了 7600 万，比 1996 年的 6100 万增长了 24%。埃及《中东时报》报道称，这意味着大约每 23 秒钟埃及就有一名新生儿呱呱坠地，人口增长的严峻现实，已经给人们敲响了警钟……人口极度膨胀使埃及背上了沉重的负担，严重影响着埃及社会和经济的发展，给埃及生态环境、粮食、教育、医疗卫生、就业、社会治安带来许多难题，如造成住房紧张，交通拥挤，失业严重，物价上涨，水电、商业以及其他设施等也都受到不同程度的影响。对此，埃及总统穆巴拉克早在 2003 年就警告说：‘人口增长过快是埃及国内各种社会问题的症结所在，特别是失业、失学等问题。’……实际上，埃及的人口状况只是非洲人口迅速增长的一个缩影。非洲人口增长形势严峻，主要表现在生育率高、儿童比例高等方面。非洲人口增长率约为3%，大大超过1.2%的世界人口年均增长率。非洲妇女的生育率居全球之冠，平均每个妇女生6.9个孩子，其中肯尼亚妇女平均每人生8个孩子……据联合国统计，非洲国家中除了博茨瓦纳、埃及、突尼斯、塞舌尔等少数国家外，绝大多数国家的人口增长率都高于经济增长率，致使人民的实际生活水平大幅度下降。非洲人口出生率高，与不实施计划生育密切相关，一些国家甚至还鼓励提高生育率。……埃及提倡并实施计划生育，这在非洲国家中并不多见。……不过，埃及卫生部官员表示，计划生育政策执行得并不十分理想，农村不少人仍持旧的观念，对计划生育进行阻挠和反对，城里人也常钻空子致使埃及人口不断增长。”

据联合国预计，全球人口2025年将达到80亿，2050年将接近100亿，再过若干年将突破100亿①。近20年全球人口增长率虽有所下降，但在1981年全球平均每名妇女仍生育3.7个子女，2001年虽降到了2.8个子女，但不少发展中国家，仍然存在着极高的生育率，平均每名妇女生育的子女数超过3人的尚有38个国家，其中有20个国家超过5人。若无进一步节育措施，到本世纪末，全球人口将超过100亿，有的国家的人口总量还将增加2—3倍，甚至更多。

另据国家统计局统计年鉴的全面数据，2006年与2000年相比，在非洲的53个国家中，就有39个的人口增长幅度仍在2%（包括2%）以上，其中24个国家2006年人均国民总收入还不到500美元；亚洲的印度、印度尼西亚、巴基斯坦、孟加拉国、越南、菲律宾、伊朗等七个人口大国，2006年合计人口19.02亿人，与2000年相比，平均年增长速度仍高达到1.82%；孟加拉国、巴基斯坦、越南、印度2006年人均国民总收入分别只为：480、690、690、730美元。这些情况表明：发展中国家人口仍在高速增长，与发展经济、改善生活间的矛盾甚为突出。

现假设：2005年以后的45年，平均每年递增1%（即假定到2050年世界人口增长率由2005的1.2%递降到0.8%），到2050年世界人口总数将达到101亿人；在这之后的50年，平均每年递增0.5%（即假定到2100年世界人口增长率由2050年的0.8%递降到0.2%），到2100年世界人口将要达130亿人，还要比现在增加一倍。而现在，世界上84%的人口尚属发展中国家，他

① 摘自《参考消息》，2004年4月27日。

们的生产力和消费水平还比较低，其中还有近10亿人未曾脱贫。可是地球上的自然生态已难以承受，粮食已难以充分满足需要，有些自然资源已快枯竭。若今后人口再增加一倍，发展中国家的生产力和人民消费都达到现在发达国家的水平，地球将难以承受。届时，人类将会因违背客观规律而受到严厉的惩罚。因此，抓紧做好计划生育工作，遏制人口过快增长，已不仅仅是发展中国家自身的一般问题，而已是一个值得世界上所有国家共同合力解决的大问题。

（三）新中国在处理人口增长与发展社会经济的关系过程中，先有沉重教训，后有成功经验，值得世界各国借鉴

中华人民共和国成立后，随着经济的发展，人民生活的安定与不断改善，人口出生率不断提高、死亡率不断下降，1952年，人口自然增长率猛增至20‰，全国人口已增至5.75亿人。因此，当时中央政府即提出计划生育的设想，1953年的《农业发展纲要》首次写入了计划生育内容，并开始在一些地区进行试点。由于受“左”倾思想的影响，特别是在错误批判马寅初的《新人口论》之后，计划生育基本停止；1959年开始，因受“大跃进”和自然灾害的影响，出生率急剧下降，死亡率大幅上升，1960年首次出现了不正常的人口负增长，计划生育更被搁置。可是在这之后，中国人口又快速增长。1962年人口出生率竟高达37.88‰，比1952年增加了1亿人。基于此，中央、国务院又作出《关于认真提倡计划生育的指示》：“在城市和人口稠密的农村提倡节制生育，适当控制人口自然增长率，使生育问题由毫无计划的状态逐渐走向有计划的状态。”并采取了国家、省市成立计生机构；职工做节育、结扎手术免费，且给以短期休养，工资照发；提倡晚婚，作出限制早婚的全国性统一规定，加强计生药具的研发等一系列措施。后因“文化大革命”，这方面的工作没有很好贯彻执行，人口仍继续高速增长，1970年人口出生率仍高达33.4‰，年末人口总数已升至8.3亿人，18年增长了2.55亿人，给劳动就业、住房以及消费品供应等等，都带来了巨大压力。

基于以上这些情况和沉重教训，1971年，国家终于把人口发展正式纳入第四个五年国民经济发展计划，城乡人口自然增长率被规定为人口控制的目标。1973年，全国计生工作汇报会提出了“晚、稀、少”的人口政策。“晚、稀、少”方针的内涵：晚婚为女23周岁，男25周岁，一对夫妇生育子女数最好一个、最多两个，生育间隔3年以上。从此，中国的计划生育工作步入正轨，并取得了巨大成就，人口出生率和自然增长率，由1970年的33.43‰和25.83‰，递减为1990年的21.01‰和14.29‰，2000年的14.03‰和7.58‰，

2007 年的 12.10‰和 5.17‰，30 年来约少出生 4 亿多人。自 1978 年至 2006 年的 28 年间，中国经济总量（按可比价格计算的国内生产总值）增长了 12.4 倍，居民人均消费水平增加了 6.5 倍。中国经济之所以能有如此快速增长，人民生活之所以能有如此快速改善，固然是得益于改革开放以来党中央的正确路线和方针政策，但其中也少不了正确的计划生育政策。实践已经表明，我国的计划生育工作不仅取得了举世瞩目的成就，还获得了许多宝贵经验。但由于受前 20 年高出生率的影响，2007 年我国大陆人口已达 13.2 亿人，仍然是世界人口最多的一个国家，因此，中央决定仍然继续坚持计划生育。这些经验教训值得广大发展中国家借鉴。

二、对人口增长与经济发展关系的不同论点的评析

（一）人口增长与经济发展关系的不同观点与论据

对人口增长与经济发展之间的关系，中外都有两种截然不同的观点：一是认为人口越少越好；另一是认为人口越多越有利。

前者的主要论据是：劳动力的真实需求可以表述为“使劳动力人均产出达到最大化的劳动力需求总量”。根据这一标准衡量，现在许多发达国家，虽然出现人口负增长，但生产仍在持续增长，也并不缺劳动力。至于广大发展中国家，现实存在的则是大批劳动力过剩。有如中国，虽然实现计划生育已近 40 年，三个产业的劳动力仍然大量过剩：在第一产业中，如普及机械化生产，并按劳动力人均劳动生产率最大化来配置人均土地规模，则只需现有劳动力的十几分之一就足了；在第二产业中，就现有资本技术对劳动力替代能力而言，该产业就业的劳动力中也有一部分是属于过剩劳动力；在第三产业中，劳动力真实需求小于实际就业人口的情况就更加突出。林立的大小店铺和到处拥挤的小商贩所反映的，无非是一家店铺可以卖出的商品由多家来提供，一个摊位可以卖出的东西由十来个甚至更多的摊位来分摊而已。广大发展中国家的实际情况也是这样。为了说明人少的好处，有人还举例说：“孟加拉国人口 1.35 亿，澳大利亚不到 2 千万，其国土和耕地面积分别是孟加拉的 53 倍和 7.2 倍。孟加拉人均收入只有几百美元，澳大利亚则上万美元；按购买力平价计算，也只及澳大利亚的五分之一，人多何益?”还有人在比较分析中国、美国、俄罗斯、加拿大、澳大利亚、印度等世界大国间的人口、经济、资源、人均收入等指标的基础上，提出了从 21 世纪初开始，中国人口逐步降低的两个百年目标：100 年后将中国人口降到 8 亿—10 亿之间，200 年后降到 3 亿—5 亿之间，并

坚定地认为“这是我们中国重新迈进世界一流国家的必要条件。”

后者的主要论据是：在一个合理的社会制度里，人在一生中所创造的价值总是大于他的消费，也就是说，人的平均价值是正数。因此，人口越多，创造的价值就越大，利用资源的能力就越强，实际拥有的人均资源也越多。换句话说，人本身就是最宝贵的资源。他们有一个“吃鸡理论”，认为：“鹰吃鸡，人也吃鸡，所不同的是：鹰吃鸡，越吃鸡越少；人吃鸡，越吃鸡越多。”这是因为，人除了吃鸡以外，还是可以养鸡的。人类几千年来的发展历史表明，一方面，人口数量越来越多；另一方面，人们的生活水平也越来越高。世界各国的发展经验表明，如果经济制度比较合理，那么人口数量的增加并不阻碍经济的发展。事实上，一个国家的贫富，主要取决于这个国家的经济制度和人口素质，而与人口数量的多少并没有很大关系。当一个国家、一个社会出现大量失业人口或过剩人口的时候，不是人口出了问题，而是社会出了问题，要改革的是社会制度而不是要减少人口。例如，在1929—1933年资本主义世界经济危机时期，美国人口只有1.2亿，那时失业率高达25%，如果你认为失业是由于人口太多，那么你是不是认为那时美国也应该减少人口呢？然而，现在美国人口有3亿，失业率只有5%。如果社会制度出了问题，即使是像阿根廷这样每平方公里只有11个人的国家，照样存在大量的失业人口。“少生快富”是荒谬的口号，只有把人的价值定义为负数，才会得出如此荒谬的结论。所以，出现人口问题的根本原因不在于资源的多少，而在于制度的好坏。只要制度问题解决好了，人口越多越好。并举例反驳说：日本人口1.27亿，莫桑比克人口不到2千万，日本国土只有莫桑比克的一半。莫桑比克人均收入只有几百美元，日本则三万多美元。人少何益？

（二）对以上两种不同观点和论据的评析

我们以为，以上两方面的论点和论据，虽都有一定的道理和真实性，但在分析对比时，都较多地忽略了相关的具体时间、地点和条件。

1. 从已经发生的和现实存在的实情看，不论是全球总体，还是各个发展中国家，近几十年来人口增长过快，已严重地制约着经济发展和人民生活改善，给劳动就业和社会的安定和谐带来了沉重的压力。这些都是无可争议的事实。我国自1970年开始实行较严格的计划生育政策，使人口出生率和自然增长率，由1970年的33.43‰和25.83‰，递减为2007年的12.10‰和5.17‰，30年来约少出生4亿多人。由此而取得的硕果，得到世界公认。但即使如此，未来一段时期，我国人口仍将以每年600万—800万的巨额数量继续增长，总人口仍在膨胀，现有劳动力还存在着充分就业的难题。因此，还需继续实行计划生育政策，力争在未来的几十年内逐步实现人口零增长，乃至适量的负增长。这既是中央政府的既定政策，也是举国绝大多数人民群众的共识。这些情况也完全符合广大发展中国家。

2. 至于说“人的一生中所创造的价值总是大于他的消费，也就是说，人的平均价值是正数。”这的确是世界所有国家的历史事实。但对这一历史事实需要分析它产生的两个时代背景：一是在1800年，一个偌大的地球只有8亿人，1800年以前，社会生产用的还是手工工具，当然不会有人口过剩问题。二是19世纪初，全球也还只有16亿人。虽然后经产业革命产生了社会化大生产，到19世纪中后期虽然有了人口相对过剩问题，但也只是出现在欧美极少数发达国家，加之当时，无产者尚未有强有力的组织，这些国家的资本家在政府支持下，只顾对广大无产者进行残酷剥削，并不管失业者的生命，人口死亡率很高。可以说，当时是野蛮资本主义时代，它的资本积累和生产的大发展，是靠掠夺广大殖民地半殖民地人民和用本国无产者的尸骨堆积起来的。等到20世纪，特别是第二次世界大战结束之后，一方面是广大殖民地半殖民地国家纷纷独立，并逐步由小生产走向社会化大生产，从此人口也有了较快的增长；另一方面是由于社会生产力从手工小生产到机械化、电气化大生产的发展过程，使劳动生产率成十倍甚至成百倍地增长，于是产生了大量剩余劳动力；再一方面是发达国家工人阶级日益觉醒，有组织的抗衡力量日益强大，资产阶级不得不改变生产条件、缩短工时、提高工人工资、不得无故辞退工人，建立各种社会保障制度。全球范围内的人口快速增长与发展经济、改善人民生活之间的矛盾，即是在这样的时代背景下产生和发展的。因此，不能用不同时代的事物，简单地否定今天的现实。

3. 至于说一二百年后的世界，是否还要继续控制人口增长，目前是无答案的。也没有争论的必要。因为今后的一二百年有着很多变数：其一是科学技术的高度发展。如若纳米技术，太阳能、潮汐能技术，某些生物技术，航天技术等等方面，都有重大的突破，或是循环经济和能量不灭定律得到全面彻底实现等等。其二是人们对生育儿女的观念。到2100年时，是否会普遍出现有如今天发达国家人们不愿多养育子女的现象？如果真如此，到一定时候，政府也有可能，不是控制生育而是鼓励生育。事实上有的国家已有开始鼓励生育的一些相关政策。其三是生产力水平达到的高度。届时，世界各国是否都已进入自动化大生产时代。如是如此，则不太会出现像今天这样的劳动就业难等等矛盾和问题。如果这些假设都是正面的，大概一二百年后，人们会更自觉地认识和处理经济发展与人口增长的关系，不会再有现在的这些人口问题了。但这些仅仅是假定，究竟如何，现在谁也无法肯定，所以这是一个现在争论不清的问题。至于有人说中国200年后人口减至3亿—5亿人，“是重新迈进世界一流国家的必要条件”，只是一家之言，说说而已，又何必当真呢？不过双方辩论、探讨时用来批驳对方的两个实例，似都不妥当。因为，不论是孟加拉国与澳大利亚，还是莫桑比克与日本，彼此之间人均收入差距之所以如此之大，主要并不在于人多还是人少，而是国情差异很大，既有社会生产力、科学技术和人口受教育的水平高低上的因素，又有自然环境、地理条件上的原因，是不能用作说明“人多好”，还是“人少好”的依据的。

三、人口年龄结构发展趋势与社会化大生产商品经济发展的关系

（一）人口年龄结构的逐渐高龄化，是从小生产商品经济进入社会化大生产商品经济的必然趋势

这里所说的人口年龄结构高龄化，一般是指社会人口总量中，最高年龄段的人口数量所占的比重，呈逐年递增的趋势。至于最高年龄段的界限是60岁还是65岁，或是更高，则需要与时俱进，依各个国家，各个时期的实际情况来定。但不管定在哪个年限，从以下几方面情况分析来看，近100年，最高年龄段的人口数量所占的比重，呈逐年递增的态势，是一个必然趋势。

1. 统计和预测数据表明：由于社会经济的增长，生活和医疗水平的提高，卫生保健事业的发展，人的寿命日益延长，加之有些国家人民群众对生儿育女意识的转变等多方面的原因，经济较发达国家，尤其是一些发达国家，在20世纪后半叶，人口增长缓慢，有的还出现负增长趋势，致使65岁以上人口在总人口中所占比重上升。如从2002年至2006年，日本由17.2%上升到20.2%，法国由16.0%上升到16.6%，德国由16.4%上升到19.2%，意大利由18.1%上升到20.2%。另据2002年3月在纽约召开的联合国会议的有关测算，2002年末，发达地区60岁以上人口（2.36亿人）占总人口的20%，其中意大利为25%、德国、日本为24%，西班牙为22%，英国、法国、澳大利亚为21%，俄罗斯为18%、美国为16%；到2050年，地区总比重将上升到33%，其中西班牙为44%，日本、意大利为42%，澳大利亚为41%，德国为38%，俄罗斯为37%，英国为34%，法国为33%，美国为27%。据日本国家人口以及社会研究机构的调查显示，现在的日本1.27亿人口中有2200万人的

平均年龄超过了65岁，而到2013年的时候，这一数字将上升到3000万，再过5年则会攀升到3400万。与此同时，日本的年轻人口数目一直处于下降趋势。19世纪80年代日本15岁以下人口保持在2700万，但到了2003年只有1700万，预计在2050年将会减少到1100万以下。

2. 在第二次世界大战结束之后，广大殖民地与半殖民地国家纷纷独立或革命胜利，成了发展中国家。这些国家普遍出现了人口的高速增长，大有人满为患之势。基于此，有些国家，先后实行了计划生育政策，以控制人口的快速增长。如我国，从20世纪70年代即实行较为严格的计划生育政策，执行得也比较好，有效地控制了人口总量的增长，但由此，现在也出现了65岁以上人口所占比重提高趋势。我国因为从20世纪70年代开始实行较为严格的计划生育政策，人口增长率逐年递减，也使65岁以上人口在总人口中所占比重，由1990年的5.6%递升为2000年的7.0%，2006年的9.2%。但多数新兴的发展中国家，人口增长较快，2006年不少国家，65岁以上人口在总人口中所占比重还不到4%，因此，全世界的比重还只为7.4%。但有如上面介绍的实际情况，目前许多新兴的发展中国家，已从实践中越来越认识到：人口的快速增长对于发展经济和改善人民生活的不良后果，今后也势必逐步推行计划生育政策，人口增长率也会逐步下降。届时65岁以上人口所占比重也会随之上升。

3. 以上有关世界人口发展预测的具体数据不一定准确，但发展变化的趋向是可以肯定的。加之今后，随着经济的进一步发展，人类文明程度的不断提高、生活质量的进一步改善、医疗事业的极大发展，人类寿命必然越来越长，65岁以上人口所占比重必然越来越高。这就是说，人口高龄化应是近百年不可逆转的发展趋势。至于过了这个发展周期，人口总量及其年龄结构又将是怎样的发展趋势，则要随今后各时期的具体情况，本着人口与经济社会协调发展的要求而定，目前尚难判断。

（二）当今世界有一些人认为现实出现的人口年龄结构的发展趋势，有碍于经济发展和改善人民生活

随着人口结构的日趋高龄化，社会上对这种发展趋势，逐渐产生了一些悲观论调。有人担心的已不是全球人口过剩，而是新生儿过少、人口结构老龄化的发展，必然造成社会劳动力不足；社会负担的不能参加劳动的老龄人口过多，老年人养老金、医疗费用缺口越来越大。这样的人口危机，将严重影响经济发展与人民生活的改善，会使人类前景暗淡。为此，有人发出种种耸人听闻的警告。

如日本电子业巨头索尼公司的主席最近语出惊人："如果日本要继续保持成为世界最繁荣的国家之一，那么就应该打开国门，迎接数百万的海外移民进入。"[①] 总部设在马尼拉的亚洲开发银行在2002年8月6日发布的报告中则认为："在今后50年内，随着老龄化人口的不断增加，亚洲的发展中经济体将面临老龄化危机。"[②]

根据有些部门预测，我国60岁以上老年人口，2014年将达2亿，2026年达3亿，2037年超过4亿，2051年达到最大值，之后会在一定时期维持在3亿—4亿的规模。另据联合国对中国人口发展的预测，2010年，中国总人口将达13.73亿，65岁及以上人口所占比重为8.1%。到2050年，中国总人口将达14.78亿，65岁以上人口大约为3.34亿，占全部人口的比重为22.6%。更引起了一些人忧心忡忡：有的担心届时会因缺乏劳动力而制约经济发展；许多人惧怕今后社会保险经费无法保障，老人生活难以维持。如据新华网福州2005年10月22日电："发展中的中国养老体系面临严峻考验。社保基金增值保值任重道远。"我国社会保障基金理事会的一位领导也曾这样指出："人口普查及人口研究中心预测数据显示，2030年前后，我国60岁以上的老龄人口预计将增至4亿左右，相当于现在欧盟15国的人口总和；到2050年，我国60岁和65岁以上的老龄人口总数将分别达到4.5亿和3.35亿，这意味着每3个人中就有1个老人。我国现在虽然还处于劳动力黄金时期，但60岁以上人口超过14%，65岁以上人口超过10%，按照国际社会标准，我们显然已经跨进了老龄化社会的门槛。今年5月，世界银行公布了一份关于中国未来养老金收支缺口的研究报告。报告指出，在一定假设条件下，按照目前的制度模式，2001年到2075年间，我国基本养老保险的收支缺口将高达9.15万亿元。"[③] 有人甚至认为中国将面临人口老化危机，并提出了放松现行的计划生育政策的建议。

四、有关人口老龄化的若干问题的剖析

（一）当前世界人口的主要问题，仍然是控制总量增长问题

在一些人对人口高龄化趋势忧心忡忡的同时，我们不能不看到，在实行严

---

① 摘自中新网2004年8月15日电。

② 见《参考消息》，2002年8月8日。

③ 资料来源：新华网2005年10月23日。

格计划生育政策的中国，目前和未来一段时期，每年人口仍将以为600万—800万的巨额数量继续增长，总人口仍在膨胀，现有劳动力还存在着充分就业的难题。据劳动和社会保障部提供的统计数据显示，今后几年，中国城镇每年需要就业的人口都将超过2400万人，而新增的就业岗位加上自然减员也只有1100万个，劳动力供大于求的缺口在1300万个以上，矛盾十分尖锐。特别是在中西部地区、资源枯竭的城市，就业问题更加突出。在农村，现有劳动力4.97亿人，除去已经转移就业的两亿多人以及农村需要务农的1.8亿人，尚有一亿左右的富余劳动力①。在广大发展中国家，因人口过快增长，而产生的难题，比之我国更是有过之而无不及。因此，在当今世界，尤其是包括我国在内的广大发展中国家，当务之急是如何有效地控制人口总量增长和解决充分就业的问题，而不是人口老龄化危机问题。

（二）只要生产能持续发展，就不会出现所谓的人口老化危机

对所谓的人口老龄化危机问题，我们曾做了多方的比较研究和广泛的定量分析，所得的结果是：当今世界，在总体上还不存在这个问题，只要处理得当，今后50年内也不会发生这个问题。实际情况如下：

近几年来，中外都有一些学者将60岁（也有说是65岁）以上人口在总人口中的比重持续增加，等同于不能工作而需要他人扶养的人口越来越多，能劳动的人越来越少，并由此得出了人口越来越老化，从而既制约经济发展，又增加社会负担。于是有了人口老化危机的骇人听闻的议论。其实，这是不合实际情况的误解。

正如前面介绍的情况，由于多方面的原因，近几十年来，包括我国在内的许多国家，不仅是60岁而且是65岁以上人口在总人口中所占的比重，的确逐年递增，今后还要持续提高。人口年龄结构的确趋于高龄化。但60或65岁以上高龄的人，并不就等于不能工作的老化者。这一年龄段人口的增多，不等于劳动力的减少和需要扶养的人口增多。因为，随着经济与科学技术的进一步发展，一方面是生产自动化程度的不断提高，体力劳动者的人数将越来越少，脑力劳动者的人数越来越多，劳动强度将越来越低；另一方面是人民生活质量与医疗卫生事业将不断改善，人类体质将不断增强、寿命将不断延长。近百年来，世界人均寿命增加了30岁。过去，60岁的人就已老态龙钟；而现在，许多80岁的人还精神抖擞。基于此，劳动者的工作年龄亦会随之延长，退休年

① 《中国经济周刊》，2006年11月27日。

龄亦应随之推迟。如到 2050 年，世界上多数国家，像我国，经济已进入较发达国家的行列，“老龄”的界线不应再是 60 或 65 岁以上，而应是 70 或 75 岁，退休年龄亦将随之相应增加。英国的法定退休年龄目前就已经由原来的 60 岁（男）、55 岁（女）提高到了 65 岁（男）与 60 岁（女）。2006 年 5 月 25 日，英国就业与养老金大臣公布最新退休金制度白皮书，宣布自 2024 年起，退休年龄将逐步向上调高，到 2044 年，将一直调到 68 岁才能退休，同时政府提供的退休金将依据个人平均工资高低付给，是英国数十年来退休制度的最大规模改革。欧盟也在 2003 年夏天出台了新规定，从 2006 年起，欧洲公司将不得设定强制性退休年龄，只要人们愿意，他们可以工作到任何时候。同时，要求公司不得允许员工在 55 岁以前领取养老金；英国政府在 2003 年 7 月公布了反年龄歧视措施，明确规定在招聘广告上不得有任何年龄歧视，任何公司都不得在员工还能胜任工作的情况下强迫他们退休。美国已经多次调整了退休年龄，其 2005 年的法定退休年龄是 65 岁零 6 个月，以后每年延长两个月，直到延长至 67 岁为止。同时，美国还采取种种措施鼓励人们尽可能推迟退休。比如说，如果职工到了退休年龄还想继续工作，他们可以在继续工作的情况下领取退休金，也可以选择不领取退休金继续工作到 70 岁，在这种情况下，每多工作一年，退休金就会提高约 7%。德国在 2003 年出台了“2010”社会福利改革方案。按照这个方案，从 2011 年起逐步将退休年龄从 65 岁推迟到 67 岁，并提出了包括降低养老金标准、提高养老保险保费等一揽子应对老龄化冲击的解决方案。

以上这些情况表明，60 岁、65 岁以上人口比重的增加，并不意味着社会能参加生产劳动的人口就相应减少。随着科学技术的快速发展，各生产单位机械化、电气化、自动化水平越来越高，社会上需要脑力劳动的岗位越来越多，需要重体力劳动的岗位越来越少。一个抡大锤的工人 50 岁就可能干不动了。一个按电纽操作汽锤的工人干到 65 岁甚至 70 岁应该是没有问题的；科研人员、大学教授甚至中小学教师，随着年龄的增长，积累的知识和经验越丰富，只要思维清晰，身体条件许可，工作到 75 岁、80 岁又有何不可，而且还可能有更好的效果。这是实情不是空想。若以此为标准，到 2050 年不论是全球范围还是我国，都不会出现人口危机。据测算，到 2050 年，全球近 20 亿 60 岁以上人口中，60—70 岁的超过半数，60—75 岁的超过 6 成，届时老龄人口所占比重，若以 70 岁为界限，则为 10.5%，只比 2002 年的比重 10% 高 0.5 个百分点；若以 75 岁为界限，则仅为 8.6%，比 2002 年还要低 1.4 个百分点。至于我国，若以 65 岁为界限，2006 年老龄人口还只为总人的 8.2%，若以 70 岁为界限，则为 5.1%；另据预测，到 2050 年我国 20—65 岁的年龄段的人口总数至少还有 7 亿人，若延长至 75 岁，则还有近 8 亿人，为美国 2006 年就业人口 1.4 的亿人的 5—5.7 倍，届时仍不会出现劳动力不足的问题。

（三）国家支付养老金的能力不决定于抚养比，而在于国民经济总量的增长速度

有些学者经常用劳动人口对老年人口的抚养比的提高趋势——即要从 4 个劳动力供养 1 个老年人，变为 2 个劳动力供养 1 个老年人——来表示老龄化将使劳动力养老负担加重，从而担心社会提供不出足够的养老金。并由此得出了："这样一来，不是社会养活不了如此多的老人；就是广大劳动者的生活水平难以改善"的结论。其实，这一观点的产生是在于没有充分认识到科技进步对提高劳动生产率和发展经济的主导作用。在今后的时代，一个社会提供养老金的能力，主要是取决于由科技创新而实现的人均劳动生产率和社会经济总量的增长速度，而非劳动力的人数。社会实践已充分证明：一个用拖拉机和收割机耕种 100 亩土地的劳动力，能比 20 个用牛和镰刀经营着 100 亩地的劳动力，提供更多的农产品；100 个用自动化设备采煤的劳动力，能比数千个用手工采煤的劳动力，提供更多的煤炭。从当今科技的发展趋势来看，到 2050 年，不论是世界范围，还是广大发展中国家，只要继续适度增加教育和科研经费投入，劳动生产率比前 50 年，会以更快的速度发展。随着科学技术的进步，即使保守估计，到 2050 年我国社会人均劳动生产率水平达到 2006 年美国（92270 美元/人）的水平，是完全可能的。届时，我国劳动力总量约为美国 2006 年的 5—5.7 倍，我国的经济总量也可达到美国 2006 年的 5—5.7 倍，即为 66 万亿—75 万亿美元。这时，经济总量上来了，"蛋糕做大了"，只要采取有效的分配和再分配政策，人均收入可达到 4 万美元，社保基金的来源也自然解决了。不仅如此，进一步分析还可发现，继续降低人口增长速度，进一步减少新生儿童的数量，还有助于改善人民生活和增加养老金的支付能力。道理十分简单，如在我国，若稍微放松一点计划生育政策，每年人口出生率即使保持在 2006 年的 1.21% 水平，每年新生幼儿 1500 多万人，每年净增人口就有可能回复到 800 万—900 万人。这些新增幼儿，至少要等到 18—22 岁以后才能从事生产，在此之前他们只能是消费。随着人口总数的增加，若经济增长速度不变，人均消费水平和养老金支付能力，都必然随之下降。

（四）就实际情况看，当今发达国家并没有因人口老龄化而影响生产发展

统计资料显示，现有的发达和较发达国家，虽然人口已出现负增长，2006年65岁以上人口占总人口的比重，多已超过12%，有的已超过20%，虽然速度较为缓慢，但它们的经济照样持续增长，同时还存在较高的失业率，表明现有劳动力对促进经济增长还存在着一定的潜力。这些国家并没有因为出现人口负增长和65岁以上人口占总人口的比重较高，而影响经济发展，详见表2－2。至于有的欧洲福利国家，这几年也的确出现了因支付高额养老金而造成财政赤字的问题。但这是由于其他多方面因素造成的，与人口高龄化并不相干，对此将在本书第三卷进行论述。

表2－2　发达国家高龄人口比重与经济增长速度、社会失业率对照表

国　别	2006年65岁以上人口占总人口（%）	年均国内生产总值增长（%）		2000—2006年的最高和最低年份失业率（%）
		1991—2000年	2001—2006年	
法　国	16.6	2.0	1.7	9.8—10.0
德　国	19.2	2.1	0.9	10.0—11.1
意大利	20.2	1.6	0.9	6.8—10.5
俄罗斯	13.7	-2.3	6.2	4.1—5.3
西班牙	16.5	2.9	3.4	8.5—13.9
英　国	16.0	2.4	2.5	5.0—5.5
荷　兰	14.2	3.1	1.5	5.2—2.9
澳大利亚	12.8	3.5	3.1	5.0—6.4
新西兰	12.4	2.9	3.3	3.8—6.0
美　国	12.4	3.3	2.4	4.6—6.0
加拿大	13.3	2.9	2.6	6.3—7.6

资料来源：国家统计局网站。

综上分析可知，就总体而言，不论是发达国家还是发展中国家，目前基本上不存在所谓的人口老化危机的问题。

至于今后，只要遵循社会化大生产商品经济发展规律，大力发展教育事业，增加科研经费投入，紧紧依靠科学技术发展国民经济，在广大发展中国家则还要继续控制人口总量，同样不会产生所谓的人口老化危机。

五、社会化大生产商品经济的发展与人口素质的提高和人才的培养

（一）社会化大生产商品经济的发展需要人口素质的提高和人才的培养与之相适应，两者之间也需要协调发展

在上一章讨论社会化大生的特征时，我们曾强调指出："社会化大生产商品经济的生产力特征，集中表现在生产机械化、电气化以及科技现代化上面。""科学技术创新对经济、社会发展起首要的变革作用，现代科学技术广泛渗透到经济、社会活动中，渗透到社会生产的各个环节，决定了它成为推动社会经济发展的决定性因素。"而商品经济是竞争经济，遵循优胜劣汰的丛林法则。因此，社会化大生产商品经济时代，世界市场竞争主要是科学技术的竞争。而科学技术是人创造发明的，同时还需要有一定科学技术水平的人才去操纵使用。因此，在社会化大生产商品经济时代，一个国家只有培养出相应的科技人才，才能有科技创新，只有大力提高广大劳动者的文化科学知识水平，才能使用好现代化的生产工具，才能操纵好现代化的生产工艺，才能管理好现代化的企业。这就是说，为了适应社会化大生产商品经济发展的需要，固然要控制人口总量的增长，使之与社会商品生产协调发展；同时，还必须大力发展教育事业，在普遍提高人口素质的基础上，及时培养出一大批适合社会化大生产条件下的国民经济发展需要的人才。在社会化大生产商品经济时代，社会分工越来越细，国民经济行业越来越多，因此也分别需要具有各种不同专业知识和专业技能的人才。这就要求人口素质的提高和专业人才的培养，也要与国民经济对各类专业人才的需求按比例地协调发展。否则，若不普遍提高人口素质，大力培养各方面的专业人才，社会化大生产商品经济就无从发展；即使人才虽培养出来了，但专业不对口，以致产生学非所用，用非所学，则不仅是人才和培养经费的浪费，而且还有碍于国民经济的发展。这就是说人才的培养、供给，与国民经济发展对它的需求，也要力争做到协调发展。这也可以说是社会化大生产时代的一条客观规律。

（二）要适应社会化大生产商品经济发展的需要，广大发展中国家务必把发展教育科研事业放在重要位置，要增加这两方面的经费投入并妥善安排好教育事业内部结构

1. 关于教育经费和科学技术研究开发经费投入问题。当商品生产进入社会化大生产商品经济时代以后，科技创新已是当前国际市场竞争中的支柱。因

此，长期以来，发达国家一直十分重视对教育和科技研究开发资金的投入。其投入量远远高于发展中国家。如美国研究和开发经费支出占国内生产总值的比重，一直保持2.5%以上，教育经费支出占国内生产总值的比重则一直保持在5.0%以上。几个主要国家的具体情况，可见表2－3。

表2－3　几个主要国家研究与开发和公共教育经费支出占国内生产总值比重

国家	研究与开发经费占国内生产总值（%）			教育经费支出占国内生产总值（%）		
	1996年	2000年	2006年	1991年	2000年	2005年
日本	2.78	2.99	3.14	缺	3.6	3.54
美国	2.55	2.74	2.68	5.09	5.75	5.33
法国	2.30	2.18	2.12	5.63	5.75	5.7
德国	2.25	2.24	2.52	缺	4.53	4.6（2004年）
英国	1.88	1.86	1.8	4.79	4.64	5.6
俄罗斯	0.97	1.05	1.08	3.57	2.94	3.55
中国	0.57	0.90	1.42	2.23	2.08	3.01（2006年）
印度	0.55	0.85	0.7（2004年）	3.65	4.12	3.25
巴西	0.77	0.99	0.8（2005年）	缺	4.30	4.15（2004年）

资料来源：国家统计局网站。

表2－3的数据表明，在科研和教育两项经费支出水平上，四个老牌发达国家，远远高于新兴的“金砖四国”，尤其是在科研经费方面。日本从客观条件来说，并不具有独特的优势，它之所以能成为世界第二经济大国，与它长期以来的重视教育、重视科研是分不开的。这从表2－3和表2－4中它投入的研究开发经费、从事科研人员的比例和科研成果居世界第一的情况中，可以充分反映出来。

表 2-4　　主要国家研究与开发人员和专利申请数量

国家	每百万人从事研究开发的研究人员数（人/百万）			专利申请数量（万件）		
	1996 年	2000 年	2005 年	2000 年	2003 年	2005 年
世界	缺	缺	缺	123.1	138.4	143.3
高收入国家	缺	3630	3890	106.5	113	118.1
中等收入国家	716	707	缺	16.4	23.84	25.1
低收入国家	缺	缺	缺	0.2	0.6	0.1
日本	4907	5097	5512	42	41.3	42.7
美国	4211	4537	4651	29.95	34.2	39.1
法国	2649	2903	3353	1.74	1.7	1.7
德国	2810	3132	3359	6.2	6.5	6
英国	2501	2741	2995	3.3	3.2	2.8
俄罗斯	3799	3455	3227	3.23	3.5	3.2
中国	445	546	852	6.8	12.9	17.3
印度	157	119	缺	0.8	1.3	1.8
巴西	缺	344	461	2.01	1.34	2

资料来源：国家统计局网站。

只要将表 2-3 和表 2-4 中的数据联系起来考察，就很容易地看出：日、美两国投入的研究经费和研究的人员最多，所以它们出的研究成果也最多。广大发展中国家，尤其是发展中的大国，为了又好又快发展木国的社会化大生产商品经济，要尽可能多地挤出资金加大对科技研发以及教育的投入，力争尽早将用于研究与开发的经费达到国内生产总值的 3%，教育经费的支出达到国内生产总值的 5% 以上。

对于我国的教育事业来说，在增加投入的同时，还需做好具体的教育工作，使拥有 13 亿人口的大国，尽快地转化为人力资源强国。近几年来我国已进一步采取了一系列发展教育的政策措施，如实行全面普及九年义务教育，特别是实现农村免费义务教育，全部免除学杂费，全部免费提供教科书，并对家庭困难的学生提供生活补助；健全国家奖、助学金制度，普通高校资助面超过 20%，中等职业学校资助面超过 90%；高等教育，自实行扩招以来，现已进入了大众化阶段，等等。这些政策措施切实可行，已取得巨大成效。如 2007 年，中国高校招生数达到 570 万人，毛入学率达 23%，在校生总数达到 2700 万，位居世界第一；职业技术教育已经步入以就业为导向、工学结合发展的快车道，2007年中等职业教育招生数达到800万，职业教育与普通教育协同发展的局面初步形成。今后的关键则是如何在保证教育、科研经费相应增加的同时，通过深化教育体制、机制和教学内容的改革，进一步提高教学质量的问题。而提高教学质量的关键，一是师资素质的培育问题；二是教材质量的提高问题。对于我国高等学校社会科学的各个学科教材来说，很有必要在马克思主义与中国实践相结合的中国特色社会主义理论指导下，通过广泛吸取古今中外已有的社会科学精华的基础上，系统地总结我国60年来社会主义建设的实践经验，编写出充分体现中国特色社会主义性质的系列教科书。在社会科学方面，社会主义社会与资本主义社会相比较，固然有某些共性，但也有本质上的特殊性，既有不同的生产关系，又有不同的意识形态，有不同的阶级性。因此，我国的社会科学教科书，是不应过多使用西方的教材的。目前我国大学经济管理系列的教材，用的主要是西方经济学，是很不妥当的。总而言之，对西方的社会科学，不是盲目照搬，全盘接受，应是选择使用，批判吸收。

第三节　社会化大生产商品经济与自然和谐发展规律

一、社会化大生产商品经济，产生了社会生产发展的无限性与自然资源和自然生态承载能力有限性的矛盾

（一）社会化大生产商品经济与大自然发生矛盾的必然性与普遍性

前面已经指出：人口的增长和所需要消费的物质资料可以是无限的，可是地球上可用的土地和多数自然资源是有限的，彼此间发生矛盾是客观的必然。加之在社会人口不断增加的同时，人们内在的不断改善生活质量的欲望，对生活资料的需求量会以更快的速度增长。当社会进入机械化、电气化大生产时代，随着科学技术的飞速发展，社会生产力的快速提高，可以生产出越来越多的商品。不论生产什么样的商品都需要消耗一定的自然资源，生产的商品越多，需要消耗的自然资源也越多。传统的社会生产与消费过程，从物质资料的流程方面考察，是一种物质资料单向流动的线性经济，其特征为："资源——生产——消费——废弃物排放"，经济的发展、产品产量的增加、消费水平的提高，主要依靠高强度地开采和消耗自然资源，并高强度地破坏自然生态。从

整个社会发展长河考察，人类对生活资料的需求以及社会生产能力的增长是无限的，从而对自然资源的需求量、消耗量以及对自然生态的破坏也是无限的。可是，不可再生的自然资源与自然生态的承载能力是有限的。经济的发展固然可以改善人们的生活，但若处理不好，必然会产生更多的污染、更多的有毒废料，更多的温室气体以及对生物圈造成更多无法修复的破坏，从而又会反过来威胁人类身体健康和生命安全。在商品经济的基本规律——价值（剩余价值）规律的支配下，若无国家的有力管制和调控，广大商品生产经营者为了能在激烈的市场竞争中取胜而不被淘汰，为了获得更多的剩余价值，其自发作用的结果必然是：社会生产能力越来越提高，被消耗的自然资源越来越多，自然生态环境越来越恶劣，危害人类的反作用也会越来越大。近百年来世界各个国家社会实践的进程，无一例外地呈现出这一发展趋势，并已充分证明：自进入社会化大生产商品经济之后，社会生产的发展与自然资源、自然生态发生矛盾的必然性与普遍性。

（二）社会化大生产商品经济的发展已对大自然造成极大破坏

1. 全球有的大河出现枯竭、断流；不少水源、河流遭到污染。水是生命的源泉。但据英国《独立报》2006 年 3 月 12 日题为《世界河流的消亡》（作者杰弗里·利恩）的文章报道："在全球 500 条大河中，超过半数严重枯竭。……尼罗河和巴基斯坦的印度河流抵大海时，流量严重减少；有的河流，像科罗拉多河如今已无法流到大海。有的河流，如约旦河和美国——墨西哥边界上的格兰德河有很长一段已经断流。即使在英国，由于家庭、工业和农业的过度抽水，160 条记录在案的河流中，1/4 的河流正在枯竭，如肯尼特河、达伦特河以及怀利河。" 2003 年 3 月，联合国水资源世界评估计划发表的一份报告说："一种最坏的估计，到本世纪末，将有 60 个国家的近 70 亿人口面临缺水问题，即便是最乐观的估计，也将有 48 个国家的 20 亿人口缺水。目前世界上约有 90 个国家、40% 的人口面临缺水。……该报告指出，每天有 200 万吨垃圾被倒进河流、湖泊和小溪中，每一升污染水正在污染八升淡水。所有流经城市的亚洲国家的河流都已被污染；在美国，1998 年评估的有水资源的地方已经有 40% 的面积被污染。欧洲 55 条大河中只剩下 5 条河流目前还没有被污染。"①

2. 海洋也受污染。从 2001 年到 2005 年，渤海污染海域总面积一直在 1.9

① 《参考消息》，2003 年 3 月 6 日。

万—3.2万平方公里之间波动，占渤海总面积的24%—41%。2006年10月18日《人民日报》记者余建斌报道："记者从国家海洋局获悉，根据最近的监测表明，渤海依然是我国海洋生态环境破坏最为严重的海区，工业废水、生活污水、工业和生活垃圾、农药、化肥等陆源污染物大量超标超量排放入海，成为当前渤海环境状况恶化未能得到遏制的根本原因。相关海洋专家指出，如果不采取任何措施来遏制污染，那么10年后，渤海将变成'死'海；即使现在开始不向渤海排放一滴污水，仅靠其与外界水体交换来恢复清洁，也需要至少200年。国家海洋局的监测表明，目前渤海最突出的环境问题是陆源污染。每年陆地要向渤海排入污水56.8亿吨，占全国17.9%；主要污染物每年入海216万吨，占全国的8.5%。这使得渤海近岸污染严重，生态环境恶化，生物资源锐减，个别排污口附近海域几乎已无生物。特别是部分排污口的连年超标排放，致使近岸海域四类和劣四类水质海域面积居高不下，一直维持在5000平方公里左右。"

根据2007年《中国海洋环境质量公报》显示，"我国四大海区中除黄海外，污染程度都继续增加，全海域未达到清洁海域水质标准的面积约14.5万平方公里，比2006年减少约0.4万平方公里。……根据对陆源入海排污口的监测，在去年实施监测的573个入海排污口中，约87.6%的排污口超标排放污染物，污水排海总量（含部分入海排污河径流）约359亿吨，所含的主要污染物总量约1219万吨。四大海区中，渤海沿岸超标排放的排污口比例依然最高，达91%。在监测的18个生态监控区中，约78%的生态系统处于亚健康或不健康状态。"①

另据美国《每日科学网站》2008年10月30日题为《气候变化正在侵蚀海洋》的文章分析："大气中过剩二氧化碳正在改变海水的化学结构，加重其酸性程度，由此危及许多海洋植物和生物的生存环境乃至生命。"②

3. 全球湖泊在加速"死亡"。2006年11月24日《环球时报》发表的题为《全球自然湖泊正在加速消亡》（作者谢坚、李一平）的文章指出："在世界生命湖泊大会上，与会专家认为，近50年来，中国平均每年有近20个天然湖泊消亡，75%的天然湖泊和人工湖泊出现富营养化。"另据世界水论坛发布的调查报告，全世界一半以上的湖泊和水库正面临大规模生态威胁，危及全球

① 《人民日报》，2008年1月18日。
② 《参考消息》，2008年11月3日。

环境和10亿人口的饮用水资源。

2005年，联合国针对全球湖泊加速消失问题也发出过警告，卫星图像显示，与数十年前相比，目前一些湖泊与河流的长度、宽度发生了巨大变化，如乍得湖面积缩小近90%，而非洲最大的淡水湖维多利亚湖水位比20世纪90年代初降低了1米。过去20年间，尼日尔损失了近80%的淡水湿地。报告认为由于气候变化、污染、不良灌溉，使得全球各地的湖泊面积日益缩小、效能下降。

俄罗斯的例子也很能说明问题。俄罗斯有大小湖泊20多万个。其中水面面积超过1000平方公里的有十多个。贝加尔湖是世界上最深、蓄水量最大的淡水湖。但据俄罗斯媒体报道，由于近年来工业的发展，俄罗斯不少湖泊都面临污染问题。

曾出版过《中国湖泊》专著的中国科学院南京地理与湖泊研究所教授王书明在接受采访时表示，“湖泊、湿地消失的负面影响已经显现。据他统计，单从长江自然灾害方面看，宋代是10年一次，明清4年一次，现在达到每年一次。因为原有湖泊已丧失了调蓄功能。湖泊与湿地消失的破坏作用是巨大的，既涉及到生物多样性的破坏，也与全球气候变化有关。他表示，近几年不断出现的飓风、海啸、全球变暖、水危机无不是自然对人类活动过度的反应。”

4. 全球30个山脉冰川加速消融。“联合国环境规划署16日在肯尼亚首都内罗毕发表声明说，最新抽样调查显示，2006年全球30个山脉冰川的消融速度比前一年大幅加快。声明指出，根据瑞士苏黎世大学世界冰川观测中心的数据，2006年全球9座山脉的30个冰川的厚度平均减少了1.4米水当量（1米水当量相当于冰川厚度1.1米），大大超过2005年减少的0.5米水当量。

在1980年至1999年间，这些山脉冰川的厚度平均每年减少0.3米水当量，1998年则减少了0.7米水当量，创下此前20年来的最高纪录。而在2000年至2005年间，这30个山脉冰川平均每年减少的厚度为0.5米水当量。联合国环境规划署执行主任阿希姆·施泰纳指出，山脉冰川是许多大河的源头，冰川水资源的流失必将对人们从这些河流获得饮用水及生产用水产生重大影响。”①

国际冰雪委员会（ICSI）的一份报告指出：“喜马拉雅地区总共有1.5万

① 《人民日报》，2008年3月17日。

条冰川，除两极地区的冰冠以外，这些冰川是世界冰体最大的组成部分。这些冰的融水是世界上两条最古老的河流——印度河、恒河的水源。由于温室气体的大量排放和温室效应，造成冰川融化。喜马拉雅地区冰川后退的速度比世界其他地区都要快，如果目前的融化速度继续下去，这些冰川在2035年之前消失的可能性非常大。”国际冰雪委员会负责人赛义德·哈斯内恩说：“即使冰川融水在60至100年的时间里干涸，这一生态灾难影响范围之广也将是令人震惊的。”

德国《经济周刊》2006年7月10日题为《就像烤箱里的冰》一文指出：“冰川消融是全球变暖的明显信号。全世界还有16万块冰川，其中阿尔卑斯山冰川的文献资料最为完备。自19世纪中叶工业化之初至今，阿尔卑斯山冰川的面积缩减了1/3，体积减少了一半。冰川消融留下了山麓堆积区。而且因为永冻土层丧失了“粘合剂”的作用，山坡变得不稳定，致使山崩和泥石流频发。因此，目前许多穿越阿尔卑斯山的道路一到夏天就危机四伏。非洲最高峰乞力马扎罗山的冰川消融速度尤为惊人。1912年至今，山顶的冰冠缩小了80%。研究者预计：那里有1.2万年历史的冰川在2020年之前将彻底消失。就消融速度而言，格陵兰与南极洲的冰川有如烤箱里的冰块。在格陵兰，巨型冰川因消融而突然滑动时甚至会引发地震。”马克斯·普朗克研究所的气象学家根据最近的气候研究报告推测，目前在炎夏过后还有冰山漂浮的北海，到本世纪末将可以全年通航，而且有时会完全没有浮冰。

5. 导致生存环境全面恶化。据联合国人口基金会的统计，从1900年至今，世界人口翻两番，经济增加几十倍。与此同时，世界平均地表温度已经上升了1摄氏度之多，从而带来了冰盖融化，海平面上升的威胁。由联合国于1988年创建的政府间气候变化问题研究小组（IPCC）的专家们认为，到21世纪末气温升高幅度将在1.4摄氏度到1.8摄氏度之间，海平面平均涨幅将达到15—95厘米。与此同时，北极大浮冰的厚度已经在50年内减少了40%。某些模型预测，在21世纪，格林兰岛上的冰层将会变得脆弱，使海平面上升3米。这对全球来说都将是灾难性的。在1960年至1990年，赤道地区的森林面积减少了五分之一；据绿色和平组织估计，100年来，全世界的原始森林有80%遭到了毁坏；1985年人们发现臭氧层有一个空洞；大规模工业化和核武器的发展意味着人类能自身带来毁灭。

2002年8月26日召开第二届地球峰会，会议认为：“全球生存环境持续恶化。因过度开发，过去30年中，全球23%的耕地严重退化，土壤流失每年

250亿吨，三分之一以上的土地面临沙漠化威胁。上世纪90年代的10年中，森林面积减少9404万公顷。目前每年有4500百亿吨废水、污水流入江河湖海。过去10年，全球二氧化碳排放量增加了9%，全球气候变暖的迹象日趋明显，旱灾的频率与严重程度不断增加。生态失衡的状况严重危害着动植物，每年有9%的树种、13%的鸟类和25%的哺乳动物濒临灭绝，34%鱼类资源枯竭。环境恶化象一个巨大的毒瘤，成为人类可持续发展的一大制约因素。"①

"我国环境形势依然严峻。长期积累的环境问题尚未解决，新的环境问题又在不断产生，一些地区环境污染和生态恶化已经到了相当严重的程度。……流经城市的河段普遍遭到污染，1/5的城市空气污染严重，1/3的国土面积受到酸雨影响。全国水土流失面积356万平方公里，沙化土地面积为74万平方公里，90%以上天然草场退化。"②

"国土资源部地质大调查，青藏高原生态地质环境遥感调查与监测"项目的阶段性研究成果中指出："上世纪70年代时，青藏高原的冰川面积为48859.18平方公里，到本世纪初已变为44438.40平方公里，总减少率达9.05%，与此相适应的情况是，大部分的雪线在上升，上升最多处有几百米。……目前荒漠化土地面积已达506074.79平方公里，占青藏高原全区总面积的19.5%，比70年代净增面积38743.07平方公里，增长率为8.3%，其中增长率最大的是重度沙化土地、中度沙化土地和沙漠，分别达到31.5%、68.9%和86.9%。"③

"青海省荒漠化土地以每年近10万公顷的速度扩展。同时，风沙使每年进入黄河上游大型水电站龙羊峡水电站库区的流沙达890万立方米。使得水电厂年发电量减少24亿千瓦时。"④

二、整治和保护自然生态环境，虽已受到重视但成效有限，亟需加强

（一）自然生态环境的恶化，已引起世界各国的普遍重视

从20世纪70年代开始，由人类社会生产引发的自然生态日益失调，生存环境渐趋恶化的问题，已引起世界各国广大有识之士和政要的重视。有关国际组织也日益关注，并发起召开一系列世界各国政要以及专家会议，成立了各种

① 《经济日报》，2002年8月27日。
② 《人民日报》，2006年4月24日。
③ 《经济日报》，2004年1月28日。
④ 《人民日报》（海外版），2008年8月30日。

专门组织，并通过了一些决议和公约，拟着力解决已经发生的生态失调和环境恶化问题，实现人类社会生产与自然和谐发展。现将有关的部分情况记录如下：

1972 年，联合国人类环境会议在斯德哥尔摩召开，来自世界 113 个国家和地区的代表汇聚一堂，共同讨论环境对人类的影响问题。这是人类第一次将环境问题纳入世界各国政府和国际政治的事务议程，并成立了环境规划署。大会通过的《人类环境宣言》宣布了 37 个共同观点和 26 项共同原则。它向全球呼吁：现在已经到达历史上这样一个时刻，我们在决定世界各地的行动时，必须更加审慎地考虑它们对环境产生的后果。

1979 年第一次世界气候大会上，气候变化首次作为一个引起国际社会关注的问题提上议事日程。在发现臭氧层空洞后两年，各国于 1987 年签订了蒙特利尔议定书，规定各国必须减少对臭氧层起破坏作用的主要化学气体的排放量。之后又召开了许多次会议，签订了一些有关规范资源应用的公约。随着对全球气候逐步深入的认识和大气中二氧化碳浓度不断增加的事实，促使联合国环境规划署和世界气象组织于 1988 年建立了政府间气候变化小组（IPCC）。1990 年 IPCC 发表了第一份气候变化评估报告。这份报告提供了气候变化的科学依据。以 IPCC 的这份报告为基础，联合国大会于 1990 年建立了政府间谈判委员会，开始进行气候变化框架公约的谈判。1992 年 5 月 9 日在纽约联合国总部举行的气候变化框架公约政府间谈判委员会第 5 次会议上，通过了《联合国气候变化框架公约》（以下简称《公约》）。《公约》的最终目标是将大气中温室气体的浓度稳定在防止气候系统受到危险的人为干扰的水平上。

1992 年 6 月在巴西里约热内卢召开的联合国环境与发展大会（UNCED），共有 183 个国家的代表团和 70 个国际组织的代表出席了会议，102 位国家元首或政府首脑到会讲话。会议通过了《里约环境与发展宣言》（又名《地球宪章》）和《21 世纪议程》两个纲领性文件。此外，各国政府代表还签署了联合国《气候变化框架公约》等国际文件及有关国际公约。以这次大会为标志，人类对环境与发展的认识提高到了一个崭新的阶段。

1993 年联合国发起防止土地沙漠化运动，联合国通过决议，确定每年 3 月 22 日为“世界水日”。

1995 年由多个涉海国家和地区在联合国于美国华盛顿形成并通过的一项“保护海洋环境免受陆源污染全球行动计划”（简称 GPA）的国际协定。协定由联合国环境规划署负责，号召区域海和各成员国分别制定相应的行动计划，旨在推动从国家、区域到全球的3个层面共同采取行动来保护海洋环境。GPA倡导“从山顶到海洋”、陆地海洋统筹的海洋环境保护理念，以保护海洋环境免受陆源污染。

2002年8月26日召开第二届地球峰会，讨论全球生存环境持续恶化问题。因过度开发，环境恶化象一个巨大的毒瘤，成为人类可持续发展的一大制约因素。2004年4月25日在东京参加地球观测峰会的代表们发表了一份联合公报，公报说，来自44个国家和包括欧盟在内的26个国际团体的部长和大使们已通过了一项建立“全球综合地球观测体系”的10年计划。这一体系可帮助各国分享世界各地卫星、航标和气象气球的数据，它们将改变并增进我们对地环系统的认识。这种认识对促进人类健康、安全和幸福，保护全球环境以及实现可持续发展都是至关重要的。

2006年11月在中国召开的第11届世界生命湖泊大会，与会专家指出：全球湖泊消亡加速，湖泊湿地保护面临严峻挑战，认为这是21世纪人类发展与缓解自然压力的新课题。呼吁世界各国要认真应对。

2008年2月12日，由联合国教科文组织与国际地质科学联合会共同发起的2008“国际地球年”，在巴黎教科文总部举行开年仪式。开年仪式活动为期两天，仪式后的会议围绕“人口增长和气候变化——地球面临的挑战”、“地球资源——威胁或善待”、“地质灾害——降低风险和提高意识”3个主题进行专题研讨。各国政界、地质科学界人士以及部分企业家和学生代表近千人参加了活动。

（二）整治保护并不理想，人类社会生产对自然的破坏已遭到严厉惩罚

以上记录的情况，虽然仅是30多年来国际组织为解决社会生产与自然生态环境矛盾问题的一部分活动，但已经足以说明国际社会对当前存在的自然生态环境问题已十分重视。通过国际社会的这些活动，世界各国政府已普遍重视保护自然生态环境问题，并成立了相应组织，通过了相应立法，也取得了一定成效。但由于保护和治理生态环境问题是一个全球性问题，即需要世界各国政府，乃至广大有关企业同心同德，同步协调推进。可是当今世界是资本主义国家和资本主义经济主导下的世界，保护和治理环境，会涉及资产阶级的利益，他们总是阻碍着此项工作的顺利实施，致使成效有限，在有的方面还日见恶化。截至目前，全球范围内的自然资源与自然生态已遭受严重破坏。而这种破坏的结果又反过来影响生产的发展并危及人类自身的生命安全。

1. 2007年2月8日联合国政府间气候变化委员会（IPPC）发布一份《全

球气候变化评估报告》。《报告》针对全球升温后果，作出了最明确、最全面的科学阐述。《报告》显示，如果温室气体排放得不到有效遏制，到2080年，全球平均气温将升高2—4摄氏度，届时可能将有11亿到32亿人口面临饮水困难，2亿到6亿人口面临饥饿威胁，每年2亿到7亿沿海居民遭受洪涝灾害，最多将有60%已知物种从地球上消失。2007年4月6日，联合国政府间气候变化专门委员会（IPCC）在布鲁塞尔结束为期5天的闭门会议，来自190个国家的约400名代表一致通过《全球变化评估报告的第二部分》。这份由2500多名专家历时6年撰写的1572页报告被代表们提炼为21页的《致决策者报告梗概》，敦促各国立即采取行动，遏制业已严重威胁人类生存环境的全球升温趋势。

《梗概》指出，全球气候已经发生变化。来自所有大洲和多数海洋的观察数据显示，许多自然系统已经受到地区气候变化影响，尤其是温度升高。证据包括冰川消融、冻土减少、鸟类迁徙提前、海水日趋酸化等。

造成这种变化的罪魁祸首就是人类活动。《梗概》明确指出："过去5年中，已有越来越多证据显示，许多自然和生物系统的变化与人为升温有关。《报告》显示，科研人员作为气候变化诱因采集的2.9万组科学数据中，90%指向人类活动造成的全球升温。"

2. "尽管国际社会已经采取了一系列措施，但环境问题仍继续对人类生存构成严重威胁"，这是联合国环境规划署2007年10月25日公布的一份全球环境综合评估报告的结论。这份题为《全球环境展望：环境与发展》（GEO－4）的报告，由390名专家联合撰写，并经全球各地1000多名专家审核，是联合国在环境领域最为全面的评估报告，……联合国副秘书长、环境规划署执行主任阿希姆·施泰纳说，国际社会在一些环境问题上采取的措施是大胆且令人鼓舞的。但在更多情况下，各国由于还没有充分认识到人类以及整个地球环境所面临挑战的严重性，因此行动步伐过于迟缓，规模也无法达到要求。

施泰纳说，过去20年来，国际社会把破坏臭氧层化学品的产量减少了95%，制定了旨在削减温室气体排放量的协定，开拓性地创建了二氧化碳排放配额交易市场和补偿交易市场，使陆地保护区面积增加到了全球陆地总面积的约12%，在生物多样性、沙漠化、有害垃圾贸易以及改变活生物体（用遗传材料人工合成的活生物体）等方面都采取了大量重要举措。然而，正如《全球环境展望：环境与发展》报告所指出的那样，许多顽固而棘手的问题依然悬而未决。已有的问题继续存在，而新的问题又在不断产生：从海洋中缺氧区域的迅速增多，到与环境有关的各种新老疾病的涌现，人类面临的挑战是如此严峻，但与此同时，包括环境规划署在内的环境问题应对机构可支配的资源还是远远无法满足需要。专家们在报告中指出，人类目前的人口与生存方式已经超出了地球环境与资源的承受能力。人类其实不应该把自身所面临的危机割裂开来，分成"环境危机"、"发展危机"、"能源危机"等等。事实上，这些都是一个危机，其中包含了气候变化、生物灭绝、人口激增、富人的高消费以及穷人的饥饿贫困等。这些问题在不同程度上相互影响、相互作用，而解决这些问题不仅是各国政府的责任，也是社会各团体、各阶层的共同职责。①

3. 水质恶化仍然在威胁着人类生命安全。水是生命之源。科学研究表明，人体重量的70%是水分，它是维持人体生理与新陈代谢活动的重要物质。可是工业化的进一步发展，人口的激增，环境污染的不断加重等因素，都直接影响着地表水和地下水的质量，水质在不断恶化。对于全球67亿人来说，并不是人人都能喝上安全的饮用水，特别是对于生活在发展中国家数以十亿计的人们而言，获得洁净的饮用水有时就是一种奢望。据2008年3月22日《人民日报》（作者张晓东）报道："联合国秘书长潘基文曾介绍过这样一组数据：'目前世界上有20多亿人缺乏基本的环境卫生服务；发展中国家有90%以上的污水实行无处理排放造成饮用水水源的水质恶化；全世界每星期都有4万多人死于因水质低劣或卫生条件差而导致的疾病。'早在20世纪80年代，世界卫生组织披露的数据就曾表明，人类70%—80%的疾病与水直接有关。经过20多年的努力，这种状况非但没有改观，反而有恶化的趋势，这种趋势在亚、非、拉发展中国家表现得特别明显。获得安全洁净的饮用水，不仅是发展中国家面临的难题，对发达国家同样也是一个艰难的挑战。联合国欧洲经济委员会日前发表公报称，欧洲有1亿多人缺乏安全饮用水，而且，令人更加不安的是，在欧洲经济委员会56个成员所在的地区，平均每天有37名儿童由于饮用不洁净的水而死于腹泻。无独有偶，美联社在美国进行的一项水调查结果也令人震惊：美国24个大城市的饮用水中含有抗生素、镇静剂和性激素等多种药物成分，至少有4100万人在日常生活中饮用这种存在隐患的'药水'，尽管其药物浓度非常低，且供水厂一再强调水是安全的，但科学家认为，即使是小剂量的药物，长期饮用也会对人类神经造成损害，影响健康，而这种损害可能在几十年后才会显现。"

---

① 新华网2007年10月29日。

另据新华社日内瓦2008年3月15日电（记者杨伶）联合国欧洲经济委员会日前发表公报说："在欧洲经委会56个成员所在的地区，平均每天有37名儿童由于缺乏安全饮用水而死于腹泻。2006年，泛欧地区17万多人因缺乏安全饮用水患病，其中12万人患甲肝。……在东欧，16%的居民家中缺少安全饮用水，在东欧农村地区，这一比例甚至高达50%。"①

（三）人类社会已到了务必善待地球，必须与自然和谐发展的时候了

人类只有一个地球，各个国家共同生活在同一个地球上。一国的生态危机成本或生态安全收益，都会外溢到他国。所以环境保护问题、生态安全问题，与国际社会的利害关系高度一致。一国的政治、军事或经济安全发生问题，尽管都会给民众生活带来很大打击，后果都很严重，但恢复的时间一般都不很长。而生态安全出了问题，很难在一代、几代甚至几十代人手里挽回。迄今为止，人类的科技智慧和社会文明似乎不像是自然系统的一部分，总是与自然相对抗。这是绝对难以维持的。资源的馈乏、自然生态的失衡，已严重地暴露出来，并已开始制约经济的持续发展，影响人民的身体健康。活生生的现实充分表明：确保人类社会与自然和谐发展已是当今世界必须严格遵守的客观规律。

第四节　可持续发展战略与社会经济自然和谐发展

一、"可持续发展"理念产生的背景——从《寂静的春天》②到《增长的极限》③

第二次世界大战结束之后，许多殖民地纷纷独立，世界各国进入和平建设时期，科学技术也随之快速发展，于是在这之后的20来年内，世界人口与工农业生产都进入高速发展期。世界各国普遍进入机械化、电气化、社会化大生产时代，发达国家则开始进入自动化大生产时代，社会生产力迅速发展。但当时世界各国通行的仍然是传统的物质资料单向流动的生产、消费模式，即为：

① 《人民日报》，2008年3月17日。

② 蕾切尔·卡逊著，1962年出版。该书首次提出环境保护的理念，被认为是引发全世界环境保护事业的书。

③ ［美］丹尼斯·米都斯等著，李宝恒译，吉林人民出版社1997年版。

“资源——生产——消费——废弃物排放”，是一种线性经济，生产资料与生活资料产品产量的增加、消费水平的提高，主要依靠高强度地开采和消耗自然资源，并高强度地破坏自然生态。“作用力与反作用力相等”，不仅是物理学上的一个定律，也适用于人类社会与自然界。如果不尊重自然、践踏自然，自然界就要报复人类。人类在与自然界进行漫长斗争的时候，虽然取得了一次又一次的胜利，然而，对于每一次这样的胜利，自然界都会报复。近 20 来年，人类向自然的索取越来越多，于是自然的报复也渐趋强烈。以上通过对社会人口增长、经济发展与大自然之间产生种种问题的分析，已充分证实了这一后果。对这些不良后果的成因，在 20 世纪 50 年代即引起许多有识之士的质疑，《寂静的春天》与《增长的极限》两部著作较早地表达了这一忧虑，并着手寻求新的出路。

20 世纪 50 年代末，美国海洋生物学家蕾切尔·卡逊（Rachel Karson）即十分关注人类社会经济的发展对自然生物的不良影响，并于 1962 年发表了环境保护科普著作《寂静的春天》，文中即已指出：地球上生命的历史一直是生物与其周围环境相互作用的历史，只有人类出现后，生命才具有了改造其周围大自然的异常能力。在人对环境的所有袭击中，最令人震惊的，是空气、土地、河流以及大海受到各种致命化学物质的污染。这种污染不仅进入了生命赖以生存的世界，而且进入了生物组织内，是难以清除的。她认为人类社会现在行进的这条路的终点潜伏着灾难，而另外的道路则可为我们提供保护地球的最后惟一的机会。这“另外的道路”究竟是什么样的，卡逊的《寂静的春天》虽然并不明确，但作为环境保护的先行者，她深切地提醒人类应对自身的传统行为和观念进行认真的反思。

1968 年 4 月，来自 10 个国家的数十名学者、企业家、政府和国际组织官员，在罗马举行了一次国际会议，产生了名为“罗马俱乐部”的国际组织。它的工作目标是关注、探讨与研究人类面临的共同问题：使国际社会对人类面临的社会、经济、环境等诸多问题，有更深入的理解，并在现有全部知识的基础上推动采取能扭转不利局面的新态度、新政策和新制度。俱乐部委托以麻省理工学院 D. 梅多斯（Dennis. L. Meadows）为首的研究小组，针对长期流行于西方的高增长理论进行了深刻反思。这个研究小组针对现实的人口增长状况和经济发展模式，通过对大量有关数据的定量分析，经历数年的研究，于 1972 年发表了名为《增长的极限》的研究报告。报告在促使人们密切关注人口、资源和环境问题的同时，指出：传统工业生产所需要的主要自然资源的储量多是有限的，即使把今后可能利用的储量，在目前已知的储量基础上增加4倍，按传统的生产方式和发展速度计算，也只能再用一二百年。据此，该报告得出了这样的结论：人类可利用的资源是有限的，增长是有极限的。并认为要避免因超越地球资源极限而导致世界崩溃的最好方法是限制增长，即“零增长”。这是一个极为重大而当时人们多没有想过或并不这样想的问题。因此，当《增长的极限》一书发表，在国际社会特别是在学术界立即引起了强烈反响。《增长的极限》中的根本论点，多数有识之士并不认同。但《增长的极限》中的一些研究成果，也的确为人们提供了重要启示：它为当前社会生产与大自然的极不和谐的关系，敲起了警钟，使大家深感处理好彼此之间的关系的迫切性和重要性；它所阐述的“合理的、持久的均衡发展”论点，让人们深深地认识到：传统生产、消费模式，已与科学技术水平如此快速提高，生产能力已由机械化、电气化逐步走向自动化，全球人口总量即将增至80亿—100亿的新时代不相适应。

可持续发展的理念，也就是在这样的时代背景下逐渐形成的。

二、可持续发展理念的产生

随着社会生产力的发展，人类社会经济发展与大自然之间的矛盾渐趋激化，从而引起了越来越多的有识之士的广泛注意。于是有了1972年联合国人类环境会议，第一次将环境问题纳入世界各国政府和国际政治的事务议程，并成立了环境规划署，通过了《人类环境宣言》；1979年联合国在瑞士日内瓦召开的第一次世界气候大会上，科学家提出了大气二氧化碳浓度增加将导致地球升温的警告，气候变化首次作为一个受到国际社会关注的问题提上议事日程。

20世纪80年代伊始，联合国本着必须研究自然的、社会的、生态的、经济的以及利用自然资源过程中的基本关系，确保全球发展的宗旨，于1983年3月成立了世界环境与发展委员会（WCED），要求其负责制订长期的环境对策。该委员会于1987年向联合国大会提交了研究报告《我们共同的未来》。该报告在系统探讨了人类面临的一系列重大经济、社会和环境问题之后，深刻指出，在过去，我们关心的是经济发展对生态环境带来的影响，而现在，我们正迫切地感到生态的压力对经济发展所带来的重大影响。因此，我们需要有一条新的发展道路，这条道路不是一条仅能在若干年内、在若干地方支持人类进步的道路，而是一直到遥远的未来都能支持全球人类进步的道路。这实际上就是卡逊在《寂静的春天》没能提供答案的、所谓的“另外的道路”，这就是

“可持续发展道路”。这一鲜明、创新的科学观点，把人们从单纯考虑环境保护，引导到把环境保护与人类发展切实结合起来，实现了人类有关环境与发展思想的重要飞跃。

在这一背景下，联合国环境与发展大会于1992年6月在巴西里约热内卢召开。会议通过了《里约环境与发展宣言》（又名《地球宪章》）和《21世纪议程》两个纲领性文件。前者是开展全球环境与发展领域合作的框架性文件，是为了保护地球永恒的活力和整体性，建立一种新的、公平的全球伙伴关系的“关于国家和公众行为基本准则”的宣言，它提出了实现可持续发展的27条基本原则。后者则是全球范围内可持续发展的行动计划，它旨在建立21世纪世界各国在人类活动对环境产生影响的各个方面的行动规则，为保障人类共同的未来提供一个全球性措施的战略框架。此外，各国政府代表还签署了联合国《气候变化框架公约》等国际文件及有关国际公约。从此，可持续发展得到世界最广泛和最高级别的政治承诺。以这次大会为标志，人类对环境与发展的认识提高到了一个崭新的阶段。大会为人类高举可持续发展旗帜，走可持续发展之路发出了总动员，使人类迈出了跨向新的文明时代的关键性一步，为人类的环境与发展矗立了一座重要的里程碑。

在人类向自然界索取、创造富裕生活的同时，不能以牺牲人类自身生存环境作为代价。为了人类自身，为了子孙后代的生存，经历了许许多多的曲折和磨难，人类终于从环境与发展相对立的观念中醒悟过来，认识到两者协调统一的可能性与必要性，终于认识到人类只有一个地球，人类必须爱护地球，开创了一条人类通向未来的新的发展之路——可持续发展之路，世界各国必须同心协力解决全球性的环境问题，确保社会经济与大自然和谐协调发展，为后人保留良好的发展空间。

三、可持续发展的内涵

（一）“可持续发展”一词的含义曾众说纷纭

“可持续发展”一词，涉及到自然、环境、社会、经济、科技、政治等诸多方面，是一个内涵着多种目标的复杂系统，它既要达到发展经济的目的，又要保护好人类赖以生存的大气、淡水、海洋、土地和森林等自然资源和环境；它既要保证逐步提高当代人的生活质量，又要使子孙后代能够永续发展和安居乐业。可持续发展与环境保护既有联系，又不等同。环境保护是可持续发展的重要前提。可持续发展的核心是发展，但要求在保护环境、保证资源永续利用的前提下进行经济和社会的发展。这个词最先是在 1972 年斯德哥尔摩举行的联合国人类环境研讨会上提出，并有过讨论。自此以后，云集这次研讨会的发达国家和发展中国家的代表，由于所研究的学科和视角的不同，对“可持续发展”的含意给出了不同的定义：

1. 1991 年 11 月，国际生态学联合会和国际生物科学联合会联合举行了关于可持续发展问题的专题研讨会。该研讨会将可持续发展定义为：“保护和加强环境系统的生产和更新能力”，其含义为：可持续发展是不超越环境系统更新能力的发展。同年，由世界自然保护同盟、联合国环境规划署和世界野生生物基金会共同发表《保护地球——可持续生存战略》，将可持续发展定义为“在生存于不超出维持生态系统涵容能力之情况下，改善人类的生活品质”，并提出了人类可持续生存的九条基本原则。

2. 爱德华·B·巴比尔在其著作《经济、自然资源不足和发展》中把可持续发展定义为“在保持自然资源的质量及其所提供服务的前提下，使经济发展的净利益增加到最大限度”。D. 皮尔斯从社会学视角出发，则认为“可持续发展是今天的使用不应减少未来的实际收入”，“当发展能够保持当代人的福利增加时，也不会使后代的福利减少”。斯帕思（Jamm Gustare Spath）从科技方面出发则认为“ 可持续发展就是转向更清洁、更有效的技术——尽可能接近‘零排放’或‘密封式工艺方法’—尽可能减少能源和其他自然资源的消耗”。

（二）联合国世界环境及发展委员会研究报告对“可持续发展”下的定义

由以上各家所下的不同定义可知，对可持续发展一词，难以用简单的文字来概括地说明它的含义。因此，当 1987 年世界环境及发展委员会发表《我们共同的未来》的报告书将“可持续发展”定义为：“既满足当代人的需求，又不对后代人满足其需求的能力构成危害的发展称为可持续发展”的同时，并提出了实现可持续发展必须遵守的四条原则，作为界定其内涵的标准，在此后的国际会议上，又将这 4 条递增至 7 条。至此，“可持续发展”一词就成了有确定内涵的科学范畴。组成“可持续发展”内涵的 7 条原则是：

1. 经济不断发展原则。发展是一个动态概念，持续不断地改善生活质量，是人类社会的永恒主题，对于广大发展中国家来说更是如此。发展本身就包含着“可持续”，经济的不断发展是人类社会的第一要务。这也是“可持续发展”中的“发展”的本意。随着时间的推移和社会的不断进步，人类的需求内容和层次将不断增加和提高，所以，可持续发展本身隐含着不断地从较低层次向较高层次的发展过程。

2. 经济、社会、环境、生态协调发展原则。这就是“可持续发展”中的“可持续”的进一步含义。它所表达的是：经济要持续不断地发展，需要与社会发展相协调，而人类社会经济要持续不断地发展，还需要与自然生态环境发展相协调。实践已经充分证明：生态系统受到某种干扰时，就影响保持其生产率的能力，资源的可持续利用和生态系统可持续性的保持，是人类社会经济可持续发展的首要条件。可持续发展要求人们根据可持续性的条件调整自己的生活方式。在不断修复和恢复生态环境，在生态可容纳的范围内确定自己的消耗标准。这样，人类与自然之间就能保持一种互惠共生的关系，保持人类与自然之间的和谐。

3. 代际均衡原则。这个原则也即是“可持续发展”定义所表达的“既满足当代人的需求，又不对后代人满足其需求的能力构成危害”的含义。这一原则既表达了持续性，又表达了公平性。它要求当代人留给下代人可利用的资源和生存环境不次于当代的。各代人之间的公平，要求任何一代都不能处于支配地位，各代人都有同样选择的机会空间。

4. 社会各阶层间公平分配原则。这是指同代人之间的横向公平性，即要求各个国家在社会产品的分配上要做到公平。若一边是少数拥有亿万财富的富翁，另一边是众多衣食不得温饱的贫民。这个国家是很难保持社会安定和谐，也必然难以持续发展。

5. 区域间协调发展原则。人类只有一个地球，地球是全人类所共有的，在现代交通通信条件下，现代的地球，已是一个小小的村落。可是在这个村落的不同区域中，若彼此之间的社会经济水平落差很大、互不协调；贫富、强弱悬殊，富欺贫、强凌弱，这个村落是无法安宁和谐的，也是不可能持续发展的。所以保持区域间协调发展是人类社会可持续发展的重要原则。

6. 消除贫困原则。这一条原则是2001年9月在南非约翰内斯堡召开可持续发展世界首脑会议时，才正式列为可持续发展原则的。其实，社会各阶层间公平分配原则和区域间协调发展原则，已内涵着消除贫困原则。但鉴于当代世界各个国家之间及国家内部，仍然存在着严重的贫富不均现象而单列这一条原则，以引起重视，是有重要现实意义的。

7. 现代生态型生产原则。这里所说的现代生态型生产原则，也即是指要实现可持续发展，就需要将生产方式由传统的线型生产方式——开发投入资源——生产产品——消费——排放废弃物，转换为现代的循环型生产方式，以实现少投入、多产出、少排放，并尽量将排放出来的废弃物再生成资源再投入生产。这是实现可持续发展的重要手段和途径。

（三）对以上“可持续发展”定义的解读

我们以为，以上可持续发展所遵循的7条原则，可综合为以下三方面内容：

一是一、二两条，是直接阐释“可持续发展”一词本意的。“经济发展”是可持续发展的前提，实现经济、社会与环境、生态协调发展，是保证经济可持续发展的外部条件；只有可持续发展才是真正的发展。

二是三至六条，则内涵着“可持续发展”的两个本质属性，即公平性与和谐性。它要求人类社会在实施可持续发展过程中，自身务须做到：代际间、同代各阶层人群间以及各个地域间公平分配社会财富，以实现彼此间的和谐相处。这两个属性既是人类社会实现可持续发展的根本目的；又是人类社会实现可持续发展的内部条件。

三是最后一条，指的是为要实现可持续发展，需要转变生产方式，要发展循环经济。这是实现可持续发展的重要途径。

以上三个方面内容构成了“可持续发展”的整体含义。

四、我国的可持续发展战略

（一）我国实施可持续发展战略的重要意义

可持续发展，是一种将当前发展与未来发展，当代人发展与后代人发展统筹起来加以考虑的发展理念，它强调的是发展的延续性。坚持可持续发展，就是坚持科学发展，是对世界和我国经济社会发展经验教训深刻思考的一种理性选择。实现可持续发展，必须解决好资源、环境问题，营造良好的生态环境。由于人口众多，资源相对较少，这个问题在我国尤为突出。强调可持续发展，就是要通过合理利用和开发资源、保护和恢复生态环境、控制人口数量和提高人口质量等途径，实现经济发展与人口、资源、环境相协调，从而保证社会经济的持续快速健康发展，并为子孙后代留下发展空间。

自然界生物之间、生物与环境之间相互依存，通过一定的信息传导、能量交换、物质循环，形成特定生态系统，构成相对稳定的生物圈。生物圈的各组成要素相互依存，并保持着一定的比例关系，形成不可分割的生物链。现实生物链破坏的威胁主要来自人类，来自人口的膨胀及其向自然界非理性的索取。“作用力与反作用力相等”，如果不尊重自然、践踏自然，自然界就要报复人们。发展社会生产力，必须从根本上摆正人与自然的关系，将人类活动纳入生态环境系统中，使人类活动适应自然生态系统活动规律。

近30年来，我国人口增长速度虽然放缓，但因基数庞大，目前年增量仍然达800万人左右，在此同时，经济则一直持续高速增长。相对于目前总量超过13亿、占世界五分之一的我国人口来说，在自然资源占有方面不仅存在着数量的短缺——与人均自然资源占有的世界平均水平相比，人均耕地面积不足世界平均水平的二分之一、人均淡水资源不足三分之一、人均林地面积不足四分之一、人均矿产资源不足二分之一；而且存在着严重的结构性短缺。在资源越来越短缺的同时，生态环境方面也面临着越来越大的压力，社会生产与大自然间的矛盾愈演愈烈，全面贯彻实施可持续发展的有关原则，显得越来越加紧迫。基于此，我国政府十分重视可持续发展战略。1992年联合国环境与发展大会后，率先组织制定了《中国21世纪议程——中国21世纪人口、环境与发展白皮书》，作为指导我国国民经济和社会发展的纲领性文件，开始了我国可持续发展的进程。胡锦涛在中国共产党第十七次全国代表大会上的报告中论述科学发展观时，提出："必须坚持全面协调可持续发展。""坚持生产发展、生活富裕、生态良好的文明发展道路，建设资源节约型、环境友好型社会，实现速度和结构质量效益相统一、经济发展与人口资源环境相协调，使人民在良好生态环境中生产生活，实现经济社会永续发展。"这些情况已充分表明，我国十分重视并已在全面贯彻落实可持续发展战略。

（二）我国的可持续发展战略——《中国21世纪议程》

1992年6月联合国在巴西里约热内卢召开的环境与发展大会，通过了《里约环境与发展宣言》、《21世纪议程》、《关于森林问题的原则声明》等重要文件，并开放签署联合国《气候变化框架公约》、联合国《生物多样性公约》，充分体现了当今人类社会可持续发展的新思想，反映了关于环境与发展领域合作的全球共识和最高级别的政治承诺。《21世纪议程》要求世界各国制订和组织实施相应的可持续发展战略、计划和政策，迎接人类社会面临的共同挑战。因此，执行《21世纪议程》，不但会促使各个国家走上可持续发展的道路，还将是各国加强合作，促进经济发展和保护全球环境和自然生态的新开端。

中国政府高度重视联合国在巴西里约热内卢召开环境与发展大会，国务院总理率团出席会议，并承诺认真履行会议所通过的各项文件。联合国环境与发展大会后不久，中国政府即提出了促进中国环境与发展的"十大对策"。国务院环境保护委员会在1992年7月2日召开的第23次会议上决定由国家计划委员会和国家科学技术委员会牵头，组织国务院各部门和机构编制《中国21世纪议程》。根据国务院环委会的部署，同年8月成立了跨部门领导小组，组成了由52个部门、300余名专家参加的工作小组，于1993年4月完成了《中国21世纪议程》的第一稿。以后在广泛征求国务院各有关部门和中、外专家意见的基础上，经中、外专家组多次修改，最后完成了《中国21世纪议程》，它共设20章、78个方案领域，突出了中国可持续发展的总体战略思想，阐明了中国的可持续发展战略和对策。《中国21世纪议程》的20章内容可分为四大部分。第一部分涉及的是可持续发展总体战略；第二部分涉及的是社会可持续发展战略；第三部分涉及的是经济可持续发展战略；第四部分涉及的是资源与环境的合理利用与保护。按照中央政府部署，编制《中国21世纪议程》文本仅是制定和实施国家整体可持续发展战略过程的开始，下一步还要在关系可持续发展的重大领域内，制定《中国21世纪议程优先项目计划》和配套的实施指南等，形成完整的战略和行动体系。更重要的是，通过深入协调、细致工作，将《中国21世纪议程》及其优先项目计划逐步纳入各级国民经济和社会发展计划和规划，以及相关的重大工作和行动中去。

《中国21世纪议程》"序言"，高瞻远瞩地论述了在世界尤其是在我国，实施可持续发展战略的必要性和重要性。文中指出："本世纪以来，随着科技进步和社会生产力的极大提高，人类创造了前所未有的物质财富，加速推进了文明发展的进程。与此同时，人口剧增、资源过度消耗、环境污染、生态破坏和南北差距扩大等日益突出，成为全球性的重大问题，严重地阻碍着经济的发展和人民生活质量的提高，继而威胁着全人类的未来生存和发展。在这种严峻形势下，人类不得不重新审视自己的社会经济行为和走过的历程，认识到通过高消耗追求经济数量增长和'先污染后治理'的传统发展模式已不再适应当今和未来发展的要求，而必须努力寻求一条经济、社会、环境和资源相互协调的、既能满足当代人的需求而又不对满足后代人需求的能力构成危害的可持续发展的道路。制定和实施《中国21世纪议程》，走可持续发展之路，是中国在未来和下一世纪发展的自身需要和必然选择。中国是发展中国家，要提高社会生产力、增强综合国力和不断提高人民生活水平，就必须毫不动摇地把发展国民经济放在第一位，各项工作都要紧紧围绕经济建设这个中心来开展。中国是在人口基数大，人均资源少，经济和科技水平都比较落后的条件下实现经济快速发展的，使本来就已经短缺的资源和脆弱的环境面临更大的压力。在这种形势下，中国政府只有遵循可持续发展的战略思路，从国家整体的高度上协调和组织各部门、各地方、各社会阶层和全体人民的行动，才能顺利完成已确定的第二步、第三步战略目标，即在本世纪末实现国民生产总值比1980年翻两番和下一世纪中叶人均国民生产总值达到中等发达国家水平，同时保护自然资源和改善生态环境，实现国家长期、稳定发展。”

《中国21世纪议程》经1994年3月5日国务院16次常务会议审议通过，并公布实施。从此，可持续发展战略，成了以后各个五年和年度计划的重要内容，并得到贯彻执行。

(三)《中国21世纪初可持续发展行动纲要》

为了进一步推进可持续发展战略的实施，同时也体现对2002年在南非约翰内斯堡召开的可持续发展世界首脑会议的积极响应。在总结以往成就和经验的基础上，根据新的形势和可持续发展的新要求，2003年我国政府又制定了《中国21世纪初可持续发展行动纲要》（以下简称《纲要》），并于同年7月25日，由国家发展和改革委员会正式发布实施。《纲要》总结了10年来我国实施可持续发展的成就与问题，提出了可持续发展的指导思想、目标与原则，规定了可持续发展的重点领域，提出了实现可持续发展目标的保障措施，是进一步推进我国可持续发展的重要政策文件。其主要内容是：

1. 在总结十年来取得成就的同时，指出我国在实施可持续发展战略方面仍面临着许多矛盾和问题。（1）其中的主要矛盾是：经济快速增长与资源大量消耗、生态破坏之间的矛盾，经济发展水平的提高与社会发展相对滞后之间的矛盾，区域之间经济社会发展不平衡的矛盾，人口众多与资源相对短缺的矛盾，一些现行政策和法规与实施可持续发展战略的实际需求之间的矛盾等；（2）亟待解决的问题主要有：人口综合素质不高，人口老龄化加快；社会保障体系不健全，城乡就业压力大；经济结构不尽合理，市场经济运行机制不完善；能源结构中清洁能源比重仍然很低；基础设施建设滞后；国民经济信息化程度依然很低；自然资源开发利用中的浪费现象突出；环境污染仍较严重，生态环境恶化的趋势没有得到有效控制；资源管理和环境保护立法与实施还存在不足。

2. 提出了21世纪实施可持续发展的指导思想。它们是：坚持以人为本，以人与自然和谐为主线，以经济发展为核心，以提高人民群众生活质量为根本出发点，以科技和体制创新为突破口，坚持不懈地全面推进经济社会与人口、资源和生态环境的协调，不断提高我国的综合国力和竞争力，为实现第三步战略目标奠定坚实的基础。

3.《纲要》确定的21世纪初可持续发展的总体目标是：可持续发展能力不断增强，经济结构调整取得显著成效，人口总量得到有效控制，生态环境明显改善，资源利用率显著提高，促进人与自然的和谐，推动整个社会走上生产发展、生活富裕、生态良好的文明发展道路。

4.《纲要》提出我国将在六个领域推进可持续发展：(1) 经济发展方面，要按照"在发展中调整，在调整中发展"的动态调整原则，通过调整产业结构、区域结构和城乡结构，积极参与全球经济一体化，全方位逐步推进国民经济的战略性调整，初步形成资源消耗低、环境污染少的可持续发展国民经济体系。(2) 社会发展方面，要建立完善的人口综合管理与优生优育体系，稳定低生育水平，控制人口总量，提高人口素质。建立与经济发展水平相适应的医疗卫生体系、劳动就业体系和社会保障体系。大幅度提高公共服务水平。建立健全灾害监测预报、应急救助体系，全面提高防灾减灾能力。(3) 资源保护方面，要合理使用、节约和保护水、土地、能源、森林、草地、矿产、海洋、气候、矿产等资源，提高资源利用率和综合利用水平。建立重要资源安全供应体系和战略资源储备制度，最大限度地保证国民经济建设对资源的需要。(4) 生态保护方面，要建立科学、完善的生态环境监测、管理体系，形成类型齐全、分布合理、面积适宜的自然保护区，建立沙漠化防治体系，强化重点水土流失区的治理，改善农业生态环境，加强城市绿地建设，逐步改善生态环境质量。(5) 环境保护方面，要实施污染物排放总量控制，开展流域水质污染防治，强化重点城市大气污染防治工作，加强重点海域的环境综合整治。加强环境保护法规建设和监督执法，修改完善环境保护技术标准，大力推进清洁生产和环保产业发展。积极参与区域和全球环境合作，在改善我国环境质量的同时，为保护全球环境作出贡献。(6) 能力建设方面，要建立完善人口、资源和环境的法律制度，加强执法力度，充分利用各种宣传教育媒体，全面提高全民可持续发展意识，建立可持续发展指标体系与监测评价系统，建立面向政府咨询、社会大众、科学研究的信息共享体系。

5. 为了落实上述任务，《纲要》提出了六项保障措施：一是运用行政手段，提高可持续发展的综合决策水平；二是运用经济手段，建立有利于可持续发展的投入机制；三是运用科教手段，为推进可持续发展提供强有力的支撑；四是运用法律手段，提高全社会实施可持续发展战略的法制化水平；五是运用示范手段，做好重点区域和领域的试点示范工作；六是加强国际合作，为国家可持续发展创造良好的国际环境。

（四）我国贯彻执行可持续发展战略已取得的成效

我国的可持续发展战略的贯彻执行，已取得初步成效。从 1995 年到 2006 年的 11 年，国内生产总值平均年递增 9.5%；而人口年增长率则已由 10.55‰ 下降为 5.28‰；环境污染治理投资已由 2000 年的 239 亿元递增至 2006 年的 2566 亿元；工业废水排放达标率则已由 1995 年的 55.4% 上升到 2000 年的 82.1%，再上升至 2006 年的 90.7%；工业固体废物利用率由 2002 年的 52% 上升至 2006 年的 60.2%；因环境污染造成破坏的次数已由 2000 年的 2411 次降低至 2006 年的 842 次。2008 年上半年“全国主要污染物二氧化硫排放量同比下降 3.96%，化学需氧量同比下降 2.48%，约束性指标的效果开始显现[①]。据国家统计局 2008 年国民经济和社会发展统计公报显示：2008 年近岸海域 301 个海水水质监测点中，达到国家一、二类海水水质标准的监测点占 70.4%，比上年上升 7.6 个百分点；三类海水占 11.3%，下降 0.5 个百分点；四类、劣四类海水占 18.3%，下降 7 个百分点。全国海域未达到清洁海域水质标准的海域面积 13.7 万平方公里，比上年减少 0.8 万平方公里；在监测的 519 个城市中，有 399 个城市空气质量达到二级以上（含二级）标准，占监测城市数的 76.9%；有 113 个城市为三级，占 21.8%；有 7 个城市为劣三级，占 1.3%。年末城市污水处理厂日处理能力达 8295 万立方米，比上年末增长 16.1%；城市污水处理率达到 65.3%，提高 2.4 个百分点；建成区绿地率达到 31.6%，提高 0.3 个百分点。

另据 2008 年 9 月 21 日《人民日报》记者孙海涛、胡跃平报道：贵州毕节试验区的实践，对此也给出了肯定的答案：“20 年前贵州毕节地区曾是‘越穷越生，越生越垦，越垦越穷’的‘人口膨胀、生态恶化、经济贫困’已使人们进入难以继续生存困境。经国务院批准成为‘开发扶贫、生态建设、人口控制试验区’后，这个贵州省最贫穷的地区开始了一场具有重要意义的积极探索。各县根据实际，建立不同的经济与生态协调发展的试验小区。按照山、水、林、田、路综合治理目标，在一个流域、一个灌区、一个坝子设定项目试验区，集中人、财、物连续投入数年，治理一片，成功一片，见效一片。从 1991 年开始，全地区开展了以‘坡改梯’为主要内容的基本农田建设，在石旮旯里炸石砌坎，然后回填泥土改土造田。至今，砌筑石埂 60 余万条，总长

① 《人民日报》，2008 年 9 月 11 日。

4万多公里，为全区增加基本农田120多万亩，新增耕地12万亩，244万农民直接受益。

试验区开展长达10余年的长江中上游防护林建设工程、天然林保护工程等，使全区每年新增造林近3万公顷、封山育林万余公顷。到1998年底，8个县市全部消灭了宜林荒山。2000年以来，28.2万农户累计完成退耕还林262.4万亩。共改造中低产田112万亩，营造水土保持林45.6万亩，粮食亩产提高80公斤以上。

20年过去了，贵州毕节试验区探索与试验的结果如何？眼前的一组数字令人欣喜：治理水土流失面积7000多平方公里，水土流失面积减少近70%，森林覆盖率从15%提高到36%，经济总量增长近14倍，农民人均纯收入增长近11倍，贫困人口从总人口的60%减少到5%。

智力帮扶为贵州毕节试验区科学发展提供了长久支撑。教育在这个时期得到最快发展。到2006年，全区均实现了‘普九’目标，‘两基’人口覆盖率达到100%，小学适龄儿童包括女童入学率均在99%以上，高中入学率提高了20个百分点。应对市场需要的各类职业学校蓬勃发展，24所职业学校中有2所国家级重点职业中专，6所省级重点职业学校。这些学校的毕业生就业率近100%，同时学校还为农村劳动力转移培训5万多人次，开展农业实用技术培训1400多万人次。

人口控制是贵州毕节试验区的三大主题之一。从金沙县开始，试验区建立起一套‘生不增、死不减、娶不增、嫁不减’的‘人地挂钩’制度，激励少生优生，约束超生，20年来，人口自然增长率从21.29‰下降到7.8‰，初步遏制了人口过快增长造成的环境压力。

大方县对江村372家农户80%都加入了村里的蔬菜协会。协会下设4个组，专门负责引进良种、试种推广、病虫害防治和市场营销。不但村里的1200多亩土地全种了蔬菜，他们的产业还覆盖了周边5个村上万亩土地。村里人均收入也由15年前的不到300元，提高到了去年的3600元。

太来乡是贵州省重点一类贫困乡，芭蕉村又是乡里的重点贫困村。现在全村人均收入由20年前的不到200元增加到2800多元。

贵州毕节试验区20年来农民人均增收2232元；人均粮食增产193公斤；基本农田人均增加0.14亩；生态环境恶化的状况明显改善，群众的生产生活条件明显改善，基本农田质量得到明显的改善。初步测算，保水、保土、保肥等生态功能产生的间接经济效益超过20亿元，是总投资的近8倍。

20年来，这个曾长期陷入‘越生越垦、越垦越穷、越穷越生’怪圈，曾被认为不适宜人类居住的地区，紧紧围绕‘开发扶贫、生态建设、人口控制’的主题，坚持改革试验不停步，探索出有效控制人口过快增长、寓生态建设于经济开发之中，人口、资源、环境协调、可持续发展的科学发展道路。”

就全国情况来看，通过这十年来的实践，已有越来越多的人们认识到，只有将经济、社会的发展与资源、环境相协调、走可持续发展之路，才是中国发展的前途所在。因此，贯彻实施好可持续发展战略的地区，远不止贵州毕节。全国各地都有可供总结的经验。但我们还必须清醒地看到，现有的成绩与全面实现可持续发展战略，还存在很大差距，还有很长的路要走，还须举国上下继续坚持不懈地努力。

第三章　社会化大生产商品经济与循环经济及资源节约型、环境友好型社会

上一章在研究社会化大生产商品经济的发展与人口增长、自然资源、生态环境之间的关系时已经指出：传统的社会生产、消费模式，从物质资料的流程方面考察，是一种物质资料单向流动的线性经济，其特征为："资源——生产——消费——废弃物排放"。在这种生产消费模式下，社会产品产量的增加与社会经济的发展，必然是主要依靠高强度地开采和消耗资源，并高强度地排放废弃物而破坏自然生态；必然是社会生产力越发展，生产的物品越多，消耗的资源越多，排放的废弃物越多。从社会发展长河考察，人类对生活资料的需求以及社会生产能力的增长是无限的，从而对资源的需求量与对自然生态的破坏也是无限的。而不可再生的自然资源与自然生态的承载能力是有限的。经济的发展固然可以改善人们的生活，但如果人类顾此失彼，无限制地向自然索取，误以为自然资源取之不尽、用之不竭，就会产生更多的污染、更多的有毒废料，更多的温室气体以及对生物圈造成更多无法修复的破坏。人类社会的发展就难以为继。人类的这种严重违背自然规律的行为，已经给自然环境造成了极大的伤害，从而也遭到了大自然的报复。因此，按照原来传统的生产、消费模式，人类社会难以持续发展下去。于是人类社会的发展出路与前途这个尖锐问题，摆在了世人面前。富有智慧的人类，从经济活动的教训中得到了启示：人类社会经济建设和生产、消费活动，务必要符合自然生态规律，人与自然要和谐发展。人类在遭到惩罚后找到了对策，其中的关键就是要随着社会生产力的发展，改变传统的社会经济发展和生产、消费模式，走可持续发展的道路。实施可持续发展战略以及发展循环经济，建设资源节约型和环境友好型社会的理念，都是在这样的大背景下形成的。

可以说，发展循环经济，建设资源节约型、环境友好型社会的实践，与可

持续发展战略，都是社会生产力发展到社会化大生产阶段，结伴而来的合乎规律的事物，都是在20世纪80年代以后，才逐步形成与完善的经济范畴和科学经济行为，都是人类理性认识的新事物。因此，在上一章介绍和探讨了可持续发展战略之后，就必须回答：何谓循环经济，何谓资源节约型、环境友好型社会？为什么要发展循环经济，要建设资源节约型、环境友好型社会以及当今世界和我国循环经济发展状况等问题。这就是本章所要研究的中心内容。

第一节　循环经济的由来、含义和性质

一、循环经济的由来

循环经济，是生产力发展到社会化大生产阶段，需要改造传统生产、消费模式的产物。循环经济的思想萌芽于20世纪60年代，90年代以后得到了迅速发展。

20世纪40年代第二次世界大战结束后，遭受战争毁坏的国家兴起了大规模的复兴建设；亚洲、非洲、拉丁美洲曾长期遭受列强欺凌的殖民地、半殖民地国家，纷纷独立，也兴起了发展经济的热潮。在战后的20年间，全球经济快速增长，各国经济在总体上，都陆续进入了社会化大生产阶段。从此以后，随着全球人口的快速增长，经济的快速发展，人类与人自然的矛盾，愈演愈烈。到20世纪60年代，人类的活动对环境的破坏已达到了相当严重程度，一批环保先驱，呼吁人们要更多地关注环境问题，人类对地球资源的掠夺性使用和对自然生态的破坏，已经超出了地球承载能力，社会生产快要到不可持续发展的边缘，人类生存已经受到严重威胁。于是，在逐步形成可持续发展战略思想的同时，也出现了循环经济的理念。

循环经济的理念，源于20世纪60年代美国经济学家波尔丁。他受当时发射的宇宙飞船的启发来分析地球经济的发展。他认为，宇宙飞船是一个与世隔绝的独立系统，靠不断消耗自身资源而存在，惟一能延长寿命的方法，就是实现宇宙飞船内的资源循环，使分解出尚存有营养成分的排泄物，转化为营养物再利用，尽可能少地排出废物。同样道理，他认为：地球经济系统，尽管资源系统多得多，寿命也会长得多，但也只有实现资源循环利用的循环经济，地球才能得以长存。如果人类不合理地开发资源，破坏环境，将会使地球走向毁

灭。据此，他提出了“用能循环使用各种资源的循环式经济代替过去的单程式经济”的观点。几乎同时，美国生物学家蕾切尔·卡逊在1962年出版的《寂静的春天》一书，也控诉人类对环境的所有袭击中，最令人震惊的，是空气、土地、河流以及大海受到各种致命化学物质的污染。这种污染不仅进入了生命赖以生存的世界，而且进入了生物组织内部，是难以清除的。1972年，罗马俱乐部组织的专家组在《增长的极限》报告中，在要求人们密切关注人口、资源和环境问题的同时，指出：传统工业生产所需要的主要自然资源的储量多是有限的，即使把今后可能利用的储量，在目前已知的储量基础上增加4倍，按传统的生产方式和发展速度计算，也只能再用一二百年。此外，还有其他许多专家学者，也先后从不同角度指出：如果人类持续不合理地开发资源，破坏环境，可以使地球走向毁灭。

我们在上一章分析社会生产与自然生态的关系时，所引用的一系列有关自然生态遭受破坏的实例，已充分证实以上专家学者们的担心。面对遭受越来越严重破坏的自然环境，也引起了世界各国政要的关切。于是有了1972年联合国人类环境会议以及会议通过的《人类环境宣言》；有了1987年世界环境与发展委员会向联合国大会提交的《我们共同的未来》的研究报告和报告所提出的“可持续发展”理念。这一鲜明、创新的科学观点，把人们从单纯考虑环境保护，引导到把环境保护与人类发展切实结合起来，实现了人类有关环境与发展思想的重要飞跃。由此而来的则是1992年6月联合国在巴西里约热内卢召开的环境与发展大会（UNCED）和会议通过的《里约环境与发展宣言》（又名《地球宪章》）与《21世纪议程》两个纲领性文件。从此，人类对环境与发展的认识提高到了一个崭新的阶段。大会为人类高举可持续发展旗帜，走可持续发展之路发出了总动员。使人类迈出了跨向新的文明时代的关键性一步，为人类的环境与发展矗立了一座重要的里程碑。

1992年巴西里约热内卢“全球峰会”以后，可持续发展战略理念已为各国广泛接受。从此，人们渐渐转变发展生产与自然生态相互关系的理念。在这之前，虽然人们已经注意自然环境的治理，但当时人们关心的主要是对污染物的无害化处理。这是问题发生后的被动做法，而且治理成本越来越高，在相当程度上抵消了经济增长带来的收益，往往还不为广大生产单位所乐于接受。因此，对污染物的无害化处理以及不断增加的治理成本，不可能从根本上避免污染发生。当接受了可持续发展理念之后，人们开始认识到，只有转变传统的“资源——生产——消费——废弃物排放”的生产、消费方式，以更系统、全面、生态化的视角来考虑环境与发展问题，以物质和能量在自然界和人类社会之间的转换和流动的基本规律，来认识资源的利用和废物的产生和处理问题，才能实现经济增长和资源利用以及环境保护的相互协调，才能真正处理好人类社会生产生活与大自然的关系。于是，到20世纪90年代，渐渐出现了清洁生产、生态农业、节约资源、绿色消费和废弃物的再生利用等人类生产、消费模式。2002年世界环发大会决定在世界范围内推行清洁生产、生态农业，并制定行动计划。从而，与线性经济相对立的，以物质资源的循环使用为特征的循环经济，就在这样的大背景下，伴随着可持续发展战略，从理念到实践脱颖而出，并得到了迅速发展。

以上情况表明：循环经济理念的产生和发展，是人类在社会生产力高速发展中，陷入资源危机、环境危机、生存危机而深刻反省传统经济发展模式的产物；是全球进入社会化大生产、人口剧增、资源短缺和生态恶化的严峻形势下的理性选择；也可以说是人类对自身与自然关系深刻认识和反思的结果。

二、循环经济的含义和性质

（一）对循环经济，有着多种不甚相同的提法

1. 有人认为：所谓循环经济，本质上是一种生态经济，它要求运用生态学规律而不是机械论规律来指导人类社会的经济活动。传统经济活动的模式：是一种由“资源——产品——污染物排放”单向流动的线性经济，其特征是高开采、低利用、高排放。在这种经济活动模式中，人们高强度地把地球上的物质资源提取出来，然后又把污染和废物大量地排放到水系、空气和土壤中；对资源的利用是粗放的、低效的和一次性的，通过把资源持续不断地变成为废物，来实现经济的增长。与此不同的是，循环经济倡导的是一种经济与环境和谐发展的模式。它要求把经济活动组织成一个“资源——产品——再生资源”的反馈式流程，其特征是低开采、高利用、低排放。所有的物质资源，要在这个不断循环的体系中，得到合理和持久的利用，以把经济活动对自然环境的影响降低到尽可能小的程度。循环经济为工业化以来的传统经济转向可持续发展的经济，提供了战略性的理论范式，从而，可从根本上化解长期以来环境与经济发展之间的尖锐冲突。“减量化、再利用、再循环”是循环经济最重要的实际操作原则。

2. 另有人认为：循环经济是针对持续的经济增长，对资源和环境压力而提出的一种新的经济发展模式，也是指一种新的技术经济范式。

在技术层面上，循环经济通过生产技术与资源节约技术、环境保护技术体系的融合，强调首先减少单位产出资源的消耗，节约使用资源；通过清洁生产，减少生产过程中污染排放甚至“零”排放；通过废弃物综合回收利用和再生利用，实现物质资源的循环使用；通过垃圾无害化处理，实现生态环境的永久平衡；最终目标是实现经济和社会可持续发展。

在经济层面上，循环经济是一种新的制度安排和经济运行方式。它把自然资源和生态环境看成稀缺的，社会大众共有的自然福利资本，因而要求将生态环境纳入到经济循环过程之中，参与定价和分配。它要求改变生产的社会成本与私人获利的不对称性，使外部成本内部化；使外部效益内部化，最终实现经济增长、资源供给与生态环境的均衡，实现社会福利最大化和社会公平。

3. 还有人认为：循环经济的根本目标是要求人们在经济运行过程中，尽可能少地消耗自然资源，系统地避免或减少废物，实现“低开采、高利用、低排放或零排放”，将发展经济与节约资源、保护生态环境有机结合起来。这是从根本上解决生产、消费无限性与自然资源、地球生态承载能力有限性的矛盾，实现经济可持续发展的重要途径与方式。

循环经济有三大准则，即：(1)“减量化（Reduce)”，旨在尽量减少进入生产和消费过程的物质量，从源头节约资源使用量和减少污染物排放；(2)“再利用（Reuse)”，指在提高产品和服务的利用率，尽可能多次或多种方式地使用物品，避免物品过早地成为垃圾，减少一次用品的污染；(3)“再循环（Recycle)”，即要求物品完成使用功能后，能够重新变成再生资源。

4. 吴季松教授在2006年由新华出版社出版的《科学发展与中国循环经济战略》一书的第75—76页有如下的观点：“循环经济是以在自然生态系统的承载能力之内的科学发展为宗旨，以合理需求和有效供给为目标，以科学技术为第一生产力的指导思想优化配置自然资源，以产业结构调整、技术创新、清洁生产、资源定价、绿色消费等经济、法律、行政、科技和教育的综合手段转变经济增长方式，与环境保护相结合，以资源的高效和循环利用，使人类经济社会发展与自然生态系统的良性循环相和谐、促进可持续发展的新经济。……

在这里，综合各家的陈述，新的循环经济可以定义为，在社会经济、科学技术和自然生态的大系统内，按照减量化、再利用和再循环的原则，在资源开采、生产消耗、废物产生、社会消费和生态修复等各环节，逐步建立全社会与自然和谐的、可持续发展的资源循环利用国民经济体系。”

以上这些学者对循环经济所表述的含义和性质，各有不同的侧重点和不同的用语，我们之所以逐一例举，祈望能有助于大家更全面地思考和了解循环经济的含义。

（二）我国《循环经济促进法》中有关循环经济的含义和性能的表述

2008 年 8 月 29 日，第十一届全国人民代表大会常务委员会第四次会议通过了《循环经济促进法》。这部法律，是全国人大常委会，组织大批专家学者，在充分吸取中外有关循环经济理论和实践经验的基础上，经过精心研究、反复征询各方面意见和多次修改后，才制定出来的，这是一部具有中国特色的循环经济法，定名为《循环经济促进法》。该法的前四条对循环经济的含义和性质作出了全面、准确、严谨的如下表述："为了促进循环经济发展，提高资源利用效率，保护和改善环境，实现可持续发展，制定本法"；"本法所称循环经济，是指在生产、流通和消费等过程中进行的减量化、再利用、资源化活动的总称。

本法所称减量化，是指在生产、流通和消费等过程中减少资源消耗和废物产生。

本法所称再利用，是指将废物直接作为产品或者经修复、翻新、再制造后继续作为产品使用，或者将废物的全部或者部分作为其他产品的部件予以使用。

本法所称资源化，是指将废物直接作为原料进行利用或者对废物进行再生利用。"

"发展循环经济是国家经济社会发展的一项重大战略，应当遵循统筹规划、合理布局，因地制宜、注重实效，政府推动、市场引导，企业实施、公众参与的方针。"

"发展循环经济应当在技术可行、经济合理和有利于节约资源、保护环境的前提下，按照减量化优先的原则实施。

在废物再利用和资源化过程中，应当保障生产安全，保证产品质量符合国家规定的标准，并防止产生再次污染。"

全国人大常委会法工委经济法室宋芳在解读《循环经济促进法》时则说："循环经济，是指生产、流通和消费等过程中进行的减量化、再利用、资源化活动的总称。循环经济是推进可持续发展战略的一种优选模式，它强调以循环发展模式替代传统的线性增长模式，表现为以'资源—产品—再生资源'和'生产—消费—再循环'的模式，以有效地利用资源和保护环境，最终达到以较小发展成本获取较大的经济效益、社会效益和环境效益。"

（三）我们对循环经济的含义和性能的理解

1. 所谓循环经济，是以“减量化、再利用、资源化”为特征的以资源的高效利用和循环利用为核心的符合可持续发展理论的人类社会生产、消费活动的一种新模式。它是对传统的以“资源——生产——消费——废弃物排放”为特征的生产、消费模式的根本性变革；也即是将传统的物质资料单向的线性流动模式，改变为适应社会化大生产要求的，物质资料封闭的循环流动模式。它倡导节约能源资源和保护生态环境的产业结构和消费方式；它是对工业、建筑业、农业、服务业的生产过程，以“封闭的循环流动模式”来替换传统的“单向的线性流动模式”。所以，“循环经济”与“单向线性经济”是属于同一层次的经济范畴，它仅仅是经济活动的一种模式。循环经济并不是如同农业、工业、服务业那样的一种独立产业，它与农业经济、工业经济、服务业经济并不属于同一层次，不能并列，是性质完成不同的经济范畴。循环经济不是一种经济门类，而是体现在各部门经济活动中的经济运作模式或运作方式，如循环工业经济，循环农业经济，等等。有人将循环经济列为继原始的渔猎经济、农业经济、工业经济之后的第四个经济发展阶段，是不妥当的。其实，发展循环经济，并不是要去替代农业经济和工业经济，而是为了更好地发展农业经济和工业经济。

2. 循环经济涉及的领域，不仅是生产与流通，还包括消费，既包含生产消费也包括生活消费；在生活消费中既包括居民个人的生活消费，也包括社会集团的集体生活消费。在生产领域实现资源的减量化、再利用和资源化固然重要，而生活消费领域的减量化和再利用也是非常重要的，尤是在我国，有13亿多居民，有百万个机关团体，几千万名职工，几亿各种不同职业的劳动者和各类学校的青少年学生，只要每一个人、每一个单位节约一点点，减少一点点消费量，积累起来就是一个大数；每一个人、每一个单位每天生成的废弃物虽然不多，全国一年积累起来也是一个巨大的量，这些废弃物若能得到有效利用，就是一笔巨大的财富。但需要说明的是，循环经济所指的节约资源消耗和资源的再利用，绝不是随意地减量、再利用和资源化，更不是通常所贬斥的偷工减料，正如《循环经济促进法》所说的“应当在技术可行、经济合理和有利于节约资源、保护环境的前提下”，应当在“保障生产安全，保证产品质量符合国家规定的标准”下的减量化、再利用和资源化。

3. 发展循环经济，并不是要另起炉灶，要上新项目。它的目的有两个：一是要将现有生产经营单位中的，以“资源——生产——消费——废弃物排放”为特征的生产、消费模式，改造为以“减量化、再利用、资源化”为特征的新的生产、消费模式。二是不论是更新改造老的或是建新的生产经营单位，乃至一般的办公楼和住宅建设，从设计到生产以及产品使用后的废弃物的回收利用，都要符合“减量化、再利用、资源化”的要求。因此，发展循环经济，一可节省对自然资源的消耗；二可减少污染物排放，可修复自然生态；三可实现可持续发展，持续提高人民（包括子孙后代）生活质量。这也就是党中央、国务院大力推行发展循环经济的目的所在。所以，发展循环经济一定要环绕这个总体目标推进；一定要力争在生产和消费过程中，尽可能少地消耗自然资源，系统地避免或减少废物；实现“低开采、高利用、低排放或零排放”；将发展经济，节约资源、保护生态环境与改善广大人民生活有机结合起来。这样，就可以从根本上解决生产力发展到社会化大生产阶段，生产与消费的无限性与自然资源、地球生态承载能力有限性的矛盾。这样，不仅可以保证人类社会与自然和谐协调发展，建成资源节约型与环境友好型社会；还能够将当前发展与未来发展，将当代人需求与后代人需求协调起来，实现可持续发展；亦能既好又快地走上生产发展、生活富裕、生态良好的文明发展的道路，实现全面建设小康社会的目标。正因为循环经济具有如此重大意义。所以，《循环经济促进法》指出“发展循环经济是国家经济社会发展的一项重大战略”。对此，政府和人民群众应有全面的正确的理解，并给以高度的重视。从每一个人做起，构建和谐社会，追求美好生活，推动经济社会科学发展。

第二节　循环经济实施内容和外国发展简况

一、实施循环经济的具体内容

我国人口众多，资源相对不足，人均拥有量远低于世界平均水平，当前又处于工业化、城镇化加快发展的重要时期，资源消耗，特别是能源资源消耗强度高，消费规模不断扩大，需求增长迅速。这就要求建立资源节约型国民经济体系和资源节约型社会，加快发展循环经济。

发展循环经济在不同领域有不同的内容。

（一）在第一产业，即农业领域

中国生态经济学会副理事长、第二届中华环境奖获得者季昆森，在他所著的《循环经济原理与应用》一书中，对循环经济在农业领域运用的具体内容，提供了有指导性的见解。他的基本观点是："一般认为，循环经济在农业上的应用就是生态农业，最典型的是以沼气为纽带的各种模式的生态农业，如'猪—沼—果'、'猪—沼—菜'、'猪—沼—粮'等。实际上，循环经济在农业上的运用有更广阔的领域，其实质就是循环经济四个原则在发展生态农业上的运用，可称之为循环经济型生态农业。"同时，他还对循环经济的各项原则在农业上的运用，一一给出了具体内涵。

如他把减量化原则在农业上的运用归纳为"'九节一减'——（1）节地。修建民居、小集镇、城市、道路、厂房、基础设施等，都要注意节约用地、集约用地，大力发展节能省地型住宅。农业上的高产优质，从用地意义上说也是减量化。（2）节水。我国人均水资源大大低于世界平均水平，应大力发展节水农业，推广先进实用节水技术，调整农作物结构。（3）节种。种一亩小麦一般要用 30 斤种子，而科学用种只需 20 斤。（4）节肥。化肥的大量使用，不仅影响肥效的发挥，而且会造成土地板结、地力下降。化肥流失还会造成水体富营养化和化肥污染。（5）节药（含除草剂、抗生素、激素等）。科学合理使用农药，严禁生产和使用高毒、高残留农药和过量用药，大力推广综合防治、生物防治办法，采用各种科学的方法减少农药的使用量。（6）节电。大力推广各种先进的节电技术、设备、产品、工艺和科学的管理方法。（7）节油。农业机械和农用运输设备耗用大量的柴油、汽油，这方面的节约潜力很大。（8）节柴（节煤）。凡使用柴、草及农作物秸秆作燃料的地方，应坚持推广先进适用的省柴灶和用农作物秸秆、稻壳、木屑、竹屑等废料加工的清洁碳。用煤作燃料的地方，应大力推广先进适用的节煤技术，既降低消耗，又减轻对环境的污染。（9）节粮。城乡生活用粮以及用粮食作原料的各种加工业，节约潜力很大。采用科学的养殖方法，可使畜牧养殖业提高肉料比，节约大量粮食。（10）减人。有效转移农村富余劳动力，是缓解人多地少矛盾、提高农业劳动生产率、增加农民收入的有效途径。"

他还将再循环原则在农业中的运用，具体化为"白色农业"他指出："'白色农业'的本质就是微生物农业，也就是把对传统农业中动植物资源的利用扩展到对微生物新资源的开发利用，创建以微生物产业为中心的新型工业化农业。由于从事'白色农业'的科技人员身穿白色工作服，因而人们形象地称这种农业生产方式为'白色农业'。目前，'白色农业'已初步形成 6 项产业：微生物饲料、微生物肥料、微生物农药、微生物食物、微生物能源及微生物生态环境保护剂。‘白色农业’可以生产出无公害绿色食品，无污染饲料、肥料、农药以及取之不尽的能源。目前，在农村运用最典型的就是沼气。面对人口、资源、环境的严峻挑战，以依靠水土为中心的传统农业将接近或达到承载能力的临界状态，开发利用微生物资源是一条新出路。”

（二）在工业领域

在工业领域发展循环经济，可分为三个系统：生态企业是其中的小系统，生态产业是其中的中系统，生态地区是其中的大系统。发展循环经济是一个复杂的系统工程，发展生态企业，通过组织企业内各工艺之间的物料循环，延长生产链条，减少生产过程中物料和能源的使用量，尽量减少废弃物和有毒物质的排放，最大限度地利用可再生资源；提高产品的耐用性等尽可能地在企业系统内的各个环节，在节约资源消耗的同时，实现副产品与废物的相互循环利用，是这个系统的小循环，也是这个系统的基础与首要环节。

发展生态产业，按照工业生态学的原理，通过企业间的物质集成、能量集成和信息集成，形成产业间的代谢和共生耦合关系，使一家工厂的废气、废水、废渣、废热废弃物或副产品成为另一家工厂的原料和能源，实现企业间、行业间资源与废物的相互循环利用，是这个系统的中循环。建立生态工业园区，是发展生态产业的一种有效组织方式，它与传统工业园区的主要差别在于：生态工业园区内的各企业之间，存在着副产品和废弃物的交换利用，废水和能量的梯级利用，基础设施的共享利用；具有共生耦合关系，产业链条的重新组合和延伸，形成一个封闭式的循环体系。生态工业园区的这种组织方式，不仅可全面地实现“减量化、再利用、资源化”循环经济的三原则，节省了资源，实现了清洁生产；而且还降低了生产成本，提高了效益。所以，它也是一种新型的工业组织形式或发展模式。

发展生态地区，在该地区范围内，配合循环经济的发展，加强配套设施建设，采取有效的政策与组织措施，限制企业、机关单位与人民群众废弃物的排放，大力回收利用社会废物，实现地区范围内的资源节约利用与废物的零排放，是这个系统中的大循环。是发展生态经济的最终目标。

（三）在居民生活消费领域

在这个领域《循环经济促进法》第四条规定“公民应当增强节约资源和保护环境意识，合理消费，节约资源。国家鼓励和引导公民使用节能、节水、节材和有利于保护环境的产品及再生产品，减少废物的产生量和排放量。”

我国人口众多，生活消费节约的潜力巨大。一个家庭、一个单位节约一度电，一升水，可能微不足道，但是，各个家庭、单位的节约量加起来就是一个庞大的数字。如上海将60万只老式13升的马桶改为9升马桶，仅此一项每天省水就达2.4万立方米，一年可节水870万吨。有人算过一笔账，如果用10瓦的节能灯取代亮度相近的60瓦的白炽灯，以全国推广使用12亿只、每只节能灯每天工作4小时计算，每年节省的电量相当于三峡电站全年的发电量。相反，若浪费一点，累积起来也是一个大数。“据有关统计，北京市每年产生的近300万吨垃圾中有60万吨为过度包装物，处理这些过度包装物的费用达10亿元之巨。”“还有的地方热衷于搞过度超前的各种‘大工程’，无节制地提高办公设施标准。这些现象和做法，既浪费宝贵资源，又影响社会风气，危害很大。”① 所以，在我国把提倡合理消费，节约消费，列为发展循环经济的重点之一，具有重大的现实意义。须给予足够的重视。

需要指出的是：国家对居民生活消费方面的要求是在合理消费的前提下，做到节约消费，减少废物产生和排放。因此，需要分清合理消费与浪费，提高生活水平与奢侈的界限。合理消费是指对人有必要又是有益的消费；浪费是指并不需要或对人身体有害的消费。如适量饮食是合理消费，暴饮暴食、酗酒、抽烟，不仅是浪费，还危害身体健康；上饭馆吃些质量好一点的饭菜，只要经济许可，数量适宜，是合理消费；摆阔气、讲排场，多点菜，点好菜，吃一半剩一半，过度消费和奢侈消费则是浪费。发展循环经济，是为了持续发展生产、改善生活，节约和有效利用资源，绝不是反对消费。要反对的是浪费与奢侈。合理、科学的生活方式，尤其是科学、合理饮食，如逐步实现限制直至禁止种植烟草，停止纸烟生产，既有利于民众身体健康；又可节省医疗费用；还可腾出大量良田改种粮食或其他经济作物，一举三得。

二、国外循环经济发展简况

循环经济自20世纪60年代提出，70年代世界各国开始重视污染物产生后的治理；发达国家于80年代开始从生产和消费的源头上防止污染产生，有的把它称之为清洁生产、绿色产品或生态农业；90年代提出了相对完善的循环经济发展思路，强调“循环经济”的发展。“美国1976年就制定和颁布《固体废弃物处置法》，目前已有半数以上的州制定了不同形式的再生循环法规。法国、英国、比利时、澳大利亚、丹麦等发达国家，在上世纪90年代相

① 《人民日报》，2008年10月22日。

继颁布和实施了有关废弃物减量化、再利用和安全处置的法律。在美国，循环经济已在传统的造纸、炼铁、塑料、橡胶行业，新兴的家用电器、计算机设备、办公设备、家居用品等产业实施，并建立起废品、废旧物资的回收、处理和再生产业，其规模已与美国汽车业相当，成为美国经济的重要组成部分。2003年，美国城镇产生的废弃物为5.5亿吨，回收利用率达到40%。在各种废弃物回收利用率中，纸张为42%，软饮料塑料瓶为40%，铁制包装为57%。欧盟实施的家用电器回收办法，规定商业界必须回收90%的废弃电冰箱及洗衣机，并将此类大型电器用品的60%用于再生利用。在个人电脑方面，其回收比例则按产品重量，由原定的60%提高到70%，再生率也由50%提高至60%。此外，法国政府要求应有85%的包装废弃物循环利用；奥地利法规要求80%回收包装材料必须进行再循环处理或再利用；丹麦政府规定所有废弃物要有50%进行再循环处理。20世纪90年代以来，循环经济理念在日本深入人心。21世纪初，提出‘环境立国’战略，即创建循环型社会的国家目标。消费者报废电器时应支付废旧家电收集、再商品化等有关费用。废旧电器经过商家回收又重新回到生产企业。资源循环利用率，如空调为78%，电视为73%，冰箱为59%，洗衣机为56%。日本力争资源回收率达100%。从家电中回收的玻璃、铜、铝等材料制作成玻璃杯、易拉罐等再生产品。”①

目前，发达国家循环经济的发展已在四个层面上展开：一是企业内部的循环利用，最具代表性的是美国杜邦化学公司模式，通过厂内各工艺之间的物料循环，减少物料的使用，达到少排放甚至“零排放”的目标。二是企业间或产业间的生态工业网络，如著名的丹麦卡伦堡生态工业园，把不同的工厂联结起来，形成共享资源和互换副产品的产业共生组合，使一个企业产生的废气、废热、废水、废渣在自身循环利用的同时，成为另一企业的能源和原料。三是废物回收和再利用体系，欧盟实施的家用电器回收办法，规定商业界必须回收90%的废弃电冰箱及洗衣机，并将此类大型电器用品的60%用于再生利用，在个人电脑方面，其回收比例则按产品重量，由原定的60%提高到70%，再生率也由50%提高至60%。此外，法国政府要求应有85%的包装废弃物循环利用；奥地利法规要求80%回收包装材料必须进行再循环处理或再利用；丹麦政府规定所有废弃物要有50%进行再循环处理；日本也已建立废旧电器、汽车、容器包装等回收利用体系。四是社会循环经济体系，如日本政府为推动

① 《大地》，2005年第2期。

循环经济的形成，提出了到2010年要达到的三个方面的目标，包括资源投入产出率比2000年提高40%，资源循环利用率提高40%，废弃物最终处置量减少50%。

近几年来，循环经济已在全球形成一股新的经济潮流，许多发展中国家也着手制定相应政策和措施，开始走上循环经济的发展道路。

三、若干可供参考的外国发展循环经济的经验

数十年来，各国都从本国实际出发，在不同方面形成具有本国特色的可供借鉴的实施经验。现例举如下。

（一）瑞典的林业、林产品循环经济

合理利用森林资源，确保必要的森林面积，保护森林中的生物多样性和生态系统平衡，是循环经济的重要内容。瑞典在这方面有值得借鉴的成功经验。“森林是瑞典最宝贵的自然资源，森林覆盖率达54%，是世界上人均森林面积最多的国家之一。保护森林是瑞典的基本国策，爱护森林是瑞典人由来已久的传统。早在1903年，瑞典议会就立法规定：谁砍伐森林，谁就要补种新的树苗。1994年，瑞典又颁布了新的森林管理法规，确立了保护生态平衡、合理开发利用森林资源的原则，这个原则的核心就是确保森林的可持续发展；保护森林中的生物多样性和不破坏生态系统；森林所有者和森林工人有义务了解相关的法律法规以及新的森林管理规定。为此，瑞典政府连续组织了生态与环境保护培训班，几十万人参加了学习（约近全国成年人的一成——引者注）；建立了林木基因库，负责收集和保护国家稀有树种的基因材料。瑞典在保护森林资源的同时，还在林产品开发利用过程中，建立起了从木材采伐到生产利用的‘一体化’产业链，形成一种资源节约型的循环经济模式，以尽可能提高林木利用率，减少用材量。瑞典目前是世界第四大纸张出口国、第三大纸浆出口国和第二大松木出口国。瑞典的木材大多用于造纸，为了尽可能减少林木的消耗，少用原木、多用回收废旧纸成了瑞典所有造纸厂生产经营的基本理念。目前，瑞典80%以上的旧报纸、70%以上的办公废纸和生活用纸——每年有150万吨废纸被回收利用，这意味着每年生产的纸产品中有69%被回收利用。造纸业传统上是一个对环境污染较严重的产业。瑞典的造纸厂一直把环境保护放在首位，所有造纸企业都安装了先进的污水处理系统，从1993年起，所有纸浆生产企业都已停止使用氯气。正因为瑞典对森林的爱护和对林木的采伐利用过程，采用了循环经济的原理，致使它自1920年以来，在大量采伐与充分利

用森林资源的同时，平均每年还新增了一定的森林面积，木材总储存量增长了60%左右。”[①]

（二）德国的循环经济法制建设

据《中国经济时报》记者孙超（2005年07月05日）报道：“德国是世界上最早实施循环经济的国家之一，它的特色是循环经济法制建设走在世界的前列。早在1972年德国就制定和颁布了《废弃物处理法》，1991年，德国首次按照从资源到产品再到资源的循环经济思路，制定了《包装废弃物处理法》，要求生产商和零售商对于商品的包装物要尽可能减少并回收利用，以减轻填埋和焚烧的压力。1994年，德国公布了发展循环经济的《循环经济和废物处置法》，确立产生废弃物最小法、污染者承担治理义务以及政府与公民合作三原则。把资源闭路循环的循环经济思想从商品包装拓展到社会相关领域，规定对废物管理的手段首先是尽量避免产生，同时要求对已经产生的废物进行循环使用和最终资源化的处置。

德国的循环经济立法体系共三个层次：法律、条例和指南。除上面提到的法律、条例外，还有农业和自然保护法、污水污泥管理条例、废旧汽车处理条例、废电池处理条例、有机物处理条例、电子废物和电力设备处理条例、废木材处理条例、废物管理技术指南、城市固体废弃物管理技术指南等。德国关于循环经济的立法及其实践，对世界各国产生了巨大影响。

在德国，循环经济已成为企业和民众生活中的一部分。包装拉圾已从过去的年均1500万吨，下降到目前的500万吨，95%的矿渣、70%以上的粉尘和矿泥得到了重新利用。目前，废弃物处理成为德国经济支柱产业，年均营业额约410亿欧元，并创造了20多万个就业机会。”

（三）巴西：利用垃圾创造价值

多年来，巴西在实践中创造了符合本国国情的循环经济发展模式，其中垃圾等的回收利用工作尤其富有成效。据巴西有关行业协会统计，2004年巴西回收铝易拉罐90亿个，回收率达到96%，高居世界第一。巴西钢易拉罐的回收率为88%，纸箱为79%，玻璃为47%，PET饮料瓶为48%，无菌包装纸盒为22%，均居世界前列。巴西循环经济模式的特点是强调政府、企业和社会三方面的参与和合作，通过综合开发利用垃圾创造价值、就业机会和收入，既保护环境又能促进经济发展，帮助解决失业和贫困问题。

---

① 《人民日报》，2004年7月19日。

巴西联邦政府在2000年颁布的多年发展计划中，将回收利用垃圾作为重要内容，要求在城市居民中大力推广垃圾分类收集，支持建立拾荒者合作社，鼓励企业利用回收垃圾作原料。目前，巴西已有200多个城市实行垃圾分类收集，每个城市都建立了多个拾荒者合作社，全国还有上千家利用回收垃圾作原料的中小企业，形成了循环经济的生产链。在实行垃圾分类的巴西城市中，居民首先把垃圾分成有机垃圾和包装物垃圾（又称为湿垃圾和干垃圾），市政环卫部门的垃圾车每天上门收集。湿垃圾直接送到填埋场，干垃圾送到由拾荒者组成的合作社集中分拣。居民也可以直接将垃圾放入街边的分类垃圾箱，或者把用过的易拉罐等拿到一些超市的回收点换取购物券。

拾荒者合作社是巴西循环经济模式的一大特色。巴西大城市失业问题严重，很多从农村到城里打工的人没有工作，靠拾荒为生。当地政府免费提供场地，非政府组织赞助设备，帮助拾荒者组织合作社，市政环卫部门无偿地把收集来的垃圾运送到合作社分拣。过去在街头和垃圾场谋生的拾荒者如今在厂房内的流水线上把各种干垃圾分门别类，压缩打包，然后卖给不同的回收厂家。建立拾荒者合作社投资很少，但经济效益和社会效益很高。合作社由拾荒者实行民主管理，有固定的销售渠道，产品价格也不低，人均月收人可达200美元，相当于巴西最低工资水平的两倍。在合作社工作使过去处于社会边缘的拾荒者能够得到政府和非政府组织的指导和帮助，享有正规劳动者的社会保障，使他们有一种社会归属感。垃圾分拣是劳动密集型工作，合作社可以创造大量就业机会。目前，巴西有约50万人从事垃圾回收利用产业。

欧洲等发达国家实行的政府补贴型垃圾回收体系成本过于昂贵，回收产生的经济价值较小。巴西垃圾回收的循环经济模式成本低，效益高，符合可持续发展规津，值得其他发展中国家借鉴①。

（四）美国的物资循环利用联合会和循环消费

建立废品、废旧物资的回收、处理和再生产业，可从根本上解决废品和废旧物资的循环利用问题。美国在这方面做得较好。除了加强环境保护局的职能外，还专门成立了全国物资循环利用联合会。这种全国性的联合会涉及5.6万家废弃物回收利用企业，提供就业岗位110万个，每年的毛销售额高达2360亿美元，为员工支付的薪水总额达370亿美元。该行业的发展规模与美国的汽车业基本相当，其中最大的一块是纸制品的回收利用，年销售收入达490亿美

① 新华社记者杨克民，新华社巴西利亚电。

元，其次是钢铁和铸造业，年销售收入分别为280亿美元和160亿美元。

循环消费是美国循环经济的另一个重要特色。除了有发达的旧货交易市场外，还有"遍布全国的节俭商店，即旧货店。这些旧货店一般为慈善机构所办，低价出售旧货所得收入主要用于社会救济。例如，有1900多家节俭商店的友善实业公司就是一家将收入用于残疾人事业的慈善机构。节俭商店里出售的物品，从瓦罐到衣服等各种日用品，几乎全是居民捐赠的旧货。节俭商店在对旧货进行清洗、消毒和整理使其符合卫生和安全标准之后才能放在商店里出售。节俭商店也为捐物的居民提供减税证明。由于循环消费观念的普及和循环消费社会机制的发展，循环消费已成为美国社会和经济生活中的一大现象，其社会效益和经济规模并不亚于以废品垃圾处理和加工为中心的资源再生工作。"①

以上各国循环经济活动的经验告诉人们，发展循环经济是缓解资源约束矛盾的根本出路和从根本上防治环境污染的有效途径。这是人类实现经济、社会和环境共赢的必然选择。

第三节　我国循环经济的发展

一、我国发展循环经济的必要性与紧迫性

自新中国成立以来，由于在经济发展模式上，遵循的基本上是传统的，以"资源——生产——消费——废弃物排放"为特征的生产、消费模式。近些年来，经济高速发展，暴露出严重的资源矛盾和生态环境恶化问题，已开始制约我国经济持续发展，并已危及人民身体健康。

在过去的教科书中，一向以我国地大物博而自豪。其实，相对于人口来说，中国地并不广，物更不博：人均耕地不足0.1公顷，不及世界人均占有量的一半；人均草场0.3公顷，仅为世界人均占有量的60%；森林覆盖率仅居世界第130位，人均森林面积不到世界平均水平的1/4，居世界第134位；人均淡水资源量仅为世界人均占有量的四分之一，其中有10个省份严重缺水，有400余座城市供水不足，110座城市严重缺水。45种主要矿产资源人均占有

① 冯之浚等编著：《循环经济》，第298页。

量不到世界平均水平的一半，石油、天然气、铁矿石、铜和铝土矿等重要矿产资源人均储量，分别为世界人均水平的 11%、4.5%、42%、18% 和 7.3%。随着近 30 年经济的高速发展，我国资源馈乏状况已严重地暴露出来，环境形势也已显得十分严峻。

温家宝总理在 2006 年 4 月 17 日全国环境会议上指出："'十五'期间，我们在推进经济发展的同时，采取一系列措施加强环境保护，取得积极进展。……对于环境保护工作的成绩应予充分肯定。同时，必须清醒地看到，我国环境形势依然十分严峻。长期积累的环境问题尚未解决，新的环境问题又在不断产生，一些地区环境污染和生态恶化已经到了相当严重的程度。主要污染物排放量超过环境承载能力，水、大气、土壤等污染日益严重，固体废物、汽车尾气、持久性有机物等污染持续增加。流经城市的河段普遍遭到污染，1/5 的城市空气污染严重，1/3 的国土面积受到酸雨影响。全国水土流失面积 356 万平方公里，沙化土地面积 174 万平方公里，90% 以上的天然草原退化，生物多样性减少。发达国家上百年工业化过程中分阶段出现的环境问题，在我国已经集中出现。生态破坏和环境污染，造成了巨大的经济损失，给人民生活和健康带来严重威胁，必须引起我们高度警醒。"

资源的馈乏和粗放经营，低效利用，浪费严重，已开始制约我国经济的持续发展；严重恶化的生态环境，已给我国造成巨大经济损失，并已危及人民群众身体健康。可是今后的数十年，我国仍将处于工业化、城镇化加速发展阶段，如果继续沿用粗放型的、线性型的经济增长方式，资源将难以为继，环境将不堪重负。西方发达国家用了近 200 年的时间实现了工业化和现代化，走的是先污染，后治理的路子，在这一过程中其资源和环境条件十分优越。但在今天，这样的条件已不复存在。我国今后经济发展的出路在哪里？正如国家环保总局局长周生贤答人民日报记者问时所说的："我国人口基数大，人均资源相对不足，生态环境脆弱。粗放型经济增长方式不仅使经济发展质量难以提高，资源环境也不堪重负。我国单位资源产出水平仅相当于美国的 1/10，日本的 1/20，单位 GDP 二氧化硫和氮氧化物排放量是发达国家的 8—9 倍。加快转变经济增长方式已经成为我们面临的重大战略任务。"① 我国单位国内生产总值能耗，虽然已有较大幅度下降，但仍然远远高于发达国家，而且比中等收入国家也高出很多。详见表 3－1：

---

① 《人民日报》，2006 年 4 月 20 日。

表 3－1 单位国内生产总值能耗 单位：标准油吨/万美元

	1990 年	2000 年	2001 年	2002 年	2003 年	2004 年	2005 年
世界	3.95	3.18	3.12	3.06	2.82	2.62	2.49
高收入国家	2.43	2.08	2.1	2.04	1.83	1.68	1.16
中等收入国家	10.89	7.13	7.11	7.22	6.79	6.15	5.42
低收入国家	13.02	13.09	13.32	12.53	11.83	10.58	9.42
中国	24.43	9.22	8.33	8.22	8.21	8.19	7.65
美国	3.35	2.36	2.24	2.2	2.09	2	1.89
日本	1.48	1.13	1.27	1.33	1.22	1.16	1.17

资料来源：国家统计局网站。

实践已经给了明确而有力的回答：唯有树立和落实科学发展观、实施可持续发展战略，转变经济增长方式，走发展循环经济之路，才能从根本上解决以上存在的这些问题。

二、我国发展循环经济，起步较晚，但已取得初步成就

（一）我国发展循环经济，起步较晚，但进展较快

当前，我国正处于 21 世纪前 20 年的重要战略机遇期，可是面对的是人多、地少、资源人均占有量低和十分严峻的生态环境。客观形势要求我国必须扬弃粗放型的经济发展模式，尽快地将社会生产、消费，从单向式的线性流动模式，转移到封闭式的循环流动模式上来。对此，中央政府于 1992 年以后开始行动。与发达国家相比，我国的起步虽然较晚，但进展迅速。党中央、国务院在这十多年的时间内，为实行可持续发展和发展循环经济，采取了一系列强有力的措施，制定了一系列法律法规。

1992 年联合国环境与发展大会后，我国党和政府十分重视可持续发展战略，率先组织制定了《中国 21 世纪议程——中国 21 世纪人口、环境与发展白皮书》，1994 年 3 月在国务院常务会议上正式通过，作为指导我国国民经济和社会发展的纲领性文件，开始了我国可持续发展的进程。在《白皮书》中，虽然没有运用发展循环经济的词汇，但第十章论述开展清洁生产和生产绿色产品一节所涉及的内容，实质上就是指如何发展循环经济的问题。如其中指出。“工业和交通运输产生的污染，占全国总污染的 70% 以上，同时工业又是能源和原材料的主要消耗大户。因此，尽可能地减少工业和交通运输生产全过程中的废物产生和排放、提高单位产品或产值的能源、资源利用率，是实现可持续

发展战略的关键所在”。“在发展清洁生产和生产绿色产品及对生产的全过程进行污染控制方面，尚未全面开展起来，影响了工业可持续发展的能力建设”。“所谓清洁生产，是指既可满足人们的需要又可合理使用自然资源和能源并保护环境的实用生产方法和措施，其实质是一种物料和能耗最少的人类生产活动的规划和管理，将废物减量化、资源化和无害化，或消灭于生产过程之中。同时对人体和环境无害的绿色产品的生产亦将随着可持续发展进程的深入而日益成为今后产品生产的主导方向”。“越来越多的事实表明，环境问题的产生，不仅仅是生产终端的问题，在整个生产过程及其各个环节中都有产生环境问题的可能，因此只对生产终端进行污染控制是远不能解决中国现存的环境问题的，只有发展清洁技术、清洁生产和生产绿色产品，推行生产全过程控制，才会建立节能、降耗、节水、节地的资源节约型经济，实现生产方式的变革，加速工业、交通及通信业发展模式的全面转换，实现以尽可能小的环境代价和最少的能源、资源消耗，获取最大的经济发展效益”。“制定与中国目前经济发展水平和国力相适应的清洁生产标准和原则，配套制定相应的法规和经济手段，以保证上述标准的实现。”“开展清洁技术和装备方面的研究，加强环境、冶金、化工、轻工和农业等部门和研究人员的合作以使清洁技术达到最佳效果，并注意应用推广到工业生产实际中去。”从这些内容来看，可以说：我国发展循环经济工作，实际已从此起步。但由于这是一个新理念、新的经济增长方式，实际推广应用需要有一个过程。所以此后的几年中，工作仍主要是放在对生产、消费终端污染物的防治上面，还很少对生产、消费全过程进行减量化和资源化。

1999 年 5 月，国家经贸委选择北京、上海等 10 个城市和石化、冶金等五个行业开展清洁生产示范和试点，在企业层次真正推广开展起来。这可以说是政府直接主导下的循环经济工作从此真正起步。

2002 年 6 月 29 日，中华人民共和国第九届全国人民代表大会常务委员会第二十八次会议通过了《清洁生产促进法》，并规定 2003 年 1 月 1 日起正式实施，该法第一、二条分别规定“为了促进清洁生产，提高资源利用效率，减少和避免污染物的产生，保护和改善环境，保障人体健康，促进经济与社会可持续发展，制定本法。”“本法所称清洁生产，是指不断采取改进设计、使用清洁的能源和原料、采用先进的工艺技术与设备、改善管理、综合利用等措施，从源头削减污染，提高资源利用效率，减少或者避免生产、服务和产品使用过程中污染物的产生和排放，以减轻或者消除对人类健康和环境的危害。”

然后又在第十八、十九条规定“新建、改建和扩建项目应当进行环境影响评价，对原料使用、资源消耗、资源综合利用以及污染物产生与处置等进行分析论证，优先采用资源利用率高以及污染物产生量少的清洁生产技术、工艺和设备。”“企业在进行技术改造过程中，应当采取以下清洁生产措施：（一）采用无毒、无害或者低毒、低害的原料，替代毒性大、危害严重的原料；（二）采用资源利用率高、污染物产生量少的工艺和设备，替代资源利用率低、污染物产生量多的工艺和设备；（三）对生产过程中产生的废物、废水和余热等进行综合利用或者循环使用；（四）采用能够达到国家或者地方规定的污染物排放标准和污染物排放总量控制指标的污染防治技术。”由这些内容可知，这部《清洁生产促进法》实质就是初期的循环经济促进法。从此开始，可以说是我国发展循环经济工作进入了法制化、规范化的发展轨道。

2003年7月25日公布了《中国21世纪初可持续发展行动纲要》。该《纲要》是为了全面推动可持续发展战略的实施，保证我国国民经济和社会发展第三步战略目标的顺利实现，在总结以往成就和经验的基础上，根据新的形势和可持续发展的新要求而制定的。《纲要》明确了21世纪初我国实施可持续发展战略的目标、基本原则、重点领域及保障措施。其中指出：“通过国民经济结构战略性调整，完成从‘高消耗、高污染、低效益’向‘低消耗、低污染、高效益’转变。促进产业结构优化升级，减轻资源环境压力”，“发展生态农业……大力开展保护性耕作，继续开展旱作农业示范县和生态农业示范县建设；制订有效的政策及管理机制，研究、推广生态农业关键技术和模式，鼓励农民采用清洁生产技术，”“在加快企业结构调整的过程中，推行清洁生产，并与企业技术进步、节能降耗、资源综合利用和加强企业管理结合起来，加快各类企业环境污染由末端治理向全过程控制的根本转变。加快建立和完善以开展清洁生产为重点的工业污染综合防治模式，鼓励和支持企业采用高新技术，使用新型能源，走低能耗、物耗、少排污的清洁生产发展道路”。

2003年9月1日开始实施《中华人民共和国环境影响评价法》，随着《清洁生产促进法》和《中华人民共和国环境影响评价法》的贯彻实施，在我国，循环经济进入一个快速发展时期。

2004年7月，国家环保总局在天津经济技术开发区组织召开了“推进循环经济试点经验交流会”。

2004年9月党的十六届四中全会决议中明确提出要大力发展循环经济，把发展循环经济作为调整经济结构和布局，实现经济增长方式转变的重大举措。2004年年底召开的中央经济工作会议上，旨在节约能源的“循环经济”模式首次被提到了2005年的中国经济战略里。

2004年11月初“中国循环经济发展论坛2004年年会”在上海举行。

2005年6月，国务院通过《关于加快发展循环经济的若干意见》，为循环经济的发展提供了明确的政策依据。

2005年6月21日召开的国务院常务会议认为：随着我国工业化、城镇化和现代化建设的推进，资源需求将持续大幅度增加，资源供需矛盾日益突出，环境压力越来越大。必须从战略和全局的高度，把建设节约型社会和发展循环经济摆在更加突出的重要位置，进一步转变经济增长方式，以资源的高效和循环利用，促进经济、社会的可持续发展。

2005年11月1日，经国务院同意，国家发展改革委、环保总局、科技部、财政部、商务部、国家统计局联合下发通知，正式启动国家循环经济试点工作，并出台了一系列政策措施。为破解资源瓶颈，第一批试点单位包括：钢铁、有色金属、煤炭、电力、化工、建材、轻工在内的7个重点行业的42家企业；再生资源回收利用等4个重点领域的17家单位；国家和省级开发区、重化工业集中地区和农业示范区等13个产业园区；资源型和资源匮乏型的10个省份和城市。作为国家循环经济第一批试点单位的试点工作，从此正式启动。

2005年11月5日，由全国人大环资委、国家发展改革委、科技部、环保总局等共同主办的中国循环经济发展论坛，在厦门举行。

2005年12月3日发布了《国务院关于落实科学发展观加强环境保护的决定》。《决定》深刻分析了新世纪新阶段我国环境保护面临的形势和任务，对未来5—15年环保事业发展的宏伟蓝图进行了规划和部署，是指导我国经济、社会与环境协调发展的纲领性文件。

2006年3月16日发布《中华人民共和国国民经济和社会发展第十一个五年规划纲要》，其中的第二十二章对2006—2010年发展循环经济作出了具体规划。

2006年4月17—18日，国务院召开了第六次全国环境保护大会，这是深入贯彻党的十六届五中全会和十届全国人大第四次会议精神，以科学发展观为指导，落实国务院关于加强环境保护的决定，部署“十一五”时期环保工作的一次重要会议。

2007年6月，国家发改委、国家统计局、国家环保总局联合发布了《关于印发循环经济评价指标体系的通知》。

2008 年 8 月 29 日十一届全国人大常委会第四次会议通过了《循环经济促进法》。该法共七章五十八条，定于 2009 年 1 月 1 日起开始实施。

总起来说：随着以上这一系列比较密集而又相互配套的政策、措施，法律、法规的制定与贯彻执行，有力地推进了我国循环经济的发展。

（二）我国实施循环经济，已取得的初步成就

随着上述一系列政策措施的贯彻执行，我国在实施可持续发展战略和发展循环经济方面取得了可喜的成效。2006 年 6 月 6 日国务院新闻办发布的对于近十年来我国在实施可持续发展战略和发展循环经济的过程中，在环境保护方面已取得的成效，作出了全面的评价。现节录如下：

与 1995 年相比，2004 年全国单位国内生产总值（GDP）工业废水、工业化学需氧量、工业二氧化硫、工业烟尘和工业粉尘排放量分别下降了 58%、72%、42%、55% 和 39%。与 1990 年相比，2004 年全国每万元人民币 GDP 能耗下降 45%，累计节约和少用能源 7 亿吨标准煤；火电供电煤耗、吨钢可比能耗、水泥综合能耗分别降低 11.2%、29.6% 和 21.9%。“九五”（1996—2000 年）期间，国家关闭 8.4 万家严重浪费资源、污染环境的小企业。2001—2004 年，连续三次发布淘汰落后生产能力、工艺和产品的目录，淘汰 3 万多家浪费资源、污染严重的企业，并对资源消耗大、环境污染重的钢铁、水泥、电解铝、铁合金、电石、炼焦、皂素、铬盐等八个重污染行业进行集中整顿，停建、缓建项目 1900 多个。2005 年，关停污染严重、不符合产业政策的钢铁、水泥、铁合金、炼焦、造纸、纺织印染等企业 2600 多家，并对水泥、电力、钢铁、造纸、化工等重污染行业积极开展综合治理和技术改造，使这些行业在产量逐年增加的情况下，主要污染物排放强度呈持续下降趋势。

目前，化工、轻工、电力、煤炭、机械、建材等行业 5000 多家企业通过了清洁生产审核，全国已有 12000 多家企业获得了 ISO14000 环境管理体系认证，800 多个企业、18000 多种规格型号产品获得环境标志认证，年产值约 600 亿元人民币。已建立了 17 个不同类型的生态工业园。选择 82 家单位开展第一批循环经济试点工作。在北京、上海等 24 个城市开展了再生资源回收体系建设试点工作。海南、吉林、黑龙江等 9 省积极开展生态省建设，全国 150 个县市开展了生态县（市）创建工作。

2001 年中国政府批复《渤海碧海行动计划》。截至 2005 年年底，已完成各类渤海污染治理环境保护工程项目 166 个，在建项目 70 个，投资达 175 亿

元人民币，其中新建城市污水处理厂 44 个，形成污水日处理能力 355.3 万吨，新建城市垃圾处理场 18 个，形成垃圾日处理能力 7000 多吨，新建生态农业、生态养殖项目 89 个，新建船舶港口和溢油反应项目 9 项，初步遏制了渤海海域环境继续恶化的趋势。

与 1996 年相比，2005 年空气质量达到国家二级标准的城市比例增加了 31 个百分点，空气质量劣于国家三级标准的城市比例下降了 39 个百分点。

截至 2004 年年底，城市污水处理率达 46%，城市生活垃圾无害化处理率达 52%，城区清洁能源使用率达 40%。近年来，机动车排放标准从国家第Ⅰ阶段标准提高到国家第Ⅱ阶段标准，并制定了国家第Ⅲ阶段标准。一些城市开展清洁汽车行动，积极推行低污染的天然气、液化石油气清洁燃料汽车。自 2000 年 7 月起，全国停止销售、使用含铅汽油，每年可减少排铅 1500 吨。到 2004 年底，全国城市绿化覆盖率为 31.66%，绿地率为 27.72%，人均公共绿地面积为 7.39 平方米，分别比 2000 年增长 3.51%、4.05% 和 3.7 平方米，其中人均公共绿地面积翻了一番。目前，全国已命名国家园林城市 83 个、园林城区 4 个，国家园林县城 10 个，并有 12 个城市获得了“中国人居环境范例奖”。

目前，全国生态农业建设县达到 400 多个，开展示范区建设县市达 500 多个，其中国家级生态农业县 102 个，国家级生态示范区 233 个。发展旱作节水农业。截至 2005 年，国家投入 7 亿多元人民币，在水资源匮乏的干旱区、半干旱区建设了 460 多个旱作节水农业示范基地，综合运用农艺、生物和工程措施及旱作农业技术，充分利用天然降水，提高水资源利用效率和农业生产能力，控制水土流失。“十五”期间，国家先后投入 35 亿元人民币，重点推广以沼气建设为纽带的能源生态模式。到 2005 年年底，全国沼气用户已达 1700 多万户，年生产沼气 65 亿立方米。国家大力发展畜禽养殖废弃物沼气工程，已建成 2200 多处，年处理畜禽粪便 6000 多万吨；建成生活污水净化沼气池 13.7 万处，秸秆气化集中供气工程 500 多处；推广省柴灶 1.89 亿户，太阳能热水器 2850 万平方米。同时，还积极推广使用太阳灶、风能、地热等可再生能源。

启动森林生态效益补偿制度，营造林面积自 2002 年以来连续四年超过 667 万公顷。“十五”期间，天然林资源保护工程共营造生态公益林 800 万公顷，9333 万公顷森林资源得到休养生息；退耕还林工程共完成造林 2133 万公顷，其中生态退耕 538 万公顷，荒山荒地造林 1200 万公顷，封山育林 133 万公顷；京津风沙源治理工程共完成各项治理任务达667万公顷；“三北”和长江流域等重点防护林工程造林341万公顷，新封山育林346万公顷。

2000—2005年中央财政共投入资金90多亿元人民币，实施了天然草原植被恢复与建设、草原围栏、牧草种子基地、退牧还草、京津风沙源治理工程草原生态建设等项目，取得了良好的生态、经济和社会效益。截至2005年年底，全国人工种草累计保留面积达到1300万公顷，草原改良面积1400万公顷，草原围栏3300万公顷，有20%的可利用草原实施了禁牧、休牧和划区轮牧。

国家开展示范区和示范工程建设，已建成面积在200平方公里以上的水土保持工程300多个，水土保持生态建设示范县190个，示范小流域1398条，并开始实施第一批62个面积不少于300平方公里的示范区和50多个水土保持科技示范园建设。在全国188个县开展水土保持生态修复试点工程，所有国家水土保持重点工程区全面实施封育保护，封育保护面积达12.6万平方公里，并在“三江源区”实施水土保持预防保护工程。目前，已有25个省（自治区、直辖市）980个县全部或部分实施了封山禁牧，封禁范围60多万平方公里，封禁区内的植被得到了较快的恢复。“十五”期间，全国综合治理水土流失面积24.02万平方公里，综合整治小流域11500多条，建设基本农田406万公顷，营造水土保持林、经济果木林和水源涵养林1533万公顷，建设拦沙坝、坡面水系等小型水土保持工程350多万座（处），淤地坝7000座。

截至2004年年底，全国荒漠化土地为263.62万平方公里，沙化土地面积为173.97万平方公里，与1999年相比，五年间全国荒漠化土地面积净减少37924平方公里，沙化土地面积净减少6416平方公里；土地荒漠化和沙化程度有所减轻，重、极重度荒漠化面积减少24.59万平方公里。荒漠化和沙化整体扩展的趋势得到初步抑制。

截至2005年年底，全国共建立各级各类自然保护区2349处，面积达150万平方公里，约占陆地国土面积的15%，初步形成了类型比较齐全、布局比较合理的全国自然保护区网络；目前，全国共有湿地自然保护区473处，总面积达4346万公顷。全国纳入自然保护区得到有效保护的自然湿地近45%，洞庭湖、鄱阳湖、扎龙等30块湿地列入国际重要湿地名录，面积达346万公顷。“2007年，我国工业固体废弃物综合利用率已达62.8%，比上年提高了2.6%；城市垃圾无害化处理率为56%，比上年提高4个百分点。”[①]

① 《人民日报》，2008年10月24日。

自“《环评法》实施后，国务院提高了燃煤火电、钢铁、石化等13个高耗能、高排放行业建设项目的环保准入标准，从2006到2007年，原国家环保总局通过对涉及投资近1.5万亿元的377个‘两高一资’（高耗能、高排放和资源性）项目的环评做出了不予审批或暂缓审批的决定，遏制了环境污染和生态破坏进一步恶化的势头。据环境保护部测算，环评法实施5年来，累计减少COD排放量1406万吨、二氧化硫排放量2510万吨，有效促进了节能减排和“十一五”约束性指标任务的完成。……严格环评前置审批，停建一批建设项目。2007年，广东省各级政府通过环评审批共否决了不符合环评要求的项目4811个。新疆近日依据环评结果否决了总投资3.3亿元的煤炭项目。查处了一批违法企业，有效减轻了环境污染和生态破坏。2005至2006年，原国家环保总局依法查处了总投资超过600亿元的违反环评法的项目。2006年，国务院有关部门对不符合环评要求的1194个项目进行了查处。近3年来，国土资源部整顿和规范了对环境影响严重的500余家矿山企业。”①

三、全国各地在发展循环经济方面取得初步成效的同时，也出现了一批可供借鉴的先进典型

经过近几年的努力，我国在发展循环经济方面，在取得一定成效的同时，也培育出一批先进的典型。以下列举的仅是其中的几个。但这几个典型表明，发展循环经济，既发展了经济，又节约了资源、亦保护了环境；既有明显的社会效益和生态效益，也有巨大的经济效益，参与的企业、个人都受益非浅。这几个典型也一致表明，要发展循环经济，既需要政府主导，也需要科技支撑。

（一）以沼气为纽带的生态农业

1. 广西。据记者罗昌爱报道：“5月的一场豪雨过后，广西恭城瑶族自治县黄岭村后山坡茂密的林木更加葱茏。10年前，该村百户人家，做饭取暖全靠砍伐山上草木，将千亩山林砍得只剩下光秃秃的山梁。如今家家户户兴建的沼气池换来满山青绿，黄岭村成了广西近年来大力推广农村沼气池的一个缩影。

目前，全区累计建成户用沼气池245.5万座，入户率达28.8%。这些沼气池正常运转，等于每年为245.5万农户提供优质燃料9.82亿立方米，可折

① 2008年10月28日人大常委会执法检查组关于检查《中华人民共和国环境影响评价法》实施情况的报告。

合标准煤69.99万吨；等于每年节薪柴491万吨，相当于每年保护森林面积613.75万亩。

广西有丰富的森林资源，但一只只燃柴灶却悄然吞噬了一片又一片绿色。地处山区的恭城群众从惨痛教训中醒悟得早，县委、县政府10届班子咬住青山不放松，带领农民办沼气池，目前沼气入户率达85%，形成了'养殖—沼气—种植'三位一体的生态农业模式。后来，自治区党委、政府全面推广恭城等地兴建沼气池为主的'生态农业'经验，将兴建沼气池当成农村基础设施的大工程来抓。

广西对兴建沼气池的农户实行国债项目计划，给予资金扶持。林业部门紧密配合，培训了2万多名沼气技术员，挨家挨户指导建池，农民建沼气池的积极性空前高涨。2002年至2004年，广西在桂西北革命老区大力兴建沼气池，其中'东巴凤'3县革命老区1年中建成6万多座沼气池，使沼气入户率达到70%。去年以来，这3个国家级贫困县的生猪、水果、蔬菜等繁殖与种植面积平均增加30%以上，保护森林面积15万多亩。"①

2. 贵阳。据2006年10月29日《人民日报》记者胡跃平、汪志球报导："政府投入资金4.4亿元建成沼气及相关设施16万套。今年，生猪行情看涨，这可乐坏了贵阳市花溪区燕楼乡谷蒙村的老百姓，村民尹维兵家今年出栏54头猪，净赚8000多元。谷蒙村200多户村民，养猪上万头。如此规模的养殖业，得益于家家有口沼气池。猪的粪便随进料口入沼气池，通过池内发酵产生的甲烷气体，供家家户户做饭、照明、洗澡；池内的沼液、沼渣，为优质高效有机复合肥，被村民视为宝贝，全部用在好田好土上，不用化肥和农药种出来的牧草和玉米等粗粮，又成了猪食的上等饲料，难怪从福建来的台商，干脆在谷蒙村安营扎寨，坐收被农业部门认证的无公害生猪。

贵阳以沼气为纽带，上联养殖，下接种植，形成畜、草、果、蔬、粮、沼、水、路等多位一体的农村循环经济模式，如'猪—沼—菜（果）'、'猪—沼—农产品加工'等等。与沼气池相配套的圈舍、厕所、厨房和进户路，也得到了彻底的改造，使不少人家的生活也像城里人一样讲究起来。到今年10月中旬，贵阳市各级财政累计投入资金4.4亿元，建成沼气池及相关设施16万套，使64万农民受益。

为让这项"民心工程"经得起检验，从工程开始实施到投入使用，其规

① 《人民日报》，2005年5月20日。

划设计、建设标准、技术培训、施工队伍、物资供应和考核验收，全过程实现建设规范化，并做到目标责任、督促检查和管理制度落实到位。全市目前拥有2100名持有职业资格证书的沼气生产工；在各县（区）、乡镇建立了400多个后续服务技术网点；市里出资近百万元，为沼气维修工配备了200多台摩托车及通讯工具，保证他们随时上门服务。

沼气工程促进了生态和经济两个系统的良性循环。如今，贵阳市80%的菜地被贵州省农业厅认定为无公害蔬菜基地，番茄、黄瓜、萝卜等8个蔬菜产品被农业部认证为无公害农产品，连同每年出栏的上百万头无公害生猪，贵阳农产品成了华南、华东众多商贩争相上门收购的对象。使用沼气做饭洗澡，农民不再上山乱砍滥伐。据统计，沼气工程累计保护林木100万亩，保护薪柴资源70余万吨，贵阳市的森林覆盖率由2000年的31%上升到去年的35%。最近，贵阳市被授予全国首个'国家森林城市'称号。"

3. 海南琼海农村。据2006年6月24日《人民日报》记者赵永平、马应珊报道："双举岭村干部吴达彦说，养猪是村里的传统，给村民带来收入的同时也带来污染，前些年最愁村里堆成山的猪粪。2002年开始创建生态文明村，他们先从治理猪粪入手，每户出1500元，政府补助800元，55户养猪的村民都建了沼气池，猪进圈、粪入池、垃圾有桶，村容村貌改变了……'养猪—沼气—菜'生态经济模式，打响了双举岭村反季节无公害瓜菜的品牌。目前双举岭的青皮冬瓜，已成为有名的绿色食品，每年仅反季节青皮冬瓜一项，就带给每户农民1万元左右的收入。如今的双举岭村，进村有路、入户有道、路旁有灯、道旁有花，房子高大、宽敞，房前屋后是槟榔。它不但给村子增添庭院生态景观，还是农民收入的一大来源。光槟榔这一项收入，一年户均收入就约有1万元。

双举岭是琼海农村发展生态经济的一个缩影。如今琼海生态经济村不断涌现，'山坡椒胶果、水田稻菜瓜、河海成旅游'，形成了各具特色的文明生态村创建模式，如松梅村'养猪+沼气+经济作物'模式、边沟村'文明生态村+科技村'模式、白沙村'山区特色经济+专业村'模式，都成为农民增收新的增长点。2005年农民纯收入比2000年增加了81%……

生态经济离不开科技，琼海市以创建文明生态村为契机，将农业科技服务点延伸到村，将科技信息推广到户……目前琼海市在温泉、椰子寨等19个行政村和自然村中建立农业科技110服务点，村有科技能人，镇有服务点，市有服务站，形成一个比较完善的农技服务网络……边沟村农民利用科技发展

‘槟榔种养＋加工＋运销’，胡椒年产值10多万元，槟榔每年为村里增加收入112万元，农民人均收入近万元。

依靠科技推广网络，一项项良种良法进入千家万户，使生态农业有了质的提升。目前，全市瓜菜育苗地膜覆盖面积达到95%以上。”

（二）工业领域的生态循环

1. 山东海化开发区海洋化工产业形成“一水五用”的循环经济模式。2005年8月1日《人民日报》记者刘成友在一篇题为《海水如何被“吃干榨尽”》的文章中详细地报道了山东海化开发区海洋化工产业形成“一水五用”的情况，十分生动而又极具说服力地描绘出了循环经济的功能。现节录如下：

“海化集团所创造的海水‘一水五用’的循环经济模式是这样的：海水首先被用来养殖贝类、鱼虾等海产品；初级卤水放牧卤虫；中级卤水和抽取的地下卤水先送纯碱厂、硫酸钾厂等供工艺冷却，吸收了化工废热之后的卤水送到溴素厂吹溴，溴被大量运用于灭火机、感光材料和医药中间体等；吹溴后的卤水送到盐场晒盐；晒盐后的老卤送到硫酸钾厂、氢氧化镁厂生产硫酸钾、氯化镁、氢氧化镁等产品；原盐是纯洁生产纯碱、氯碱的原料。海化开发区纯碱生产能力达200万吨，并正在建设20万吨氯碱树脂项目，每年可消化原盐300多万吨；以纯碱为原料，又深加工生产小苏打、硝盐等；制碱厂的废液蒸氨废清液，通过几条埋在地下的管道输入氯化钙厂，为原料生产氯化钙。

令人惊奇的是，这个以海水为原料形成的产业链，又通过左右关联和上下延伸，形成了海洋化工的生态‘互联网’。

目前，海化开发区海洋化工产业形成了溴系列、碱系列、苦卤化工系列、精细化工系列，其间高度关联、互为依托、精深加工、滚动增值。登高远望，几十里长的工业园区内，80多家化工企业之间都有粗细不一的管道相连，因为这些企业的产品或原料都是相互关联的。

综合利用制盐苦卤的硫酸钾厂，还建成了利用粉煤灰、废石、废渣的水泥厂和新型墙体材料厂，避免了‘废弃物’排海污染，有效保护了海洋环境。

由于没有污染，海化开发区的海水养殖同样红红火火，万亩滩涂成为十分抢手的金海银滩。仅龙威公司一家就拥有滩涂40多平方公里，海水养殖场2.5万亩，贝类养殖场13.5万亩。

废物是放错了位置的资源。在循环经济这根链条中，没有废物，废物只是放错了位置的资源。循环经济就是要把资源最大程度地综合利用起来。

海化开发区正在将循环经济理念注入全区资源整合和经济发展的全过程，

从建立循环型企业、循环型园区和循环型社会3个层次加快发展循环经济。今后将努力构建上下游产品接续成链、关联产品复合成网、封闭循环综合利用的循环经济模式。目前，海化开发区已成为全国最大的海洋化工产品生产和出口创汇基地。2004年，全集团完成销售收入110亿元，实现利税12亿元，均比上年翻了一番。

循环经济是一项复杂的系统工程，也是一项永不竣工的工程。循环经济不仅要有理念作先导，还要有经济收益和技术上的支撑，以及政策上的支持。

在发展循环经济过程中，始终充满了矛盾。有些资源的利用，一时难以给企业带来很好的附加值。例如，硫酸钾厂利用晒盐剩下的苦卤生产硫酸钾和氯化镁，其技术在全国领先，但是由于市场原因，经济效益不是很好。前几年平均每年都有300万元的亏损，不过由于硫酸钾厂能够使具有较高污染度的苦卤得到充分利用，避免对环境的污染和破坏，所以海化集团以盈补亏，坚持了下来，从而保证了整个链条的运转。循环经济还要有技术上的支持。海化集团充分发挥了其国家级技术中心和博士后流动站的作用，利用与高校和科研单位之间的产学研合作，运用生态科技、环保科技、海洋科技相结合的创新成果，来指导集团生态工业链的设计、建设，从而使其新产品群的开发亮点频出。

从更深层次上来看，市场的运行是靠经济驱动来进行的，企业从中得到经济效益，才是发展循环经济的长远动力。

多年前，纯碱厂排出的淡绿色的废液掺水稀释后，顺着一条十来公里长，五六米宽的深沟排到海里去。如果浓度过高，海域就会遭受严重污染，渤海莱州湾近海势必成为一片‘白滩’，连蛤蜊都没法生存。至今，国内许多大型纯碱厂的废液仍然是稍加处理，然后就直接排海。海化的生态工业网络，保护了环境，节约了资源，延长了产业链，实现了经济效益和环境保护的同生共赢。”

2. 攀枝花：废渣中淘出大产业。《人民日报》2005年11月17日报道：“在自主核心技术的支撑下，攀钢使昔日无法充分利用的钒钛资源化石为金，开发的钒氮合金及钒钛系列产品每年新增产值十多亿元。走进攀枝花钢铁集团公司钒氮合金冶炼车间，只见传输带上有一堆堆煤球似的东西缓缓移动。技术人员拿起一个‘煤球’介绍说，这就是钒氮合金，别号‘工业味精’，是钢铁工业中的重要添加剂，乍看不起眼，但技术含量高，全世界目前只有两家企业能生产，攀钢就是其中之一。

攀钢近年来成功研发拥有自主知识产权的高新技术，极大地提高了钒钛资源的综合利用率，使昔日无法充分利用的宝贵资源化石为金，钒氮合金和其他钒钛系列产品每年新增产值10多亿元。

位于川西南的攀枝花，蕴藏着储量巨大的铁、煤炭以及具有重要战略意义的稀有金属、非金属等70多种矿藏，其中钒的储量占全国的87%、全球的11%，钛的储量则占全国的94%、全球的35%。作为以资源开发为主的工业城市，攀枝花市曾长期存在着资源利用率低的突出问题，其中尤以钒钛资源利用率低为甚。

在攀枝花丰富的高钛型钒钛磁铁矿中，钒钛等多种稀有金属资源作为磁铁矿的伴生矿，选矿、冶炼、分离及回收难度大，工艺技术要求高。攀钢虽然打破了国外一些人士关于攀枝花磁铁矿是无法冶炼的“呆矿”的断言、解决了磁铁矿炼铁的难题，但受当时技术条件所限，废渣中的钒钛资源无法回收，每年300多万吨废渣只能堆积在山谷之中，累计已近亿吨。

金贵的废渣被当作了垃圾，而国家经济建设中急需的大量钒钛制品却需进口。面对这一现状，攀钢的科技工作者下决心向被外国长期垄断的钒钛回收技术展开攻关。攀钢集团董事长洪及鄙说，在国家有关部门的高度重视和支持下，攀钢艰辛的技术创新努力终于结出硕果：一批具有自主知识产权的高新技术、专利填补了国内空白，其中一些成果居世界领先水平，先后获国家科技进步一等奖、全国科学大会奖等。

通过实施这些技术，攀钢经过9年努力，建起了世界一流的微细粒级钛精矿生产线，年生产能力达到14万吨，到2004年12月已累计生产钛精矿35万多吨，产值1.8亿多元。攀钢还在攀枝花及重庆、锦州等地设立钛白粉专业生产企业，使钛白粉年生产能力达到6万多吨。随着“转炉提钒”以及五氧化二钒、三氧化二钒、钒铁和钒氮合金生产技术等拥有自主知识产权的高新技术和生产工艺及产品质量的不断完善，攀钢钒资源产业日益壮大，一举成为世界第二大产钒企业，钒产品占据国内市场份额的80%、国际市场的20%，使我国由钒资源的进口国一跃成为钒产品的出口国。攀钢近年来还先后投入5亿多元用于自主研发，相继开发出具有广阔市场前景的钒、钛系列产品，使钛资源的回收率由过去的15%提高到目前的27%左右，综合利用率由过去的4.5%提高到14.3%；钒资源的综合利用率则达到50%以上。

钒钛资源的充分利用以及形成的产业链，不仅成就了攀枝花‘中国钒钛之都’的美誉，也带动提升了其他资源的综合利用率。攀枝花市委书记赵爱明说，到今年上半年，全市已有70多项产品取得资源综合利用认定资格，利用固体废弃物总量达到3700多万吨，资源综合利用产品的年产值已达11亿多元，利润超过2亿元。”

3. 交城：循环利用资源延长产业链。2005年11月19日《人民日报》记者安洋报道：“一条全封闭的管路贯通位于山西省交城县的亚太焦化厂与利虎玻璃厂，通过这条6公里长的管路，焦化厂的废气成了玻璃厂的廉价燃料。相比过去用重油作燃料，玻璃厂每箱玻璃的生产成本从20元左右降至8元左右。焦化厂也有一笔账：这些焦炉气过去点‘天灯’焚烧，不仅一分钱收益没有，还严重污染环境，需支付巨额的排污费用；而现在，每立方米焦炉气，至少能卖0.3元，每年收益2700多万元。这样‘一进一出’，仅利用焦炉气一项，两家企业就多赚1亿元。

废气利用，既避免了污染又增加了收益，在交城县，类似的做法还有很多。交城是山西首个‘循环经济建设试点县’，凭借节约资源、废物新用的路子，全县经济发展加快，县财政收入连续两年超过2亿元，今年已达2.5亿元。

交城煤炭资源丰富，众多煤矿和焦化厂成为县财政收入的主要支撑。随之而来的问题是，资源浪费和环境污染日益严重，群众戏称‘地下的窟窿（煤矿）越来越多，地上的渣子（煤矸石）越堆越高，天上的空气（排空的废焦气）越来越呛’。

2002年，交城邀请全国知名专家前来实地考察、上门指导，有针对性地‘定制’出5条产业延伸链条：煤—机焦—焦油加工—精细化工产业链，生铁—冶炼—铸造—机加工产业链，石英砂—玻璃制品—精制玻璃制品产业链，特种冶炼产业链，石灰岩—水泥—特种水泥产业链。这5条产业链的显著特点是，将上一个企业的废物作为下一个企业的原料，使资源综合利用率大大提升。

今年成立的宏特煤化工有限公司，是一家专门‘吃废’的企业。该公司的生产原料全部是从焦化厂回收来的焦炉气，先从中提炼焦油，再深加工成蒽油、萘油、工业萘等30多种精细化工产品。眼下，宏特公司正瞄准国内尚不能批量生产的针状焦等高科技含量产品。副总经理李玉财说，利用原来对空排放的焦炉气，公司将开发出50多种化工产品。届时，宏特焦炉气用量需要1.5亿立方米左右，周边焦厂对空燃烧的‘天灯’将由此熄灭。

义望铁合金厂则看准了附近堆积如山的煤矸石，转行建起一座专“吃”矸石的电厂，采用国内先进的直接空冷技术加工矸石发电，每年节约地下水30万吨，消化矸石40万吨。同时，电厂也建起了长长的管路，将发电产生的余热送往县城供居民取暖，使县城80多个取暖锅炉烟囱停用。其他冶炼、焦化企业也照此效仿，今年进入采暖期，交城县一连拆掉50多个取暖锅炉，城区上万户居民全都用上了附近企业送来的廉价暖气。

煤炭资源的利用更为精细。中兴煤矿、火山煤矿的煤炭首先经过金桃园煤焦公司和华鑫煤炭公司精洗、炼焦，成焦后又输送给兴龙铸造和北泰钢铁公司用于冶炼。洗煤之后产生的煤矸石用于电厂发电，电力直接输送给冶炼金属锰的企业，产生的粉煤灰制成空心砖，进入建材市场。

过去，交城的传统产业因资源而生，也一度因资源而困。现在，交城县新的产业又因资源再利用而兴。以原来废弃的焦炉气为燃料，亚洲最大的锰合金企业在这里诞生；在煤焦中‘榨油’，全国最大的煤焦油加工企业在这里生根；以废弃的煤杂质为原料，这里的硝酸钾和碳酸钾产量占到全国的一半。”

4. 南京综合利用粉煤灰纪实。2006年8月9日《人民日报》记者申琳报道：“南京市1991年就成立了粉煤灰综合利用办公室，积极引导高校、科研院所进行科研开发，鼓励企业进行技术改造和创新；1995年又出台了当时全国首部粉煤灰综合利用的专项立法，要求排灰企业必须配套粉煤灰综合利用项目，并对用灰企业采取优惠政策。南京明确‘用灰者利益大于排灰者利益’的原则，培育粉煤灰综合利用市场，引导企业积极使用粉煤灰。

如今，南京粉煤灰一年创造出40多亿元的产值。2005年，南京市产生粉煤灰300万吨，全部进入全市250多家粉煤灰综合利用企业和外地企业，成为水泥、混凝土、砖瓦等建筑原材料，利用率100%……南京市有19个燃煤电厂，每年产生粉煤灰约300万吨。按照堆放1600吨粉煤灰占地1亩计算，南京每年有近2000亩土地要用于堆放粉煤灰。1992年以前，南京市建成的大大小小的储灰场占地1万多亩。

华能南京电厂厂长赵继传介绍，电厂产生的粉煤灰要通过专用的管道，靠连续的高压泵用水将粉煤灰冲到四五公里外的储灰厂，每吨所需成本至少60元。此外，还要向环保部门交纳排污费，灰场的水还要花钱净化，防洪抗涝时还要花巨资护坡……

粉煤灰的堆放在浪费大量土地资源和水资源的同时，也对城市环境产生较大影响。粉煤灰中约有20%是容易吹到空气中的空心微珠，而且富含重金属，在空气中停留达到100天左右。水泥厂每多用1吨粉煤灰做原料，就减少了1吨二氧化碳废气的排放。环保部门测算，南京市空气中可吸入颗粒物从上世纪90年代初的350微克/标米降到了现在的100多微克/标米。

1992年以来，南京没有增加1亩灰场，随着以前堆放的粉煤灰被利用，原来的灰场面积逐渐缩小。粉煤灰综合利用减少了建材领域的毁田制砖，每年节约土地资源3000亩以上。

由于粉煤灰综合利用的引导效应，南京企业利用各种工业废渣的积极性空前高涨，钢渣、硫酸渣、磷石膏、尾矿，甚至自来水厂污泥等工业废渣利用率逐年上升，全市工业废渣综合利用率目前已达80%左右。

南京全市电厂每年靠粉煤灰收入1.5亿元。

过去建设的好几个储灰场现在都空置着，目前使用的灰场存灰量也在逐年减少，相当于扩容了储灰场，光土地利用价值就增加了7亿多元。

'十五'期间，南京共排放粉煤灰1023万吨，利用量则达到1280万吨，利用率达到125%；在100%综合利用当年所产粉煤灰的同时，以往产生的粉煤灰也逐步得到利用。5年间，南京因此共节约土地1万多亩，节省冲排灰用水3.5亿立方米。

未来5年，南京将新增排放粉煤灰1153万吨，南京市制定的粉煤灰综合利用目标是：综合利用粉煤灰1820万吨，节约土地15000亩，节约水资源4.5亿立方米，节约投资1.5亿元。"

四、有关我国进一步发展循环经济的若干思考

十多年来，我国在实施可持续发展战略和发展循环经济方面，已开了一个好头，取得一定成效，但从总体上看，经济增长方式远未根本转变，以高投入、高消耗、高排放和低效率为特征的粗放型经济增长格局还在继续。因此，我国发展循环经济还有很长的路要走。但我国已经有了一部切合国情，内容全面、科学的《循环经济促进法》，并定在2009年1月1日实施。今后，只要在科学发展观的指导下，全面按照这部法律的要求组织实施，坚持建设法治社会，我国的可持续发展战略和循环经济定会得到既好又快的发展。

发展循环经济是为了更科学地发展商品生产，因此，要充分发挥市场机制的作用，尤其是要依据价值（剩余价值）规律的要求，充分利用好价格杠杆，反映资源、环境真实成本。务必让资源使用者和污染物排放者承担相应费用，对有意违法者则给予重罚。总之要充分利用好市场机制，使之成为促进各个经济单位乃至个人节能、降耗、减排的利器。但发展循环经济具有较强的外部性和公共产品性，又是一个庞大系统工程，涉及的面很广，又是一项新事物，制约因素很多，企业、个人不大可能做到自觉"循环起来"。因此，建设法治社会、发展循环经济，政府主导至关重要。在这方面需要政府做的工作很多，最

主要的有以下几项。

（一）发展循环经济要以科学发展观为指导思想，要与实施可持续发展战略和建设资源节约型、环境友好型社会有机结合起来推进

1. 从前面有关循环经济含义的论述可知：发展循环经济，并非离开现在的经济发展计划，再发展什么新的经济，而只是依据社会化大生产商品经济的发展规律和生态规律的客观要求，将现行的经济发展模式，尽可能快地由传统的以“资源——生产——消费——废弃物排放”为特征的生产、消费模式，改造为以“减量化、再利用、资源化”为特征的人类社会生产、消费活动的新模式上来。因此，发展循环经济，同样要以科学发展观为指导，首先，要以人为本，既要为广大人民群众的切身利益而发展循环经济，也要充分依靠广大人民群众来发展循环经济。因为，发展循环经济涉及千家万户，影响子孙后代，当然必须要依靠广大人民群众；而循环经济发展起来了，实现了经济社会可持续发展，改善了自然生态，必然会使广大人民群众普遍受益。其次，发展循环经济是一个巨大的系统工程，它必然需要政府统筹规划，社会广泛配合，使之协调发展。因此，发展循环经济必然要以科学发展观为指导思想，离开了这个指导思想，就寸步难行。

2. 通过前面有关循环经济由来的论述，已十分明确地表明：当社会生产力发展到社会化大生产商品经济阶段，传统的以“资源——生产——消费——废弃物排放”为特征的生产、消费模式，形成了人类社会生产、消费的无限性，与不可再生的自然资源的有限性以及自然生态承载能力有限性之间的矛盾，而随着生产力的发展和人口的增长，这两者之间的矛盾越来越突出，并反过来威胁生产的持续发展和人类自己的生存安全。于是就有了社会生产、消费该以何种方式推进，才能化解这些矛盾，才能实现人类社会生产、生活与自然和谐相处，才能实现可持续发展的问题。于是就有了“减量化、再利用、资源化”为特征的，人类社会生产、消费活动的新模式，即循环经济。社会实践已经证明：发展循环经济，可以在保护和节约资源、减少经济活动给人类生存环境带来危害的前提下，增加社会财富，体现了人与自然和谐发展的理念；在发展经济的同时，尽量避免对未来人类的发展造成危害，为子孙后代赢得更广阔的发展空间，体现了以人为本和可持续发展的理念。因此，可以说：发展循环经济的过程，既是建设资源节约型社会、环境友好型社会的过程，又是实现可持续发展战略的过程；亦可以说，发展循环经济，是建设资源节约型、环境友好型社会以及实现可持续发展战略的重要途径和有效手段。因此，

在发展循环经济时，必须将它与实现可持续发展战略、建设资源节约型社会、建设环境友好型社会有机地结合起来统筹规划，同步推进。

（二）需要各级政府加强对循环经济的宣传教育力度

在我国实施可持续发展战略与发展循环经济，可以说是在思想意识上，对传统的经济发展观以及生产、消费观的一次大转换。它不仅涉及政府和企业，还涉及每个企业的员工乃至全体公民。因此，为要既好又快地实现可持续发展战略和发展循环经济，必然需要各级领导干部、管理人员、全体员工和全体公民真正抛弃旧的生产消费观，树立起新的生产消费观，真正认识到国家的这项大决策，既关系每一个人及其子孙后代的切身利益，也需要全民大动员，需要全民的自觉行动。就目前实际情况来看，尤其是我国，许多人对可持续发展和循环经济的意义还很不了解。国际经验表明，发展循环经济的最主要障碍是观念问题，而做好宣传教育则是极为重要的一个环节。

此前，国家已制定《全国环境宣传教育行动纲要（1996—2010 年）》和《2001—2005 年全国环境宣传教育工作纲要》。2001 年开始实施的第四个五年普法规划，把环境保护法律法规的宣传教育作为全民法制宣传教育的重要内容，并把环境保护法律法规纳入年度法制教育计划。在一年一度的“6・5”世界环境日开展全国性环境宣传教育活动。开展了绿色社区、绿色学校、绿色家庭创建活动，目前全国有 2348 个社区参加了绿色社区创建活动，25000 多所中小学校、中等职业学校及幼儿园参加了绿色学校创建活动。

今后，很有必要将以上这些方面的宣传教育，与实施可持续发展战略和发展循环经济的宣传教育，有机结合起来进行，编出新的宣传纲要，写出新的宣传教材。宣传教育的形式可以多种多样：一可由各级政府举办以可持续发展战略和《循环经济促进法》为内容的培训班，分别组织辖区内的有关管理人员进行学习，让他们搞清实施可持续发展战略和发展循环经济的意义、内涵、价值、策略和效益以后，再回去研究如何在本地区、本单位实施可持续发展与发展循环经济。二可通过报纸、电视台、互联网等大众传媒，开展有关可持续发展、循环经济的大宣传、大讨论，使广大人民群众都能明确可持续发展、循环经济到底是什么，实施循环经济对人类生存和发展的意义又是什么，真正理解实施可持续发展战略和发展循环经济的必要性、重要性，使之成为越来越多的人民群众自觉参与和维护的持久性行动。三可由政府组织剧作家和电影、电视制作者等，创制以实施可持续发展战略，发展循环经济，节约资源消耗和保护自然生态为题材的影视作品。以国内外正反两方面经验教训的生动案例，形象地将国家的大决策与个人的切身利害关系有机结合起来。

（三）需要政府部门充分运用好计划调控机制

1. 由政府加强计划调控，是发展循环经济的客观要求。发展循环经济涉及面很广，在宏观层面要同时涉及：资源综合利用和提高资源利用率，清洁生产和环境保护的标准以及综合量化指标的制定；组织研发循环经济技术支撑体系；解决地方保护、部门职能交叉问题；建立环境效益评价和绿色国内生产总值的核算和考核制度；采用何种恰当的激励手段，等等方面的问题。为了循环经济能有效地实施，还需要将解决这些问题的政策措施，有机地结合起来统筹安排，使之相互协调，形成合力。可是这些工作却分别由政府许多主管部门分别管理。因此，需要政府作出统一决策，制定统一计划。在微观层面，首先是如何对自然资源，包括水资源、土地资源、矿产资源、海洋资源、森林资源管理的问题；当实施生态中循环、大循环时，就需要各有关企业、有关行业相互协调合作。对此，固然需要企业自身发挥积极性、主动性，但离不开有关政府部门的组织协调；各个单位和居民的废品和垃圾的回收处理问题，既需要政府先制定必要的法规，基层社区政府说服动员广大居民做好初始的分装工作；还需要政府统一组织回收机构和相应的企业来使用消化。必要时还需要政府给予一定的资金支持和某些优惠政策。因此，发展循环经济，离不开政府的主导作用，政府要依据循环经济的特性，在发挥市场配置资源作用的同时，还需充分地利用好计划调控机制。

2. 就《循环经济促进法》的内容来看，也十分强调政府计划调控对发展循环经济的必要性和重要性：

一如《循环经济促进法》第三条在指出“发展循环经济是国家经济社会发展的一项重大战略”之后，紧接着提出了：“应当遵循统筹规划、合理布局，因地制宜、注重实效，政府推动、市场引导，企业实施、公众参与”的实施方针。这一条方针的中心内容表明，为了实施好循环经济，固然需要市场引导，但政府是关键，既需要政府统筹规划、因地制宜地合理布局；还需要政府推动企业实施，组织公众参与。也就是需要政府在利用市场机制的同时，还要充分运用计划机制进行调控。这是发展循环经济的客观要求。正因为如此，在《循环经济促进法》中，还将这一方针贯穿落实到以后各章的有关条文之中。

二如在《循环经济促进法》第二章《基本管理制度》中即有这样的具体规定：“国务院循环经济发展综合管理部门会同国务院环境保护等有关主管部

门编制全国循环经济发展规划；设区的市级以上地方人民政府循环经济发展综合管理部门会同本级人民政府环境保护等有关主管部门编制本行政区域循环经济发展规划。全国循环经济发展规划报国务院批准后公布施行；设区的市级以上地方的循环经济发展规划报本级人民政府批准后公布施行。循环经济发展规划的内容主要包括：规划目标、适用范围、主要内容、重点任务和保障措施以及资源产出率、废物再利用和资源化率等指标。”

“县级以上地方人民政府应当依据上级人民政府下达的本行政区域主要污染物排放、建设用地和用水总量控制指标，规划和调整本行政区域的产业结构，促进循环经济发展；新建、改建、扩建建设项目，必须符合本行政区域主要污染物排放、建设用地和用水总量控制指标的要求。”

“国务院循环经济发展综合管理部门会同国务院统计、环境保护等有关主管部门建立和完善循环经济评价指标体系。上级人民政府根据规定的循环经济主要评价指标，对下级人民政府发展循环经济的状况定期进行考核，并将主要评价指标完成情况作为对地方人民政府及其负责人考核评价的内容。”

三如在《循环经济促进法》第三章《减量化》中规定：各有关单位在生产、流通和消费等过程中，禁止生产、进口、销售、使用淘汰的设备、材料、产品或者技术、工艺；并对包装设计，工业企业用油，开采矿产资源，建筑设计、建设、施工等方面的减量化，提出了具体要求。在第四章《再利用和资源化》中则对各类产业园区，企业余热、余压的综合利用，废物的回收与利用，再利用、再制造和翻新产品的再利用和资源化提出了具体要求。对《循环经济促进法》中的这些具体要求，各级政府都需要建立定期的统计考核制度，进行有效的监督管理。

我们以为，这些需要政府有关部门加强计划调控的规定，是完全符合循环经济发展规律要求的，它的贯彻实施必然会有力地推进循环经济既好又快的发展，必须认真对待，全面落实。

（四）要根据我国经济社会发展不平衡的特点，因地制宜，确定发展重点

发达国家的循环经济首先是从解决消费领域的废弃物问题入手，然后再向生产领域延伸，最终旨在改变“大量生产、大量消费、大量废弃”的社会经济发展模式。如德国的循环经济起源于“垃圾经济”，并向生产领域的资源循环利用延伸；日本的“循环型社会”也起源于废弃物问题。发达国家，因经历长期的市场竞争，加之科技较为发达，在节约生产消耗方面，相对已做得较好。在总体上，它们创造一个单位的国民生产总值所消耗的物质资料要比我国

低得多。所以，当今各个发达国家发展循环经济，一般多已将侧重点放在生产再利用和资源化上面。但由于国情不同，在生产再利用和资源化上，又各有不同的重点。而我国以及广大发展中国家的情况就不完全相同了。

就我国实际情况来看，其中最为突出的一点，就是地区间、城乡间的生产力发展还很不平衡，企业的规模和技术水平的差距也很大。因此我们现在发展循环经济的重点，不能全国一刀切。要因地制宜，各地经济与社会不同的发展水平，应有不同的发展重点。

从总体上说，至今我国的工业生产还多处于粗放式的外延型的发展模式，能耗物耗过高，资源浪费严重，“根据权威部门的测算，目前，中国钢铁、电力、水泥等高耗能行业的单位产品能耗比世界先进水平平均高20%左右；矿产资源总回收率为30%，比国外先进水平低20%以上；木材综合利用率为60%，也比国外先进水平低20%。钢铁工业年废钢利用量不到粗钢总产量的20%，国外先进水平为40%；工业用水重复利用率比国外先进水平低15%—25%左右[①]。我国目前在生活消费品上的豪华包装越演越烈，这些情况表明，在工业生产领域减少资源消耗的潜力很大。另外，在有些地区，地下矿产资源经过大量开采，已接近枯竭，但这些物质并没有消失，其中很大一部分是转变成地上各种不同形态的废物；此外，居民生活消费排除出来的大量垃圾一直未能有效利用。这些废物不仅占据着许多有用土地，还污染着自然生态。

针对以上情况，吸取美国经验，发展资源再生产业，对于我国资源消耗大、需求大的现状具有迫切意义。有关垃圾的处理利用，国际上已有较成熟的经验，如上面例举的巴西经验，可供借鉴，应尽快在全国推行。所以在现阶段，我国发展循环经济的重点，就不能仿照发达国家现在的情况，而应从本国实际出发，首先要重视促进资源的高效利用和废弃物的回收、处理再利用上面。当然，在有条件的企业和地区，应该全面地实现生态企业的小循环和生态产业的中循环以及生态地区的大循环。另外，在我国，旅馆、餐馆一次性的用品还很盛行，因此，提倡节约消费和开启垃圾处理和利用也应是发展循环经济的一个重点。也正因为如此，《循环经济促进法》规定，发展循环经济应当在技术可行、经济合理和有利于节约资源、保护环境的前提下，按照减量化优先的原则实施。并专门设定三、四两章对如何实施减量化、再利用和资源化，作出具体规范。

---

① 新华网北京2007年8月26日电，记者齐中熙、顾瑞珍。

至于在我国农村，情况也千差万别。在有条件的地区，应尽可能按照季昆森先生所指出的："九节一减、做强加工业、白色农业、经营生态环境"四个方面来发展循环经济。但在更广大的农村，应因地制宜，优先推广简便易行的循环经济形式。如以沼气为纽带发展生态农业，不论是"猪—沼—果"、"猪—沼—菜"、还是"猪—沼—粮"，只要实用、有效，就应提倡。在这方面，国内已有许多地区已取得很大成效。

（五）要着力推进科技创新

科技创新是经济增长的重要动力，同样也是发展循环经济的动力。循环经济的减量化、再利用和资源化乃至农业上的节水、节种以及白色农业等每一个环节的实施，既离不开先进的处理技术和转化技术，也离不开先进的设施、设备的开发。因此，需要政府着力推动资源利用和资源节约的科技开发，建立促进资源持续利用的产业技术创新体系，加快资源利用科技成果的转化，推广先进高效的节能，节水设备和技术，加大对节约资源和推进循环经济方面关键技术的攻关力度，当前可靠虑组织开发有重大推广意义的共伴生矿产资源综合利用技术，节约和替代技术，能量梯级利用时废物综合利用技术，在发展循环经济中，拉长产业链和相关产业链接技术，雨洪水和苦咸水综合利用技术，高效节水技术和旱作节水农业技术等，从整体上提高资源节约技术水平，保证推进循环经济的有效技术支撑。鉴于科技创新对发展循环经济的重要性，因此《循环经济促进法》中对此也作出了明确规定，其中的第四十二条规定："国务院和省、自治区、直辖市人民政府设立发展循环经济的有关专项资金，支持循环经济的科技研究开发、循环经济技术和产品的示范与推广、重大循环经济项目的实施、发展循环经济的信息服务等。具体办法由国务院财政部门会同国务院循环经济发展综合管理等有关主管部门制定"。第四十三条规定："国务院和省、自治区、直辖市人民政府及其有关部门应当将循环经济重大科技攻关项目的自主创新研究、应用示范和产业化发展列入国家或者省级科技发展规划和高技术产业发展规划，并安排财政性资金予以支持。"

第四节　社会化大生产商品经济与建设资源节约型、环境友好型社会

上面曾经指出：发展循环经济的过程，也即建设资源节约型、环境友好型

社会的过程；亦可以说，发展循环经济，是建设资源节约型、环境友好型社会的重要途径和有效手段。表明这三者有着内在的联系和紧密的关联性。但这三者又是不同的事物，又有着各自的特点和不同的内涵。

一、关于资源节约型和环境友好型社会的含义

（一）资源节约型社会的含义

资源节约型社会，是指崇尚节约理念的社会，是在社会的生产、消费领域，通过采取综合性措施，提高资源利用效率，以最少的资源消耗获得最大的经济和社会收益，保障经济社会可持续发展的社会。建设资源节约型社会是中共十六届四中全会《关于加强党的执政能力建设的决定》中，为了节约资源、保护环境和安全生产，而将它与发展循环经济一起提出来的，其中指出要“节约资源、保护环境和安全生产，大力发展循环经济，建设节约型社会”。这也表明建设资源节约型社会与发展循环经济，既有共性，又各具特性。

1. 资源节约型社会的“节约”，具有双重含义，而且是持续地向高层次节约推进的过程。所谓双重含义：一是相对浪费而言的节约。二是要求人们在生产和生活中的各个领域，对资源进行科学高效利用，最大限度地循环再生利用废弃物资源，以较少的资源消耗换取较高的经济利益以及促成生态环境的持续改善。所谓持续地向高层次节约推进的过程，是指节约不仅仅是在现有条件下的 次性节约，而是要求通过持续不断的思维、科技创新和管理创新，持续地实现在更高标准基础上的更多的节约。科技发展是无止境的，节约也是无止境的。

2. 资源节约型社会的“社会”，也有两重含义，一是指建设节约型社会，需要社会全体成员（每一个个人，每一个单位）都加入节约行列，社会中的全体成员都应是节约的参加者；另一是指建设资源节约型社会，还需要通过做好宣传教育工作，培养社会的全体成员普遍树立起节约的文化理念，普遍养成适度消费，节约消费、合理利用资源的品德。但这里强调的节约是针对资源的过度消耗即奢侈而言的。崇俭抑奢决不是否定正常消费，而是要在反对铺张浪费的同时，代之以科学消费、文明消费、理性消费，不断提高消费水平、优化消费结构、提高消费质量。

因此，建设资源节约型社会包括两方面的内容，一是要进行思维、技术和管理的创新，以实现生产、消费过程对资源的节约。另一方面要通过宣传教

育，提高广大人民群众和各个单位的广大员工，树立节约理念，培养节约美德，自觉自愿地投入节约行列。这两者相辅相成，需要同步配合。广大人民群众节约意识提高了，节约美德树立起来了，就会自觉自愿地、积极地投入节约行列，就能既好又快地做好资源节约工作。做好了资源节约工作，促进了生产发展，提高了经济效益与社会效益，广大人民群众从中得到了实惠，又会反过来提高大家从事节约的热情。这应是建设资源节约型社会的全面含义。

（二）环境友好型社会的含义

环境友好型社会，是指人类社会与所面对的自然环境，相互友好相处，协调发展。实现人类社会与自然生态环境良性互动。即：一方面人们要在经济建设，生产、消费活动过程，善待自然环境，确保碧海蓝天，山清水秀，空（气）清土（地）净；另一方面又要依托良好的生态环境，发展生产、改善生活、增进幸福，实现社会和谐。

这里所说的“友好相处”，是指人类要把自然环境视为生态系统中的亲密朋友，友好相待。为此，需要人类在进行社会经济建设时，在尽可能节约资源消耗的同时，将自身的生产和消费活动，规范在生态环境承载能力范围之内，要对生产和消费全过程进行有效监控，采取多种降低污染措施、实现污染无害化，最终降低社会经济活动对生态环境系统的不利影响。

建设环境友好型社会，人类自身是矛盾的主要方面，首先需要强调解决的是人类的意识与行为，人类务须充分认识到，人类只有一个地球，地球是人类赖以生存的母体，人类要生存必须像对待亲友一样，善待地球上的自然资源和自然生态环境，千万不能伤害它。人类无节制地掠夺自然资源，破坏自然生态，已经遭到了自然报复的案例，随处可见；不顺应自然，违背自然规律，人类社会生产将难以持续发展，人类生存也会受到严重威胁。人类唯一的出路是审视自身，纠正自己的错误，务必与自然环境友好相处。人类善待自然，自然当然也会回馈人类。这就是环境友好型社会的由来与建设的目的。

二、发展循环经济、建设资源节约型、环境友好型社会的相互关系

（一）循环经济，资源节约型社会，环境友好型社会，同是社会生产力发展到社会化大生产阶段的产物

上一章在论述人类社会生产与大自然的关系时，以及在本章第一节论述循环经济的由来时，都曾一再指出：当社会生产力发展到社会化大生产阶段，资

源的高投入、低产出、高排放、高污染的传统生产、消费模式，对自然具有掠夺性，严重地违背了自然规律，已给自然环境造成了极大的伤害，已难以持续下去。为此，必须改变这种不良的生产、消费模式，于是有了前面三节所论述的循环经济。但要在全国乃至全球范围内，通过发展循环经济，将社会生产、消费活动过程的高投入、低产出、高排放、高污染模式，全面转换成低投入、高产出、低排放、无污染模式，有赖于人类环境意识的唤醒和科学技术的进步，需要很长时间。因此，在这个长时间的转换过程中，既需要动员广大人民群众一道来补救已经遭受严重污染和损坏的自然生态环境，还要防护新产生的污染和破坏。何况，有些对自然生态环境造成伤害的根源，还不是单凭发展循环经济所能解决的。在我国，为了又好又快地实施可持续发展战略，在发展循环经济的同时，又增加了建设资源节约型和环境友好型社会的战略性措施，从而构建成了完整的解决人类社会经济建设和生产、消费活动过程与大自然发生的矛盾的对策体系。并在 1992 年世界环境大会之后，迅速地开展这些方面的工作。因此，可以说：发展循环经济、建设资源节约型、环境友好型社会，都是社会生力发展到社会化大生产阶段合乎规律的产物，既是生态发展规律的要求，也是经济发展规律和社会发展规律的要求，它们是一个有机的统一体，共同组成了实施可持续发展战略的对策体系。

（二）循环经济，资源节约型社会，环境友好型社会，既有关联性和共性，又各有其特殊性

1. 发展循环经济、建设资源节约型社会、环境友好型社会，三者在节约资源这一方面来说，在性质上是相通的，在结果上是一致的。不论是发展循环经济，还是建设资源节约型社会或是建设环境友好型社会，都把生产、消费过程节约对自然资源的消费列为第一要务，都要求尽最大可能地循环利用自然资源，都要求尽最大可能减少向自然界排放有害的污染物。其中的发展循环经济，即是为实施这个第一要务而展开的。因此，可以说：发展循环经济的过程，既是建设资源节约型和环境友好型社会的过程，也是建设资源节约型和环境友好型社会的重要途径。

2. 发展循环经济，虽然在节约使用资源这一点上，与建设资源节约型和环境友好型社会是相通的，但发展循环经济所能实现的，只是资源节约型社会和环境友好型社会的一部分而不是其全部内容。因此，不能以发展循环经济来替代它们。而建设资源节约型社会和环境友好型社会也各有侧重，互为补充。建设资源节约型社会，还要强调对人类社会节约利用资源意识的培育，要求通

过宣传教育，培育全民节约利用资源的美德，营造良好的社会节约氛围。而建设环境友好型社会的核心目标，则是要求在节约资源使用的同时，还要强调把人类的生产和消费活动，限制在自然生态承载能力限度之内，既要尽可能地降低现在和今后的社会生产、消费对生态环境系统的不利影响，保护好生态环境；还要努力修补过去已经造成的不良后果。这就是说，对自然环境既不要增加新债，还要还旧债。所以，建设环境友好型社会，比之建设资源节约型社会和发展循环经济的任务和目标要宽广得多。为了建设好环境友好型社会，除了发展循环经济和建设资源节约型社会之外，还要做好其他许多方面的环境保护和修补工作。因此，在2005年10月11日党的第十六届五中全会通过的《关于制定国民经济和社会发展第十一个五年规划的建议》中，首次把建设环境友好型社会与建设资源节约型社会及发展循环经济一起，列为全面贯彻落实科学发展观所需要坚持的重要内容之一。文中是这样指出的："要把节约资源作为基本国策，发展循环经济，保护生态环境，加快建设资源节约型、环境友好型社会，促进经济发展与人口、资源、环境相协调。推进国民经济和社会信息化，切实走新型工业化道路，坚持节约发展、清洁发展、安全发展，实现可持续发展。"

三、建设资源节约型、环境友好型社会的主要对策措施

建设低投入、高产出，低消耗、少排放，能循环、可持续的国民经济体系和资源节约型、环境友好型社会，发展循环经济是其基础。我国《国民经济和社会发展第十一个五年规划纲要》对此有周密的部署，主要有以下各项：

（一）根据资源环境承载能力、现有开发密度和发展潜力，将全国划分为四个不同功能的开发区，分别确定不同的发展方向，规范开发秩序，形成合理的空间开发结构

一是将国土开发密度已经较高、资源环境承载能力开始减弱的区域，定为优化开发区域。对这一类型的开发区要改变依靠大量占用土地、大量消耗资源和大量排放污染实现经济较快增长的模式，把提高增长质量和效益放在首位，提升参与全球分工与竞争的层次，继续成为带动全国经济社会发展的龙头和我国参与经济全球化的主体区域。

二是将资源环境承载能力较强、经济和人口集聚条件较好的区域，定为重点开发区域。对这一类型的开发区，要充实基础设施，改善投资创业环境，促进产业集群发展，壮大经济规模，加快工业化和城镇化，承接优化开发区域的

产业转移，承接限制开发区域和禁止开发区域的人口转移，逐步成为支撑全国经济发展和人口集聚的重要载体。

三是将资源环境承载能力较弱、大规模集聚经济和人口条件不够好并关系到全国或较大区域范围生态安全的区域，定为限制开发区域。对这一类型开发区要坚持保护优先、适度开发、点状发展，因地制宜发展资源环境可承载的特色产业，加强生态修复和环境保护，引导超载人口逐步有序转移，逐步成为全国或区域性的重要生态功能区。并确定了以下22个地区为限制开发区：大小兴安岭森林生态功能区、长白山森林生态功能区、川滇森林生态及动物多样性功能区、秦巴生物多样性功能区、藏东南高原边缘森林生态功能区、新疆阿尔泰山地森林生态功能区、青海三江源草原草甸湿地生态功能区、新疆塔里木河荒漠生态功能区、新疆阿尔金草原荒漠生态功能区、新疆北疆塘高原荒漠生态功能区、东北三江平原湿地生态功能区、苏北沿海湿地生态功能区、四川若尔盖高原湿地生态功能区、甘南黄河重要水源补给生态功能区、川滇干热河谷生态功能区、内蒙古呼伦贝尔草原沙漠化防治区、内蒙古科尔沁沙漠防治区、内蒙古浑善达克沙漠化防治区、毛乌素沙漠化防治区、黄土高原丘陵沟壑水土流失防治区、大别山土壤浸蚀防治区、桂黔滇等喀斯特石漠化防治区。对以上这些限制开发区还规定了具体的功能定位和发展方向。

四是将依法设立的各类自然保护区域定为禁止开发区域。要依据法律法规规定和相关规划实行强制性保护，控制人为因素对自然生态的干扰，严禁不符合主体功能定位的开发活动。并将以下1155个地区，面积11019万公顷，定为严格禁止开发区，分别包括：国家级自然保护区234个、面积8944万公顷，世界文化自然遗产31处，国家重点风景名胜区187个、面积927万公顷，国家森林公园565个、面积1100万公顷，国家地质公园138个、面积48万公顷。

然后还分别就财政、投资、产业、土地、人口管理以及绩效考评等方面，定出了实行分类管理的区域政策。

这是一项最具战略性的措施。因为有了这一项规划，既给各个地区政府，指明了在辖区内如何将发展循环经济、改善人民生活，与建设资源节约型和环境友好型社会有机地结合起来推进的方向和目标；也堵住了他们各自继续盲目开发，继续破坏自然环境的错误行为。

（二）转变生态保护和建设方式，确定保护和建设重要工程

将生态保护和建设的重点，从事后治理向事前保护转变，从人工建设为主

向自然恢复为主转变，从源头上扭转生态恶化趋势。并确定了：天然林资源保护，退耕还林还草，退牧还草，京津风沙源治理，防护林体系建设，湿地保护与修复，青海三江源自然保护区生态保护和建设，水土保持工程，野生动植物保护及自然保护区建设，石漠化地区综合治理等十项保护和建设工程。并对这些工程规定了保护和建设的主要内容。如在"天然林资源保护"工程项下，列出了"9418 万公顷天然林和其他森林实行全面有效管护，在长江、黄河上中游工程造林 579 万公顷"；在"湿地保护与修复"工程项下，列出了建设 222 个湿地保护区，其中国家级湿地保护区 49 个，通过对水资源的合理调配和管理等措施恢复重要湿地。而且还明确规定：在天然林保护区、重要水源涵养区等限制开发区域建立重要生态功能区，促进自然生态恢复。健全法制、落实主体、分清责任，加强对自然保护区的监管。有效保护生物多样性，防止外来有害物种对我国生态系统的侵害。按照谁开发谁保护、谁受益谁补偿的原则，建立生态补偿机制等分类管理的区域政策。

（三）采取有效方法，加大环境保护力度，强化资源管理

1. 坚持预防为主、综合治理，强化从源头防治污染，坚决改变先污染后治理、边治理边污染的状况。以解决影响经济社会发展特别是严重危害人民健康的突出问题为重点，有效控制污染物排放，尽快改善重点流域、重点区域和重点城市的环境质量。并分别提出了：加强水污染、大气污染防治以及固体废物污染防治的具体内容，并列出了重点流域水污染治理、燃煤电烟气脱硫、医疗废物及危险废物处置，核与辐射安全、铬渣污染治理等五个重点工程。而且还对各地区开展各项保护和管理工作提出了具体要求：切实承担对所辖地区环境质量的责任，实行严格的环保绩效考核、环境执法责任制和责任追究制；各级政府要将环保投入作为本级财政支出的重点并逐年增加；健全环境监管体制，提高监管能力，加大环保执法力度；实施排放总量控制、排放许可和环境影响评价制度；实行清洁生产审核、环境标识和环境认证制度，严格执行强制淘汰和限期治理制度，建立跨省界河流断面水质考核制度；实行环境质量公告和企业环保信息公开制度，鼓励社会公众参与并监督环保；大力发展环保产业，建立社会化多元化环保投融资机制，运用经济手段加快污染治理的市场化进程；积极参与全球环境与发展事务，认真履行环境国际公约。

2. 实行有限开发、有序开发、有偿开发，加强对各种自然资源的保护和管理。对水资源要"顺应自然规律，调整治水思路，从单纯的洪水控制向洪水管理、雨洪资源科学利用转变，从注重水资源开发利用向水资源节约、保护

和优化配置转变。加强水资源统一管理，统筹生活、生产、生态用水，做好上下游、地表地下水调配，控制地下水开采。完善取水许可和水资源有偿使用制度，实行用水总量控制与定额管理相结合的制度，健全流域管理与区域管理相结合的水资源管理体制，建立国家初始水权分配制度和水权转让制度。完成南水北调东线和中线一期工程，合理规划建设其他水资源调配工程。”

对土地资源要“实行最严格的土地管理制度。严格执行法定权限审批土地和占用耕地补偿制度，禁止非法压低地价招商。严格土地利用总体规划、城市总体规划、村庄和集镇规划修编的管理。加强土地利用计划管理、用途管制和项目用地预审管理。加强村镇建设用地管理，改革和完善宅基地审批制度。完善耕地保护责任考核体系，实行土地管理责任追究制。加强土地产权登记和土地资产管理。”

对矿产资源要：“加强矿产资源勘查开发统一规划管理，严格矿产资源开发准入条件，强化资格认证和许可管理，严格按照法律法规和规划开发。完善矿产资源开发管理体制，依法设置探矿权、采矿权，建立矿业权交易制度，健全矿产资源有偿占用制度和矿山环境恢复补偿机制。完善重要资源储备制度，加强国家重要矿产品储备，调整储备结构和布局。实行国家储备与用户储备相结合，对资源消耗大户实行强制性储备。”

（四）开发利用好气候和海洋资源

一要强化海洋意识，维护海洋权益，保护海洋生态，开发海洋资源，实施海洋综合管理，促进海洋经济发展。综合治理重点海域环境，遏制渤海、长江口和珠江口等近岸海域生态恶化趋势。恢复近海海洋生态功能，保护红树林、海滨湿地和珊瑚礁等海洋、海岸带生态系统，加强海岛保护和海洋自然保护区管理。完善海洋功能区划，规范海域使用秩序，严格限制开采海砂。有重点地勘探开发专属经济区、大陆架和国际海底资源。

二要加强空中水资源、太阳能、风能等新能源的合理开发利用。发展气象事业，加强气象卫星应用、天气雷达等综合监测，建立先进的气象服务业务系统。增强灾害性天气预警预报能力，提高预报准确率和时效性。增强气象为农业等行业服务的能力。加强人工影响天气、大气成分和气候变化监测、预测、评估工作。

为了进一步做好环境保护，根治环境污染，加快环境友好型社会建设，在2006年4月国务院召开的第六次全国环保大会上，温家宝总理强调：做好新形势下的环保工作，关键是要加快实现三个转变：“一是从重经济增长轻环境保护转变为保护环境与经济增长并重，把加强环境保护作为调整经济结构、转变经济增长方式的重要手段，在保护环境中求发展。二是从环境保护滞后于经济发展转变为环境保护和经济发展同步，做到不欠新账，多还旧账，改变先污染后治理、边治理边破坏的状况；三是从主要用行政办法保护环境转变为综合运用法律、经济、技术和必要的行政办法解决环境问题，自觉遵循经济规律和自然规律，提高环境保护工作水平。”这标志着我国在处理环境与发展的关系上，正在发生战略性、方向性、历史性的转变。

我们以为，随着以上这些切实可行的对策措施的贯彻落实，我国各地的资源节约型和环境友好型社会的建设，必将渐趋完善。在不久的将来，我国将会出现碧海蓝天，山清水秀，空（气）清土（地）净的优美环境。当然，要真正建成资源节约型社会和环境友好型社会，还需地球村里的全体居民的共同努力。

第四章　社会化大生产商品经济与政府调控

商品离不开市场，商品经济的运行离不开市场这只无形之手调控。在本书第一卷第四章研究市场机制时，曾经指出："市场这只无形之手，对于现代商品经济的发展和资源的配置以及社会公共产品的供给，是一把双刃剑，既有积极有利的一面，也有其自身内在的无法摆脱的缺陷和失灵的领域。"其实，这其中所说的"现代商品经济"即指进入社会化大生产阶段之后的商品经济。这是因为，在前面三章所论述的，当社会生产力发展到社会化大生产商品经济阶段，经济活动的复杂性展示更充分，呈现出许多新的经济现象，产生了新的特点、新的矛盾与新的规律，于是社会经济活动演化出了新的运行方式。不同质的矛盾，需要用不同的解决方法。为了有效地调控社会化大生产商品经济的运行，不能再像小生产商品经济时代那样，可以单纯依靠市场这只无形之手，而是需要针对新的特点、新的矛盾与新的规律，与时俱进，采用新的调控方法。这其中的关键，就是需要政府介入。这是为什么？当政府介入之后，它又该如何与市场机制协调运作？这就是本章所要研究和探讨的内容。

第一节　政府调控社会经济运行的必要性与调控模式的发展

一、政府管理和调控社会经济运行，古已有之

20 世纪 70 年代兴起的新自由主义思潮，以为商品经济只要由市场自发调控就可以了，毋庸政府管理。这一思潮在我国一度有较大影响，但是中外各国

历史事实并非如此。政府管理和调控社会经济运行，古已有之。

（一）中国史书就有如下记载

——征粮、仓储、备荒。“国家大本，食足为先”，粮食储备，关系国计民生。所以历代王朝均高度重视征粮、建仓、储粮、备荒，并将它摆在治国安邦的重要位置。我国粮食储备的历史十分悠远。夏朝时候，仓储制度即已成为国家的一项重要财政制度。周代以后的历代王朝不仅重视中央仓储的建设，也注重在地方兴仓储粮，使仓储制度渐趋成熟，仓储规模不断扩大。宋代，则设有正仓、义仓、常平仓、广惠仓和社仓等不同类型的仓廪。正仓亦称官仓，其粮食来源主要是皇粮国赋；各州、县的义仓，主要是随官收春秋二税，每石另收一斗储仓；常平仓的储谷主要是每年夏秋两季以略高于市价收购，其本钱由国家财政统筹拨付；广惠仓的仓米来源是官府对无人耕种的绝户田募人耕种所收的租谷；社仓主要靠官府提供谷本，收“息米”，同时也通过劝捐和劝借的方式，向富民筹措谷本。历史上的粮食仓储，除了供应皇室及贵族消费、维系国家机器运转以外，还用于平抑粮价，调控市场；赈灾备荒，安民固本；供养军队，备战应战。每当青黄不接、灾荒或战乱引起市场谷价上涨时，政府以常平仓所存之谷平价粜卖于市，以不致“谷贵伤民”；当谷物丰收，市场谷价下跌时，政府又动用库帑平价收购，以不致“谷贱伤农”。

——兴修水利，支持农业。我国在奴隶社会即已开始，为支持农业发展，政府大兴水利建设。现在宁夏回族自治区引黄灌区内的秦渠、汉渠、唐渠，即是在当年秦、汉、唐朝政府修建的水渠的基础上，经后代整修而延续下来的。举世闻名的四川都江堰水利工程，是秦昭襄王五十一年（公元前256年），秦国蜀郡太守李冰和他的儿子，吸取前人的治水经验，率领当地人民，主持修建的。都江堰座落于四川省都江堰市城西，位于成都平原西部的岷江上。是全世界迄今为止，年代最久、唯一留存、以无坝引水为特征的宏大水利工程。两千多年来，一直发挥着防洪灌溉作用，经历代整修，灌溉范围已达40余县，灌溉面积约70万公顷。

——建立市场监管制度。早在春秋时期，随着工商业的发展，统治者即对工商业加强管理，最为突出者当推地处今山东一带的齐国。根据史料记载，当时，齐国官府除了加强对盐铁生产的管理之外，已介入了盐铁的产销，一定程度上实行了专卖。至西汉武帝时期，盐铁专卖的办法则更臻于完善，已建立起了一套完整的官产—官运—官销的专卖制体。专卖制度的产生，决非偶然。它是封建国家干预和调节社会经济的必然结果。汉武帝在实行盐铁官营的同时，还推行了均输平准政策。公元前110年（元封元年），汉武帝采纳大农令桑弘羊的建议，在全国实行均输平准政策。所谓均输，就是调剂运输；平准即平衡物价。原先汉朝政府各部门常常抢购物资，引起物价上涨，地方上交中央的贡赋，往来繁难，“或不偿其费”。而且富商大贾囤积居奇，操纵物价。于是由大农令统一在郡国设均输官，负责管理、调度、征发从郡国征收来的租赋财物，并负责向京师各地输送。又由大农令置平准官于京师，总管全国均输官运到京师的物资财货，除去皇帝贵戚所用外，做为官家资本经营官营商业。“贵则卖之，贱则买之”，调剂物价，并获取收益。实行盐铁官营、均输平准政策后，“民不益赋，而天下用饶”。

（二）在欧美资本主义发展史和我国的近代史中，无不记载着发达国家的资本主义商品经济，是如何在本国政府的大力扶持下发展起来的史实

在15—18世纪初的重商主义时期，西欧各国政府，一方面在国内采取许多有利于商品经济发展的措施；另一方面在人力、物力上支持商业，乃至派遣海军支持商人们在世界各地建立殖民地，抢战市场，发展对外贸易。美国斯塔夫里阿诺斯所著的《全球通史》下册中即有如下的叙述：西欧各国的“国家机构逐渐完备，君主们在动员人力、物力以从事海外冒险事业方面，作出了极其重要的贡献。他们废除了五花八门的地方自治政权，因为这些政权都有自己的关税、法律、衡量制和货币。他们设立了许多征税站；迟至14世纪末，在易北河旁有35个，在莱茵河两岸有60个，在塞纳河沿河一带也有许多，如运载谷物沿塞纳河行200里，花费的钱将达所载谷物售价的一半。君主们还保持了一些比较完善的法庭，以支持手工业者，有时还支持整个的手工业，像法国的戈布兰挂毯业和塞尔夫瓷器业就曾得到过法庭的支持。此外，君主们还发特许证给合股公司，如果必要的话，还用皇家海军作它们的后盾。”“葡萄牙人不惜花费大量的精力和财富，派出一支又一支远征队。……葡萄牙朝廷还为有组织的贸易制订了详细的计划，其中包括在马拉巴尔诸港口设立商行驻外代表处和每年派出若干持有皇家特许状的舰队。”①

在我国，从19世纪40年代以后的近代史，就有着一次又一次遭受列强侵略，被迫签订一个又一个不平等条约的史实，1840年英国对我发动鸦片战争，1842年强迫中国政府签订了中国近代史上第一个不平等条约——《南京条约》。通过该条约及其补充条约，英国侵略者在我国攫取了“强占香港；开放

① ［美］斯塔夫里阿诺斯：《全球通史》，上海社会科学出版社1999年版，第29、第134页。

广州、厦门、福州、宁波、上海为通商口岸，英国可以倾销商品，租地建房，任意居住；中国赔款 2100 万银元；英国人在中国犯法由英国领事根据英国法律裁决；中国将来‘如有新恩施及各国’，英国也有权享受一份”等一系列权益。1844 年 7 月，清政府被迫与美国签订了《望厦条约》，其中规定：“美国人之间和美国人与任何外国人之间，在中国发生诉讼，都要由美国领事审讯，中国如要改变关税税率，必须先得到美国领事的同意，美国兵舰可以自由出入通商口岸‘巡查贸易’，美国有权在通商口岸租地建楼、开设医院和教堂等。”此后，被迫签订的丧权辱国条约还有：1844 年 10 月与法国签订的《黄埔条约》；1858 年与英、法、美、俄四国签订的《天津条约》，与俄国签订的《爱珲条约》，1860 年与英、法、俄国分别签订的《北京条约》，1876 年与英国签订的《烟台条约》，1881 年 2 月与俄国签订的《伊犁条约》，1885 年 6 月与法国签订的《中法和约》，1895 年 4 月与日本签订的《马关条约》，1901 年与英、法、俄、德、美、日、意、奥、西、比、荷等十一国签订的《辛丑条约》等。从以上帝国主义国家对我国发动的一系列侵略战争，和迫使我国签订一系列不平等条约的史料来看，其目的和内容，无一不表明这些老牌资本主义国家政府，在扶持发展本国资本主义商品经济方面，是怎样的不遗余力。

更值得一提的是，为抗日战争作出巨大牺牲，为取得反法西斯战争胜利作出巨大贡献的中国，在第二次世界大战结束以后的 1946 年，竟又被迫与美国签订了新的不平等条约——《中美商约》。《中美商约》是美国企业家推动美国政府迫使中国签订的，迫使中国国门大开，无遮拦地使美国商人取得了种种优惠和特权。正如艾奇逊在给杜鲁门的报告中所说那样：“与早先的商务条约相比，这一条约包括了一些更宽广、更现代化的规定，以便使公司享有的权利和特权规定得更具体、更详尽。商约条款的措词反映了在起草条约方面晚近的经验，以保护美国的出口免受许多新的复杂的贸易形式和 30 年代初以来实施的交换控制的限制。”① 而该条约在当时则受到中国舆论的广泛抗议和评论。各界人士纷纷指出，条约形式互惠，实质单惠，表面平等，其实不平等，这种“平等”，“是 3 岁小孩与年轻力壮的大力士作角力赛的‘平等’”；《文汇报》以“互惠葬送主权”为题，以整版篇幅发表各界知名人士的评论；《大公报》社论痛切写道：“以英国那样老资格的工商业国家，在今天都不敢与美国完全

① 丹涅特、特纳合编：《美国对外关系文件集》（Raymond Dennettand Robert Turner, eds.: Documentson American Foreign Relations），第 9 卷，第 577 页。

贸易自由，中国又怎么配呢？……我们的政府为什么竟不为本国的工业、经济与人民生活谋一些保护？”有的媒体更尖锐地抨击说：极少数发国难财，胜利财，接收财，内战财的富人“不惜以全国老百姓的权益向美国交换精锐的武器来杀同胞，与美国订立丧权辱国的所谓《中美友好商约》，以压倒我国的民族工业，忍心害理，莫此为甚”。他们纷纷要求废除或修改这个条约。①

总之，中外史料均已表明：今天发达资本主义国家的商品经济，并不是完全依靠自由市场的调控发展起来的，而是在政府炮舰的大力扶持下，通过掠夺殖民地、半殖民地资源和吮吸这些国家劳动人民的血汗成长起来的。历史和现实都无可辩驳地证明：无论何种性质的社会或国家，政府作为社会的组织者和管理者，为了其国家利益，都要对社会经济进行必要的干预、管理和程度不同的调控。

二、随着商品经济的发展，政府对社会经济运行调控力度不断加强，调控手段逐步完善

从历史唯物主义的观点来看，政府管理与调控经济运行的内容、手段和方法，不是一成不变的，而是随着其管理对象——本国商品经济的发展变化而变化。

（一）在小生产商品经济时代，政府对国民经济仅在局部领域进行干预，商品经济运行基本上是由市场这只无形之手调控

在自然经济时代，生产力低下，社会各经济体之间基本上无经济交往。当时的政府即已对社会经济进行了一定的管理。但一般仅限于行政管理。以后，随着社会生产力的发展，商品经济的产生与发展，政府对社会经济的管理和调控也逐渐加强。当进入小生产商品经济时代，则有了盐铁等的专营和一些官办企业等手段，对社会经济运行加强了调控。但总地来说，在工场手工业及其之前的商品经济阶段，生产单位规模小，生产设备简陋，社会分工简单，农业还是国民经济的主体，自给性生产还占较大比重，各部门、各经济单位之间的依存度以及生产社会化程度低。在这种情况下，当时的市场就是一个简单的商品交易场所。只要没有重大自然灾害，商品经济的运行，完全由市场通过价值（剩余价值）规律的自发调控，是可以保持正常发展的，即使社会商品供需失

① 《大公报》，1946 年 11 月 5—7 日；《文汇报》1946 年 11 月 5—19 日；《马寅初抨击官僚资本》，第 209 页、210 页、208 页。

调，损失只是局部的，也比较容易自发地恢复平衡，不会伤害社会经济大局。所以在这一阶段，政府对商品经济，也只在某些小范围内进行局部干预，既不参与也不必要参与市场体系和市场体制建设。当时社会商品经济的整体运行，的确是完全由市场通过价值（剩余价值）规律的自发作用进行调控的。所以当年古典经济学家们将这样的市场调控，称之为无形之手调控。我们今天之所以仍说市场调控是无形之手调控，就是因为市场在调控各种具体商品的供需平衡过程，仍然具有自发的功能。

（二）当社会生产力发展到社会化大生产商品经济时代，政府对商品经济运行过程的调控力度也随之加强

市场是商品生产和商品经济的产物。有商品生产，必然有市场。商品经济运行必然需要市场调控。这是谁也不能违背的客观规律。市场调控的基本特性是：在各个微观单位分散决策的基础上，以价值（剩余价值）规律的自发调控为手段，让商品生产者随着市场商品供需的增减、价格的涨落，在相互平等竞争和撞击中，根据预期获利的多少，决定各自的生产规摸和商品供需数量，以及商品的生产和再生产过程。这一过程表明：市场调控的对象和着力点都是微观经济单位。实践表明，市场的自发调控，确有其优越性。但市场调控下的国民经济运行方向和轨迹，是在各微观经济单位各自分散运行的基础上，自发而又盲目地汇集而成的，必然是无政府状态。

随着商品经济进一步发展，从小生产进入到社会化大生产阶段。这时，有如我们在前面所论述的，产生了国民经济按比例发展规律以及经济发展与人口、自然间的协调发展规律。从而，商品经济内在的矛盾扩大，实现社会商品总供给与总需求基本平衡的难度加大，出现周期性经济危机的可能性增加。这时的完全市场自发调控，已是一把双刃剑，既有积极的有利的一面，也有其自身内在的无法摆脱的缺陷和失灵的领域，甚至还会产生危害社会经济的黑手。英国1825年爆发的第一次经济危机，即是在完成第一次产业革命，进入社会化大生产商品经济阶段之后，仍然依靠市场自发调控的情况下产生的。经吸取实践过程的经验教训，时至今日，各国政府都已深知：在社会化大生产商品经济时代，政府不仅要主动运用好市场，还需要结合运用"计划"这只有形之手负责调控"市场"失灵和不可进入的领域，以弥补"市场"的不足。马克思主义经济理论和资本主义社会的实践，都已经证明了这一点。这是社会化大生产商品经济的客观规律，谁要是违背这个规律，谁就会受到惩罚。

三、为维持社会化大生产商品经济的正常运行，当今世界各国应用的都已是计划与市场相结合的调控模式

政府是调控商品经济运行的主体，也是管理企业的主体之一。这是社会化大生产商品经济与企业的客观要求，也是政府应尽的职责。当今世界各国的经济，在总体上都已进入社会化大生产商品经济阶段，因此，几乎已不存在不结合运用计划这只有形之手调控商品经济运行的政府，只是在计划与市场结合的方式、结合的程度和用以调控的方式上有所不同。可是我国有一些人却学着新自由主义者的腔调，鼓吹政府不要干预国民经济和企业的经济运行。不知这些人的依据是什么？其实在美国，以及其他发达资本主义国家政府都并非如此。有以下实例为证：

（一）请看一向对外推销“三化”（私有化、自由化、市场化）的美国

1. 2000年8月5日《环球时报》上有一篇报导，很生动地说明了这一点，现节录如下：“1999年春天，《中美农业协议》刚刚签署不久，一个规模较大的中国植物检疫代表团访问了美国的佛罗里达等州，考察当地的柑桔果园，确定美国对地中海果蝇等病虫害的处理措施。因为时机敏感，这个技术性很强的代表团的来访被美国的农场主们解读为：中国准备大量进口美国柑桔！自然，这个代表团的受重视程度就非比寻常了。农场主的压力让官员们坐不住了。从佛州开始，各州都是主要官员远接近送。一路上多位美国农业部官员陪同访问，甚至还亲自为代表团开车几千公里。最后到加州的时候，代表团和美国同仁举行了一次总结会，美方由美国农业部副部长坐镇，佛、亚、新、加四州的农业厅厅长一个不缺，门里门外站满了美国各农业协会的代表们。”

2. 2008年7月12日美联社华盛顿电：“参议院昨日以压倒多数通过了一项救助计划，帮助大量陷于困境的私房业主免抵押品赎回权，并获得代价更低、更可靠的贷款。但在住房市场依然混乱的情况下，该计划前面的道路崎岖不平。……新计划将让联邦住房管理局为高达3000亿美元的新按揭保险，给大约40万屋主提供了帮助。”①

3. 新华网华盛顿2008年9月9日电：“美国联邦储备委员会9日宣布，该委员会已于8日通过短期贷款拍卖方式再向商业银行提供250亿美元资金，以帮助克服信贷紧缩问题。这是自去年12月短期贷款拍卖机制建立以来，美

① 《参考消息》，2008年7月13日。

联储举行的第21次贷款拍卖活动。通过这一方式，美联储迄今为止共为商业银行提供了1.06万亿美元资金。短期贷款拍卖机制的建立使商业银行有了一个从中央银行获得短期贷款的新途径。美联储希望这一措施能激励商业银行之间的拆借活动以及商业银行面向个人和企业的放贷活动，从而缓解信贷危机。今年7月30日，美联储又建立84天期贷款拍卖机制，作为已有28天期贷款拍卖机制的补充，并宣布贷款拍卖活动今后仍将两周举行一次，两种期限贷款拍卖交替进行。8日拍卖活动提供的是84天期贷款。”①。

4. 2008年9月10日《人民日报海外版》报道：“美国的次贷危机在肆虐全球的同时，也给美国的两大按揭机构房利美（联邦国民抵押贷款协会）和房地美（联邦住宅抵押贷款公司）带来重创。过去一年里，两家公司股价惨跌，融资成本不断上升，一度濒临破产。由于担心两家公司破产对美国金融市场和整体经济造成严重冲击，9月7日，美国财政部长保尔森宣布：政府将接管美国这两家最大的房贷机构，这意味着，上述两家目前由私人控股的上市公司将被“国有化”。这也将是美国有史以来规模最大的金融救助案例。”

5. 据2009年1月25日《人民日报》记者于青、管克江、吴成良报道，当2009年初美国金融机构陆续爆出巨亏消息，美国股市特别是金融类股票剧烈震荡，美国新一届政府进一步加强了国家计划调控力度：“从近期花旗集团及美国银行获得救援的个案，就可看出美国新一届政府金融救助政策的改变。美国财政部、美联储和联邦存款保险公司16日联合向美国银行提供1180亿美元的担保，同时直接注资200亿美元。新任国家经济委员会主席萨默斯已表示，政府将把金融复兴计划同8250亿美元的经济刺激计划配套实施。他还说，在处理问题资产救助项目上将采取截然不同的政策。也就是说，政府可能将专门成立一家‘坏账银行’，用7000亿美元救市计划中剩余的3500亿美元资金购买银行的问题资产，以鼓励银行放贷。另一个可能的选择是，这些问题资产不从银行账目中剥离，而是由政府提供担保。但无论哪种方式，都表明美国新政府将着眼于‘系统性解决’金融问题，而不是采取布什政府‘一事一办’的方针。”

在这场金融危机面前，美国祭出了一面又一面的政府干预大旗。这一切，一方面表明美国推销给发展中国家的所谓“自由市场经济”和“华盛顿共识”，从来都是假命题；另一方面再次暴露美国推行的双重标准。这该是食

---

① 本文来源：新华网，作者：胡芳。

“美”不化，不遗余力宣扬自由市场经济和“华盛顿共识”的人们惊醒的时候了。

（二）再看其他发达的资本主义国家

1. 据新华社北京2008年9月19日电：“日本、欧洲和美国的政府19日继续采取措施，应对金融危机。受此影响，全球股市大幅上涨。在亚太地区，日本东京股市日经225种股票平均价格指数上涨3.76%。中国香港股市恒生指数上涨9.6%。在欧洲方面，当天德国法兰克福、法国巴黎和英国伦敦股市盘中均走高。其中，巴黎和伦敦股市主要股指涨幅一度超过9%，法兰克福股市主要股指涨幅超过5%。此外，美国纽约股市开盘后三大股指大幅上涨，涨幅一度均超过3%。”

2. 2008年9月19日新华网快讯：“欧洲中央银行以及英国和瑞士的中央银行19日一共向金融系统注资900亿美元，以增强市场信心，并鼓励金融机构间的拆借活动。”

3. 新华网巴黎2008年9月25日电：“萨科齐当天在法国南方土伦的一次大型集会上发表讲话，并通过电视向全国直播。这是美国金融危机以来萨科齐首次就经济问题向法国公众发表讲话。萨科齐说，‘不能再用20世纪的国际经济管理工具管理21世纪的经济，不能再用过去的观念考虑今天世界的问题’，现行国际金融货币体系已经病入膏肓，需要‘推倒重建’，就像当年二战后建立布雷顿森林体系一样。他呼吁在今年年底前召开关于目前金融危机的国际峰会，总结教训并恢复人们对国际金融体系的信心。萨科齐说，目前金融危机表明‘金融资本主义的终结’，也意味着‘它强加在经济领域的一些关于全球化理念的失败’，那种认为‘市场万能、不需要任何规则和政治干预’的观点是‘疯狂’的，市场经济应该有所规范，应该着眼于长期，最终目标应该是发展经济、服务社会、造福全民。他建议追究造成此次金融危机有关人员的责任，协调各主要货币之间的汇率关系，在市场与政府、经济与政治之间建立‘新的平衡’，规范企业领导人、证券市场交易人员的薪酬，加强对银行业的规范管理，使银行致力于促进经济发展而不是沉溺于投机。他还强调欧盟应该重新思考其运行规则和原则，提高应对危机的能力。①

4. 新华网伦敦2008年9月29日电：“英国财政部29日宣布将接管英国主要房贷机构布拉德福—宾利银行的抵押贷款业务，并由西班牙最大银行西班

① 本文来源：新华网，作者：严明。

牙国际银行收购其零售储蓄等业务。至此，英国最大房贷银行布拉德福—宾利银行成为今年第二家被国有化的英国银行。”

（三）以《“市场万能论”被抽了一记耳光》为题的文章（作者辛本健），对政府须结合运用计划这只有形之手参与调控的必要性，作了很好的注释

该文指出：“全球金融危机正愈演愈烈。美国《时代》周刊忧心忡忡地评论说，在美国金融危机的冲击下，世界正陷入‘任何人都不愿以任何理由借贷给别人’的普遍恐慌之中。

为赚取丰厚利润，美国华尔街的投资银行和保险公司等金融机构，把属于‘垃圾信用等级’的次级房屋贷款债券等精心包装为各种金融衍生品后，把它们推销到全球各地。这与一些奸诈的水果商为烂苹果添加精美包装，然后卖给不知情的顾客，在本质上并无二致。

美国华尔街和全球投机资本追逐利润的贪欲是无止境的。《资本论》早就指出：‘一有适当的利润，资本就会非常胆壮起来。有50%的利润，就会引起积极的冒险；有100%的利润，就会使人不顾一切法律；有300%的利润，就会使人不怕犯罪，甚至不怕绞首的危险。’近几十年来，作为投机资本的投机工具，全球金融衍生品总量已相当于世界GDP总量的8到10倍。

这些投机资本能够为所欲为，以及美国次贷危机最后恶化为金融危机的根本原因，在于金融监管的缺位。西方国家，尤其是美国长期以来一直推行自由市场价值观，即‘华盛顿共识’，其主要内容为：最少的政府干预、金融自由化和贸易自由化。但是，当美国房地产泡沫破裂，美国多达12家金融机构倒闭，欧洲多家银行面临破产危机或被迫接受国有化之后，美欧的金融监管当局发现，市场根本无法解决所有问题。过分强调、相信市场的自由调节作用，只会带来金融灾难。”①

毋庸讳言，商品经济的正常运行，固然需要市场这只无形之手调控。但当进入社会化、全球化大生产商品经济时代，仅靠市场调节是不够的，还需要政府结合运用计划这只有形之手参与调控。这已是马克思主义经济理论和近百年来中外国家商品经济实践所一再证明了的。可是长期以来这个正确的命题不仅不为有些人所接受，还往往被曲解，乃至批判。究其原因是多方面的，而对计划、计划经济的含义缺乏准确的理解也是其中的一个重要因素。为此，以下将先对计划与计划经济作必要的论述，然后再进一步探讨：为什么在社会化大生

① 《人民日报》（海外版），2008年10月11日。

产商品经济时代，需要运用计划与市场结合起来调控社会经济的运行。

第二节 “计划”与“计划经济”的由来和内涵

一、“计划”与“计划经济”的由来

（一）“计划”与“计划经济”概念的由来

“计划”一词，在我国被用于各种不同的场合，已是一个多用、多义词，也已广泛地应用于社会经济管理领域，并形成了一系列相关联的词组。但在《辞海》和《经济学辞典》中还找不到对“计划”一词的解释。《现代汉语词典》中则有这样的解释：“计划：是指工作或行动前预先拟定的具体内容和步骤”。这个解释，仅仅将计划视为人们写在纸面上的一种设想，显然不适用于现实政府经济管理的“计划”一词的含义。《东西方的经济计划》一书中则有这样的定义：“‘计划’是未来行动的方案，……而‘国民经济计划’就指的是国家经济活动的方案。因此，计划包括三个主要特征：（1）它必须与未来有关；（2）它必须与行动有关；（3）必须有某个机构负责促进这种未来行动。”[①] 该书对“计划”所下的这个定义，是值得参考的，特别是将“计划”界定在“国民经济计划”这个范畴之内是很有必要的。若不作这样的界定，对何谓“计划”，就很难说得清楚了，而且与我们要在这一节以及本书所要讨论的内容并不相关。基于此：我们在这一节以及本书以后所用的“计划”以及与“计划”联结在一起的词组，除另有说明者外，都是指“国民经济计划”中的“计划”，均属政府用来管理社会经济的专用词。为了准确地了解政府用于管理社会经济的“计划”一词的含义和基本性能，有必要对“计划”一词的来源作历史的考察。

在英国开始了第一次产业革命，并走向社会化大生产商品经济时代，国民经济按比例发展规律的客观要求，与实际存在的市场竞争及其社会生产无政府状态之间，产生了剧烈的矛盾，由此而产生的种种弊病，也逐步暴露了出来。圣西门等几位西欧著名空想社会主义者，开始设想用“计划”生产，来替代竞争和社会生产无政府状态，而且也有过一些实践。由于他们设想的替代模

① 美国莫里斯·博恩斯坦编，商务印书馆1987版，第4页。

式，是回到中世纪小生产的自然经济，所以只能是空想。此后，马克思、恩格斯、列宁、斯大林则紧紧从资本主义生产关系与社会化大生产这个视角出发，将“计划”作为竞争和生产无政府状态的对立物而加以论述和运用。恩格斯曾在《共产主义原理》、《反杜林论》、和《社会主义从空想到科学的发展》中多次论述了计划调控社会化大生产的必要性和重要性，他指出：“大工业造成一种绝对必需的局面，那就是建立一个全新的社会组织，在这个新的社会组织里，工业生产将不是由相互竞争的厂主来领导，而是由整个社会按照确定的计划和社会全体成员的需要来领导。”；“当人们按照今天的生产力终于被认识了的本性来对待这种生产力的时候，社会的生产无政府状态就让位于按照全社会和每个成员的需要对生产进行的社会的有计划的调节”；“一旦社会占有了生产资料……社会生产内部的无政府状态将为有计划的自觉的组织所代替。”；“只有一种能够有计划地生产和分配的自觉的社会生产组织，才能在社会关系方面把人从其余动物中提升出来，正像一般生产曾经在物种关系方面把人从其余的动物中提升出来一样。”①

马克思也曾明确地指出：在社会主义制度下，“劳动时间的社会的有计划的分配，调节着各种劳动职能同各种需要的适当比例。”②

“计划经济”一词则是列宁最先提出来的。早在十月革命之前，列宁即认为社会主义社会需实行计划经济。十月革命之后，列宁即认为无产阶级取得政权之后的主要任务“就是要把极其复杂和精密的新的组织系统建立起来，对千百万人生存所必需的产品进行有计划的生产和分配。”③ 但列宁也同时强调指出无所不包的计划等于空想，并着手实行新经济政策，开放市场。

由以上介绍的简要情况可知，“计划”和“计划经济”的概念，是针对社会生产力发展到社会化大生产阶段，为消除单纯依靠市场调控必然产生的弊端——社会经济运行的无政府状态以及由此带来经济的大波动乃至危机——而形成的。但在这里，前人都是把“计划”看作是无产阶级取得政权以后，作为社会生产无政府状态的对立物，政府用来组织和调控社会主义经济运行的一种手段而提出来的。商品经济运行的实践让人们有了进一步认识，不只是社会主义经济，只要是社会化大生产商品经济，不管其社会制度性质怎样，都需要

① 《马克思恩格斯选集》第1卷第217页、第3卷第319页、323页和458页。

② 《马克思恩格斯全集》第23卷，第96页。

③ 《列宁全集》，第3卷，第435页。

“计划”这个调控手段。商品经济运行的实践同样让人们进一步认识到，只要是商品经济，不管其社会制度的性质如何，都需要“市场”这个调控手段。由“市场”调控运行的经济，被称之为市场经济；由“计划”调控运行的经济，也就历史地被称之为“计划经济”。30年的实践证明，‘计划经济’并不具有社会制度属性。计划只是调控社会化大生产商品经济运行，以保证其按比例发展，避免发生经济危机的一种手段。这是人们对马克思主义经济理论在认识上的发展，正如邓小平所说的：“计划和市场都是经济手段”。[①]

（二）“计划”和“计划经济”从理念到实践

斯大林在前苏联当政后，真正着手由政府将计划用于组织和调控社会经济的运行，从1928—1937年，在前苏联相继实行了两个五年国民经济建设计划，并取得了巨大成就。十年共建成6000多个大企业，1937年与10年前的1927年相比，前苏联国民收入增加了2.4倍。到1940年工业总产值跃居欧洲第一、世界第二。在此同时，早先进入社会化大生产的资本主义国家，一直是任凭市场自发调控着国民经济运行，经常产生经济危机，并于1929—1933年爆发了剧烈的世界性经济危机。在相互的对照中，显示出了计划经济的历史优越性。

总结自身的教训，吸取前苏联实行计划经济的成功经验，资本主义国家也会学习，在利用市场的同时，根据凯恩斯理论，由政府集中决策，有意识、有目的、有组织地对国民经济进行调控。此后，尤其是第二次世界大战结束之后的20年来，在许多资本主义国家，政府也以各种不同的干预经济模式，得以推广运用，而且也取得了一定的成效。一时间，“计划”成了社会主义阵营各国和许多资本主义国家都看重的、可用于调控社会经济运行的有效工具，并普遍受到赞扬。

1973年美国密执安大学比较经济学研究组，组织九个国家的经济计划专家编写出版了一本名为《东西方的经济计划》一书，书中的作者们，从不同角度，对东西方国家实行的经济计划进行了多方面的比较研究，认为经济计划对各自国家的经济建设都有一定的积极作用。而主编在“导言”中则作了综合性的论述，并在最后得出了这样的结论：“东方国家的经济计划与西方国家的经济计划有着重大的区别，因为两者的社会经济制度的性质有很大的差别，……在东方的计划经济中，计划被看成是政府用以指导生产、投资和分配的总

① 《邓小平文选》第三卷，373页。

构架。计划是详细的、不间断的，计划人员控制计划的完成情况，必要时对它们进行修订。……相反，在资本主义的市场经济中，国家经济计划并不那么全面详细，政府经济政策在很多情况下是在国家计划的范围之外制定和执行的。……但是，东西方经济计划之间的差别有时不如想象的那样大，目前出现的趋势可能进一步缩小这些差别。七十年代初西方经济中的通货膨胀和经济衰退已经导致政府对经济更广泛、更详尽的干预。政府采取了种种措施，包括对稀少物资的统一分配、物价控制、收入政策和公共就业计划，所有这一切与其说具有'战略'计划的性质，不如说具有'常规'计划的性质。许多西方国家目前都有短期计划和中期计划，以全国或国际为范围，涉及到石油、粮食供应和其他问题。"① 但这时，大家较多注意的是计划比之市场的优越性的一面，比较忽略了它的局限性与缺陷的一面。

（三）社会实践已让务实者认识到了：对"计划"与"市场"、"计划经济"与"市场经济"都要"一分为二"

随着时间的推移，待到以后社会主义阵营各国，实行的高度集中的管理体制，暴露出了严重弊端，加之这些国家同时还存在着政治体制、总体决策体制等方面的问题，经济增长缓慢，人民生活得不到有效改善。于是有了20世纪80年代的陆续转型，从计划经济转向市场经济，东欧各国并蜕变为资本主义；1991年前苏联解体，也转向了资本主义。在此同时，美国也因经济出现滞胀，凯恩斯理论失灵，新自由主义抬头。在这样的背景下，有些人由于对问题产生的原由未作全面的、具体的分析，竟把计划、计划经济和计划经济体制乃至整个政府管理体制，视为同一概念，看作一无是处，全盘否定，而将自由市场捧为"万能之主"。

其实，对计划、计划经济，市场、市场经济的正反不同的两种看法，都只是顾及其中的一个方面，也都没有把由社会形态和政府制定的全部管理体制所产生的不良后果，与"计划"、"市场"内在的功能区别开来，都是不准确的。以下两位学者以及有关萨科齐的议论，很能说明这个问题。

1. 当2008年美国金融危机发生时，自由资本主义又成了有些西方学者咀咒的目标，政府直接干预市场又成了热门话题。2008年9月17日英国《卫报》发表一篇题为《大政府回归》的文章，作者英国上议院议员、英国华威大学政治经济学名誉教授罗伯特·凯恩德尔斯基，他在该文中即有如下的议

① 《东西方的经济计划》，美国莫里斯·博恩斯坦编，商务印书馆1987年版，第25—27页。

论："金融界响当当的两大品牌雷曼兄弟公司的破产和美林公司的被迫出售，标志着一个时代的结束。接下来将发生什么事情呢？在经济轮回中，'自由'之后总是紧跟着保守，然后保守又让给新的'自由'，如此循环往复。'自由'阶段的特点是政府的干预，'保守'阶段的特点是政府的退出。从上世纪30年代到70年代，经济经历了一个长长的自由阶段，随后跟着出现了经济监管减少的保守阶段。目前，这个保守阶段似乎走到了尽头。……在这里我们讨论的是经济学中的一个古老悖论：市场是'自然'稳定，还是需要政府的扶持保持稳定？新古典主义相信，所有市场交易的风险都是可以预知的。这种乐观主义导致上世纪八九十年代对金融市场的监管减少，金融创新大量涌现，刚刚破灭的信贷泡沫的基础是数学模型带来的幻觉。历史学家阿瑟·施莱辛格认为，自由经济阶段的终结者是权力的腐败，保守经济阶段的终结者是金钱的腐败。两者都有其独特的优缺点。但如果我们追溯一下历史，会发现上世纪五六十年代的自由经济阶段比随后而来的保守经济阶段要成功得多，除中国和印度外，凯恩斯黄金时代的经济增长速度比弗里德曼时期快，也更稳定。"①

2. 2008年10月16日美国《华盛顿邮报》网站发表戴维·伊格内修斯题为《北京将为之喝彩的救援行动》的文章，也发表了相似的观点，该文指出："早在1998年香港股市遭遇危机的时候，中国就实施过像本周美国政府救助银行一样的手段。为了对付重创当地市场的大规模投机行为，中国政府用公共资金买进了下跌的股票。西方自由市场的参与者对中国政府的干预行为感到震惊，称这是危险的先例。但这确实帮助维护了香港市场的稳定。现在看来，这一救援行动算不了什么——尤其是与本周所看到的对世界几大银行的准国有化措施相比。……在2008年的这场大恐慌中，我们都需要面对的一个现实是，没有人希望站在市场的刀刃上过活，我们需要资本主义经济所特有的活力和灵活性。但我们也需要保护——一个在市场崩溃时能保护我们和家人的安全网。"②

3. 据中央社巴黎2008年11月1日电：法国现任总统萨科齐，"在一年前，他还是右派力扛自由主义大旗，坚持自由市场经济的健将，……今年9月，眼看美国雷曼兄弟破产带来的全球金融即将演变为全球性经济衰退危机，萨科齐月底在土伦发表有关经济金融政策的演讲中，居然说出'认为市场总

① 《参考消息》，2008年9月19日。

② 《参考消息》，2008年10月17日。

有理的观念是一种疯狂的想法’，一反他过去对自由经济的信念，甚至呼吁重新审视资本主义的同时，也强调‘即使资本主义也不能排除国家干预’。……指责金融海啸始作俑者美国所采取的放任资本主义，‘这是不能接受和不应该的模式，这种资本主义是对我们所崇信的资本主义的背叛’。……而在国内，10月初制定为中小企业筹资的220亿欧元扶持计划，然后是3600亿欧元的救市计划，资助企业的战略投资基金。10月28日宣布使用国家资金提供10万个鼓励就业的合同，……萨科齐回到‘国家无所不在’的旧传统，毕竟除此之外别无选择，这也使得他在腼腆承认已成为社会主义者时，又多了拿破仑主义者的封号，媒体则讥讽他‘早晨来时还是自由主义者，到了晚上就转换成十足的共产主义者’”。①

二、“计划”的含义

由以上有关“计划”一词的由来及以后的社会实践情况，我们以为对计划一词的含义可作如下的表述：

“计划”，是调控社会经济运行的一种手段，是社会生产力发展到社会化大生产商品经济时代的产物；是政府从国家的全局利益出发，于事前自觉地通过集中决策，统一组织实施，有意识地将调控对象引向预定的目标，使之摆脱由市场调控而产生的无政府状态，以实现国民经济按比例发展，并与人口繁衍、自然资源、自然生态和谐协调。对此，做以下几点说明：

（一）“计划”既不姓“社”也不姓“资”，而是姓“大（生产）”

作为调控经济运行的手段，计划与市场是处于同一层次的经济范畴。市场是商品经济的必然产物，市场调控是商品经济运行的客观要求和基础性手段。“市场”姓“商（品）”，不姓“资”。只要是商品经济，不论是资本主义商品经济，还是社会主义商品经济，都离不开市场，都需要市场调控其运行。“计划”是在国民经济需要按比例发展的社会化大生产商品经济的背景下，作为完全市场自发调控的无政府状态的对立物而产生的，它姓“大（生产）”，不姓“社”。只要是社会化大生产，不论是社会主义社会化大生产，还是资本主义社会化大生产，都离不开计划。认为市场姓“资”，计划姓“社”，将两者对立起来，并以此判定其社会属性，是经不起实践检验的。

当今世界各国的经济，在总体上，都已是建立在社会化大生产基础上的商

① 《参考消息》，2008年11月3日。

品经济。因此，既需要“市场”，也需要“计划”，需要将它们结合起来运用。在本书第一卷第四章，我们已经深入地分析了市场的特性，并指出它对于调控社会化大生产商品经济的运行，既有其必要性、有效性，也有其缺陷和失灵的领域。以下我们还将通过分析论证，说明计划的特性，并证明它在调控社会化大生产商品经济运行过程，同样是既有其必要性和有效性，但也有其缺陷和失灵区域。作为调控社会化大生产商品经济运行的手段，计划与市场都并非是包治百病的仙丹。因此，在将它们结合起来运用时，须取长补短，使之各得其所，而不能相互否定。

(二) 计划调控的首要特点，是政府于事前自觉地集中作出决策，并统一组织实施

市场调控的特点，是管理者依靠价值（剩余价值）规律的作用，由各个被调控对象自己于事后，通过市场传导出来的价格涨跌信息，分别自发地作出扩大还是缩小供需规模决策，由此来调控社会商品经济的运行轨迹和发展方向。故称之为无形之手调控，由此形成的社会经济运行过程，必然是无政府状态的，是不可能按比例发展的。而计划调控最大的特点恰好相反，是管理者于事前，本着国民经济按比例发展的客观要求，自觉地通过集中决策，确定被调控对象在未来时期内所要达到的目标，然后统一组织实施，运用经济的、法律的和行政的手段，使调控对象按照政府预定的目标运行。故称之为有形之手调控。这种调控模式，是国民经济按比例发展规律的客观要求。因为，在社会化大生产商品经济时代，国民经济内部的各个部门、各个行业乃至千千万万个独立的经济单位，存在着相互联系、相互制约的关系，彼此之间存在着按比例发展的客观要求，在这种情况下，若先由千千万万个独立的经济单位按照自己的利益分散决策，待发展为既成事实之后，再由市场事后调控，这样的无政府状态，其必然结果是比例失调。因此，为了保证国民经济能实现按比例发展，只有依靠政府通过事前的集中决策，安排出国民经济内部各部门间按比例发展的基本框架，并统一组织实施才有可能实现。据此，我们以为：凡是由政府于事前通过集中决策，自觉地（也即有意识地）直接对有关的社会经济事物的某些方面和某些过程的运行，作出安排和调控的，如政府每年制定的财政预算，要求企业按规定交纳税款，按标准排放污染物，等等，都应属于政府计划调控。从这个视角考察，目前大家所称的国家宏观调控，其实就是政府的计划调控。当然，我国现在计划调控的具体内涵和调控的具体内容，与改革开放之前相比，已有许多差别，为了表示差别，人们把它称之为国家宏观调控，也无不

可。但国家宏观调控所用的仍然是“计划”这只有形之手，实质上仍是计划调控。有人不同意这一观点，而是认为，“只要存在市场调控，国家的宏观经济调控只是弥补市场调节的缺陷和不足”就不能说是计划。其实，这种观点，仍然是将计划与市场对立起来，认为有市场就不能有计划。这在理论上是说不通的，而事实也并非如此。自改革开放以来直至2008年，我国各级政府仍然同过去一样，每年人民代表大会期间，都要向人民代表报告上一年度的国民经济和社会发展计划执行情况与下一年度的国民经济和社会发展计划草案，经人民代表大会审查批准后，作为法定文件执行。所不同的只是改革了计划调控体制和内容，增加了市场调控与之相结合的模式。

（三）计划是管理者的主观行为，制定计划必须按客观规律办事，务必力争主观计划符合客观实际

1. 由于计划调控是事前调控，是对未来的有关社会经济事物的活动所作出的安排。所以计划调控是管理者的主观行为，是管理者希望通过运用计划调控手段，使社会商品经济能按照预定的方向运行，并实现按比例发展，以保证国民经济又好又快地发展。可是计划所调控的对象是客观存在的事物，它是按照不以人们主观意志为转移的客观规律运行的。因此，计划调控能否达到预定的目标，其关键则在于计划是否正确地反映了客观规律，是否符合客观规律的要求。为此，首先，需要计划的制定者、执行者要用心研究并深刻地认识有关规律，学会熟练地应用有关规律，使所制定的计划能比较准确地符合客观规律，也即是要使主观符合客观。其次，计划能否符合客观，还需要实践检验。计划的执行过程也即是实践过程。因此，还需要在执行过程中及时了解原定计划是否符合客观现实，并适时纠正其中不符合的部分。只有这样，才能使计划调控符合客观规律，才有可能充发挥计划调控的功能。因此，按客观规律办事，是计划这个经济范畴题中应有之义。以主观随意性制定和执行的计划不是真正的计划。

2. 当今计划调控的对象是社会化大生产商品经济，因此，计划调控一定要处理好与以下这些规律的关系：

一要按照商品经济的价值（剩余价值）规律办事。价值（剩余价值）规律是商品经济的基本规律，所以，计划调控必须遵循价值规律，依靠价值规律。当然，计划调控也应该发挥主观能动性，在必要的场合也要采取有效对策，限制价值规律的消极作用。

二要按照国民经济按比例发展规律办事，在编制计划时，要充分做好综合

平衡工作，在执行过程中要防止由市场调控引发的宏观经济运行的无政府状态。

三要按照经济与人口及自然协调发展规律办事，安排好人口发展和人才培养，安排好循环经济和资源节约型、环境友好型社会建设。

在这方面值得引起严重注意的是：有一些政府管理人员在制定计划时，由于自身道德、能力、水平等原因，不顾客观规律，不研究实际情况，随心所欲地确定计划指标，有的甚至提出：人有多大胆、地有多高产，只有想不到的，没有做不到的，于是有了1958年的一年实现公社化、钢铁产量翻一番的“大跃进”计划；1977年在资源与资金都不落实的情况下，制定了十年建成10个大庆、十年实现农业机械化的“洋跃进”计划；于是乱上建设项目，重复建设、首长项目、政绩工程随处可见，也就有了1992—1993年的全国性的经济特区与房地产建设热。胆子要大、步子要快等主观唯心主义的口号。这一切曾给国家经济造成无法弥补的损失，须深刻总结，引以为鉴。但这些失误，并非是由于正确地运用了计划机制的产物，而是在当时政府的整体管理体制支配下，计划调控不能真正发挥其有效功能的结果。

（四）计划作为调控经济运行的手段，须由科学的计划机制以及与之相适应的管理体制两部分内容组成

1. 计划的对象是国民经济，是一个复杂的大系统。因此，计划机制也是一个复杂系统，它是由科学的决策机制，也即是一系列制定科学计划方案的机制；及时正确地提供各时期国民经济运行成果、监视计划执行进度以及科学预测国民经未来发展趋势的统计机制；用以调控国民经济运行过程的科学调控机制等多种相互联系的机制所组成。这些机制都是由政府各有关部门建立起来的。但对它们的建立，并不是人们可以随心所欲的，而是要紧紧依据计划工作内在规律的要求来建立，必须是科学的。有了科学的、系统的计划机制，才能有科学的计划调控，才能实现国民经济的按比例发展，才是真正的计划调控。否则，由计划调控运行的国民经济，不仅不能实现按比例协调发展，还可能会制造更为严重的混乱。如，在制定计划方案过程，不建立科学的民主的决策机制，不将决策建立在科学的统计预测机制的基础上，不科学地运用综合平衡机制，就不可能制定出符合客观实际的计划方案。我国1958年的公社化、“大跃进”以及钢铁一年翻一番的计划，是少数人主观主义决策的产物，这样的决策机制，严重违反了计划工作规律。因此，所制定的目标，严重违背了客观经济发展规律。这样的行为不属于真正意义上的计划调控范畴，其不良后果也不

能说是计划调控的产物。

2. 管理体制是指为保证计划机制有效实施，与计划机制相适应的有关组织机构、法律法规和工作制度。经济管理体制是计划机制能否有效实施的组织保证。有了适应科学计划机制要求的科学管理体制，计划机制的科学性才能从可能成为现实。否则，若体制不科学，科学的机制也是徒劳的，甚至也会成为不科学。如全面、正确是统计机制的生命。为此，需要建立与统计工作相适应的全国统一集中的政府统计体制。实践一再证明，分属于各级地方政府的政府统计体制，往往不能保证统计数据的正确性。根据不正确的统计数据编制的计划方案肯定不会符合客观实际。这就说明，不科学的统计体制，既妨碍统计机制的科学性，又影响计划决策机制的科学性。另外，若没有科学的计划决策体制，即若不建立起科学化、民主化、法制化的决策体制，即使有科学的决策机制，也不会被决策者所运用。因此，作为调控经济运行手段的计划，必须在建立科学的计划机制的同时，建立与之相适应的科学的管理体制。只有做到了并且做好了这一点，才能有真正的计划调控。这也就是我们这里所论述的计划调控。名为计划，若无科学的计划机制与相应的管理体制，只能是冒牌计划，而不是真正的计划，由此而造成的失误，不是计划的失误。至于在各个国家，各个不同时期，应建立哪些科学的计划机制和相应的计划体制，要建立什么样的具体计划机制和体制，则要以当时当地的实际情况而定。

3. 1978 年以前，我国实行的与计划有关管理体制上的诸多弊端，给人们留下了深刻烙印，以至于一些人谈计划则色变，因噎而废食。在这里，需要理性地分清：1978 年以前实行的与计划有关的管理体制和用于调控经济运用的模式，与社会化大生产商品经济条件下应实行的计划体制和所用的模式。

实事求是地说：1978 年以前，我国所实行的与计划有关的管理体制，是在基本上否定商品经济和价值规律基础上的、高度集中的、单一的指令式计划管理体制，所应用的基本上是否定市场机制和市场体制的、一元化的计划管理模式。这样的管理体制与管理模式，所造成的失误，其关键首先是在于基本上否定商品经济和价值规律，其次则是据此而建立的管理体制和所应用的管理模式，与作为管理方法与手段的“计划”本身是无关的。不能将前两方面造成的失误，强加到作为管理方法与手段的“计划”头上。1978 年以后，我国既然通过改革开放，纠正了否定商品经济与价值规律的过错，经转轨建立起了社会化大生产商品经济。因此，所应实行的，就应该是在充分利用价值规律的基础上，市场与计划相结合的管理模式。现在的这个“计划”与 1978 年以前的那个“计划”，在性质和功能上都已不同。因此，要把1978年以前所称呼的计划经济，与我们这里所说的社会化大生产商品经济所需要应用的计划调控区分开来。其实，我国现在在确立商品经济与市场体制的同时，实行的宏观调控或政府调控，同样有五年计划、年度计划，同样运用财政政策、货币政策以及行政的、法律的手段，对国民经济的运行进行调控，实质上就是计划调控，是同一意思的不同表述。所不同的只是现在的计划调控，已对实行的领域、体制进行了改革，并且与市场结合起来运用。

综上所论：计划、计划调控、计划经济，是不同经济管理体制下有特定含义和内涵的经济范畴，是社会化大生产商品经济的必然产物与客观要求。至于在实际运用时，由于缺乏经验或是其他方面的某些原因，出了一些问题，正确的思维方式是，与时俱进，总结经验教训，使之趋于完善，有所否定有所肯定。该否定的应是当时的某些不恰当的管理体制，作为手段的“计划”本身，还是应该肯定的。

三、计划经济的含义

（一）何谓计划经济

1. 在20世纪80年代以前及其初期，多认为当时的竞技状态是社会主义特有的经济范畴，但又有不同的说法。有的说：计划经济是“国民经济在国家统一计划的指导下按比例协调地发展的经济制度。只有在废除生产资料私有制，建立生产资料公有制的基础上才能实行。”有的则说：计划经济是“在生产资料的社会主义公有制基础上，根据国民经济有计划按比例发展规律的要求，从国民经济的具体情况出发，由社会（通过社会主义国家）制定计划来管理的国民经济。”有的认为：“计划经济是以往任何社会形态所不可能有的，它是社会主义社会的一个重要特征，是社会主义经济优越性的一大表现。”

2. 20世纪90年代以来，有人开始否认计划经济，否认计划调控；还有人将计划经济加上莫须有罪名。如有人认为：我国现实的“宏观经济调控和计划经济体制本质上是两回事。政府宏观经济调控包括实行诱导性的经济计划，都不是取消市场调节，而是建立在市场调节基础上的，是为了弥补市场调节缺陷和不足；计划经济是指社会主义国家曾经实行过的高度集中的、建立在产品经济基础上的经济体制，由于这种经济与市场经济相对立，超越了现代生产力水平，它的弊病也日益暴露，从而迫使社会主义国家走上以市场经济为取向的改革道路”。有的则将计划经济看作是十恶不赦的祸根，将前30年我国经济建设上的诸多失误的祸根，往往归诸计划经济，有的人竟将计划经济称之为“懒汉经济”“专制经济”。

（二）我们对计划经济含义的理解

在前面我们已经反复阐明：计划是社会化大生产的产物，它不是社会主义社会的“专利”。至于在20世纪80年代以前，我们实行“计划经济”时，管理上所出现的种种弊端，主要是在于整体管理体制的弊端，首先是在于没有科学的决策体制，许多决策往往是少数人的主观主义的产物，并不是计划经济内生的。所以，我们以为以上这些有关计划经济含义的看法，是不准确的，也是不符合客观实际的。对此，将在下面加以说明。

我们以为，“计划经济”一词中的“计划”是政府用以调控经济运行和配置资源的一种手段和工具。有关“计划”的含义和内涵，上面已有详细论述，不再重复。“计划经济”一词中的“经济”是计划调控的对象，是社会化大生产商品经济。只要是社会化大生产商品经济，其正常运行和资源配置，就离不开计划调控。不论是现在的社会化大生产商品经济，还是将来的社会化大生产产品经济；也不论是资本主义国家的社会化大生产商品经济，还是社会主义国家的社会化大生产商品经济，都需要计划调控。所不同的只是社会化大生产商品经济，还需要与市场结合起来调控。因此，作为调控手段，现在实际存在的并不是单一的计划经济，只能说是混合（指计划与市场结合调控）经济，或者说混合手段调控的社会化大生产商品经济。对此将在下一节作深入的探讨。随着社会生产力的高度发展，社会产品的极大丰富，商品经济最终会退出历史舞台，而进入产品经济时代，则只需要单一的计划调控。那时，计划调控的对象是产品经济，才会有真正的计划经济，可称之为计划产品经济。对此，将在本书的第四部分——社会主义商品经济，再做必要的论述。由于资本主义国家与社会主义国家，在政治、经济制度以及社会主流意识形态方面都有本质上的差异，在计划与市场结合调控的方式方法和所能达到的目标、效果上，都会有很多差别。总地来说，社会主义社会在这方面具有较多的优越性，有可能取得较好的调控效果。对此，还要分别在本书的第三、第四部分，再作必要的探讨。

（三）要实事求是地看待20世纪50—70年代我国实行的计划经济

关于这个问题，首先要历史地、实事求是地看待1949—1978年这30年我国经济建设上的成就与缺失。然后再在此基础上实事求是地评价计划经济的功与过。

1. 客观地说，从1949年到1978年，我国建设事业上，出现的失误和损失的确是严重的，这是问题的一个方面，但也不能因此否定所取得的成就。主要表现在，生产快速发展：按可比价格计算，1978年与1949年相比国民收入增长了6.4倍，工业净产值增加了40多倍，粮食产量增加了2倍，原煤产量由3200万吨增加到6.2亿吨，原油由12万吨增至1亿吨，发电量由43亿千瓦小时增至2566千瓦小时，钢由16万吨增至3178万吨，金属切削机床由1600台增至18万台；铁路、公路通车里程由2.2万公里与8.1万公里增至4.9万公里与89万公里；文化教育事业有了很大发展，高校、中学、小学在校学生数分别增长了7.53.59倍。在辽阔的内地和少数民族地区，兴建了一批新的工业基地，国防工业从无到有地逐步建设起来[①]。这些都是不争的事实。社会主义国家在建设初期，集中人、财、物力进行重大项目建设，对于平衡区域经济，整合资源，规范经济秩序，计划经济体制曾发挥过重要历史作用。经济活动是一个连续不断的过程，研究经济问题，切忌把历史过程的背景与现实经济活动割裂开来。

2. 从1953年到1980年，在名义上，我们的确实行了五个五年计划。但实际上，只有第一个五年计划是真正实行的计划经济，并且取得了辉煌成就。这五年内，全国完成国有资产投资总额611.6亿元，其中基本建设新增固定资产492.2亿元；5年内，在全国各地开工建设的以前苏联帮助设计的156个重大建设项目为中心的825个工业企业，为中国的社会主义工业化建立了一批比较强大的骨干工业部门；一些中国过去没有的重要工业部门，如飞机制造、汽车制造、新式机床制造、发电设备、冶金设备和矿山设备制造、高级合金钢和重要有色金属冶炼等，都在这期间建立起来。同时，五年内生产得到迅速发展：国民收入增长了53%，其中农业增长20%、工业增长144.5%，能源生产总量增长了一倍。在上述基础上，人民生活得到较大改善。5年内，全国居民实际消费水平提高22.9%，职工的实际工资增长30.3%，农民的收入增长20%左右。[②] 这些活生生的事实，充分体现了计划经济在新中国建立初期，经济衰败、民不聊生的时代背景下，可以集中国家财力、物力，搞好国家最迫切需要的重点建设，并在发展经济的基础上，改善人民群众生活的优越性。反映了计划经济的历史作用。

---

① 资料来源：《奋进的四十年》，中国统计出版社。

② 资料来源：《中国统计年鉴》。

在总结第一个五年计划经验教训的基础上，中央政府制定了一个更好的第二个五年计划，可是未能执行。由于“对经济发展规律和中国经济基本情况认识不足，更由于毛泽东同志、中央和地方不少领导同志在胜利面前滋长了骄傲自满情绪，急于求成，夸大了主观意志和主观努力的作用，没有经过认真的调查研究和试点，就在总路线提出后轻率地发动了‘大跃进’运动和农村公社化运动，使得以高指标、瞎指挥、浮夸风和‘共产风’为主要标志的‘左’倾错误严重地泛滥开来”①，经济建设遭到了重大失误，国家和人民遭到重大损失。后经三年调整，直到1965年才恢复元气。但在其后不久，又有了“文化大革命”运动。在这十年里，基本上没有什么真正的计划！至于说“懒汉经济”，第一个五年计划期内，在我国，的确很难见到几个懒汉，而且把原来不劳而获的地主老财、二流子、妓女也都改造成了自食其力的劳动者。至于以后出现的所谓懒汉，则来源于分配上的平均主义。实事求是地说，这些失误虽然挂着“计划经济”的招牌，实质上，它是在极左思潮支配下严重地违背真正意义上的计划经济的产物，与作为经济调控手段的真正“计划”何干！如硬要将这些失误的祸根统统归诸于“计划经济”，从而将“计划”说得一无是处，那真是一桩需要平反的冤案。其实，当时计划经济的弊端的根源还在于，社会主义经济是不是商品经济，并未形成共识，因而忽视市场的作用。

现在回过头来看，第一个五年计划期内实际实行的是真正的但并不是完全的计划经济调控方式，而是计划与市场相结合的混合调控模式。当时列入国家五年计划的工业品也不过42种，品种繁多的小商品主要还是直接由市场调节的。但当时的管理体制的确有许多弊端，如指令性计划过多，自上而下，从全国下达到各省（市）再到各县，直至每一个基层经济单位执行，而且还层层加码；对国有企业实行统收统支；对主要产品实行统一价格，统一调配，统购包销；管理高度集中，搞平均主义。从而，将各个企业，乃至广大干部、群众，都绑得死死的，经济失去了活力，严重地违背了价值规律，脱离了客观实际。所幸的是当时我国经济规模小，企业少，加之大家热情高、干劲足，这些缺点并未对当时的建设工作造成太多的不利影响。其实，中央对这种统得过多过死的弊端，当时已有所察觉。1956年5月召开的全国体制会议上，即提出了一些改进调节方式的决议草案，决定在第二个五年计划期间全面实施，后因受1958年的“大跃进”、公社化的影响，没有成为现实。这一切，也充分表

① 《中国共产党中央委员会关于建国以来党的若干历史问题的决议》。

明：当时的这种管理体制，并不是计划经济内在的必然产物，源头来自决策者的思想意识，有复杂的意识形态原因。因此，解决问题的正确途径，在于管理者通过总结经验教训，将这些缺点改正过来就是了，而不应因噎废食，将计划经济说得一无是处，全盘否定，一棍子打死。因为，社会化大生产需要计划调控。有如市场经济，周期性波动，必然会发生经济危机，但我们无论如何不能因为有了1929—1933年的经济大危机以及这一次由美国次级贷款引发的世界性金融危机，就将市场经济说得一无是处，一棍子打死。因为，只要是商品经济，就离不开市场，市场配置资源的基础作用是不可否定的。何况问题的主要根源并不在市场，而是在于资本主义社会制度本身，是在于美国少数主管者没有把它用好，是在于美国少数财团、财阀霸占着国际金融管理体系，并在世界范围推行它们这套新自由主义的管理模式。这才是需要改变的关键所在。

四、计划调控的内涵

（一）计划调控的主体与客体

计划调控的主体是政府，包括中央政府和地方政府；调控的客体是国民经济运行过程以及与之相关联的人口繁衍和自然资源、自然生态；目的是克服无政府状态，实现国民经济按比例可持续发展。中央政府计划调控的是全国范围内的国民经济以及有关的人口、自然；地方政府计划调控的是地方政府辖区内的国民经济、人口和自然。因为，中央政府计划调控（或说国家宏观调控）商品经济运行的目的，主要是为了实现全国商品经济协调发展，以避免全国出现经济动荡和危机。它的着眼点和目的性主要是宏观经济，是国家全局。由此，有些人就认为政府的计划调控的客体只是宏观经济，不涉及微观经济；有的则说国家计划只需调控市场，由市场来调控企业，政府不要去直接干预企业；有的则以为政府的计划调控既然是宏观调控，因此只能是间接调控，不应对微观经济进行直接调控。从而给政府计划调控对象和调控方法圈出了一个范围，划出了一个框框。这些看法是不准确的。其实，政府的计划调控，或者说国家的宏观调控，其客体，固然主要是宏观经济，但在以下这些方面，政府还是需要对微观经济进行调控的：

1. 政府利用计划手段对社会商品经济运行进行调控，其着眼点和目的性固然是宏观经济，直接调控的客体主要应是宏观经济。但宏观经济是微观经济的集合体，宏观经济运行的方向和轨迹，取决于多数微观经济单位运行的方向和轨迹。因此，政府为了能通过计划调控，使国内宏观经济朝着国家全局利益要求的方向和轨道运行，朝着按比例发展要求行进，必须着力于微观经济，要通过调控，将众多微观经济实体的运行引导到国家要求的方向和轨道上来。只有这样，才能确保宏观经济的正常运行。因此，政府在确定宏观调控手段和出台宏观调控政策、措施时，其着眼点和目的性，虽然是宏观经济，是国家全局，但必须将调控的受力点放在微观经济上面。这就要求所出台的宏观调控政策、措施，在一般情况下，应该顾及广大微观经济单位利益和接受程度，能够将广大微观经济单位在自觉自愿的基础上引导到政府要求的轨道上来。因此，必须是国家的利益、全局的要求，与广大微观经济单位的利益和要求的最佳的结合点。从这个意义上说，政府的计划调控，或者说国家的宏观调控，是需要调控微观经济运行的，只是所用的手段，主要不应是直接的行政命令，而应主要是经济政策和经济杠杆，是利益的诱导。

2. 政府的计划调控，既然是从全局出发的，调控的直接客体主要是宏观经济，但当为了全局的利益，确有必要时，只要是合乎法律法规的，既可以是间接调控，也可以是必须的直接调控；既可以通过市场来调控企业，也可以直接调控企业。有如上面例举的美国政府最近为解决由次级贷款引发的金融危机，所出台的一系列调控措施，就是既有直接调控的，也有间接调控的；既有通过市场来调控企业的，也有政府直接调控企业的。为了保护自然生态环境，几乎是所有国家法律都要求政府对每一个企业进行直接监控。我国为了控制全国人口的过速增长而实施的生育计划，则是以国家法律的方式，要求全民执行，并取得了举世瞩目的成就。至于在许多市场调控失灵和不应进入的领域，政府也有必要通过计划进行直接调控。如国内的长江三峡水利枢纽工程、南水北调工程、西气东输工程；跨国的英吉利海峡遂道、大眉公河开发工程，等等，是不可能依靠市场调控来实现的，而只能依靠政府的计划调控。而许多市场机制不宜进入的公共服务企事业，也需要政府的计划调控。当然，调控的效果，则取决于调控者对经济社会发展规律、经济运行的实际以及自然生态规律的认识能力、调控方式的熟练程度和调控水平。

（二）计划调控的程序

政府利用计划调控国民经济运行过程，是一个动态循环过程：

第一步，政府在科学预测和集中决策的基础上，从国家全局出发，本着国民经济按比例发展的要求，利用综合平衡的方法，制定出计划方案。计划方案的主要内容由两个互有联系的部分组成，一是未来一定时期（即通常所说的计划期）内国民经济的总体、其中的主要部门、某些重要项目和人口的发展目标，其中有量化的指标，也有质的规定性。二是为保证实现目标的方针、政策、措施、法律法规。纵览新中国成立以来所制定并付诸实施的五年计划以及各个年度计划，都包涵着这两方面的内容。可是在许多经济管理的书本中却有不同的说法。

有人将计划调控的内容仅仅理解为一堆量化指标，并不将为保证这些量化指标有效实施的组织体制、财政、货币等政策措施看作计划调控的有机组成部分。这种认识是不全面的。是计划经济体制下对计划调控理解上的一种思维定式。只有“目标”而无与之配套的保证目标实现的方针、政策、措施等等手段的“计划”，是纸上的“计划”，是无法实施的计划，不是可用于调控国民经济按比例发展的手段，不是真正意义上的“计划”。

另有一些书本，只认为计划部门（即过去的国家计划委员会，现在的国家发展和改革委员会）制定的计划是属于计划调控范畴。而把财政部门编制的财政预算，金融部门制定的各项货币收支计划以及财政、货币政策等，另称之为宏观调控的不同手段。这是对计划调控的误解，也是不符合实际的。其实，不论是过去的国家计划委员会，还是现在的国家发展和改革委员会所制定的五年计划或是各个年度计划，都是一部综合性的计划，虽然其中没有列出具体的财政预算、金融收支计划以及其他许多主管部门的专业计划指标，但它所列各项综合指标，都是经过与财政预算、金融货币收支等专业计划指标进行综合平衡的结果。它们共同构成计划调控或宏观调控的系统。其实，在国家发展和改革委员会编制的综合计划中，一直是列有一系列的财政、金融政策的。所以我们以为，政府的计划，不仅仅是国家发展和改革委员会的综合计划，还包括各个专业主管部门编制的专业计划；所谓的政府计划调控，也绝不是仅指国家发展和改革委员会的计划调控，而是包括所有政府部门在内的计划调控。当然，计划调控不可能包罗万象，事无巨细，统统纳入。需要市场调控的内容，计划调控不再进入。

在前面我们已经指出：计划调控是政府于事前自觉地集中作出决策，制定计划必须按客观规律办事，务必力争主观计划符合客观实际。因此，在制定计划时需要有相应的科学的编制计划方案的机制。其中最主要的是科学的预测、决策以及综合平衡机制。

第二步，组织实施。组织实施是计划必不可少的内涵，只停留在文件中的计划，不可能调控国民经济的运行，不是真正的计划。但计划毕竟是主观思维的产物，它是否符合客观规律，是否符合实际，只有通过执行，在实践中才能得到验证。何况国民经济是一个处于不断地发展变化的复杂总体，在其发展过程中，随时会出现新的情况、新的问题。因此，计划在组织实施过程中，难免会与原定的目标产生偏差，及时掌握这些情况和可能发生的偏差，以便及时采取对策，这是计划执行过程中的重要工作。为此，则需要做好两方面的工作，一要依靠科学的统计机制，定期地、持续地将计划执行的进度及各时期取得的成果，及时准确地反映给政府及各个有关主管部门，并及时提出研究分析报告，指出计划执行和市场运行过程出现的新情况、新问题。二要建立有效的监管机制，要求有关主管部门及时组织人员对计划执行情况进行检查，既要检查原定计划目标和配套的政策措施的落实情况，也要通过检查，对目标和政策措施是否符合实际，作出实事求是的评价。

第三步，根据实施过程出现的新情况、新问题，如有必要，则补充制定相应的新对策、新措施；如确有必要，还应适当修正原定的某些发展目标，以确保计划符合客观规律，使计划期内的社会经济既好又快地按比例发展。至此，才可以说是完成了这个计划期内的计划调控任务。

社会经济运行是永不停息的，计划调控也须持续不断地进行下去。当上一时期的计划执行完成之后，则进入下一个时期的计划，如此循环不息地持续下去。所以政府用来调控国民经济运行的计划，应是包括以上全部内容的计划，才是真正意义上的“计划”。据此，可以认为：我国1953—1957年实施的第一个发展国民经济五年计划，以及1981年以后实施的各个五年计划是真正的计划；1958—1980年期间实行的四个五年计划，空有计划之名，并无计划之实，并非真正的计划。

（三）计划调控的方式

政府运用计划对有关客体运行进行调控的主要方式有二：一是指令性的，通常称指令性计划；另一是指导性的，通常称指导性计划。两者有不同的意义，需恰当地加以利用。因此，在国家编制的国民经济五年计划和年度计划中，都同时列有这两类计划，即对其中某一些计划项目的规定是指令性的；对有一些计划项目的规定则是指导性的。

1. 指令性计划，是指国家制定并下达的，有具体量化指标，有强制性和约束力的计划；有关单位必须执行，必须按规定完成的计划。在关系国计民生的重要领域，运用这种计划调控方式，在各个国家都是必要的，而且一直都是存在的。

一如2008年10月24日我国国务院发布《全国土地利用总体规划纲要

(2006—2020 年)》中明确规定："守住 18 亿亩耕地红线。全国耕地保有量到 2010 年和 2020 年分别保持在 12120 万公顷（18.18 亿亩）和 12033.33 万公顷（18.05 亿亩）。规划期内，确保 10400 万公顷（15.6 亿亩）基本农田数量不减少，质量有提高。"

二如各个国家为了保证社会货币流通量与市场商品流通量相适应，都把银行存款准备金率，银行信贷利率，列为国家强制执行的指令性计划指标，由中央银行根据当时的实际情况，可随时发布执行。

三如纳税、污染物的排放、产品的质量标准，以及社会保障等，各个国家都有严格的指令性计划指标，有关企业、个人都必须执行、必须完成。

在我国，计划生育，建筑用地计划以及有如前几年的北京奥运会场馆建设计划、现在还在进行的南水北调工程，以及各时期关系国计民生大局的铁路干线、大型能源项目建设工程等，也都是必须保证完成的指令性计划。

这些列为指令性计划的项目，是强制性的，它必须是经过国家法律、法规批准的，或者已有现成法律法规为依据的，出台时必须慎重，要按照客观规律办事，列入的项目要少。至于需要列入哪些具体指标，要根据各个国家不同的国情和各时期的具体情况来定。一般地说，社会主义国家，因具有公有制经济占主体地位、国有经济占主导地位的优势，在社会化大生产商品经济阶段，其指令性计划，比之资本主义国家，可以也应该适当多一点，但与指导性计划相比，应尽量少一些；当随着社会生产力的发展，产品极大丰富，而进入未来共产主义社会并实行按需分配的时代，则可能对国民经济的运行，全面实行指令性计划。

指令性计划调控，有利于稳定国家大局和防止自然生态的继续恶化，但因其涉及面广或项目重大，务必做到：符合客观实际、决策严格科学，应用范围适度。指令性计划应用范围过大，挤占市场调节空间，就会打击市场主体的积极性，抑制市场经济活力。在指令性计划中，有如上面所列举的，很大一部分是通过国家立法部门以法律法规形式制定的，有的是体现在财政部门的预算中，毋需政府主管计划部门定期编制，可以称之为常规计划。因为这部分计划，不是由政府主管计划部门编制的，过去社会主义阵营各国的学者们，都不认为这是计划。因此，往往不认为资本主义国家有指令性计划，多说资本主义国家的计划只是预测性的计划。这是极大的误解。

2. 指导性计划。在《中华人民共和国国民经济和社会发展第十一个五年规划纲要》中，将它称之为预期性计划。并将该纲要中列出的"十一五"期内年均：国内生产总值增长7.5%，人均国内生产总值增长6.6%，城镇居民可支配收入、农村居民纯收入增长5%等指标称之为预期性指标。在《中华人民共和国国民经济和社会发展第十一个五年规划纲要》中，对这类预期性指标作出了这样的解释：预期性指标是国家期望的发展目标，主要依靠市场主体的自主行为实现，政府要创造良好的宏观环境、制度环境和市场环境，并适时调整宏观调控方向和力度，综合运用各种政策引导，社会资源配置，努力争取实现。由此可见：指导性计划，或说预期性计划，同指令性计划一样，也是下达要求贯彻执行的计划，所不同的，只是贯彻执行的方式方法；只是指导性计划不是以法律法规和行政手段直接强迫有关单位执行，而是需要各级政府依靠市场，并通过各种间接措施来争取实现的。所以，指导性计划的贯彻执行，对各级政府来说，要综合应用多种手段和科学的方法，要费更多的精力。但它具有较多的灵活性，既可以使国家规定的预期目标，经过市场反馈，能越来越加符合实际；也能将企业的行为引导到国家预期的目标上来，有助于减小市场调控的盲目性；亦有利于保护企业的活力。总之，无论指令性计划还是指导性计划，都包含有经济的、法律的和行政的手段，都要通过财政政策和货币政策以及其他必要的经济杠杆，以保证其实现。而指导性计划对经济政策和经济手段运用更充分，因而更有利于推动市场经济的健康发展。

五、计划调控的优势与缺陷

计划调控是由国家集中决策、政府组织实施，有全局性、自觉性、事前性和行政强制性的特点。对于社会化大生产商品经济来说，计划调控既有它的优势，但同样有它的局限性和缺陷。

（一）计划调控的优势

政府运用计划手段调控，从国家、社会全局出发，于事前通过集中决策，自觉地运用综合平衡的方法，从社会总量上，安排好未来时期国民经济协调、持续、高效发展的目标，并由政府通过建立与之相适应的管理体制以及必要的政策、措施，统一组织实施，在实施过程还可以统一调度权力范围内的财力、物力和人力促使其实现。因此，计划调控做好了，能最大限度地集中社会的人力、物力、财力，保证国家和广大人民群众最迫切需要的重点建设；应对重大突发事件；能较合理地利用社会、自然资源；能实现较好的社会效益和经济效益；能够保护国民经济按比例发展。所以，全局性、自觉性、事前性和行政强制性，是计划调控的重要特点。但计划调控的全局性、自觉性、事前性和政府强制性，必需建立在科学决策以及计划工作者对客观规律自觉认识和严格按规律办事的基础上；而政府的强制性还必须依法行事。为此，既需要政府部门的管理者，运用好现代信息技术、科学的统计方法和科学的决策方法，经常做好调查研究和科学预测工作，及时搞清国民经济发展的过去、现在情况和存在问题，以及未来时期的发展趋势和可能出现的新情况、新问题；还需要国家立法机构建立完善的法律法规体系，并对政府进行有效的监督管理。实践表明，在宏观层面，这些工作是可能做到与做好的。这就是计划调控或宏观调控的优势所在。

（二）计划调控可能产生的缺陷

首先，因为计划调控是国家集中决策，由政府组织实施，由于是主观行为，稍有不慎，不能反映客观现实，就难免会派生诸多负面效应。因为计划是事前调控，若调控者在制定调控计划时，不搜集大量统计资料进行分析研究，不进行科学预测，从私利出发，对市场调控没有足够认识，不实行科学决策，以致对调控对象的发展规律和未来发展趋势的认识不准确，所制定的调控计划，就难免会与客观规律及客观实际有这样或那样的偏差；若对存在的这样或那样的偏差，以及出现这样或那样的新情况、新问题，在执行过程中又不及时调查了解，并及时采取新对策、新措施，则一定会出现这样或那样的负面效应。在这种情况下，若计划制定者和执行者，认识上出现偏误或由于私利的作祟，往往会以主观臆断代替客观规律，则计划调控也会造成严重的不良后果。这样一来，科学的计划调控成了不科学的行为，这已不是科学意义上的计划调控。因此，必须把建立在科学基础上的计划调控的全局性、自觉性、事前性和行政强制性的特点，与某些调控者借计划之名，不顾客观实际，不顾客观规律和法律法规的主观蛮干行为严格区别开来。后者，是主观主义的盲动，是滥用权力，绝不是有科学内涵的计划调控。

其次，现实的社会经济，虽然总体上已是社会化大生产商品经济，但同时还存在着众多的中小企业和许多个体生产经营单位，而生活用品的消费者更是分散，其消费需求多种多样，运行过程极其繁杂、变化极其迅速。在这种情况下，若政府决策者将集中决策的范围越过宏观领域，取代市场手段，直接进入并干预不应干预的广大商品生产经营单位的生产经营活动，乃至个人的生活消费领域，必然会因违背商品经济的基本规律——价值（剩余价值）规律，束缚微观单位的手脚，挫伤各个商品生产经营单位的积极性，扼杀它们的活力，以至于阻碍社会生产力的发展和人民生活的改善。当年包括我国在内的社会主义阵营各国的高度集中的计划经济体制实践，已经充分地表明了这些缺陷。我国1958年的“大跃进”、农村公社化、农村大办公共食堂，农民吃饭不要钱；定出了钢铁产量一年翻一番的计划，动员了两千万人上山大炼钢铁，造成了灾难性的恶果，即是其中的典型事例。20世纪60年代以后的前苏联，为了称霸，置人民群众生活于不顾，利用国家计划，大搞军事工业，也是其中的一个典型事例。

再次，政府利用计划机制进行调控，往往需要由政府支付经费。而政府的经费来自税收等途径，是无偿收入，而且不涉及决策者的利益，若决策者缺乏“公心”，缺少科学决策机制，往往会忽视投入产出比，忽略投入后的收益，易出现不应有的浪费；若再缺少严格的监督机制，也易产生以权谋私和官商勾结等腐败行为。

总而言之，在社会化大生产商品经济条件下，作为经济科学范畴的“计划”、“计划经济”是有特定科学内涵的经济范畴，它有适用的场合和优势，但也有其缺陷与不适用的领域。它也不是万能的。

第三节　“混合型”调控是社会化大生产商品经济运行的必然选择

前面曾反复强调：商品离不开市场，商品经济的运行必须遵循价值规律，依靠市场调控；社会化大生产，产生了国民经济按比例发展规律，以及社会生产与人口及大自然协调发展规律。因此，在运用市场调控的同时，需要配合以计划调控。这两者都是社会化大生产商品经济不能违背的客观要求。从总体上说，当今世界各国，都已进入社会化大生产商品经济阶段。因此，它们都需要运用计划与市场混合型调控模式来调控本国国民经济运行。但由于各国国情存在着很大差异，社会意识形态和指导思想不同，社会生产力发展水平高低不同，历史传统、文化风俗和生活方式等方面也各有不同。致使在计划和市场相结合的具体方式上，结合的深度和广度上，以及相互混合的份量上，就各有不同。以至有所谓的美国模式、日本模式、德国模式、法国模式、东亚模式、中国模式等等。这些不同模式虽各有特性，但也有共性。其共性首先是大家都运用着计划与市场相结合的调控模式，其中的市场，主要用于调控微观经济；计划主要用于调控宏观经济，而且都以间接调控为主。我国改革开放以来对于计划与市场何者为主、何者为辅的争论的症结在于，没有就经济体制、调控手段和在分层次调控上求得一致。总结中外实践经验，我们以为，在社会化大生产商品经济时代，计划与市场较适宜的结合形式，应是：分层主辅结构，即宏观上以计划调控为主，市场调控为辅；微观上以市场调控为主，计划调控为辅。这也是社会化大生产商品经济运行的客观要求。现对此作以下分析：

一、对微观经济的运行，必须以市场调控为主，计划调控为辅

（一）对微观经济的运行，以市场调控为主的必要性

1. 商品，除极少数特殊行业外，必然要进入市场交易，必然要受制于价值（剩余价值）规律，必然要由市场调控。这是铁的法则。商品的交换价值决定于杜会必要劳动量。市场调控必然伴随着激烈的竞争，竞争规律迫使各个生产经营者必须积极主动地去利用好生产要素，优化地配置资源，千方百计地去推进技术进步、改善经营管理。从而有力地推动生产效率的提高、物质消耗的降低和社会生产力和社会经济的发展。这就是说：从事商品生产经营的微观经济单位，在社会化大生产商品经济时代，除少数部门外，社会经济行为的绝大多数，必须遵循等价交换的商品经济原则，必然要由市场来调控其运行。

2. 对需要进入市场，进行商品交易的微观经济单位的运行，在绝大多数场合，政府是不能利用计划进行直接调控的。这是因为，当今世界各国，虽然都已经进入社会化大生产商品经济阶段，但每个国家都还存在一定份额的个体生产者和众多中小企业；而生活资料需求者，是国内人民大众，一般都在数百万、数千万，而我国则有 13 亿，他们需求的商品，在花色、品种、规格、数量上均不相同；至于生产资料需求者，在目前情况下，一般国家也都有数万、数十万之多，有的则多达数千万。在我国则有 2 亿农户、数千万名个体工商户、数百万个企业在从事着几百万种商品生产和流通，它们所需的设备、原材料的规格、品种、数量也不一样。这样繁多的需求，随着时间的推移还在不断地变化着。为保证社会商品的供需平衡和商品经济的正常运行，要求各个生产者在及时搞清复杂多变的生活、生产需求的基础上，自主地及时按市场需求安排生产。这是极其复杂的系统工程，若排斥市场调控，一概改由政府通过计划调控，不仅是不可能的，也是不现实的，还必定会扼杀各个生产经营者的积极性，并阻碍社会生产力的发展。这就是说，在社会化大生产商品经济时代，绝大多数微观单位的经济运行是不能运用计划来调控的。

（二）对微观经济的运行，辅以计划调控的必要性

在本书第一卷第四章论述商品与市场的关系时已经指出，市场调控，一方面存在着竞争和信息不完全对称性以及调控的滞后性，不仅会制约其正面功能的有效发挥，而且还会产生负面效应；不仅不具有调节收入和财富占有差距的功能，而且还存在扩大这种差距，乃至造成两极分化的潜在张力；还易使人性中的利己性滋长，利人、利公性弱化，会派生出危害社会的黑手等内在缺陷。另一方面还存在着不能在现在和未来关系之间有效地配置资源；存在着不可能是为公共利益提供公共物品；在需要有特殊价值判断准则的领域，市场机制可能失灵等。对于这些缺陷，需要政府通过计划调控予以补救。如对分配不公和两极分化问题，需要政府通过税收和建立社会保障体系进行调节。对于市场失灵的领域，则需要政府制止或限制这些领域的微观单位进入市场；并主动地利用计划进行调控。

当进入社会化大生产商品经济时代，不仅社会生产与人类自身繁衍以及人类赖以生存的大自然会产生越来越严重的矛盾，而且还出现了新的形势：一是社会分工不断细化，产业部门不断增加，企业生产不断专业化，部门间、上下游企业间的依存关系不断加强。在这种情况下，某一种商品若社会供需不平衡，结果会如水面波澜，逐步向四周扩散，连锁引发一批相关企业都出现供需失调，而煤、电、（石）油、钢、粮、运（输）等关系到每一个居民生活和绝大多数社会经济活动的商品，若供不应求，就会波及整个社会经济。二是企业规模不断扩大，资本有机构成不断提高，建设投入的资金越来越多。若供求失调的是大企业产品，即使是转产，调整产业结构，也需要更换设备、重新培训或招收员工，既需要增加投资，也需一定时间，还要舍弃原有设备，定会造成许多经济损失。若是企业倒闭，既造成社会财产的巨大损失、职工的大量失业和社会的不安定，还会连带牵连上下游相关企业职工的失业，从而会进一步降低社会需要，有可能使商品经济进入恶性循环状态。这两种发展趋势综合作用的结果，会使商品经济内在矛盾随之趋于激化。这时，仅凭市场的自发调控，各种商品的社会全部供给与需求更易失衡，国民经济内部的各种比例也会由此失调，于是就有可能产生经济危机。因此，在市场调控有缺陷的领域，就需要政府辅以计划调控，以遏制其缺陷的负面影响；对于产生垄断问题，需要政府建立反垄断法和必要的经济措施，予以制裁；对市场机制失灵领域，以及关系国计民生的重要商品生产领域，就需要政府运用计划进行调控。至于解决社会经济发展与人口和大自然的矛盾，实现彼此之间的和谐协调发展，更需要政府

的计划调控才能实现。这就是说：在这些领域的微观经济单位，也需要实行必要的计划调控。

以上论述，既说明了微观上的市场调控为主，计划调控为辅的具体含义及其必要性；同时也表明这一调控模式是社会化大生产商品经济的客观要求。

二、对宏观层面社会经济的运行，以计划调控为主，市场调控为辅的必要性

市场所能直接调控的只能是进入市场交易的微观经济，这些微观单位在市场调控下，就全社会来看，其运行必然是处于无政府状态的。若在社会化大生产商品经济发展阶段，当将绝大多数的社会、经济单位的运行，都交由市场调控，由此汇集而成的宏观层面的社会、经济整体运行状况，必然是杂乱无章的，比例难免失调，社会经济必然无法正常发展。

当社会生产发展到社会化大生产商品经济阶段。如上一章所论述的，为了保证国民经济既快又好地发展，需要在宏观层面的许多方面要做到协调发展。如：社会商品流通量与社会货币流通量的协调增长；国民生产净值（国民生产总值－固定资产折旧）分配环节的消费与积累的比例，消费基金在各不同阶层之间分配的比例；财政收入占国民生产净值的比例，中央财政收入与地方财政收入的比例关系；财政收支、国家外汇收支，在一般情况下，要保持基本平衡略有结余；国民经济内部的一、二、三产业之间，国内各个地区之间，社会与经济之间都要协调发展，等等。因此，社会、经济宏观层面的协调发展，不可能由市场调控来完成，它必须由，也只能由政府通过计划进行统筹调控才可能实现。在商品经济这个领域，宏观经济的综合平衡，有两个层次：一是各种具体商品的社会总供给与总需求的平衡；另一是社会全部商品的总供给与总需要的平衡，是高一层次的综合平衡。这一高层次的平衡，是建立在社会货币流通总量与社会商品流通总量的协调发展基础上面的，由本书第一卷第六章第二、三节的论述可知，它是由国民收入的分配，社会财政、货币、外汇收支，社会商品生产和商品进出口等多种因素的运行汇集而成的，也只能由计划进行调控。中外各国的实践都已经证明，只要在具备一定的必要条件下，而且政府又能运用科学的方法，利用好计划调控手段，并在宏观上做好综合平衡工作，实现这些方面的协调发展，是可以做到的。

另外，为了促进循环经济发展，提高资源利用效率，保护和改善环境，实现可持续发展，2008 年 8 月 29 日第十一届全国人民代表大会常务委员会第四次会议通过的《循环经济促进法》还明确规定政府要对循环经济的实现进行

较严格的计划调控。为此，该法在第二章“基本管理制度”中作出了许多具体规定，如在其中的第十二条即有这样的规定：“国务院循环经济发展综合管理部门会同国务院环境保护等有关主管部门编制全国循环经济发展规划，报国务院批准后公布施行。设区的市级以上地方人民政府循环经济发展综合管理部门会同本级人民政府环境保护等有关主管部门编制本行政区域循环经济发展规划，报本级人民政府批准后公布施行。循环经济发展规划应当包括规划目标、适用范围、主要内容、重点任务和保障措施等，并规定资源产出率、废物再利用和资源化率等指标。”

至于在商品经济宏观领域的另一个层次的供需平衡问题，即各种具体商品的社会总供给与总需求的供需平衡问题，则是一个极其复杂的系统，在上面我们已经指出，主要只能依靠市场调控。当然这一层次的社会商品供需平衡，依靠市场调控，由微观经济运行汇集而成的宏观经济不平衡是绝对的，平衡是暂时的。但实践也同样表明，只要通过计划的宏观调控，做好全国财政、货币、外汇、商品以及进出口的综合平衡，实现了社会全部商品以及几种关系国计民生的重要商品的总供给与总需求的平衡协调发展，在其他具体商品这个层次上的社会商品的总供给与总需求的平衡协调工作，由市场通过价值（剩余价值）规律对各个微观单位的调控，然后由各个微观单位自发汇集而成的社会宏观经济，即各种具体商品的社会总供给与总需求，是可以在不平衡中渐渐趋于平衡的，即使某些具体商品的供求一时失调，其影响也只是局部的。

上面所说的关系国计民生的若干种主要商品的供需平衡关系：一是能源中的煤炭、电力、石油和天然气，这些商品是每一个生产单位和每一个家庭，须臾不可或缺的。一旦供应不足就会影响到每一个经济单位的生产经营和每一个家庭的生活。二是粮食。这不仅因为人人一日三餐离不了它，且若粮食供应不上，以粮食为原料的食品加工业和饲料工业生产要受影响，从而还会波及畜牧业生产。三是钢铁、钢材等涉及面广的商品。

社会实践表明，当宏观上最高层次和若干主要商品已经实现了基本平衡协调的前提条件，在一般情况下，将种类繁多的各种具体商品的社会总供给与总需求平衡协调发展，交由市场自发调控，不仅可以，而且还有利于发挥广大微观经济单位的积极性，可做到管而不死，活而不乱，可促进社会生产力和商品经济的发展。

以上论述，既说明了宏观上的计划调控为主，市场调控为辅的具体含义及其必要性；同时也表明这一调控模式也是社会化大生产商品经济的客观要求。

三、运用好计划与市场混合型调控模式的条件和方法

计划调控是事前的自觉调控，市场调控是事后的自发调控，将两者结合在一起使用，处理不当难免发生矛盾。但运用这种分层主辅结合模式，如果处理得当，不仅可以使计划和市场协调统一，各得其所；而且还可以计划之长，在微观调控上补市场之短，以市场之长在宏观调控领域补计划之短；从而使两者有机地溶合在一起，使这个混合型调控模式成为一个有机的整体。为此，既需要必要的条件，又需要科学的方法。

（一）要严格掌握管而不死，活而不乱以及效益优化的原则

1. 所谓管而不死，活而不乱，是指在实行混合调控机制时，计划与市场有机结合的“度”要比较恰当。这是因为：在前面，我们曾反复阐明，微观方面，由市场调控，可以顺应商品经济的基本规律——价值（剩余价值）规律，通过激烈的竞争，可以大大激活各个商品生产经营者的活力，从而可以促进科学技术的进步，企业管理水平的提高，资源的节约，从而有力地促进社会生产力的发展。这就是市场调控与商品经济的生命力和活力所在。但市场调控又会产生无政府状态，导致国民经济比例失调，乃至产生经济危机，造成社会经济的混乱。为此，需要结合进行计划调控。但计划调控，侧重于全局的、长远的目标，而且又是事前确定的，它不可能充分适应瞬息万变的商品的供需及市场价格的波动状况。若控制得过多、过细，必然会扼杀微观经济单位的活力，同样会阻碍社会经济的发展。因此，如何处理好计划与市场恰当的结合的“度”，是实施混合型调控机制的一个重要问题。需要通过总结实践经验而使之逐步趋于完善。

在这方面，陈云曾有一个“笼子”理论，是很有深意的。1982 年 11 月 22 日在中央政治局会议上，他说：“我和宋平、柴树藩同志谈话中把计划经济和搞活经济的关系，比作笼子和鸟的关系。这个话不是我发明的，是黄克诚同志讲的。他说鸟拿在手里，捏着就死了，撒开手就飞了，总得有个笼子。当然，笼子大小要合适，该多大要适当。搞活经济要有一个笼子，这个笼子就是国家计划。不一定一个省就是一个笼子，笼子也可以大到跨省跨地区。如果没有这个笼子，我们的计划就要被冲垮。应该说，我们的笼子——五年计划和年度计划，也是经常要调整的。总之，经济一定要搞活，但是不能离开国家计划。”①

① 《陈云文集》（第三卷），第 523 页。

我们在这里妄作这样的解读：他的意思是说，组成国民经济的众多微观单位，犹如一群活蹦乱跳的小鸟，若管得太死，将它捏在手里，会失去活力，甚至会被捏死；若分散了收不拢来，会造成损失。为要做到管而不死，活而不乱，最好的办法是编一个笼子，把鸟养在笼子里，必要时，也可以放出去，笼里有鸟儿喜欢吃的食物，可以吸引鸟儿回来。这就是说，在混合调控机制中，一般情况下，计划调控只是编一个笼子，国家法律、政府法规和政策是笼子的边框，是阻止微观单位越过的边界。在笼子里面，由市场调控，各微观单位可以自由活动；各种经济调控杠杆，是笼子里供各种不同鸟儿饮用的各种食品和饮料，笼子还有一个小门，必要时可以打开，有些小鸟也可以放出去活动活动，但外边缺少食物，笼子里的食物又可以将它们吸引回来。这样就可以做到管而不死，活而不乱。

2. 所谓效益优化，是指运用混合型调控模式时，既要讲求经济效益，也要考虑社会效益，力争经济效益与社会效益的优化组合。一般情况下，市场调控往往会出现片面地追求经济效益，而不顾甚至会不惜损害社会效益。因此，对在依靠市场调控的领域，政府要加强监管其对社会效益的不良影响，必要时要运用计划调控补救或遏制其消极因素。而计划调控，则容易偏向追求社会效益，而忽视经济效益。因此，在政府作计划决策时，如涉及非国有经济单位，要尽可能按价值（剩余价值）规律办事；如涉及的是国有经济，一定要加强经济核算，要充分利用统计决策方法，对不确定性决策，在计划期内可能实现的社会效益与经济效益，要尽可能利用数理统计方法，进行多方案测算，以从中优选出社会效益与经济效益的优化组合。

（二）计划与市场的功能相互渗透、互为利用，实现两者相互扬长克短，是充分发挥混合调控模式有效功能的重要途径

1. 这里所说的相互渗透、相互利用有两方面的含义：

一是指市场的微观调控要渗透到计划的宏观调控领域，即政府主管部门在制定计划时，既要以市场为导向，要以市场传导过来的有关微观经济的运行状况以及有关要求的信息为依据；又要充分利用市场功能，要把计划调控建立在价值（剩余价值）规律的基础上。这样，就可以使主观设计的计划，能更加符合客观实际，能顺利地贯彻实施并达到预定的结果。

二是指计划的宏观调控要渗透到市场调控的微观调控领域，即是：一方面要把计划调控宏观经济运行的方向和目标，通过相应的经济措施、法律法规以及适当的行政手段，以渗透的方式，传导给由市场调控运行的微观经济，以便将微观经济的运行的方向和轨迹，诱导和规范到计划要求的方向和轨道上来；另一方面，政府要充分利用计划功能，随着商品经济的发展，适时地建设相应的市场体系和相应的市场体制；要在开放市场、放开企业的同时，利用经济的、法律的手段，使企业和个人对自己的经济行为形成自我约束机制；对各个不同时期的市场开放与价格放开的程度，以及相关的市场监管体制的建立、监管人员的培训，都要有计划、协调配套地进行；要有计划地建立完整的市场信息网络，以及反馈灵敏的宏观经济预警系统，及时向各微观单位提供准确的市场信息，以便广大微观经济单位能据以自主地作出符合宏观经济要求的正确决策。这些工作做好了，各个具体经济单位在遵循市场机制运行时，就有可能自觉地趋向国家宏观调控的轨道。

通过这两个方面的相互渗透、相互利用，就有可能将计划的宏观调控与市场的微观调控有机地结合起来。

2. “相互渗透”与“相互利用”需要同时并举。这是因为：要实现“相互渗透”，必须“相互利用”，只有在“相互利用”的基础上实现“相互渗透”，计划调控与市场调控，才能真正融合为一体，成为一个完整而独立的调控经济运行的手段。只有运用这样的混合型调控手段，政府才有可能使社会化大生产商品经济实现既快又好地按比例协调发展。否则，国民经济不仅不能既快又好地发展，还有可能产生经济危机。这是因为：国民经济宏观与微观两个层次固然是客观存在，但又是不可分割的整体。宏观经济的运行是众多微观经济运行及其相互联接、相互撞击的汇集，有自己的整体运行惯性和轨迹。若计划和市场功能不相互利用与渗透，而是单纯的所谓板块结合，计划主管宏观调控，市场分管微观调控，必然会产生由千千万万微观经济主体自发运行而汇集成的宏观经济运行轨迹和目标，与国家计划宏观调控的要求不相协调，甚至产生剧烈的摩擦和碰撞。这样一来，不是国家的宏观计划调控卡住微观经济运行的活力，就是微观经济汇集起的宏观经济的运行轨迹，冲破国家计划调控，使国民经济整体失去平衡。若是前者，国民经济就会失去活力；若是后者，国民经济运行过程的比例关系就会失调。不论是前者还是后者，经济损失都会伴随而来。新中国成立以来，在政府对经济管理上之所以经常出现：一管就死，一放就乱，其重要根源之一，即在未能使计划与市场的功能相互利用、相互渗透。这些情况则从反面表明：计划和市场这两种调控手段，不能板块式地结合，而是要相互渗透、相互交错、相互利用地融为一体。

3. 为了充分实现计划与市场“相互渗透”和“相互利用”，关键在于计划调控要广泛运用市场机制：首先，在制定计划时，要以市场为导向，要符合价值（剩余价值）规律；其次，在实施宏观经济计划时，要少用指令性计划和行政命令，要充分利用市场机制和各种经济杠杆，把由市场调控而自发运行的微观经济诱导到国家计划要求的轨道上来。因此，当政府必须对市场调控运行的微观单位，直接利用指令性计划和行政命令以及法律手段时，也要在贯彻执行过程，尽可能辅以经济利益杠杆。一如当市场突破计划规定的价格水平时，若是因通货膨胀，市场物价总指数持续上升；或是因通货紧缩，市场物价总指数持续下降时。一般情况下，不要因此就放弃市场调控，改用行政命令强制市场物价上升或下降，而是要顺应价值（剩余价值）规律，通过采取相应的财政、货币政策进行调控。对于前者，则可通过提高存款准备金率和存贷款利率，以适当抽紧银根；或是刺激发展生产，或是投放储备物资，或是两者、三者同时并举；对于后者，则可通过降低存款准备金率与存贷款利率，以适应增加市场货币流通量，或是促进出口、或是增加固定资产投资、或是提高工资，以增加社会需求。二如对计划中要加快发展的短线产业、产品可通过提价、减免税收、财政贴息贷款等经济优惠政策措施来刺激扩大生产；对长线产业、产品，则可采取适当的反方向的经济政策措施来压产增需。三如对涉及环境保护计划的实施，固然需要有严格的法律措施，但在实施执法过程，也有必要充分利用价值（剩余价值）规律，配套建立相应的经济调控措施，如对超标排放的企业，给以经济上的重罚，使它由此而增加的支出要超过建立排污所需要的支出；对严格执行排放标准的企业则可通过多种方式给予经济上的奖励。这样的计划调控，既充分发挥了市场调控的积极功能，同时也有可能将由市场调控的微观经济行为，诱导到国家计划要求的轨道上来。这些工作做好了，既有利于实现国民经济按比例发展，也有助于改善企业经营管理，提高经济效益，推动经济社会良性发展。

（三）国家掌握足够的财力、物力，是有效地发挥国家计划宏观调控功能的物质基础

如前所述，为要做到管而不死，国家计划的宏观调控必须是主要利用经济杠杆和利益机制对微观经济行为进行诱导。于是需要强有力的财力和物力。否则国家计划调控将软弱无力，甚至失灵。

1. 国家掌握足够财力，是政府实现计划调控目标的有力保证。在这方面，最为主要的是财政与金融。财政、金融既是国家计划调控的重要对象，也是国家计划用来调控社会经济运行的两个最重要杠杆。实践表明：在当今的商品经

济社会，金钱的重要性不言而喻，它能买到一切商品，甚至能买到某些官员的灵魂。为了稳定经济与社会安定和谐，各级政府，尤其是中央政府，一方面必须把主要的金融业牢牢地掌握在自己手中；另一方面要将国民收入的30%或更多一点纳入财政预算收入，其中50%以上又要掌握在中央政府手中。并对这两者进行严格的、科学的计划和审计监督管理。这样，政府就可以为实现宏观调控目标提供多方面的政策与物质的支持和保证：一是在正常情况下，中央政府有力量通过财政、货币政策，调整对外经济往来的顺逆差规模，调整国内货币流通总量，以实现社会货币流通总量与社会商品流通总量的协调发展。这样就可以实现社会全部商品供需总量的基本平衡与市场物价总水平的基本稳定。当出现突发事件时，就可以自如地运用适宜的财政、货币政策进行调控。二是中央政府可以较多、较好地运用各种经济杠杆把微观经济诱导到国家计划要求的轨道上来；就有能力适时发展必要的社会公共事业，使之按照计划要求，协调推进社会建设与经济建设。三是中央政府也可以通过财政的转移支付，支援不发达地区发展经济；通过调控税收和信贷政策，对不同行业、不同企业、不同建设项目实行适度的增加或减免税收和升降存贷款利息以及财政贴息政策；可以拿出一定的财政资金用于支持发展农业，或提高职工工资。这样既可调节社会商品供需总量和供需结构，实现社会商品供需平衡和国民经济的按比例发展。我国在1985年以后，随着财税体制改革，财政收入占国内生产总值的比重，由22.5%急速递减为1990年的15.8%，再减为1995年的10.7%；与此同时中央财政收入占全部财政收入的比重也由38.4%递降为1993年的20.0%。以至在这段时期内，国家财政尤其是中央财政，对经济运行基本上失去了调控能力。美国虽是当今世界经济实力最强大的一个国家，可是近七年来连续财政赤字，加上外汇逆差，负债10万亿美元，以致应对当前的金融危机，已力不从心，只好四处求援。这些教训，也从反面说明中央政府掌握足够财力的必要性与重要性。

2. 国有经济占主导地位，是国家有效运用计划调控宏观运行的重要条件。许多资本主义国家从事宏观经济调控已有半个世纪，并运用一系列的现代方法，但总是搞不好，其重要原因除了社会形态和上面提到财力外，还在于它们缺了这个重要条件。法国在第二次世界大战结束后，即设立了计划咨询委员会和计划总局，负责制定和组织实施国民经济计划。到1997年，法国先后编制实施了十一个计划。正如法国国家统计与经济研究所计划室主任克劳德·赛贝尔所说的：“法国各个计划的高速发展和减少失业，自第二次大战以后无疑已对其经济发展起了重要作用”“法国的计划工作……最显著的特点是对同这种计划制度有关的问题进行公开讨论，……这种公开讨论并不能使各社会团体获得一致的意见。此外，制订的计划依然是部分的计划，因为许多决定都是在计划范围以外作出的。这意味着计划人员必须考虑这些决定，而不是去设法影响这些决定。很难确定法国计划对政府经济政策的影响，或对公司关于产量或投资的影响。”① 我国公有企业在推向市场之后，虽然各有自己的经济利益，但他们的利益与国家利益基本上还是一致的，而国有企业的资产管理权、领导干部任免权、企业方针大计的决策权以及企业经营业绩的监管权，还掌握在政府手里，他们会比较自觉地接受国家计划的调控。公有制经济在国民经济中能占到主体地位，就会给计划调控提供良好的基础。与国家经济命脉有关的能源、交通、通讯、金融企业，以及矿山、城镇土地等经济命脉，为数虽然不多，但其经济活动，几乎影响甚至制约所有的微观经济的运行。国家有了这部分企业，就可通过调控它们的经济活动来间接影响乃至调控与之有关的微观经济的运行，并把它们引导到国家计划要求的轨道上来。

3. 国家要有一定的外汇和重要的物资储备。在金融市场日益全球化、国际金融投机日益频繁的今天，一个国家，尤其经济大国，发生金融危机，极易波及其他国家。因此必要的外汇储备，以应对突发的金融事件，确保国家金融的稳定，已越来越显得重要了。商品经济的特点，决定了对它的运行过程，即使采用有效的调控机制、做好了正常的调控工作，国民经济不协调、不平衡的现象，仍随时都可能出现。为了应对突发事件，如果有了足够的物资储备，一旦市场上出现某种关系国计民生的商品供不应求、价格暴涨时，为了避免引起连锁反应，在千方百计增产的同时，可先将储备的商品供应市场，以便将这种不平衡状态消除在萌芽状态。这样就可避免其累积成为经济危机。

许多资本主义国家，就是因为缺少以上这些条件，加之政治经济体制方面的问题，其计划调控往往软弱无力，难以发挥应有的功能。

（四）在实践中，既要尊重市场，也要反对市场泛化

1. 要尊重市场。这里所说的尊重市场有两方面的内容：一是要避免对市场运行作不当的干预。在我国，因受多年高度集中的管理体制的惯性影响，人们往往容易低估市场的择优和调节能力，高估自己的智慧。特别是一些地方政府往往急于加快发展步伐，热衷于经济投资，频繁代替市场决策，动辄对市场

---

① ［美］莫里斯·博恩斯坦编：《东西方的经济计划》，商务印书馆1987年版，第223—224页。

施以管制。殊不知，“人算不如天算”。这些越位行为，破坏了竞争择优机制，压抑了市场灵气和活力，扼杀了创新精神，其危害有时甚于市场缺陷的影响。对广大微观经济单位，除市场失灵和不宜进入的领域外，政府应在做好计划宏观调控的基础上，交由市场去调控。二是在计划实施过程，要随时以市场运行的结果是否正常，来检验和校正原定计划的目标和措施。为此，既需要政府参与培育和建设完善的市场体系和市场体制；也需要政府建立完善的市场信息网络。特别是要建立反馈灵敏的宏观经济预警系统，便于及时得到由微观经济运行汇集而成的宏观经济运行轨迹以及其运行与计划有否偏离和摩擦等信息。有了这些信息，政府有关部门就可根据出现的新情况、新问题，及时采取对策，改善计划调控的方式与方法，使市场机制调控与计划机制调控趋于新的和谐、协调。

2. 要反对市场泛化。所谓的市场泛化，就是指企图用市场机制来调控一切，无节制地扩大市场机制的作用范围。尊重市场，并不意味着一切活动都要由市场机制来调节。市场机制发挥作用是有边界的。有如本书第一卷第四章在论述商品与市场关系时所指出的：市场调控既有内在的缺陷，也存在失灵的领域。对有缺陷的领域，需要采取必要的补救或抑制的措施，而不能放任市场消极因素泛滥，而对社会经济造成危害。对市场调控失灵的领域，就不得让市场调控发挥作用，而应使用计划调控。如果把市场机制引入社会公共领域，就如同外来有害生物入侵一样，其后果将是灾难性的。生物进化优胜劣汰，市场机制也是如此。在我国，人们也看到了市场泛化的影子。“上学难、上学贵”，“看病难、看病贵”，即是这方面的问题。非义务教育和医疗机构固然可以适当引入市场机制。义务教育和基本医疗服务，就应该由政府负主要责任，通过完善公共政策来解决，而不能靠市场调控。市场泛化是对市场经济的误解，是对市场取向改革的歪曲。为发展商品经济，我们必须尊重市场，利用市场，但不能把市场泛化，一定要坚定不移地运用好计划和市场有机结合的调控模式。

（五）计划编制和贯彻执行过程，要充分运用科学的统计、计划方法

计划是对未来行动的安排，计划调控是人们的主观行为，计划调控的功能能否实现，其中的关键就是要力争使计划的主观调控行为，符合社会化大生产商品经济运行规律，符合当时当地的实际情况。为此，有关政府部门的管理者，除需要具有为国家、为人民的一颗“公心”外，还要能正确认识和掌握有关的客观经济规律，并能在运用计划调控的全过程，切实做到从实际出发，按客观规律办事。为此，从编制计划到执行计划，都要运用科学的方法，其中

最主要的是科学的统计预测和监测方法以及编制计划的综合平衡方法。

1. 关于科学的统计预测方法。凡事预则立，不预则废。要编制出科学的计划，就需要采用科学的方法搞好预测。这是因为计划的主体不是国民经济的过去和现在，而是它的未来。任何事物的未来固然是在它的过去和现在的基础上发展而来的，但它绝不会是其过去和现在的简单重复，而是在新的条件下的发展。为编制科学的计划，首先，必然需要在对其过去、现在作出分析的基本上，进而对其未来作出预测，以作为编制计划的依据。其次，在计划的执行过程中，为使管理者有所预见，能保持清醒的头脑以减少失误，也需要有预测。

用事物的过去和现在情况来说明其未来，可以有两种方法：一是凭经验和直觉来进行推测，称为经验预测；二是在正确理论指导下，运用科学的技术和方法，对大量资料作系统的分析研究之后，对计划客体在未来时期（指计划期）的发展趋势和可能达到的量化目标，作出预测，可称为科学预测。预测是编制计划的重要依据，因此必须运用科学预测。由于编制计划的主要内容之一，是作出计划期内国民经济以及有关的人口自然环境等客体所要达到的量化目标。为此，就需要运用科学的统计预测方法。科学的统计预测方法很多，有调查预测法，动态数列模型预测法，回归模型预测法，投入产出模型预测法，系列动态仿真预测法，等等。在实际工作中，要根据计划客体的实际情况，选择其中适用的方法来开展预测工作。统计预测的重要特点，是运用大量现象的综合数量，而不是个别现象的量。所以统计预测的结果，不仅可以反映计划客体在未来时期可能达到的总量，而且还可以提示其出现可能性和可靠性的概率。若通过建立宏观经济计量模型进行预测，还可以进行政策模拟，以预示未来计划实施时，采用怎样的政策、措施，可得到较理想的结果，更有助于在编制计划时，能形成目标与政策措施的优化组合。

2. 关于统计监测的科学方法①。国民经济计划，即使有如上面所说的，是建立科学预测、通过科学的综合平衡方法编制出来的，但它毕竟是人们主观意识的产物，难免与客观实际和客观规律会有这样或那样的差异。加之计划是事前制定的，在执行过程，有关的客观事物还会出现编制计划时所不能预见到的许多新情况、新问题。因此，在计划执行过程和实际国民经济运行过程，难免会出现比例失调和某些需要及时解决的矛盾和问题。为了保证国民经济的正常

① 原本为统计监督，是新中国成立初期从原苏联那儿学来的有关统计工作的功能之一。以后受到了指责，说统计、统计部门何德何能，要监督起别人。现在仍心有贯悸，将它改为监测。

运行和国家计划的顺利实施，政府及有关主管部门需要及时了解掌握这些情况和问题。而这些情况和问题，也只有通过正确的统计数据和科学的统计分析研究，才能及时正确地反映出来。这是因为统计数据所反映的量，是大量现象的综合数量。列宁在其未完成的著作《统计学和社会学》中指出："在社会现象方面，没有比胡乱抽出个别事实和玩弄实例更普遍更站不住脚的方法了。罗列一般例子是毫不费劲的，但这是没有任何意义的或者完全起相反的作用，因为在具体的历史情况下，一切事情都有它个别的情况。如果从事实的全部总和，从事实的联系去掌握事实，那么事实不仅是胜于雄辩的东西，而且是证据确凿的东西。如果不从全部总和，不从联系中去掌握事实，而是片断的和随意挑出来的，那么事实只能是一种儿戏，或者甚至连儿戏都不如。……根据这些理由，我们决定由统计着手"①，为此，就需要政府统计部门，建立科学的统计调查和统计方法制度，运用科学的统计整理和统计分析方法，定期向政府提供有关统计资料和统计分析报告，以及时、正确地反映国民经济计划执行和国民经济运行过程所取得的成绩，存在的问题以及出现的新情况、新问题。这样，政府就可以此为依据（或再进行深入的调查研究）采取相应的对策措施。

以上所提到科学的统计调查、整理和分析的方法，即是所谓科学的统计监测方法。由此可见：统计部门及时提供能准确反映社会经济运行过程的统计资料，搞好统计分析和统计预测，为政府制定计划和贯彻执行计划提供可靠依据，是政府利用好混合调控模式的重要条件。总结多年实践经验，为要做好这方面的工作，一要有科学的统计方法；还要建立科学的统计组织体制，以确保统计资料的准确性、及时性。就我国目前情况来看，这两个方面都有许多需要改正的地方。如由于统计制度方法上的问题，国家统计局的统计资料还不能准确地反映我国基本经济制度的实际情况；也不能准确地反映国民收入分配中的消费、积累比例关系；反映国民经济总量和各阶层居民分配比例的统计数据还有许多水分。本书第一卷第六、八两章已对这方面的有些问题提供了一些建议。至于在统计组织体制方面，也需要解决好两个重要问题：一是如何进一步提高广大统计人员的素质问题，二是进一步加强各级政府部门统计机构的全国集中统一管理，以确保统计数据的真实性问题。

3. 关于编制国民经济计划的综合平衡方法。预测资料固然可以为编制计

---

① 《列宁全集》（第23卷），人民出版社1958年版，第279、280页。

划，确定计划目标和配套的政策措施提供依据，但只是其中的一个方面。而编制计划所要确定的目标，首先，要以党和国家对计划期内，国内外政治经济形势所作的判断，并在此基础上提出的总路线、总方针和总体发展战略为依据；其次，还需保证各项计划指标符合国民经济按比例发展，经济与人口、自然和谐协调发展的要求。因此，编制计划时，还需在统计预测的基础上，以总路线、总方针和总体发展战略为依据，利用科学的综合平衡方法。所谓综合平衡，是指从全局出发，统筹兼顾，适当安排，正确处理国民经济各环节、各部门、各地区、各要素之间的比例关系，正确处理发展经济与人口、自然之间的协调关系，以确保国民经济又好又快地发展。从这个意义上说，综合平衡是国家计划的核心，综合平衡方法是编制国民经济计划的基本方法。国民经济综合平衡涉及一系列科学理论和方法论问题。对此，我国已有多种专著，杨坚白著作的《国民经济综合平衡的理论和方法论问题》（人民出版社，1984 年出版）即是其中较为系统的一本，可供阅读。这里只想简要地介绍我国从多年编制国民经济计划工作中总结的，利用综合平衡方法时须遵循的四项基本原则：(1) 要从国民经济全局出发，统筹兼顾，全面安排；(2) 积极可靠，留有余地；(3) 保证重点，兼顾一般；(4) 瞻前顾后，长短结合。

4. 要制定保证计划顺利实施的配套的政策措施。为了保证计划目标的实现，制定配套的政策措施是十分必要和重要的。从多年的实践经验来看，在这方面最为重要的也是一个综合平衡问题，即必须保证各具体经济管理部门出台的政策措施和国家计划要求的总体目标相一致，彼此之间要相互协调配合。为此，需要在出台这些不同政策措施时，根据调控目标的要求，对这些有关联的政策措施的功能，进行综合考查研究，全面考虑各种措施的作用，保证各种政策措施在作用方向上相一致，在作用强度、作用范围和作用时间上相互衔接，相互配合，形成有机联系的合力。在这方面，往往由于部门分工过细，同一对象，同一事物，分别由不同部门管理，九龙治水，各自为政，各拿各的措施，各行其是，从而影响统一的计划调控，需引以为鉴。解决的途径有二：一是改革政府部门管理体制，实行大部门制；二是各部门之间加强联系，出台这些政策措施，相互协商进行综合平衡。

（六）国家要建立严格的监管体系

实行市场经济，微观经济单位难免会产生一些唯利是图的奸商。在我国，这几年来，制假、贩假，走私、贩私，偷税漏税，制作虚假广告，扰乱经济秩序；私自排放废气、废碴、污水，滥伐林木，滥采矿产破坏自然生态，危害人民生命和生产持续发展等不法行为层出不穷。2008 年出现的含三聚氰胺的有毒奶粉事件，又是其中一例。经全面排查全国目前共有 175 家婴幼儿奶粉生产企业，其中 66 家企业已停止生产婴幼儿奶粉。此次专项检查，对其余 109 家企业进行了排查，共检验了这些企业的 491 批次产品。专项检查显示，有 22 家企业 69 批次产品检出了含量不同的三聚氰胺。儿童因食用此种奶粉，患上肾结石。截至 9 月 17 日，各地已报告临床诊断患儿 6244 例。因此，当利用市场这只无形之手调控社会经济运行时，务需建立完善的市场体制，必须要有完备的法制和相应的市场监管体制，以防治市场上不法奸商的黑手。

当实行计划调控，政府权力进入经济管理领域，这时，也难免发生官商勾结等腐败现象。为此也需要建立有效的监管体制，严加防治。

四、有关混合调控模式的几点小结

——对社会化大生产商品经济运行的调控，完全依靠市场，或是完全依靠计划，都是两个极端，历史证明都是不行的，必须将两者结合起来运用。

——在社会化大生产商品经济的条件下，政府宏观调控与市场配置资源相结合，也就是说计划与市场较适宜的结合模式应是：实行分层主辅结构，即宏观上以计划调控为主，市场调控为辅；微观上以市场调控为主，计划调控为辅。

——这种分层主辅结构，只要处理得当，既可以计划调控补救市场调控的不足和所存在的缺陷；亦可以市场调控补救计划调控的不足和所存在的缺陷。

——总而言之：建立在社会化大生产基础上的商品经济，必然是，也只能是运用计划与市场有机结合在一起的混合型模式进行调控。这是不以人们主观意志为转移的客观必然，已被历史实践所证明，也是实践中必须遵守的客观规律。但要运用好这一调控模式，还需要为之创建必要的条件，运用科学的方法。

第五章　当今世界经济的基本性质——全球化大生产商品经济

商品生产，从产生至今虽已有几千年历史，但在今天仍然具有旺盛的生命力，仍然是组织协调社会生产和社会经济生活的基本方式。所以，21世纪将仍然是商品经济的时代。但今天的商品经济，与以前的社会化大生产商品经济相比，虽然有着诸多共性，但在社会生产力的发展水平，国家之间的经济、社会关系和国际经济、社会组织体系等方面，都已有了许多新的质态。那么，当今时代商品经济的本质特征究竟是什么？对此，国内外有“后工业经济时代”说、“信息经济时代”说、“知识经济时代”说、“新经济时代”说等不同的论述。并且对这些“说”的内涵又有多种不同的解释。但历史进程的事实表明，这些说法多只表达了现代社会经济的某一个方面的特征，并不完全切合当今时代的实际。至于所谓的“后工业化社会”说和“新经济时代”说，更是既不准确也不切合实际。就今天世界经济的实际情况来看，全球各国的经济仍属社会化大生产商品经济，但如果仍然舍去生产关系的特性，并从商品生产、交换、分配、消费的全过程考察，相对于前面四章所论述的社会化大生产商品经济而言，它已经具有一系列新的质态，将这些新质态的共同特征加以抽象、进行概括，就可发现：今天商品经济的最本质特点，则在于它的运行全过程，已从一个国家内的社会化，延伸并扩大为全球化；而从事全球化生产、交换、分配的主要市场主体，则已由众多各国国内企业，转化为生产、交换规模更大的跨国公司。并由此在整个商品经济的运行过程，出现了一系列新问题，产生了一系列新矛盾、新规律。所以，我们将今天的商品经济称之为全球范围的社会化大生产商品经济，即全球化大生产商品经济。为了有效地保证今天的全球化大生产商品经济能实现正常地运行，并能在运行中得到较好、较快地发展，也必须与时俱进，需要针对新的矛盾、新的规律，采取相应的新的调控对策。

为此，从本章开始，将以四章的篇幅，试对这些方面的问题进行探讨与论述。本章首先讨论全球化大生产商品经济的特殊性，以此为后面探讨全球化大生产商品经济的新矛盾、新规律以及需要采取的新调控对策提供依据。

第一节　当今世界经济的主要特征

一、大型跨国公司已成为全球组织商品生产交换的重要主体，它将各国的经济活动有机地联结在一起

（一）跨国公司发展简况

所谓跨国公司，按联合国的定义，是指那些在两个或更多国家里控制有工厂、矿山、销售机构和其他资产的企业。商品经济是竞争经济，获取高额利润是商品生产经营者的根本目标。商品生产经营者，为了能在激烈的市场竞争中立于不败之地并实现利润最大化，必然千方百计实现成本最小化。因此，在全球范围内，自然资源丰富、劳动力价格低廉、交通便捷、市场广阔等具有生产经营某种商品优势、可实现成本最小化的地区、国家，就成为商品生产经营者投资设厂办企业的首选对象。发达国家的大企业就是在成本最小化与利润最大化的驱动下，以其最先实现第一、二次产业革命，具有了社会化大生产的优势，在本国政府的大力支持下，在那些具有某一方面独特优势的地区投资开设子公司与分支机构，生产经营具有市场竞争优势的商品，开始形成了一些跨国公司。这种状况在19世纪60年代以后，已在西欧各国出现并发展。据统计，“英国的国外投资额：1862年为36亿法郎、1872年为150亿法郎、1882年为220亿法郎、1893年为420亿法郎、1902年为620亿法郎、1914年为750亿—1000亿法郎；法国的国外投资额：1869年为100亿法郎、1880年为150亿法郎、1890年为200亿法郎、1902年为270亿—370亿法郎、1914年为600亿法郎；德国的国外投资额：1902年为125亿法郎、1914年为440亿法郎”。[①] 但当时的跨国公司，主要是建立在帝国主义国家与殖民地、半殖民地之间。

第二次世界大战后，随着社会生产力与商品经济的发展，发达国家，尤其

① 《列宁选集》（第二卷），人民出版社1960年版，第784页。

是美国的跨国公司，以其所具有的科学技术、资金和经营管理等方面的优势，在本国政府的“胡萝卜加大棒”（如美国与当年的中国政府签订的中美商约）的支持下，迅速向各个新独立国家渗透。正如美国斯塔夫里阿诺斯在其所著的《全球通史》一书中所说的：“第二次世界大战之后的四分之一世纪是资本主义的黄金时代。……在这一繁荣期间，一些跨国公司充当了全球经济扩张的急先锋。它们现在首次可获得全球性运作所必需的技术，……使这一时期的中等跨国公司有可能在 11 个不同国家生产 22 种产品。跨国公司如今不仅向第三世界国家输出制成品，而且还输出工厂；在第三世界国家，计日工资常常并不比跨国公司本国的小时工资高，有时还更低。因此，在这四分之一世纪的繁荣期间，跨国公司每年的平均增长率为 10%，而非跨国公司每年的平均增长率为 4%。”① 从此，跨国公司经济实力迅速增长，影响力日渐扩大，它使各国及各地区之间的经济交往日益频繁，联系日益密切。跨国公司已在当今经济全球化进程中扮演了主要角色。从表面上看，是各国政府与政府首脑们在推动经济全球化，诸如签署各种国际经济协定、条约，发表各种旨在促进经济全球化的宣言及申明等，但实际上全球化的真正推动者却是那些将其业务扩散到世界各个角落的跨国公司。

跨国公司既是商品经济发展的必然产物，也是经济全球化的主要载体和商品经济走向全球化的主要推动者。它凭借其资金、技术以及管理方面的优势，通过市场手段，进行全球范围内的最佳资源配置和生产要素组合，已经成为经济全球化进程中最活跃、最具有影响力的主体力量。跨国公司的跨国活动基本上是通过对外直接投资来实现的。跨国公司起源虽然较早，但确如美国斯塔夫里阿诺斯所说的，它是 20 世纪下半叶，随着对外投资的急剧增加，才得到快速发展的。

据统计，全球对外直接投资年均流出额，在 1984 年到 1989 年为 1216 亿美元，1991 年增至 2108 亿美元，1995 年再增至 3178 亿美元；因此，全球对外直接投资流出累计额也由 1980 年的 5137 亿元，增至 1990 年的 16841 亿美元、1995 年的 27301 亿美元，约为当年世界国内生产总值的十分之一。与此同时，跨国公司的数量也快速增长。在 20 世纪 70 年代，全球跨国公司约 1 万多家，拥有的子公司和分支机构约 10 万多家，到 1995 年底，全球跨国公司已增至 4 万多家，其海外子公司和分支机构超过 25 万家。根据联合国跨国公司

① 《全球通史》（下册）中译本，上海科学出版社 1999 年版，第 917 页。

中心的估算，每一美元直接投资额一般可创造 3.8 美元的销售额。如此算来，27301 亿美元的直接投资额，则可创造出 10 万多亿美元的销售额。这一数额较之世界出口总额要高出至少四分之三。不仅如此，跨国公司还控制整个世界生产的 40%、国际技术转让的 30%、国际贸易的 60%[①]。

（二）随着商品经济的发展，跨国公司加速发展壮大，它已将各国的经济活动有机地联结在一起

进入 21 世纪以后，跨国公司以更快的速度增加，2000 年各国海外投资额高达 14114 亿美元，以后虽有所减少，而 2006 年仍有 13059 亿美元。在此同时，随着全球统一市场的形成，市场竞争日益激烈，为了保持竞争优势或是为了使自己商品处于垄断地位，跨国公司并购之风愈演愈烈，《参考消息》2005 年 10 月 25 日驻巴黎记者陈志萱报道："据汤姆逊金融公司的一项研究，截至 9 月底，今年全球的并购总额已达 19570 亿美元（约合 16370 亿欧元），比去年同期猛增了 48%，创下 2000 年以来的最高记录。按并购的行业分，金融业占 18%，能源业占 15.5%，传媒业占 8.7%，电信业占 8.5%，不动产和重工业分别占 7.2% 和 7%。在并购潮中，美国企业仍然发挥了主力军作用。统计显示，头 9 个月的并购交易额中，美国企业占 43%，而位居第二位的英国仅占 8%。今年最大的并购案也发生在美国，由宝洁公司收购吉列公司，总额达 572.3 亿美元。全球前十大并购案中，美国企业占了 6 个。同样，美国企业也成为竞相角逐的目标。并购美国企业的交易额占 41.7%，并购英国、日本企业则分别占 9.5% 和 7.2%，分列第二位、第三位……今年欧洲的并购案可谓是突飞猛进，头 9 个月的交易额比去年劲升了 75%。受欧盟东扩的影响，西欧并购东欧企业的规模更是增长了 176%。在欧盟各国中，德国和西班牙企业并购增长迅猛，分别为 108% 和 115%，其中西班牙天然气公司并购本国的 Endesa 电力公司的并购交易额达 512.4 亿美元，列今年并购额排名榜的第二位。欧盟国家企业今年也加大了对外扩张的势头和范围。对美国企业的并购额比上一年上升了 37%，对日本增长了 106%，对中国和印度分别增长了 75% 和 117%。法国企业对外并购案今年也不少，保乐加力集团并购英国联合多麦克公司、法国电信并购西班牙 Amena 移动运营公司均堪称大手笔。引人注目的是，欧洲大陆并购案第三季度后来居上，交易总额达 2905 亿美元，远高于美国的 1908 亿美元。"

---

① 张宇燕杰、马杰：《共享繁荣》，上海远东出版社 1997 年版，第 49、50 页。

另据《人民日报》2006年12月31日报道："新华社纽约2006年12月29日电：据专门跟踪企业并购活动的英国Dealogic公司日前公布的最新数据，2006年全球宣布的企业并购交易总额达到4万亿美元，打破了2000年创下的约3.3万亿美元的历史最高纪录。据该公司的数据，2006年全球宣布的企业并购交易案件达到31825宗，比2000年多出约800宗。该公司预计2007年全球企业并购活动仍将十分活跃。从而，跨国公司越来越加发展壮大。"

据2006年11月7日中国网报道："1990年初全球约有3.7万家跨国公司，海外机构17万家；2004年增至7万家，海外机构已达69万家，销售额高达18.7万亿美元，年末总资产为36万亿美元。"另据《人民日报》2006年12月20日报道："目前跨国公司已经控制着全世界sanfenzhiyi的生产、70%的对外投资、三分之二的世界贸易、70%以上的专利和其他技术转让。跨国公司的发展，既促进了所在地区生产力的发展；也促进了商品生产国际化和资本国际化，对世界经济的发展发挥了积极的作用。"而在这些跨国公司中，世界前500家最大企业又占据绝对优势地位。据国家统计局网站数据：世界500强企业2006年营业额已高达20.9万亿美元，占全球国内生产总值43.3%；利润1.53万亿美元，已接近人口多达24亿、占全球总人口36.9%的低收入国家的同年国内生产总值（1.6万亿元）。其中每一个企业少则有数万员工，多则上百万，如2006年营业额最多的美国沃尔玛公司，即雇员190万人，营业额、利润额高达3511亿美元和113亿美元。

跨国公司已成为今天全球组织商品生产、交换的重要主体；这些跨国公司，已将世界各国的商品经济有机地联结在一起。这是当今的全球化大生产商品经济区别于以前的社会化大生产商品经济的重要特征之一。特别值得注意的是：在当今的经济全球化中，金融全球化已占有极为重要的地位。

二、全球范围生产分工体系基本形成，国际贸易迅速发展

（一）生产分工全球化，许多产品的产地、国籍已模糊不清

世界上各个不同的国家和地区，一般都存在着两方面的差异：一是自然条件的差异，主要表现在拥有自然资源（如矿藏种类、数量，土地、河流、降水）的多少以及气候条件的优劣；二是社会生产力水平的高低。于是，在不同国家和地区，就有着能生产什么和适宜生产什么的不同条件。因此，不同国家和地区，客观条件上就存在着生产分工的必然性与必要性。在人类历史发展进程中，随着社会生产力的发展，曾出现了畜牧业、农业、手工业、农业和商

业的三次大分工。但这三次大分工，都因生产力水平低下，一般都是在一个国家内的分工。以后，随着地理大发现，并产生了第一、二次产业革命，从而开始出现了国家间的生产分工。但这一时期各国国内各部门、各行业的分工仍然处于主体地位；国际间的生产分工和商品交换，主要表现是：欧洲一些发达国家，随着第一、二次产业革命的实现，建立起了机器大工业，以其洋枪、洋炮征服了亚非拉的弱小民族，形成了宗主国与殖民地、半殖民地国家和地区间的垂直型生产分工。殖民地是宗主国高价推销制成品的市场，廉价提供原料的基地，处于从属地位。这一情况大体持续到第二次世界大战。之后，兴起了第三次科技革命，出现了原子能、电子、信息、网络、宇航、生物工程等新型产业，加之交通运输和通信技术的现代化，于是随着跨国公司的发展，使生产单位之间的分工不断细化，并由国内各部门之间的分工，扩大为各个国家间的分工，由一个国家国内的社会化扩大为国际化。随着殖民地、半殖民地国家纷纷独立，主权国家不断增加，于是又出现了水平型的国家的生产分工。主要表现为制造业内部分工的细化，既有不同产业之间的国际分工；也有同一产业之间的分工；而且还有同一产品的不同工序之间的分工。如一辆美国福特汽车公司生产的庞蒂亚克·莱曼牌轿车。它设计在德国完成，发动机在韩国和澳大利亚制造，手动和自动变速器在美国和法国生产，传动装置在加拿大生产，无线电装置由新加坡提供，最后的整车在韩国装配。一辆轿车竟使六个国家的众多企业成了利益共同体，该轿车的产地与国籍也模糊不清了。社会分工的国际化，使各个国家存在的独特的比较优势得以充分发挥，由此产生的各方可以分享的“得自交易的收益”，也随之成为现实。这一切，有力地促进了经济的发展与社会总体收益的增加，从而又反过来促进了跨国公司的发展与经济全球化。这时，国家间的分工也出现了许多特点：

1. 在工业国之间的分工，以前，占主导地位的是各国之间不同工业部门之间的分工。例如，在钢铁、冶金、化学、机械制造、汽车、造船、造纸、纺织等工业部门间的分工。现在，随着科学技术的进步和社会分工的发展，原来的生产部门逐步划分为更多更细的部门。在越来越多的生产领域中，以国内市场为界限的生产已经不符合规模经济的要求，因此，在一国国内部门之间的分工向部门内部分工发展的同时，越来越多地跨越国界，形成为国际间工业部门内部的分工。这种部门内部的分工形式，主要有以下几种：不同型号、规格产品的专业化分工；零、配件和部件生产的专业化分工；工艺过程的专业化分工。

2. 在发达国家与发展中国家或地区之间的分工上，二战之前，殖民主义宗主国主要从事工业制成品的生产，而殖民地、附属国和落后国家则主要从事于以自然条件为基础的农业或矿业的生产。战后，随着原有的殖民地、附属国纷纷独立，出现了众多发展中国家。在此同时，某些发展中国家富有某些原料，或劳动力价格便宜，某些工业产品的生产从发达国家向发展中国家或地区转移，加上许多发展中国家或地区扶植民族工业的发展，从而导致了发达国家与发展中国家或地区之间工业部门分工的发展。其主要表现为：高新尖的复杂加工工业与简单的加工工业（如食品工业、胶合板工业、工艺品工业、农矿原料的初步加工工业等）的分工；资本技术密集型制成品生产与劳动密集型制成品生产的分工；资本技术密集型零、部件生产或工艺与劳动密集型零、部件生产或工艺之间的分工。

总之，第二次世界大战之后，国家间的生产分工发生了重大变化，从以自然资源为基础的分工，逐步让位给以现代化工艺、科技为基础的分工；以工业部门之间的分工，逐步让位给工业内部的分工；以工业与农、矿业间的分工，逐步转向不同层次工业部门的分工等。从而在商品的生产过程，把各个不同国家的各个企业，直接地有机地联结在一起，并进一步影响着世界市场和国际贸易的发展。

（二）国际间商品交易量迅速增加

1. 第二次世界大战后，殖民地国家纷纷独立，随着商品生产和跨国公司的发展，生产分工的国际化，世界各国之间的进出口贸易飞速发展。见表5－1。

表5－1　1970—2007年世界进出口贸易发展情况

	世界总值（亿美元）					按现价计算年平均增长（%）			
	1970年	1980年	1990年	2000年	2007年	1971—1980年	1981—1990年	1991—2000年	2001—2007年
出口	2918	18968	34239	64560	139500	20.6	6.1	6.5	11.6
进口	3083	19717	35476	67250	142440	20.4	6	6.6	11.3

随着进出口贸易总值的快速增长，各国生产的商品参与国际交易的比重也迅速增长。世界进出口商品总值之和，占同期国内生产总值的比重，在1970年还不过10%，到了1980年即猛增至33.3%，然后再递增至2000年的

41.4%、2007年的51.9%。世界进出口贸易总额占世界国内生产总值比重的快速增长，表明世界各个国家间的经济联系，已日益紧密。

2. 我国的对外贸易，则是在生产发展的基础上，经历1978年改革开放，1994年汇率改革调整以及2001年底加入世界贸易组织三个阶段之后，也迅速发展，尤其是20世纪80年代以后的增长速度，远远快于全球平均水平。见表5-2。

表5-2　1970—2007年中国进出口贸易发展情况

	世界总值（亿人民币）					按现价计算年平均增长（%）			
	1970年	1980年	1990年	2000年	2007年	1971—1980年	1981—1990年	1991—2000年	2001—2007年
出口	56.8	271.2	2986	20634	93456	16.9	27.1	21.3	24.1
进口	56.1	298.8	2574	18639	73285	18.2	24	21.9	21.6

我国的货物进出口贸易，1978年以前，水平较低，因此，货物进出口总值占同期国内生产总值的比重，1970年仅为5%，1980年、1990年和2000年也只有12.5%、29.8%和40.1%，均低于全球平均水平，到2007年则猛增至66.8%，超出了全球平均水平（51.9%）近15个百分点。目前我国已同近二百个国家（地区）建立正常的贸易关系。这就是说，在我国市场上已有来自世界上一百多个国家（地区）的商品；而在世界上已有一百多个国家（地区），在使用着我国生产的商品。其他各国也同样存在着这样的商品相互供需情况。进出口贸易依存度的加大，已使我国经济融入全球化大生产商品经济之中。但这里也释放出一个值得严重注意的信号：在当今资本主义国家占绝对主导地位的时代，我国经济对外依存度如此之高，一旦资本主义世界出现重大经济危机，也难免受害。亟需将我国经济发展的着重点，建立在扩大内需的基础上。

以上数据均来自国家统计局网站，这些定量数据表明：今天的国家间的生产分工，已在全球范围形成完整的生产分工体系，已完全不同于第二次世界大战以前的社会化大生产时代的生产分工；随着国家间生产分工的发展，今天世界各个国家间的商品交易量，已在全球商品生产总量中占据十分重要的地位，已非昔日社会化大生产商品经济时代所能比拟。

三、人际交往和社会生活走向全球化

（一）国家间的人员交往日趋频繁

1. 随着经济的发展，收入的提高、法定工作时间的缩短，世界各国出国旅游人员不断增加：已由 1980 年的 28612 万人次，增至 1990 年 46148 万人次，2000 年的 69157 万人次，2005 年的 73611 万人次，25 年增长了 1.6 倍，平均年递增 3.9%；与此同时，出国旅游费用增加更多，由 1980 年的 1055 亿美元，增至 1990 年的 2650 亿美元，2000 年的 5760 亿美元，2005 年的 7873 亿美元，25 年增长了 6.5 倍，平均年递增 8.4%。国际交往活动的增加，既使各国人民有了更多的直接接触和相互交流的机会；也使出游者可以直接增加对外国风土人情、生活习惯的了解，有力地推动了不同国家、不同国家居民生活习惯的相互吸收和融合；亦增加了外汇的流量，如 2005 年，由此即增加了价值 1.5 万亿美元的外汇流通量。①

2. 随着商品经济的全球化，跨国间的人口流动也日益频繁。有的是由商务往来发生的临时性流动；有的是随着工程承包集体出国的工程作业人员；有的是出国留学的学生；有的是受聘出国的专家学者；而数量最多的则是跨国移民。2000 年 3 月 1 日国际劳工组织公布的资料表明，随着国家间经济差距的扩大，使得贫困国家居民外出打工的诱惑力增大，目前全世界约有 1.3 亿人在国外工作。据统计，1996 年，在澳大利亚的劳动力中有 25% 是来自外国，在美国则为 9.4%；21 世纪初，全球每年流动劳务人员约 3000—3500 万人，比 20 世纪 80 年代初的 2000 万人增加了 50% 以上；美国是外来移民最多的国家，中国则是移民外出最多、分布最广的国家。人口的跨国流动，特别是跨国移民，既促进了各国的经济交流，也带动了各国、各民族生活习惯的相互吸收融合。

（二）各国间的高等教育出现了全球化趋势

美国《新闻周刊》2006 年 8 月 21 日发表题为：《知识的世界》（作者耶鲁大学校长理查德·莱文）一文，即对当今已出现的教育全球化趋势和意义做了如下的论述：

“在漫长的历史中，大学从未像现在这样成为国家竞争的工具和缔造和平的途径。它们是推动经济发展的中心，是取得和保持竞争优势所需的人才教育

---

① 资料来源：国家统计局网站。

的中心。但与此同时，国家之间商品、服务、信息，尤其是人员的交流使大学成为全球一体化、相互理解和地缘政治稳定的强大力量。

在经济全球化力量的推动下，大学也在日益全球化：吸引来自世界各地、代表各种文化和价值观的学生；把本国学生送到国外，为他们在国外发展做准备；开设课程，研究联系日益密切的世界所面临的挑战；设立合作研究项目，促进科学发展，造福人类。

在决定高等教育发展方向的所有因素中，不同国家之间的交流具有决定性影响。在过去 30 年里，到国外求学的学生人数，每年以 3.9% 的速度增长，1975 年为 80 万，2004 年达到 250 万。多数学生在发达国家之间流动，但从发展中国家到发达国家求学的人数正迅速增长。如今，美国授予的博士学位有 30% 被外国学生获得，英国的这个比例为 38% 。到国外攻读本科学位的学生人数也在增长，在美国常春藤联合会所属高校中，留学生在本科生中占到 8%，在英国所有本科生中，留学生占到 10%。在美国，科学和工程学领域新聘用的教授有 20% 出生于国外，中国著名高校新聘用的教员绝大多数拥有国外的硕士学位。”

全球化还彻底改变了开展科学研究的方式。一个新趋势是，把部分研究计划外包给另一个国家。耶鲁大学教授、霍华德·休斯医学研究所的研究员许田在自己的母校——上海复旦大学指导一个研究中心，重点研究人类疾病的遗传问题。耶鲁的教师、博士后和研究生定期到上海相聚，两所大学的研究人员还召开电视电话研讨会。这样的安排对两个国家都有好处，由于在中国从事研究的成本较低，许田在这里比在耶鲁的实验室更有成效，而中国的研究生、博士后和教师则得到了世界一流科学家及其美国团队的在职培训。

（三）在今天，各个国家的居民已可享用来自世界各国的商品

随着全球范围统一市场的形成和国际贸易的迅速发展，每一个国家都出现了外国人开设的消费品生产、销售企业，国内的许多商店也充斥着来自外国生产的生活消费品。其中不少外来商品，已成为当地居民喜爱的消费品。中国人开的餐馆，已遍布全球各个角落，很多外国人喜欢喝中国的茅台酒、龙井茶，吃中国全聚德烤鸭、狗不理包子；中国产的服装、鞋帽、家用电器，已成了许多外国人首选商品；有些中国人喜欢喝外国的咖啡、葡萄酒，爱用日本的电器；美国的肯德基、麦当劳的食品已成为许多中国儿童首选的快餐。许多中国男士脱下了“干部服”，穿上了西装；不少阿拉伯男人也已脱下了阿拉伯袍穿上了西服。虽说国内已有许多轿车生产厂家，但多是与外国合资的，用的多是

外国技术和品牌。今天的中国人，身在国内，只要有钱，随时可以品尝到外国的精品。日常生活用品多是国产的，但许多人天天离不了的计算机，说是国产的，其实内部的许多零部件是外国产的，软件是微软的，与之配套的打印机、扫描仪是日产的 Canon；我们平时书写用的中文录入软件，是国产的唐人码，但与远在外地友人以及在国内外的亲朋好友面对面聊天时，是通过互联网的 MSN；偶尔进过肯德基、日本料理店，有时也喝点法国葡萄酒，也可以说是有了一些全球化的味儿。

在商品生产、交换全球化的推动下，世界各国人民间，在以上这些方面的频繁交往，其结果，既促使各国人们的生活习惯进入了相互吸收融合的时代，又反过来促进商品经济进一步全球化。

四、金融业务以更快的速度进入全球化

商品与货币是紧紧联系在一起的。国家间的商品交易和跨国投资，必然涉及相应的货币流通。而国家间的人际交往，同样需要支付必要的货币。但当今世界各国还存在着不同的货币，因此，随之而来的，则是外汇交易和相应的金融业务往来，也必然走向全球化。主要表现在以下三个方面。

（一）国家间的外汇收支数量迅速增加

1. 根据国家统计局网站数据，按现价计算：全球各国之间的外汇收支总额，从 1990 年的 69990 亿美元，增至 2000 年的 282068 亿美元，再猛增至 2005 年的 457495 亿美元。前 10 年平均每年递增 8.0%，后 5 年平均每年递增 10.2%，比同期国内生产总值和进出口贸易的增幅要高得多。详见表 5－3。

表 5－3　世界各国外汇收支与进出口贸易和国民生产总值增幅比较表

		1990 年	2000 年	2006 年	2000∶1990（平均年递增%）	2006∶1990（平均年递增%）
外汇收支总和	亿美元	130970	282068	528359	+8	+11
进出口总额	亿美元	69990	131790	245410	+6.5	+10.9
国内生产总值	亿美元	217961	318602	486267	+3.9	+7.3

2. 我国外汇收支增加的情况尤为突出。详见表 5－4。

表 5－4 我国外汇收支与进出口贸易和国民生产总值增幅比较表

	外汇收支总和	进出口总额	国内生产总值
1980 年（人民币亿元）	753	570	4546
1990 年（人民币亿元）	6629	5560	18668
2000 年（人民币亿元）	62873	39273	99215
2007 年（人民币亿元）	329587	166740	249529
1990：1980 年年平均递增（%）	+24.3	+ 25.6	+15.2
2000：1990 年年平均递增（%）	+26.2	+21.6	+18.2
2006：2000 年年平均递增（%）	+26.7	+22.9	+14.1

注：（1）资料来源：国家统计局网站。
（2）以上两表的相对数均按现价计算。

3. 金融机构的设置也走向全球化。

金融行业在跨国公司中占有极其重要的地位。在 2006 年世界 500 强企业中，金融机构有 87 家；在前 50 强中则占有 18 家，年营业额超过一千亿美元的金融机构就有 11 家，其中营业额最多的前三家分别是：

——荷兰国际集团，它是 1991 年由荷兰国民人寿保险公司和荷兰邮政银行集团合并组成的综合性财政金融集团。该集团在世界上 65 个国家和地区设有分支机构，2006 年营业额高达 1583 亿美元、利润 96.5 亿美元、资产 16171 亿美元，股东权益 504.6 亿美元，雇员 12 万名；

——美国花旗集团，它是全球最大的金融服务公司，目前在全球五十个国家及地区设有四千多个分支机构，业务范围包括消费金融、企业金融、投资银行、私人银行、保险、证券经纪及资产管理服务等。2006 年营业额 1468 亿美元、利润总额 215 亿美元、资产 18843 亿美元，股东权益 1198 亿美元，雇员 33.2 万名。

——法国安盛集团，它是全球最大保险集团，亦是全球第三大国际资产管理集团。法国的安盛集团首家公司于 1816 年在法国成立，通过多项收购及合并活动，已成为全球首屈一指的保险集团，业务覆盖全球五大洲逾 50 个国家及地区，2006 年营业额高达 1397 亿美元、利润 63.8 亿美元、资产 9594 亿美元，股东权益 623 亿美元，雇员 9.6 万名。

以上数据表明：不论是在全球范围，还是在我国，国际贸易的增速均快于商品生产的增速，而国际间外汇交易的增速又快于国际贸易的增速。这些情况都说明货币流通和商品流通的全球化，正在超越商品生产的发展速度而发展。

这也是社会化大生产时代不曾有的新特点。

五、随着经济的全球化，各国间的政治、社会活动也开始出现兼容协同态势

（一）经济的全球化，语言、文字等人类社会经济交往的必需工具，已露出了兼容的态势

语言、文字、货币是人类社会、经济生活交往的必需工具，可是在目前世界上的许多国家、200多个民族中，还使用着各种不同的语言、文字。随着经济、社会生活的全球化，各个国家、民族不同的语言、文字，已成为阻碍彼此交往的桎梏。大至一个国际性的会议、一次国际性的商品展览，小至两个不同语言的居民的交往，都需要翻译，否则就无法交流。这不仅增加了交流费用，而且增加了交流时间。有时还因翻译的失误产生种种不应有的损失。欧盟由原来的10国扩大为现在的27个国家之后，即由于语言、文字的不同，每年就要增加一笔不少翻译经费。因此，随着经济社会生活全球化的浪潮，全球范围的语言、文字的统一也是其必然趋势。从目前情况看，在这个领域，（1）已成立60多年，现有180多个国家参加的联合国，规定通用的工作语言文字只是英语、汉语、俄语、法语、西班牙语五种；只同时使用所在国的语言、文字和联合国规定语言文字，已成为许多国际会议的惯例；在两个不同国家人员的经济、政治交往中，大家都使用英语交流，已是比较普遍的现象。在60亿人口中，熟悉英语或汉语的已接近半数。（2）目前，各个国家的学校教育，都普遍开设有外国语言文字的课程，其中最为普遍的则为英语；近十来年，随着中国经济的快速增长，开设汉语课程的外国学校日渐增多。2005年5月17日中国台湾地区《中国时报》以“中国崛起，汉语走红全球”为题报道了当今汉语在全球走红的具体情况。随着以上这些情况的存在和发展，可预见的未来，在全球范围定会实现语言文字的融合和统一。目前世界上有许多民族国家，国内各个民族多有着自己的语言文字，但都应用着一种全国统一的语言文字。中国是一个多民族国家，有着多种语言和文字，但经历数千年的经济、社会生活的相互交流、融合，形成了统一的中华民族，汉语已成为全国各族人民的共同应用语言与文字。这些历史实践充分表明：各个不同的民族随着经济、政治的融合，语言文字也必然走向融合、统一。至于将来融合、统一于何种语言、文字，则要由今后的经济、社会发展的具体条件自然而然地形成。但需要指出的是，在形成全球统一的语言、文字过程以及统一的语言文字形成之后，都不会

也大可不必排除各自保留本民族的语言、文字。

据埃菲社布鲁塞尔2005年11月7日电：联合国教科文组织在一份报告中指出，目前世界上约6000种语言中有近半数在21世纪面临消亡的危险。高科技虽然给人们的生活带来了便利和快捷，但也会加快一些语言的“灭绝”，使全世界的语言文字趋于统一。目前因特网上约有四分之三的网页使用的是英文。而母语非英语的上网者，目前已超过所有上网人数的50%，而且这一比例还在不断上升。有些语言学家甚至认为，全世界有90%—95%的语言可能会在一个世纪之内消失。联合国教科文组织为此感到担心，并为保存语言文字多样性而开展工作。这种认识和行为是违背客观规律的。随着科学技术的快速发展和经济全球化的进展。语言文字的统一是客观的必然。

（二）经济社会生活的全球化，从而在防治自然生态环境恶化、疾病传播、大规模杀伤性武器扩散等方面，也将全球各个国家和人民紧紧地联系在一起

全球化不仅仅是经济全球化，还包括环境污染、生态破坏、自然灾害、传染病的全球化。这些全球化的出现，要求加强国与国之间的合作，在全球范围共同防治自然生态环境、自然灾害、人畜疾病，以保护我们的地球和人民的生命财产。如空气污染，就不存在国界，需要有关国家、区域之间的协调配合，需要建立联合防控组织体制，包括污染源监管体系，污染源排放数据通报、空气监测数据通报、预警通报等信息共享和反馈机制，国家间空气污染防治联席会议等等，以应对和防治空气质量恶化趋势。

人类大家庭是相互依存的，需要共同发展。恐怖主义、海盗、贩毒，是全球化的潘多拉盒子打开后飞出的邪恶怪物。文明不是冲突的根源，根源在于人们的私心、偏见、愚昧和贫穷。这是我们要从根本上消除的。而这一切，唯有依靠各个国家同心同德共同努力。

贪污呈现全球化，反贪也要全球化。很显然，单独依靠一国之力已难以胜任反贪工作，现实迫切呼唤全球各国加强国际司法合作。2006年10月22日，国际反贪局联合会第一次年会在北京开幕，130多个国家和地区近1000名代表出席大会。此次年会之所以引人注目，关键就在于它跳出了“国内反贪”的思维局限，尝试进一步建立完善国际反贪联合机制。贪污腐败者或窃取国库、或权力寻租，是对公民和政府契约关系的卑劣违背，必须全力遏制。然而，随着全球化的推进，腐败犯罪日益呈现组织化、跨国化、国际化的趋势。众所周知，一出国门，很多原本很简单的问题立刻变得复杂起来，而腐败分子

之所以屡屡潜逃，也正是抓住了这一“窍门”。据报道，目前我国有4000多名被指贪污的官员在逃，其中有约500人居于海外。这些“出洋”贪官中，很多并非找不到、抓不回来，实乃涉及外交，不能抓、不能遣返。中国如此，其他国家亦深受其苦。而遗憾的是，目前各国在反贪方面的合作还多处于自发的双边协调阶段，谈判过程耗时费力，效率过于低下。因此，搭建一个“兼容性”更高的司法协作平台，便被提上日程。国际反贪局联合会的成立，正是应此而生，它将可能为各国反贪机构搭建一个更直接、更有效率的平台。

第二节 当今世界经济的性质与全球化大生产商品经济的含义

一、有关当今世界经济的性质，众说纷纭，我们以为称之为全球化大生产商品经济较为确切

（一）“经济全球化说”

就20世纪80年代以后的国内外媒体和书刊文章来看，多数专家学者，把当今世界经济的性质，称之为经济全球化，也可以说是全球化经济，但对何谓经济全球化，则又众说纷纭。有的将它等同于经济国际化，认为，自从有对外贸易开始，就已进入经济全球化时代。有的将它等同于经济一体化，认为今天世界经济已经进入一体化时代。

国外观点认为：“1995年出版的柯林斯商务词典中对经济全球化的定义是：‘国际化或全球化是一家公司用出口的方法向国外进行经济扩张；尤其是通过对外国投资建立零部件工厂，制造车间，以及销售子公司。’又说‘国际发展为那些受国内市场范围狭小限制的公司提供了更多的销售机会，起到减少依赖于单一国内市场的作为，并创造利润。’……英国《经济学家》1997年10月18日一期刊登一篇题为《世界经济一体化了吗》的文章中说：‘全球化，其利弊暂且不谈，已经成为90年代时髦的经济口号。随着贸易、投资和金融资本国际流动的增长，国民经济无疑正在稳步走向一体化。’”①

在国内，有如在全国政协主办的21世纪论坛2000年会议上，与会者围绕

① 转引自李长久《21世纪的主战场》，第27页。

经济全球化问题各抒己见，其中对经济全球化的含义，即有十多种不同的表述。有的说：“经济全球化，亦即经济某种程度的无国界化，或某种程度的国民经济的终结。”有的说：“经济全球化是不受地理范围限制、超越国界进行的社会经济活动。”有的说：“信息技术和信息产业的发展，导致运输和通讯成本大幅度下降，从而推动国际贸易、跨国投资和国际金融的迅速发展，把世界经济紧密联系在一起。我们把这种趋势，称之为经济全球化”。等等，不一而足。[①]

（二）“后工业社会说”

“后工业社会说”又称“工业化后社会”，是美国社会学家丹尼尔·贝尔在所著的《后工业社会的到来——社会预测尝试》一书，首次提出的一个概念。他给后工业社会归纳了五个特征：一是经济上从制造业为主转向服务业为主；二是社会的领导阶层由企业主为主转变为科学技术研究人员；三是理论知识成为社会的核心，是社会革新和决策的根据；四是未来的技术发展是有计划有节制的，技术评价占有重要地位；五是制定各项政策需通过“智能技术”。从此，“后工业社会”这个概念就广为流传。在20世纪80、90年代，在我国的媒体和一些专著上，也随处可见。并对此作出了各种各样的解释。

——有的说：“工业化社会是经济化社会，其原则在于以最小的成本获得更大的经济效益，选择更为合理的生产手段。在后工业社会中，成为社会生产力增长的决定因素的不是劳动力，而是科学技术以及知识分子。后工业社会是建筑在服务的基础上的，信息具有巨大的价值，中心人物是科技人员。如果工业化社会是以商品数量衡量生活水平的话，后工业化社会则是以服务和消遣为衡量标准的。在后工业社会中，经济增长主要依靠科学技术。”

——有的则说：第三产业占优势的国家已进入后工业社会。例如，到20世纪70年代末几个发达国家三大产业的就业人口比例分别是：美国为3∶32∶65；英国为3∶35∶62；日本为7∶37∶56。可以认为，第三产业所占比重超过50%，科学技术的贡献超过劳动力和资本，已经成为第一生产力。

——有的还说：“前工业化社会主要是人同自然打交道，工业化社会主要是人同机器和物品打交道，而后工业化社会则主要是人同人打交道。过去，对于人类大部分历史来说，现实就是自然，后来现实成为人制造而又独立于人的工具和物品。现在，现实首先是社会，是人与人之间的自我和他人互补的意

① 见《经济全球化的二十个问题》，第2—3页。

识。贝尔认为，如果资本家和工人的斗争是工业化社会的标志的话，那么科技人员和普通人之间的冲突就成为后工业化社会的标志。”

（三）“新经济时代说”

新经济时代说源自美国。因此，需要从美国经济说起。

实践已一再证明：经济周期是发达资本主义国家的亲密伴侣。可是，美国经济，自1990—1991年的衰退后，却出现了前所未有的持续10年的高增长率。20世纪70年代和80年代国内生产总值年平均增长率分别为3.1%与3.2%，1992—1999年的年平均达到了3.6%，其中1997—1999年则高达4.3%。在经济持续高速增长的同时，却出现了前所未有的高就业率、低通胀率的新局面。经济的持续高速增长，带动了股市的发展与暴涨。因此，美国《商业周刊》1996年12月30日发表的一组文章中开始出现了“新经济”一词。自此以后，“新经济”在美国成了流行语。

什么是美国的“新经济”呢？对此，也是众说纷纭：美国《商业周刊》当初提出时，认为“新经济”是指在经济全球化背景下的信息技术革命以及由此带动的，以高新技术产业为龙头的经济；到1997年11月《商业周刊》文章则指出新经济有：国内生产总值大幅度增加，公司利润上涨，失业率低，通货膨胀率低，进出口占国内生产总值的比例上升，国内生产总值增长中高科技的贡献度上升等六大特征。此外，还有多种说法：有说新经济“就是电子计算机有史以来取得的一切成就”；有人说应将“新经济视为以信息技术、基因技术、纳米技术等新技术为核心的新产业，其中的信息技术及产业是新经济的代表”；有人认为“新经济”等于“全球化+高技术（产业）发展”；有人说新经济的实质是信息化和全球化。

此后，我国《经济日报》在这方面也曾发表过不少文章，观点也很不一致。2000年7月4日《经济日报》发表的题为《新经济：起因·特征·挑战》的文章则说：“新经济是指在经济全球化背景下，信息技术革命以及由信息革命带动的，以高新科技产业为龙头的经济。……具有低失业、低通货膨胀、低财政赤字、高增长的特点。通俗地讲，新经济就是我们一直追求的‘持续、快速、健康’发展的经济。在新经济出现之前的漫长年代里，充分就业、通货膨胀和经济增长三者之间，从来没有过理想的结合。高就业与高增长总是伴以高通胀；低通胀永远伴随着低就业、低增长。……经济学界还把三者之间的这种关系作为一条规律，写进了教科书。现在情况发生了很大变化……，美国经济自1991年3月到2000年4月已持续增长了108个月，而失业率已从1992

年的7.4%降至2000年4月的3.9%，通胀率也处于较低水平，创下了历史上最繁荣时期的纪录，是新经济的典型形态……。新经济具有四个基本特征：新经济是知识经济，……新经济是创新经济，……新经济是数字经济，……新经济是网络经济。”

2000年8月1日《经济日报》发表的中国学者赴美考察报告则说：“我们可以把‘新经济’理解为‘由技术革命所推出的经济发展与增长’……‘新经济’的‘新’主要‘新’在它是一个创新的‘蜂聚’时期。……‘新’在它使竞争空前加剧……。‘新’在融资方式的创新。……‘新’在政策与制度的创新。……‘新’在促进了经济周期波动的微波化……”

又如美国的财政部长默萨在2000年5月10日一次会议上所说的：“新经济的概念既明确又模糊，时常被人宣扬，却很少有人加以定义。”接着，他也给出了一个模糊的定义。他说：“但若是新经济的核心有什么变化，那必然是由生产实体产品的经济转移到奠基于知识的生产与运用的经济。”

就在对新经济的真正含义还不明确、基本概念还不清晰的情况下，由于某些学者们的大力炒作，所谓的“新经济”及其功能、作用却神话般地在全球范围传播开来了。

美国“新经济”学派说：新经济要革传统理论的命。“芬兰图尔库高等商业学院未来学研究中心主任马尔库·维莱纽斯发表谈话认为：在今后一二十年，新经济将以锐不可当的势头蓬勃发展，世界将因此出现翻天覆地的变化，工业化时代正在步入最后的发展阶段，网络社会已经显现雏形。他说：‘我们现在处在两个时代的过渡期。再过20年的时间，我们将生活在另一种社会。新经济不是稍纵即逝的时髦，而是不可逆转的发展过程’。这位专家进一步说，新经济与信息技术、互联网络的高速发展和高科技股票的飙升紧密交织在一起，现在发生的一切仅仅是一个前奏和更为广泛变革的一部分。”①

2000年9月1日《经济日报》有一篇发自美国首都华盛顿的名为《新经济游戏规则左右21世纪企业运行》的文章说：“经济学家认为，新经济已经、正在改变着经济领域内的一切，作为经济运行中最基本的主体——企业，经历的变化将是脱胎换骨的。21世纪的企业，将遵循新经济的规律而运行成长。在未来的新经济中，企业生存的原则将彻底改变。第一，21世纪的公司，将通过创造和生产知识而盈利。新经济中的霸主将是那些建立在新知识基础上的

① 《参考消息》，2000年4月21日。

公司。只有3.1万名雇员的微软公司，占据着6000亿美元的市场，而拥有21万名雇员的麦当劳，却只有600亿美元的市场占有量。……第二，在信息经济时代，创造性是唯一的财富增长途径。……第三，……新型的公司在全球化和因特网的作用下，将在最大程度上减少中间环节从而以难以想像的程度实现大规模削减成本。第四，在新经济条件下，价格被'净化'，所有产品一问世就处于最低的价格水平上。……第五，通货萎缩，而非通货膨胀将是最主要的危险。"

（四）我们以为，当今世界经济的性质，应称之为：全球化大生产商品经济，可简称为全球化商品经济

当今世界各国的经济，若从生产关系角度考察，尚无共性。要研究当代世界各国经济的共性，只能从生产力及一般社会属性上去考察概括。基于此，根据本书上一节有关当代世界经济的共同特征的描述，结合前面诸家之说，我们以为当今世界经济应称之为：全球化大生产商品经济，简称为全球化商品经济，较为确切。其依据是：

1. 上一节描述的当今世界经济的共同特征，充分表明当今世界经济，确已随着社会生产力的发展，由一个国家的社会化大生产，发展而进入全球化大生产时代，而且从微观经济到宏观经济，其规模都已越来越大。因此，我们以为，多数专家学者说今天的世界经济已是全球化经济，是符合实际的。为了准确地表达当前的全球化经济的特点，也为了表明今天的全球化经济是由以前的社会化大生产商品经济发展延伸而来的，本书将它称之为全球化大生产商品经济，也可以称之为建立在全球化基础上的社会化大生产商品经济，亦简称为全球化商品经济。

2. 建立在全球化基础上的社会化大生产商品经济，比之建立在一国之内的社会化大生产商品经济，已经有了五个方面的新质态：一是今天世界的商品生产经营单位的重要主体，已经是规模特别巨大的跨国公司；二是今天已经形成全球统一的、比较规范的市场体系；三是当今的全球化，已经不再是单纯的国际贸易，即并不是单纯的贸易全球化，而是从商品生产、交易、消费到资本、人员以及金融往来，都已全球化，并且已在这些方面，将各个国家的经济有机地联结在一起；四是负责协调、规范全球商品交易的管理体制已初步建立起来；五是今天的全球化，已逐步由经济领域向政治、社会领域扩展，预示着社会生产力和商品经济的发展，已在缓慢地推动着社会生产关系的某些方面的变化。这些新质态充分表明：当前世界经济确已由社会化大生产商品经济进入

全球化大生产商品经济。基于此，我们对有关商品经济全球化的特征可作如下表述：商品经济全球化是指世界各个国家国民经济的各个部门、各个行业，从商品生产、商品流通到商品消费；从资本、金融往来、人员交往，到科学、教育、文化、卫生、体育等社会活动，均已有机地联结在一起，彼此相互渗透、相互影响、相互依存；与此同时，协调国际经济关系的组织体制也逐步建立起来；区域性国际组织更如雨后春笋般蓬勃发展壮大，组织体制也渐趋完善。

2007 年下半年以来，美国由次级贷款而引发的金融危机，很快就波及全球所有国家，就是商品经济全球化的一个很有力的例证。

3. 经济全球化是社会生产力发展的产物，但它又反过来促进了社会生产力的发展，而且正在逐步改变着国家之间的相互关系。若从特定时期的情况来看，它又必然与特定的社会形态结合在一起。当今世界，是资本主义社会形态处于主导地位的世界。在目前的经济全球化进程中，还是在以美国为首的发达资本主义国家主导下推进的。因此，在今天的经济全球化进程中，打上了美国推崇的新自由主义的烙印，对广大发展中国家已造成许多伤害。确如《经济全球化的马克思主义经济学分析》（赵景峰著）一书所说的："经济全球化具有二重属性，即自然属性和社会属性。自然属性反映人与自然的关系，也就是经济全球化在一定生产力水平下产生，并能够促进社会生产力发展的性质。社会属性体现经济全球化下人与人、地区与地区、国家与国家之间的经济关系。"① 所以，古巴前国务委员会主席菲德尔·卡斯特罗，把全球化分为两个层次，即作为客观历史进程的全球化和当今新自由主义全球化。他并且指出当今的全球化是由新自由主义意识形态主导的全球化。对此，我们将在后面的第八章再作深入的探讨。

根据以上的分析，我们以为：将今天的世界经济，等同于贸易国际化或经济一体化，或说已走向所谓的新经济；或者说今天的社会已走向后工业化社会，都不符合客观实际，都值得商榷。

二、今天的经济全球化既不等于百年前的贸易国际化，也不等于将来才能实现的经济一体化

（一）今天的经济全球化不等于百年前的贸易国际化

全球化商品经济，也即商品经济全球化，有人认为这不是近几十年的产

① 见该书第 147 页。

物，而是几百年前，自有国际贸易之时就已经产生。我们以为，经济全球化，或者说全球化商品经济，是在第二次世界大战以后到20世纪末才逐步形成的。如果要定一个过渡的具体时间界限的话，可以是从1945年国际货币基金组织和世界银行成立开始，到1995年世界贸易组织成立才形成的。国际贸易与今天的经济全球化，是性质和内涵既有联系又有区别的两个经济范畴。以前的国际贸易只是两个国家间的商品买卖，直到19世纪后期才有资本输出，但当时的国际贸易和资本输出，与现在的国家间的经济交往已经完全不同：

一是以前交往的面窄，交往双方多集中在宗主国与殖民地之间，主要表现为资本主义强国对殖民地半殖民地国家的掠夺。而今天，世界各国都已独立，彼此之间，在经济社会等各个方面都已有直接的交往关系。有如前面提到的，我国现在已同时与一百多个国家和地区有着经贸往来。

二是以前交往的量相对较少。如世界各国的国际贸易总额占全球国内生产总值的比重，在1970年还不过10%，在20世纪30年代，充其量也只不过是百分之一、二。但到2006年则已增至50.7%，而我国的进出口贸易总额占比，则已由1970年的5%上升到2006年的66.9%。

三是以前交往的项目少。一般的经贸往来主要是工农业产品以及少量投资，而现在国际间的经贸往来已是十分丰富多彩。现在各国之间的经济交往中，不仅是一般商品的交易，还有资本和劳动力的流动、居民间的相互旅游、文艺团体的相互访问、学生的相互招收交流等等。

四是现在的国际间的经贸往来，通过各种协定已消除了许多非关税壁垒，并且建立起了仲裁机构，规范了市场准入规则，全球性的统一大市场已经形成。而且各国有了互设的资金机构，建立了规范而便捷的清算体系。

以上这些情况充分说明，以前的国际贸易与今天的商品经济全球化已有质的差异，不能混为一谈。

当然，我们也不能否认，当年的国际贸易与今天的经济全球化也有着必然的关联性，在某种程度上也可以说：今天的经济全球化，是由当年的国际贸易延续发展而来的。没有几百年来的国际贸易及其不断地发展增长，也不可能一下子凭空冒出个商品经济全球化。其实，今天的商品经济全球化，是在几百年来国际贸易基础上，由量的渐变到质的突变而成的。但即使如此，还是不能将这两者等同起来的。

（二）今天的经济全球化也不等于将来才能实现的经济一体化

经济全球化与全球经济一体化也是两个性质和内涵不同的经济范畴。全球经济一体化，顾名思义，是指全球经济融为一体，意味着全球币制、经济体制以及相应的法制趋于统一，国家消亡。这固然是商品经济及科学技术发展的必然趋势，欧洲联盟的建立和不断地扩大、完善，已预示欧洲许多国家已在朝着商品经济一体化方向发展；东盟的成立与发展以及“东盟 10 + 3”组织的建立，预示亚洲也有可能向商品经济一体化方向发展。欧洲联盟，是从当年的煤钢铁联营发展而来的，至今已有 50 多年历史，但离一体化尚有很长的路要走，至于“东盟 10 + 3”离一体化则更远，根本谈不上全球一体化。从商品经济国际化到商品经济全球化经历了几百年。从经济全球化到全球经济一体化要走更长的路。实践表明，只要地球上还存在霸权主义，经济全球化的体制就难以完善，更谈不上一体化；只要还存在着国家，存在着资本主义制度，就不可能真正实现商品经济全球一体化。

《环球时报》2006 年 5 月 19 日发表马良的文章，对一体化的含义有较确切的论述。文中指出：“一体化是指多个原来相互独立的主权实体通过某种方式逐步结合成为一个单一实体的过程。一体化过程既涉及国家间经济上，也涉及政治、法律和文化上，或整个社会的融合，是政治、经济、法律、社会、文化的一种全面互动过程。由于它涉及的是主权实体间的相互融合，并将最终成为一个在世界上具有主权资格的单一实体，因而它不同于一般意义上的国家间合作，涉及的也不仅仅是一般的国家间政治或经济关系。一体化的基本特征在于自愿性、平等性和主权让渡性，其核心是国家主权的自愿让渡。国家主权的让渡是一个长期的、渐进的过程，在这一过程中制度化和法律化就成为实现一体化的基本前提和保障。”

由以上的分析可知：经济国际化，经济全球化与经济一体化是人类社会经济发展的三个不同的发展阶段，三者虽有关联，但有不同的性质。从国际化到全球化已经历了几百年，从全球化到全球一体化则还有更长的路要走，不能把它们混为一谈。目前西方国家有关全球经济已走向一体化的种种宣传，其中难免存有企图诱导广大发展中国家无条件地敞开国门，让外国商品、资本自由出入，任凭发达国家的跨国公司与金融投机家们宰割。对此，广大发展中国家要有所警惕。

三、对“后工业时代说”和“新经济时代说”的评析

关于现代世界经济的性质，由以上分析来看，如抽去生产关系这个因素，从生产力发展过程考察，我们以为定名为全球化大生产商品经济是恰当的。但

对此有不同观点，其中最值得探讨的则是所谓的“后工业社会说”和“新经济说”，以下将对其做必要的评析。

（一）对“后工业时代说”的评析

我们在这里并不想对丹尼尔的《后工业社会的到来》一书作评论，而只拟在我国广为传播的一些观点作些评析。

1. 我们以为，就今天世界各国的经济活动看，现代社会仍然是以工农业商品的生产、交换、消费为主体的社会。宣扬后工业社会的人们说：“后工业社会是建筑在服务基础上”的，是以“服务业为主”的社会；“第三产业占优势的国家已进入后工业化社会”；“第三产业所占比重超过50%，科学技术的贡献超过劳动力和资本，已成为第一生产力”。这些说法，都不是现实，而是误解。

从现实统计资料考察，不论是国际生产总值，还是劳动就业人数，在发达国家，乃至许多中等发达国家，第一、二产业的确已处于非主体地位；以服务和科教文卫为主的第三产业后来居上，的确已位居主体。如就本书第一章第三节表1－2中所列的9个国家2004年数据来看，除中国和印度尼西亚外，其余7国的第三产业增加值，都已超过工农业的增加值之和，其中美国和法国则已高达国内生产总值的76.5%与75.8%，约为工农业增加值的3倍。这些数据似乎表明，在今天的经济发达国家，的确是已由以工业为基础的社会，进入了以服务业为基础的社会了。其实，在我们看来，这组数据所表达的只是世界范围社会分工的变化，并不表达社会经济活动本质上的变化。

只要深入地考察第三产业内部各具体行业的生产经营活动，以及现行的统计方法，即可发现今天第三产业的从业人员和增加值所占比重，之所以如此快速增长，主要因素有二：

一是第三产业比重的增加，其主要因素并不在于社会生产、交换、消费内容的变化；主要是由于社会分工细化、专业化，许多原本属于工农业生产单位内部的分工，现在从生产单位内部独立出来，转化为社会分工，归属于第三产业中的某一个新行业来生产经营。它们现在的行业名义改变了，而生产经营活动的具体内容并没有变，仍然是属于原来的工农业生产活动的范畴，是原来的工农业生产总体劳动中的一部分。由这个视角考察，当前的社会仍然是以工农业物质资料生产为主体的社会。

二是现行的国际统计方法，还将许多不是生产人员，如，人民团体、政府机关全部人员，从事不创造任何价值的虚拟经济工作人员，甚至博彩业、色情业人员都作为生产人员，都计算增加值，而计入第三产业。所以现实国际统计资料中的第三产业的从业人员和增加值数据，与实际相比，有虚假成分，是偏大的。

如根据国家统计局网站提供的数据测算，2004 年的美国和日本社会就业人员中，工农业生产单位的人员虽然只有 28% 和 32.3%，若从总体劳动者的角度考察，将从事销售、运输、仓储等第一、二产业产品的生产经营单位的工作人员计算进去，则这个比重就高达 60% 和 68%，如再将原本由工农业生产单位内部人员从事的，现已委托金融机构、会计事务所等中介机构代理的资金融通、货款收付、会计核算等等方面的劳动力，以及企业委托独立科研机构、学校代为研发生产的科技术人员以及有关的辅助人员，也都计算进去，则所占的比例还要高。另外，第三产业中不论是哪一个行业，都离不开工业，离不开工业产品。就所谓的现代信息产业、信息经济来说，没有现代工业生产的集成电路产品，没有光缆，没有各种各样的现代通讯工具，就不会有现代的互联网与所谓的信息社会。其实，所谓的信息社会，也不过是工业生产的通讯与计算机产品高度先进与发达的社会。这些情况表明，当今社会仍然是以工农业物质资料生产为主体的商品经济社会。其实，人类社会，不论是过去还是现在乃至将来，离开了工农业生产是无法生存的，第三产业离开了工农业产品，也是不可能出现与存在的。对人类社会来说，工农业物质资料的生产始终是第一位的。

2. 至于说统计资料中第三产业就业人数，或其增加值超过社会总量的 50%，就表明科学技术的贡献超过了劳动力和资本，更缺乏依据。我们之所以认为这个观点缺乏依据，除了前面提到的统计上虚假偏高和分工上的两个理由外，还因为第三产业是一个很复杂的群体，除了第一、二产业外，社会上其他所有行业都包括在内。其中大多数人员与科研毫无关系；其中有不少行业（如饮食业、商业、旅店业等许多生产服务行业）的就业人员的平均文化水平，并不比工业企业的高。因此，第三产业人员多，并不意味着科学技术水平就高。另外，更为重要的，还在于科学技术、劳动力、资本三者并不是同一个层次和类型的事物，彼此之间是无法对比大小、多少、高低的。这是因为：科技，就其本身来说，属于意识形态，它只能存在于书刊文件之中；或依存于人脑之中；或经过人的劳动而物化于工具（材料、或产品）之中。至于资本又是什么呢？其总量，则只存在于会计账本或统计报表之中，是一个数据；如分别来看，则表现为企业购买来的各种生产资料、劳动力、专利（也即是科技成果）和结存的货币和各种债权、债务上面；至于劳动力，首先是最主要的生产要素。同时，又是科技的载体，也是科技的创造者。每一项新创造的科学、技术的价值，都是劳动者新创造的价值，加创造过程消耗的物质价值，也即是死劳动的价值。因此，科学技术的价值，归根到底是劳动创造的。劳动力，就企业来说，又是资本的一个组成因子。因此，这三者既不属于一个类型，而又相互包容，是无法相比的，是比不出名次的。

依我们的观点，在当今时代，这三者都重要，离开了资本，无从创业，也无从科研；没有劳动力，没有科研人员，即使有资本，也无法生产与科研，离开了劳动力，科学技术只能是潜在的生产力，不是现实的生产力，创造不出任何东西；但在当今的商品经济社会，为了在激烈的市场竞争中取胜，科技创新的确是第一位的；科技人员要进行科技创新，首先要掌握已有的科技成果。从这一点来说，科技又处于十分重要的地位。这样转了一圈，只能说明三者都重要，还是比不出谁比谁重要。如果一定要比谁最重要，作为人类社会，主体是人，只有人才是最重要的，是第一位的。离开人，其他无从谈起。

3. 任何社会都首先是人与人之间的关系，但同时也都必须有人与自然、人与物的关系。"后工业社会说"者所谓的"前工业化社会主要是人同自然打交道，工业化社会主要是人同机器和物品打交道，而后工业化社会则主要是人同人打交道"，是不符合客观实际的。

任何社会都由人群组成，都有着人与人的关系，人和人都要打交道；任何社会都要从事生产，都要衣、食、住、行，因此，都要同自然打交道，都要同物品打交道。这是所有社会的共性。但每个人所要打的这三个方面的交道，是三个不同范畴、不同层面之间的交道，是出于不同目的，实现不同需要的交道。从总体上说，都是人生必需的交道，是难分主要与次要的。若一定要分主次，从人类社会发展过程来说：也许是在原始社会，生产力落后，人们群居，大家只有聚在一起共同劳动、共同生活才能生存。这时的社会，应该说是人与人之间的关系最为密切的时期。当然那个时候人与人打交道的范围比较狭小。现代人，每个家庭有了各自较封闭的居室，有的有了独居的别墅，有了电视、互联网，往往是邻居也不相往来，互不相识。从这个意义上说，现代人与人打的交道反而少了。当然，现代交通、通讯发达，人与人打交道的面则要宽广得多。至于说到人与自然、与物打的交道，现代则要比以前丰富多彩得多。现代人不仅在生产过程要同自然打交道，还要在休闲时游山玩水，欣赏大自然；不仅在地球上与自然打交道，还要上天奔月与太空打交道。随着社会生产力的发展，生产的物质产品越来越丰富多彩。因此，现代人与物的交道，同样也越来丰富多彩，不仅仅是衣食住行，还有各式各样的通讯娱乐用品。而这一切都是由工业生产的发展而来，都是越来越发达的工业社会的产物。这些客观存在的实际情况，充分表明“后工业社会说”者的以上论点是不符合实际的。

4. 只要是商品经济，衡量社会生活水平的主要标准只能是商品的质量与数量；只要是资本主义社会，人际之间的主要矛盾必然是资产阶级与工人阶级的矛盾。

“后工业社会说”者说什么：“工业化社会是以商品数量衡量生活水平的话，后工业化社会则是以服务和消遣为衡量标准的”，“资本家和工人的斗争是工业化社会的标志的话，那么科技人员和普通人之间的冲突就成为后工业化社会的标志”。这些说法都是含糊的、很不确切的。

（1）在当今的商品经济社会，社会上所有的、可供人们生活享受和消遣的，除了空气、太阳、降水和可供免费欣赏的景点之外，都是商品。人们要提高生活水平，要想得到好的服务，要想得到很舒适的消遣，都离不开一定数量品质优良的商品。我们反复思索，在现实人类社会中，终究也找不到一件不需要商品，而可供我们生活服务和消遣的东西。如果“后工业社会说”者所设想的社会，已不是商品经济社会，而是从前的自然经济社会，或是将来的产品经济社会。这固然是可以的。但这两个社会都不是什么后工业社会。

（2）工业化社会并非资本主义的专利，可以是资本主义的，也可以是共产主义的。如果是资本主义的工业化社会，就会有资产阶级与工人阶级的矛盾与斗争。另外，根据矛盾普遍性的原理，不同人之间，都会有这样或那样的矛盾或冲突。因此，在资本主义社会也会有科技人员与普通人员的矛盾。但在一般情况下，这两类矛盾的性质是不同的。若是共产主义的，这个社会已经没有资产阶级，当然不会有资产阶级与工人阶级的矛盾与斗争。同样道理，即使有所谓的后工业化社会，它也总有一定的社会生产关系，总会有一个社会形态的属性。如果姓“资”，则也会有资产阶级与工人阶级的矛盾与斗争，也会有科技人员与普通人员的矛盾；若是姓“共”就不会有资产阶级与工人阶级的矛盾与斗争，可能只有科技人员与普通人员的矛盾。所以，我们以为：资产阶级同工人阶级之间的斗争，与科技人员同普通人员之间的冲突是两类性质不同的矛盾，它们可以同时存在于同一社会，所以不能用它们来区分两个不同社会的性质。

（二）对“新经济时代说”的评析

实践是检验真理的唯一标准。以下两方面的实践已无情地否定有关美国新经济功能的种种神话：

1. 2000年开始的美国经济运行的实践（经济发展开始减速、纳斯达克指数出现暴跌等等），无情地否定了有关美国新经济功能的种种神话。首先，新经济并没有革掉传统经济理论的命，而是又回到了传统理论指出的经济周期的老路。所不同的只是这一次繁荣的时期稍长了一些。信息、网络等高新技术发展的最重要影响，并未使新技术产业排挤传统产业，而在于提高了传统产业的效率和产品的质量，并降低了成本。因此，传统产业和工业化时代，不仅仍红红火火地行进着，而且在信息技术与网络技术的支持下，提升了品位，更加焕发出了活力。从现在情况看，在一、二十年内，世界不可能出现翻天覆地的变化，人们不会、也不可能生活在另一种社会。其次，一切事物都是处于不断地发展变化之中，但事物的变化都是继承的发展，绝不会改变"一切"。所谓的"新经济"不可能，其实也并没有"已经、正在改变着经济领域内的一切"；企业生存的基本原则仍然是生产经营适合市场需要的、物美价廉的商品或是提供适合市场需要的质优价廉的服务。由此而来的是，每一个企业都必须遵循不断提高劳动效率、降低成本、加速资金周转等经营管理原则。这些都是企业生存的重要原则，只要是企业，现在不会改变，将来也不会改变。随着情况的变化，某些与之有关的企业经营管理的理念、方法与制度，确实需要改变，而且不断在改变，但在所谓的新经济中，企业生存的原则是不会也不需要"彻底改变"的。第三，人总是要吃饭、穿衣的，只要是商品经济，诸如麦当劳那样的餐饮店、各种商场，虽然并不创造和生产知识，而只是制造、销售各种物质产品，还是会继续存在与发展的，经营管理得当，仍然会有一定盈利水平的。至于说到微软公司发展的奇迹，即它之所以能有如此高的市场占有率和利润率，其创始人比尔·盖茨之所以能在短短的时间内成为拥有数百亿美元资产的世界首富，这同20世纪90年代美国之所以能出现持续十年的经济高增长、高就业、低通胀的所谓的"新经济"现象一样，信息、网络等许多高新科技和相应的高新科技产业的创新，并走在世界的前列，确是它发展和得益的物质基础。但他个人以及美国，之所以能获得如此多的利益，并不在于创新的科技本身，而是在经济全球化的条件下，依靠美国的国家霸权，制定不合理的知识产权保护条款，保护这些高新技术及其产品，在国际市场上长期处于垄断地位和极不合理的垄断价格与专利费，这是它高增长、高得益的关键所在。依靠这种保护和垄断，美国一方面高价出口大量所谓的高技术、高附加值的专利产品，另一方面从各个发展中国家低价进口大量所谓的传统的、低附加值的产品。当今国际经济交往中的知识产权保护条款，其实质是发达国家对不发达国家，在经济全球化时代的一种新的超经济的剥削手段；同时也为国内少数人剥削多数人制造了所谓的理论依据。这也是美国在经济全球化过程一直以强硬的态度高举保护知识产权大旗的重要原因。2000年5月10日，美国前财政部长萨默在旧金山举行的第28届大通H & Q年会上发表演说时即已经道出其中的秘密。他说："在讨论新经济对美国经济政策的意义之前，我想谈谈这两项相互影响的改变。（1）商品价值来源于知识。以往，价值蕴含于生产的数量……今天，商品价值决定于它内含的知识，而非实际数量。在以信息为基础的世界里，生产出来的商品，含有很高的固定成本，以及很低的边际成本。（2）新市场功能来自垄断。这些特性对于商业以及整个经济的动作都具有关键性的意义。它意味着生产任何商品的唯一诱因是为了取得暂时的垄断力量。因为缺乏这种力量，价格将会被压低至边际成本，而无法弥补高昂的初期固定成本（应解读为无法获得超高额的剩余价值——引者注）。于是不断追求这种垄断力量成为新经济的核心动力。"① 另外，美国等发达国家还通过跨国公司设在发展中国家的子公司，以各种不正当的手段，从发展中国家赚回大量不义之财。中国国家税务总局反避税处处长苏晓鲁认为，在中国的跨国公司以避税的手段，每年给中国造成的税收损失在300亿元以上。这也是美国等发达国家在经济全球化条件下，经济高速增长的另一成因。

2. 21世纪前5年全球经济增长的实践表明：全球经济快速增长的主要源泉已不是所谓的"新经济"公司，而是"旧经济"公司。美国《财富》双周刊2006年7月24日（提前出版）一期文章题为《全球500强》（作者亚伯拉罕·勒斯特加膛）的文章即有如下的论述："测览一下全世界最大的公司，就会得出一个结论：自然资源行业正前所未有地推动全球经济的增长。在本刊评出的全球500强最新榜单中，排在前10位的有5家是石油公司，比去年多一个。另外四个是汽车制造商，其客户消耗大量汽油。前10位中唯一的例外是沃尔玛百货公司，但它稳坐了四年的第一宝座也被埃克森—美孚公司所占据。另外，在大多数地方，人们也必须开车才能到沃尔玛。石油行业十年来的合并加上居高不下的原油价格和全球需求猛增，致使大石油公司在500强排名中占突出地位。埃克森—美孚2005年的收入增长了26%，利润达360亿美元——是全球500强历史上的最高利润。另外两家美国石油公司——去年收购优尼科

① 《参考消息》，2000年5月23日。

的雪佛龙石油公司（排名第6位）和美国康菲石油公司（排名第10位）——跻身10强，使通用电气公司（排名第11位）自1997年以来第一次退出了10强之列。石油行业分析师法德尔·盖特说：‘这些公司的业绩是前所未有的全球化带来的这次经济增长浪潮，几乎是不可阻挡的。’……属于旧经济的矿产品和石油公司增长迅速。业绩可与之媲美的只有金融行业，就行业而言，金融业的收入增幅最大，为47%。摩根大通公司全球证券策略师闸比吉特·查克拉博蒂说，目前的趋势与20世纪90年代不同，当时引导经济增长的是软件、媒体、医疗和零售业。现在新兴市场增长最快，它们对原材料和资源的需求非常大。银行是业绩有上佳表现的另一个行业。从纽约到孟买，银行的收入全面增长。美银证券首席分析师托马斯·麦克马纳斯说，银行的增长源于金属和能源业的增长，加上许多借款，这‘显然对国际市场有利’。欧洲金融机构的业绩尤其引人注目。瑞士银行去年利润增长了73%，法国农业信贷银行收入增长了88%，设在布鲁塞尔的富通公司增长了49%，德意志银行增长37%。欧洲以外的银行利润也明显提高。就利润而言，在墨西哥、巴西和俄罗斯等地开设了100多家分行的花旗银行集团令人注目。美国银行紧随其后。印度国家银行（排在第498位）第一次跻身500强。中国上榜的四家银行收入共计930亿美元，而一年前是760亿美元。中国银行业的迅猛发展体现了中国经济极快的增长速度。今年，中国大陆有四家公司——中国铁路工程总公司、上海汽车工业总公司、中国铁道建筑总公司和中国建筑工程总公司——第一次闯入500强。中国是在500强榜单中新增公司最多的国家。”

3. 来自美国的新经济说与网络经济说、是息息相关的。神话般的网络经济经历几年的爆炒，以纳斯达克指数直线飚升为标志的网络经济的神话与泡沫，终于随着2000年2月开始的纳斯达克指数的持续暴跌而破灭。不久，美国经济也终露疲软态势，新一轮经济波动周期再次出现了。新经济的种种神话破灭了，“新经济”一词，似乎快被人们遗忘了。2004年2月28日墨西哥《宇宙报》发表了德梅特里奥·索的一篇名为《新自由主义的神话》的文章，文中写道：“2001年诺贝尔经济学奖得主约瑟夫·施蒂格利茨在其著作《咆哮的九十年代》中指出，美国在20世纪90年代取得的一系列经济成就，被认为是经济界的神话，而现在到了抛开这些神话的时候了。施蒂格利茨在书中表示，人们不应该继续迷信这些神话，而应该从美国政府和私营企业所犯错误中汲取教训。未来经济的发展不大可能再有90年代那么好的运气了。在华盛顿的授意下，美国的‘新经济’神话已经在不少拉美国家经济政策中有所体现，导致的结果却同发达国家90年代尝到的甜头相去甚远。实际上，美国式经济政策给大多数发展中国家带来的是负面效应：经济发展速度减缓、失业率明显增长、收入日益集中、脱贫遥遥无期。”文章最后指出：“美国守着自己的经济神话不放，以自己利益为出发点，左右全球格局，毫不考虑世界特别是发展中国家的心声。施蒂格利茨的这本书值得一看。因为落后的国家不仅应抛弃所谓的‘新自由主义神话’，更应该迈开大步找寻适合自己的发展道路”。[①] 美国的经济科学、经济政策、经济体制固然也有可取之处，但毕竟国情不同、经济发展水平不同、历史文化背景不同，即使在美国是科学的、适用的，到了中国也不一定适用。何况在美国还有许多错误的经济学说、经济政策、经济体制。因此，对西方的经济学说、政策、体制、机制，必须有分析、有批判地学习、引进。至于美国一再向外推销的“新自由主义”的一套，实践已充分证明，它在当今世界任何一个国家都是行不通的。可是在中国一部分所谓的经济学家和一部分主管经济的高官的心目中，却将新自由主义的垃圾视为宝贝，喋喋不休地、连篇累牍地照抄照搬，或改头换面地贩运。从鼓吹国有企业改革的“一股（指国有企业一旦改成股份制企业）就灵”、“一场（指国有企业只要将它推向市场）就灵”，到“一私（竞争性行业的、管理不善的国企一概退出，由管理人员收购实现私有化）就灵”，再到美国新经济神话的宣传。凡此种种无一不是来自新自由主义的垃圾桶。这是为什么？2004年第三期《人民文摘》转载的《中国著名经济学家背后的财团》中所反映的情况，是很值得注意的。因为堡垒最容易从内部攻破。

其实，只要是商品经济，就存在发生经济周期与经济危机的可能性；只要是资本主义商品经济，就必然产生经济周期、两极分化等矛盾。在美国的“新经济”年代，虽然经济持续高速发展，但广大普通百姓不仅不是赢家，不少人反而成了输家；最底层的40%的家庭所持有的财富仅占全社会的0.2%，而1%的最富裕的家庭支配着全部财富的40%，大公司首席执行官与普通职工平均收入之比，1990年为84倍，1995年为140倍，1999年为416倍。比尔·盖尔、保罗·艾伦和沃伦·巴菲特三人在1999年的总资产为1560亿美元，超过全球43个最贫穷国家国内生产总值的总和，两极更加分化了。2008年美国爆发的金融大危机，再一次证明，美国不仅没有什么新经济的奇迹，美国“新经济”学派并没有“革掉传统理论的命”，德国《资本论》畅销，而他们自己

① 《参考消息》，2004年3月29日。

的理论却已灰飞烟灭；时间已经过去十来年，他们同所有美国人民一样，并没有“生活在另一种社会”，而仍然生活在遭受金融危机重压下的资本主义美国。

社会实践，特别是2008年美国的金融危机，再次证明新自由主义崇拜自由市场这只无形之手与诋毁政府调控经济运行等思潮的谬误性；同时也再一次证明马克思有关资本主义制度内在矛盾和经济发展规律的分析的真理性。因此，从经济制度的本质，或是从基本的经济形态与基本的经济制度上说，美国20世纪90年代的经济，与以前的一样，仍然是资本主义商品经济，并无新意，并不存在什么“新经济”。当然，经济现象，同其他一切事物一样，时时都处于不断的发展变化之中，时时都有旧的经济现象消亡，新的经济现象诞生。因此，相对过去而言，现在的、未来的经济，都会有新的内容，都可以说是新经济。但在这里面，有的可能仅有量的差别，有的则会有质的差别，对于后者，在经济研究中，就不能简单地称之为“新经济”。如现在的商品经济与第二次世界大战以前的商品经济相比，经历半个多世纪的发展变化之后，撇开生产关系这个因素不说，也已经产生了一系列新质态。当然已是一种有别于过去的新型经济。若只将它简单地称为新经济，是毫无意义的。需要的是从中概括出一个适合其内涵的准确词语，并赋予科学的范畴。

有关“后工业化社会说”、“新经济时代说”，在今天虽然已是匆匆过客，但产生它的经济制度和意识形态的基础仍然存在。将来还有可能会被打扮成别样面孔出现，故仍将它记录于此，以供后来查对、鉴别之需。另外，在这里有一个很值得深思的问题是：为什么这几十年来，西方经济学界一有奇谈怪论，很快就在我国一些高校成为热门话题，奉为真理，广为传播并波及青年大学生？

我们以为：科学固然是没有国界的，先进的科学技术，不论来自何处，都应该学习；但社会科学是有阶级性的，不同社会形态的国家，有不同的社会政治经济体制，有不同的意识形态，有不同的价值观，会有不同的社会科学。因此，对西方的社会科学以及有关的各种所谓学说，切忌盲目照搬，自己肩膀上长着自己的脑袋，要独立思考、多加分析，不宜随便广为宣扬。

第三节　全球化大生产商品经济成因分析

全球化大生产商品经济是由社会化大生产商品经济发展而来的。这固然是商品经济发展的必然产物。但为什么在第二次世界大战之后的短短六十多年的时间内，即由社会化大生产商品经济进入了全球化大生产商品经济新阶段呢？其中的原因比较复杂，但最主要的不外两条：一是这一时期蓬勃兴起的新科技革命带来生产力的大发展。二是这一时期出现了一些新的有利于商品经济全球化的社会因素。现分析于下。

一、经济全球化是商品经济发展的必然产物

世界各国由于所处的地理位置和社会历史背景不同，彼此之间存在着自然环境、自然资源以及生产力水平等方面的差别，从而决定了各个国家为了发展商品生产，为了满足国内人民的生活需要，必然促使商品经济走向全球化。从这个角度考察，商品经济无国界，也可以说：经济全球化是商品经济发展的必然产物。

（一）各国之间存在的自然环境的差异性与自然资源分布的不平衡性，这决定了商品经济的发展

1. 各个国家由于所处的地理位置不同，会产生以下两方面差异：一是各个国家由于所处的地理位置的不同，就会有不同的自然条件。有的是沿海，有的地处内陆；有的雨量充足，有的地处干旱；有的位于温带，有的地处热带或寒带，有的国家地跨亚热带与温带，或地跨热带与温带，亦有的则跨越温带与寒带；有的地处平原，有的位于高原山区，有的四面环海，等等。不同的自然环境，有不同适宜种植的农作物，有不同的农产品。如中国、印度盛产水稻，合计产量接近世界总产量的六成；美国盛产玉米、大豆，产量分别接近世界的三分之一和二分之一；巴西、印度、古巴三国的甘蔗产量超过世界总产的半数；澳大利亚的羊毛产量接近世界的三分之一，日本的水产品产量居世界之首，等等。

二是各个国家由于所处的地理位置不同，又会有不同的自然资源。如能源储量以俄罗斯最为丰富，其中石油储量以俄罗斯及中东各国如沙特、伊拉克等国较多，我国水电理论装机容量居世界第一，煤炭储量也很丰富；澳大利亚的铀矿储量居世界第一，同时也有丰富的铁矿石储量。按探明储量计算，中国45种主要矿产中有25种居世界前三位，其中稀土、石膏、钒、钛、钽、钨、膨润土、石墨、芒硝、重晶石、菱镁矿、锑等12种居世界第一位。探明储量相对不足的矿产有石油、天然气、铀、铁、锰、镍、铅、铜、金、银、硼等，短缺的矿产有铬、铂、天然碱和金刚石等。

2. 国家间所存在的以上两个方面的差异，必然会从以下三个方面促进它们之间的商品流通：

（1）由于各个国家各自有生产不同农产品和占有不同自然资源的优势，各个国家之间在初级产品方面互通有无，开展国际间的贸易，就成为商品经济发展的客观必然。如根据国家统计局网站提供数据计算：2005 年全球各国初级产品进口额约达 2.1 万亿美元，约占全部商品进口额的 20%。在我国，2006 年初级产品进口额 1871 亿美元，占全部进口商品总额的 22.5%。我国进口的初级产品主要集中在国内缺乏而又必需的铁矿石、石油、大豆和木材四类产品上面。

钢铁是各国经济建设所必不可少的产品。但首先需要铁矿石。开采铁矿石，只能在矿山。至于钢铁厂建在何地，则又需权衡，既可在铁矿区建，也可在接近煤炭产区建，亦可在离铁矿、煤矿之间的一个铁路或海路运输较便利的地方建，另外也可以根据循环经济的原则，在一个综合的工业园区建设。但不管建在何处，都必然引发商品的跨国界、跨地区流动。我国要进行大规模经济建设，需要大量钢铁，需要各种各样的钢材。而从炼铁到炼钢、轧钢，首先需要大量铁矿石，也需要大量煤与电，还需要相应的轧钢企业与之配套。我国有丰富的煤、电资源，又有众多劳动力需要就业，炼铁、炼钢企业都宜建在国内。但国内缺少铁矿石，需要进口。因此，20 世纪 80 年代，我国将大型钢铁企业——上海宝山钢铁集团公司，建在运输便利的海边，每年从国外运来大量铁矿石。为了满足国内大规模经济建设的需要，2006 年我国共产钢 42270 万吨，由于铁矿资源相对不足，不得不从澳大利亚、巴西、印度等国，经长途运输，进口铁矿砂及其精矿产品 32630 万吨，共耗资 209.2 亿美元。同样的情况是，为了适应经济建设的需要，这些年来我国石油化工工业和交通运输业快速发展，于是石油需要量快速增加。2006 年，我国进口原油和成品油 18156 万吨，价值 766.4 亿美元。豆制品是我国人民喜爱的食品，木材既是必需的建筑材料，也是制作人民生活用品的重要原料，可是国内均严重短缺，因此也需大量进口，2006 年分别进口大豆 2827 万吨、木材 3215 万立方米，共耗资 114.2 亿美元。我国 2006 年进口的铁矿石、石油、大豆和木材这四种初级产品合计总量 56828 万吨、1090 亿美元。这些商品的跨国流通，即是国家间的地理环境和拥有自然资源的差异必然引发的物流现象。

（2）由于各个国家各有生产不同农产品和占有不同自然资源的优势，只要条件允许，就可以这些农产品和自然资源为原料，生产出各具优势的工业产品，于是在这些工业制成品上，也会形成不同的自然分工和互通有无。这里所说的条件，是指符合价值（剩余价值）规律要求的条件。

价值（剩余价值）规律是商品经济内在的基本规律。各个商品生产经营单位，在价值（剩余价值）规律的作用下，都要力争所生产的商品的个别价值量低于社会平均劳动量，以求获得较多的剩余价值量。因此，它总要想方设法将生产某种商品的地址，选在综合成本最低的地点。于是许多国家在具有某些自然资源、原材料优势的基础上，又具有综合成本较低的优势，也就形成了相应的生产工业制成品的优势，然后再行销世界各地。如有的石油资源丰富的国家，在对外销售一部分原油的同时，还根据本国所具有的其他方面的优势，生产出某些物美价廉，有较高附加值的石油化工产品，再向国外推销。

(3) 世界各国，不同自然环境，产生了一个个美丽的、独特的风景区；不同的历史背景，形成了特有的文物古迹。前者如：在我国，有安徽黄山、贵州黄果树、广西桂林漓江、四川九寨沟、新疆天山天池、宁夏沙坡头的鸣沙等；在外国，有美国的大峡谷、澳大利亚的大堡礁、新西兰的南岛、加拿大洛基山脉和尼亚加拉瀑布、津巴布维的维多利亚瀑布、巴西伊瓜苏瀑布、尼泊尔的喜马拉雅山脉、塞舌尔拉迪戈岛、委内瑞拉天使瀑布、印尼的巴厘岛等。后者如：在我国有长城、秦始皇兵马俑、北京故宫、龙门石窟；在外国，有埃及金字塔、印度泰姬陵、约旦佩特拉古城、巴西基督像、秘鲁马丘比丘印加遗址、意大利古罗马斗兽场、墨西哥奇琴伊察玛雅城邦遗址等。这些自然景区和古迹，已成了世界各国居民旅游胜地，也是推进经济全球化的一个重要因素。

（二）世界各国生产力发展水平的差距推动了商品经济的发展，必然会促进经济全球化

当今世界各国生产力发展水平，导致的人民生活水平，是极不平衡的，广大发展中国家与少数发达国家之间存在很大差距。国家统计局网站数据显示：2006 年人均国内生产总值，高收入国家为 36487 美元，中等收入国家为 3051 美元，仅为高收入国家的 9.6%；低收入国家为 650 美元，只为高收入国家的 1.8%；2005 年人均消费支出，高收入国家为 17153 美元，中等收入国家为 1293 美元，只为高收入国家的 7.5%；低收入国家仅为 310 美元，只为高收入国家的 1.8%。当然，这中间存在本币按汇率换算成统一的美元问题，对中低收入国家来说，的确会出现低估的问题。但即使假定低估三分之二，将上面这些比率乘以 3，差距仍然很大。

由于发达国家与发展中国家在生产力水平和居民生活水平上存在着很大的

差距，发展中国家的科学技术水平和广大劳动者文化水平低，但有较丰富的劳动力资源，工资低；发达国家的情况恰好相反，有较高的科学技术水平，广大劳动者有较高的文化水平，但劳动工资水平高，劳动力资源相对缺乏。因此，在价值（剩余价值）规律的作用下，只要市场开放，交通便利，在一般情况下，跨国公司就会将劳动密集型产品的生产，转移到它认为有利可图的发展中国家，在发达和较发达国家则着力发展技术密集型产品的生产。其结果则是：发展中国家在出口初级产品的同时，也出口各自适宜生产的劳动密集型产品，发达国家则出口各自所长的技术密集型产品。从而，又在这一个环节将各个国家的商品经济有机地联系在一起。

我国是发展中国家，人口众多，劳动力资源丰富，工资水平低。因此，自实行对外开放政策以后，沿海交通便利地区，大量外国资本纷纷进来投资，创办各种各样劳动密集型的来料加工企业，加工产品又销往国外。与此同时，我国为了建设一些先进企业，又要从发达国家进口大量先进设备。这样一出一进，就成了我国这些年来进出口贸易迅速增加的重要原因之一。如我国进出口商品总值，1980 年仅为 381 亿美元，26 年以后的 2006 年增加到了 17564 亿美元，除去由上面提到的由于自然环境和自然资源差异所引发的初级产品国际贸易额 2401 亿美元外，余下的 15163 亿美元的进出口贸易额中，主要是外商投资企业的进出口贸易和我国为建设需要购进的设备构成的。

以上这些论述和相关数据充分表明：经济全球化，是建立在现实世界各国存在着自然环境、自然资源以及生产力水平不均衡性基础上的商品经济发展的内在要求，是商品经济发展到一定条件时的必然产物。这里说的条件，最主要有两条：一是由于这一时期蓬勃兴起的新科技革命带来生产力的大发展；二是这一时期出现的诸多新的有利于商品经济全球化的社会因素。

二、蓬勃兴起的新科技革命，带动社会生产力的大发展，是全球化商品经济产生的物质基础

第二次世界大战结束之后，世界经济之所以能在短短的六十多年，就由社会化大生产商品经济，走向全球化大生产商品经济，其中的关键之一，就在于这段时期，蓬勃兴起的新科技革命，并由此带动了社会生产力和商品经济的高速发展。

第二次世界大战后，世界上很多国家，为了改进生产技术，提高生产效率，以便能在激烈的市场竞争中取得有利地位，纷纷增加科研经费投入，使得

科学技术得到了突飞猛进的发展。于是有了20世纪60、70年代的第三次科技革命。第三次科技革命是人类文明史上继蒸汽技术革命和电力技术革命之后，科技领域的又一次重大飞跃。它以原子能、电子计算机和空间技术的广泛应用为主要标志，涉及信息技术、新能源技术、新材料技术、生物技术、空间技术和海洋技术等诸多领域的一场高科技革命。这次科技革命不仅极大地推动了人类社会生产力的发展和经济、政治、文化领域的变革，而且也影响了人类生活方式和思维方式，使人类社会现代化向更高境界发展。正是从这个意义上讲，第三次科技革命是迄今为止人类历史上规模最大、影响最为深远的一次科技革命，是人类文明史上不容忽视的一个重大事件。

（一）电子计算机与通信技术的高速发展，有力地推动了社会生产力和商品经济的发展

1. 电子计算机是20世纪最重大的发明之一。1946年，在美国科学家埃克特、莫希莱等人协作下，第一台电子数字积分计算机问世。后来，数学家诺伊曼组织改进存贮程序等研制，1949年5月电子离散变量自动计算机在剑桥大学正式投产，标志着第一代电子计算机诞生。1959年，美国国际商业机器公司制成第一台晶体管计算机。1964年，出现大型晶体管计算机，每秒运算300万次，被称为电脑。此后，由于微电子技术的发展，集成电路的研制成功，20世纪60年代中期集成电路计算机、70年代大规模集成电路计算机相继出现，引起了计算机技术的巨大变革。现代计算机多把运算器和控制器做在一起，叫微处理器，由于计算机的心脏——微处理器（计算机芯片）的集成化，使微型计算机应运而生，并在20世纪70、80年代得到迅速发展，特别是个人计算机出现以后，打开了计算机普及的大门，促进了计算机在各行各业的应用。最初，价格昂贵、体积庞大、耗电量惊人的计算机，只能在少数大型军事或科研设施中应用，今天由于采用了大规模集成电路，计算机已经进入办公室和普通家庭。

20世纪60年代，随着现代控制理论的出现和电子计算机的推广应用，自动控制与信息处理结合起来，使自动化进入生产过程。此后，伴随着科学技术的发展，自动化的概念和功能也不断发展。过去，人们对自动化的理解或者说自动化的功能目标，是以机械的动作代替人力操作，自动地完成特定的作业。这实质上是自动化代替人的体力劳动的观点。后来随着电子和信息技术的发展，特别是随着计算机的出现和广泛应用，自动化的概念已扩展为用机器（包括计算机）不仅代替人的体力劳动而且还代替或辅助脑力劳动，以自动地完成特定的作业。今天看来，自动化的上述概念也还不完善。在形式、功能、

范围方面，自动化的广义内涵至少包括以下几点：在形式方面，制造业自动化有三个方面的含义：代替人的体力劳动，代替或辅助人的脑力劳动，制造系统中人机及整个系统的协调、管理、控制和优化。在功能方面，自动化代替人的体力劳动或脑力劳动仅仅是自动化功能目标体系的一部分。自动化的功能目标是多方面的，已形成一个有机体系。在范围方面，制造自动化不仅涉及到具体生产制造过程，而且涉及产品生命周期所有过程。

现代生产和科学技术的发展，对自动化技术提出越来越高的要求，同时也为自动化技术的革新提供了必要条件。20 世纪 70 年代以后，自动化开始向复杂的系统控制和高级的智能控制发展，并广泛地应用到国防、科学研究和经济等各个领域，实现更大规模的自动化。如大型企业的综合自动化系统、全国铁路自动调度系统、国家电力网自动调度系统、空中交通管制系统、城市交通控制系统、自动化指挥系统、国民经济管理系统等等。自动化的应用正从工程领域向非工程领域扩展，如医疗自动化、经济管理自动化等。自动化将在更大程度上模仿人的智能，机器人已在工业生产、海洋开发和宇宙探测等领域得到应用，专家系统在医疗诊断、地质勘探等方面取得显著效果。工厂自动化、办公自动化、家庭自动化和农业自动化将成为新技术革命的重要内容，并得到迅速发展。自动化，是 20 世纪 70 年代以来促进商品经济发展的有力手段。

2. 20 世纪 40 年代以来，随着电子计算机的发明和信息理论的创立，现代通信技术朝着快速、准确、方便的方向发展。20 世纪 60 年代起出现的卫星通信和 70 年代起发展的光纤通信，大大提高了通信质量，扩大了通信范围；50 年代末出现数据通信；70 年代起开始建立公用数据网；80 年代研制出了数字式蜂窝移动通信系统、通信与计算机结合的交互式电视等。通信技术与微电子技术、计算机技术、空间技术等高技术的紧密结合是现代通信技术的特点之一。现代通信的另一特点是网络通信，把分处异地的许多用户之间的信息传递控制在一个系统内，这样的系统称为通信网。互联网络通信的诞生，它能够使生产与消费之间的联系更为直接，可减少大量中间环节，可极大地提高经济社会活动效率、降低经济社会活动成本；可将众多信息运用通信网以最低的成本和极快的速度，从一地传输到所需要的任何地点，包括人类文明所能到达的甚至远离地球的地点。在现代交通、通信面前，偌大的地球已成为一个小小的村落。国家间、企业间、各国居民间的交往，商品的交易越来越便利、频繁，商品经济运行越来越快。随着互联网的广泛应用，网上交易已成为世界商务领域的新潮流。企业电子商务的发展，可以降低采购成本、缩短商品周转周期、减少原料和产品库存。因此在20世纪后半期，电子商务得到了高速发展。统计资料显示，1997年全球电子商务销售额26亿美元，1998年就达到430亿美元，1999年更是达到1000亿美元左右。

互联网的诞生与发展表明，它已不仅仅是一项新技术、新产业，而且已成为推动社会经济与社会生活革新的力量。现代通信技术和计算机的紧密结合，进一步向数字化、宽带化、综合化、个人化、标准化、智能化和网络化方向发展，它已成为现代技术中发展最迅速、最活跃、对社会进步影响最深刻的领域之一。到2008年5月，全球网民数量已增至7.72亿人。随着网络向商业的全面开放，又孕育了更大的发展机遇。新行业紧随着新的技术，新的观念和新的经营管理方式，如雨后春笋一般蓬勃而出。从1998年到2008年这10年以来，中国商业互联网发生了巨大变化：中国网民数量从1998年的100多万人达到了2.53亿人，网民规模跃居世界第一位；网络音乐用户量高达2.14亿人，即时通讯用户规模达到1.95亿人，网络视频用户量已经达到1.8亿人。电子商务蓬勃兴起，网络购物用户人数达到6329万人。商业应用比例不断提高，搜索引擎使用率达到69.2%，电子邮件的使用率达到62.6%。

（二）空间技术发展取得重大成就

1919年，美国学者戈达德于发表《到达极高空的方法》，设想了航天飞行和太空飞行的新时代；1926年他设计并成功地发射了以液态氧和汽油为推进剂的火箭。1934年底，德国年轻科学家布劳恩成功地发射了两枚火箭，火箭垂直上升，高达2400米，1942年，远程弹道导弹A－4制成。火箭试制成功和实际运用，为战后空间技术发展打下基础。1957年10月，苏联第一颗人造卫星的成功发射，标志着空间技术诞生。1958年1月，美国第一颗人造卫星发射成功。1961年4月，苏联宇航员加加林乘“东方一号”卫星绕地球飞行。1969年7月，美国宇航员阿姆斯特朗等人成功地登上月球，并安全返回地面。40多年来空间技术进步神速：运载工具运送航天器的能力从几十公斤增加到几十吨；卫星获取和传递信息能力大幅度提高，一颗通信卫星的电话由几十路增加至几万路；卫星寿命从几十天增加到几年至十几年；人在空间停留时间从几个小时增加到一年以上。当代空间技术已迅速而广泛应用于众多领域，不仅在军事和经济建设方面，而且已深入到每个家庭、个人生活之中。

我国在空间技术方面也取得重大成就：（1）卫星技术的重大进展。1965年8月，开始实施第一颗人造地球卫星计划，1970年4月24日，成功地发射了“东方红一号”卫星；1971年3月，第一颗科学探测与技术试验卫星“实践一号”发射成功。1975 年 11 月 26 日，首次发射了返回式遥感卫星。1984 年 4 月，成功发射第一颗地球静止轨道通信卫星“东方红二号”，成为世界上第五个独立研制和发射静止轨道卫星的国家。1988 年 9 月，第一颗极轨试验气象卫星“风云一号”发射成功，使中国成为第三个自主研制和发射极轨气象卫星的国家。1997 年 5 月，中等容量通信卫星“东方红三号”发射成功，卫星主要性能指标达到同期国际上同类卫星的先进水平。1997 年 6 月，第一颗地球静止轨道试验气象卫星“风云二号”发射成功。1999 年 10 月，发射成功第一颗地球资源卫星“资源一号”，这标志着我国空间遥感进入了一个新阶段。2000 年 10 月和 12 月，两颗“北斗一号”导航试验卫星分别发射升空，并正常在轨道运行，使中国成为世界上第三个自主研制和发射导航卫星的国家。“北斗一号”也是世界上首次建立的双星导航定位系统。2002 年 5 月，第一颗海洋卫星“海洋一号”发射升空，结束了我国没有海洋卫星的历史。2003 年 12 月和 2004 年 7 月，分别发射了与欧洲空间局合作研制的“探测一号”和“探测二号”卫星，成功地实施了地球空间双星探测计划。2007 年 5 月，研制并发射了“尼日利亚通信卫星一号”，完成了在轨交付，实现了我国整星出口零的突破。（2）载人航天技术的重大跨跃。1992 年我国启动载人航天工程。1999 年 11 月，“神舟一号”试验飞船发射并回收成功，中国载人航天技术取得重大突破。之后又成功地发射并回收了 3 艘“神舟”号无人试验飞船，为实现载人飞行奠定了坚实基础。2003 年 10 月 15 日至 16 日，“神舟五号”载人飞船把我国首位航天员成功地送入太空并安全返回，实现中华民族千年飞天的梦想。2005 年 10 月，“神舟六号”载人飞船实现了“两人五天”的载人航天飞行，首次进行了有人参与的空间试验活动。2008 年 9 月 25 日，中国航天员翟志刚、刘伯明、景海鹏乘坐神舟七号载人航天飞船成功进入太空，在顺利完成空间出舱活动和空间科学实验任务后，于 9 月 28 日安全返回地面。这次载人航天飞行圆满成功，实现了中国空间技术发展具有里程碑意义的重大跨越，标志着中国成为世界上第三个独立掌握空间出舱关键技术的国家。（3）深空探测技术的历史性跨越。2004 年我国启动了月球探测工程，该工程是新时期启动的 16 个国家重大科技专项工程之一。月球探测工程分三个阶段实施，即一、二、三期工程，分别为绕月探测；月球软着陆和自动巡视勘察；月面采样返回。我国月球探测一期工程的核心部分是研制“嫦娥一号”月球探测卫星，实现地月转移和环月飞行，对月球进行环绕探测。经过三年多的努力，重点攻克了探月轨道设计、制导导航与控制、远距离测控与通信、卫星热控和有效载荷等一大批具有自主知识产权的核心技术和关键技术，“嫦娥一号”卫星的技术水平达到了当今世界同类月球探测器的先进水平。我国首次月球探测工程的圆满成功，标志着我国空间技术发展取得又一历史性跨越。（4）空间技术应用成效卓著。我国各类人造地球卫星和载人飞船广泛应用于经济建设、科技发展、国防建设和社会进步等方面，为增强国家经济实力、科技实力、国防实力发挥重要作用。返回式遥感卫星是一种主要用于国土普查的遥感卫星。至今发射和回收了22颗卫星，获取了大量有价值的空间遥感资料。“东方红三号”通信广播卫星已纳入我国卫星通信广播业务系统，促进了卫星通信、卫星广播和卫星教育等高新技术的迅速发展和业务应用，大幅度提高了全国广播电视，特别是广大农村地区广播电视的有效覆盖范围和覆盖质量；卫星远程教育宽带网和卫星远程医疗网已初具规模，有力地支撑了远程教育和远程医疗的发展。“风云一号”和“风云二号”气象卫星已投入业务化应用，初步实现业务化、系列化，在天气预报、气候预测、气象研究、自然灾害和生态环境监测等方面发挥了重要作用，特别是显著提高了对灾害性天气预报的时效性和准确性，大大减少了国家和人民群众的损失。“资源一号”和“资源二号”地球资源卫星的发射成功和业务运行，开创了我国卫星遥感应用的新局面。资源卫星已广泛应用于农业、林业、地质、水利、地矿、环保以及国土资源调查、城市规划、灾害监测等众多领域，而且已成为我国许多资源和环境业务监测系统的重要信息源。“海洋一号”卫星是我国第一颗用于海洋水色探测的试验型业务卫星，主要为海洋生物资源开发利用、沿岸海洋工程、河口港湾治理、海洋环境监测、环境保护等提供重要的信息服务。它的成功运行，标志着我国在海洋卫星遥感领域迈入世界先进国家的行列。“北斗”导航卫星为我国建立第一代卫星导航定位系统——“北斗导航系统”奠定了基础，该系统是全天候、全天时提供卫星导航信息的区域导航系统。为公路交通、铁路运输、海上作业、森林防火、灾害预报以及其他特殊行业提供高精度定位、授时和短信通讯等服务，并且显示了广阔应用前景。我国是世界上第三个自主建立卫星导航系统的国家。

（三）原子能的应用是第三次工业革命时期的重大成就

出于战争和军事的迫切需要，1941年12月美国总统罗斯福批准研制原子弹的“曼哈顿计划”，有科学家12.5万人参加，集中全国三分之一电力，投资20亿美元。1942年，科学家费米领导的科学家实验小组在芝加哥大学广场上造出热中子链式反应堆，是世界上第一座核反应堆，为人类大规模利用原子能的开始。1945 年 7 月 16 日上午，科学家奥本海默领导的洛斯阿拉莫斯实验室工作人员，在新墨西哥州沙漠成功地发射了第一颗威力为 2 万吨 TNT 的原子弹。1951 年，美国首次实验证明原子能能够发电。1954 年，苏联建成第一座核电站。20 世纪 80 年代初，世界上共建成核反应堆 729 座，核电站 230 座。核电站只需消耗很少的核燃料，就可以产生大量的电能，每千瓦时电能的成本比火电站要低 20% 以上。核电站还可以大大减少燃料的运输量。例如，一座 100 万千瓦的火电站每年耗煤三四百万吨，而相同功率的核电站每年仅需铀燃料三四十吨。核电的另一个优势是干净、无污染，几乎是零排放，对于发展迅速、环境压力较大的中国来说，再合适不过。目前，全世界已经有 400 多座核电站，总装机容量为 3.7 亿千瓦，年发电量占全世界总发电量的 17%。我国已建成秦山、大亚湾和田湾三座核电站，共有 11 台机组、900 万千瓦，占全国发电装机总容量的 1.3% 左右。原子能作为新能源，正在航海、航天等方面发挥更大作用。此外还应用于生物医学研究、医疗诊断和治疗。

（四）新科技革命促进了全球商品经济的高速发展

在新科技革命的推动下，世界各国，尤其是发展中国家，除个别年份外，经济上都有较快的增长。据《全球通史》记载：第二次世界大战结束后的四分之一世纪，发达资本主义国家工业生产年平均递增 5.6%；1950 年至 1976 年第三世界经济年增长率高达 5%。[①] 另据国家统计局《国际经济和社会统计提要》（1989 年）及其网站的资料显示的情况如表 5－5 所示。

表 5－5 世界发达国家和发展中国家各时期国内生产总值增长速度 （%）

年份	世界总计	发达国家	发展中国家
1971—1980	3.9	3.2	5.5
1981—1990	3.0	2.8	3.4
1991—2000	3.4	2.8	4.4
2001—2007	4.3	2.3	6.8

资料来源：国家统计局网站。

根据以上数据测算，从 1947 年到 2007 年的 60 年，全球经济总量约增长了 9 倍，其中发达国家约增长 6.2 倍，发展中国家约增长 17.4 倍，而我国则

① 斯塔夫里阿诺斯著，吴象婴、梁赤民译：《全球通史》，上海社会科学出版社 1999 年版，第 917、929 页。

约增长了111倍。这是人类社会迄今经济增长最快，增长总量最多的一个时期。这就是这段时期经济走向全球化的物质基础。

第二次世界大战以来60多年的世界经济为什么能以如此快的速度增长呢？一是由于这一时期蓬勃兴起的新科技革命带来生产力的大发展。二是这一时期出现的诸多新的社会因素。

三、社会生产力的发展，促进了交通运输工具和设施的现代化，成为商品经济全球化的有力推进器

与三次科技革命交织进行的交通运输革命，从根本上改变了地球上各地区彼此隔绝的状态。它迅速地扩大了人类的活动范围，并加强了各个国家之间的交往，为世界市场的形成提供了条件，促进了世界经济的发展，从而为商品生产、交换乃至人际交往全球化奠定了基础。

（一）交通运输工具现代化

交通运输工具的现代化主要表现在两个方面：

一是运输速度加快。在20世纪50年代，远洋轮船每小时航速不过15海里，现在一般都超过20海里；火车，在改善动力系统的同时，实现了铁路现代化，大大提高了火车运行速度。我国在1996年，火车平均时速只有49.5公里，从1997年至2007年，前后进行了六次提速，现在时速一般都超过百公里，最高可达200公里；汽车，在改善动力系统的同时，大大提高了公路时速，原来一般只是50多公里，近些年高速公路大幅度增加，时速可超过百公里。民航飞机航速，如波音737一般是530公里/小时，最高可达830公里/小时。

二是单体载重量大大增加，过去每条远洋货轮的载重量很少超过万吨的，现在多在5万吨以上。中国远洋控股股份有限公司经营144艘船舶，总运力达435138标准箱，按每标箱毛重17吨计算，平均每艘载重量也超过5万吨；下属的散货船队经营419艘干散货船，总运力达32981460载重吨，平均每艘近8万吨。现在世界有的运输石油的轮船，运载能力已高达30万吨。每辆运货卡车，20世纪30年代一般只是4吨，现在多已是30吨；每列货运火车，过去一般只拖挂30节车箱，现在已多达50节。

（二）普通散件杂货运输，更新为高效率、高效益集装箱运输

长期货运实践表明，普通散件杂货运输，装卸及运输效率低、时间长；货损、货差严重；影响货运质量；货运手续繁杂，影响工作效率。这对货主、运

输单位的经济效益都会产生不利的负面影响。为解决散件杂货运输的这些缺点，在20世纪70年代有人发明了集装箱运输。经实践证明，集装箱运输具有许多优势：

1. 有较高的效率。传统的运输方式具有装卸环节多、劳动强度大、装卸效率低、船舶周转慢等缺点。而集装箱运输完全改变了这种状况。首先，普通货船装卸，一般每小时为35吨左右，而集装箱装卸，每小时可达400吨左右，装卸效率大幅度提高。同时，由于集装箱装卸机械化程度很高，因而每班组所需装卸工人少，劳动生产率大大提高。其次，由于集装箱装卸效率很高，受气候影响小，船舶在港停留时间大大缩短，因而航次时间缩短，周转加快，航行率大大提高，船舶生产效率随之提高。从而，提高了船舶运输能力，在不增加船舶艘数的情况下，可完成更多的运量，增加运输公司收入。第三，适于组织多种方式联运。由于集装箱运输在不同运输方式之间换装时，不需要搬运箱内货物，而只需搬动集装箱，这就提高了换装作业效率，适于不同运输方式之间的联合运输。在换装转运时，海关及有关监管单位只需加封或验封转关放行，从而提高了运输效率。

2. 有较高的效益。集装箱运输可简化包装，大量节约包装费用。为避免货物在运输途中受到损坏，坚固的包装是必须的，而集装箱具有坚固、密封的特点，其本身就是一种极好的包装。使用集装箱可以简化包装，有的甚至无须包装，实现杂货无包装运输，可大大节约包装费用。二可减少货损货差，提高货运质量。由于集装箱是一个坚固密封的箱体，货物装箱并铅封后，途中无须拆箱倒载，一票到底，即使经过长途运输或多次换装，也不易损坏箱内货物。集装箱运输还可减少被盗、潮湿、污损等引起的货损和货差，深受货主和船运公司的欢迎，并且由于货损货差率的降低，减少了社会财富的浪费，也具有很大的社会效益。三可减少营运费用，降低运输成本，由于集装箱的装卸基本上不受恶劣气候的影响，船舶非生产性停泊时间缩短，又由于装卸效率高，装卸时间缩短，对运输公司而言，可提高航行率，降低船舶运输成本，对港口而言，可以提高泊位通过能力，从而提高港口吞吐量，增加收入。

由于集装箱运输具有以上这些优势，因此发展很快。1985年至2005年的20年间，全球海运量中以集装箱方式运输的货量年均增幅为9.7%，而散货仅为2.8%；集装箱运输占全球海运的比重20世纪80年代初仅为4%左右，1988年达到5.4%，10年后（即1998年）超过10%，目前发达国家集装箱化率约在70%—80%，我国内贸货物运输的集装箱化率已突破30%。随着工业化进程的推进，集装箱运输比例，还会有较快的增长。

（三）建立了新的运输方式——管道运输

管道运输，是用管道作为运输工具的一种长距离输送液体和气体物资的运输方式，是统一运输网中干线运输的特殊组成部分。管道运输除广泛用于石油、天然气的长距离运输外，还可运输矿石、煤炭、建材、化学品和粮食等。在五大运输方式中，管道运输有着独特的优势。

1. 在建设上，与铁路、公路、航空相比，管道运输投资要省得多。就石油的管道运输与铁路运输相比，交通运输协会的有关专家曾算过一笔账：沿我国成品油主要流向建设一条长 7000 公里的管道，它所产生的社会综合经济效益，仅降低运输成本、节省动力消耗、减少运输中的损耗三项，每年就可以节约资金数十亿元左右；而且对于具有易燃特性的石油运输来说，管道运输更有着安全、密闭等特点。

2. 管道运输可省去水运或陆运的中转环节，缩短运输周期，降低运输成本，提高运输效率。当前管道运输的发展趋势是：管道的口径不断增大，运输能力大幅度提高；管道的运距迅速增加。

3. 在油气运输上，管道运输有其独特的优势，首先在于它的平稳、不间断输送，对于现代化大生产来说，油田不停地生产，管道可以做到不停地运输，炼油化工工业可以不停地生产成品，满足国民经济需要；二是实现了安全运输，对于油气来说，汽车、火车运输均有很大的危险，国外称之为“活动炸弹”，而管道在地下密闭输送，具有极高的安全性；三是保质，管道在密闭状态下运输，油品不挥发，质量不受影响；四是经济，管道运输损耗少、运费低、占地少、污染低。成品油作为易燃易爆的高危险性流体，最好运输方式应该是管道输送。与其他运输方式相比，管道运输成品油有运输量大，劳动生产率高；建设周期短，投资少，占地少；运输损耗少，无“三废”排放，有利于环境生态保护；可全天候连续运输，安全性高，事故少；以及运输自动化，成本和能耗低等明显优势。

但管道运输也存在灵活性差的缺陷。管道运输不如其他运输方式（如汽车运输）灵活，除承运的货物比较单一外，它也不容易随便扩展管线。实现“门到门”的运输服务，对一般用户来说，管道运输常常要与铁路运输或汽车运输、水路运输配合才能完成全程输送。此外，若运输量明显不足时，运输成本会显著地增大。因此，目前的管道干线多用于运输油（气）。现代化管道运输自 20 世纪 50 年代以来才得到发展。

我国 1958 年冬开始修建第一条现代输油干线管道：新疆克拉玛依到乌苏独山子的原油管道，全长 147 公里。20 世纪 60 年代以后，随着大油（气）田的相继开发，输油（气）管道也随之快速发展，升至：1970 年 1200 公里、1980 年 8700 公里、1990 年 15900 公里、2000 年 24700 公里，2006 年 48200 公里。另外，我国已同哈萨克斯坦共同修建了一条跨国输油管线，由哈萨克斯坦的阿塔苏至阿拉山口，全长 3000 多公里；正在同俄罗斯商讨修建连接大庆的输油管道；与缅甸商讨建设从孟加拉湾经缅甸到昆明的输送石油和天然气的管道。以便将从中东进口的和孟加拉湾开采油、气由此直接输送到我国。这样，既可缩短运输时间，又可节省运费，更可避开马六甲海峡，以保障运输安全。

（四）建立起了跨国的铁路、公路运输网络

跨国的铁路、公路运输网络的建设，其本身也是经济全球化的一项实质性内容。同时，它既是促进商品经济全球化的动力，又是商品经济发展的必然产物。在跨国铁路、公路运输网络的建设上，欧洲各国在 20 世纪即已实现；在南北美洲也已形成。在亚洲，我国已同朝鲜、越南、蒙古国、俄罗斯等邻国的公路、铁路已联接成网；我国与缅甸、巴基基坦等邻国，东南亚各内陆国家之间，公路网络也已基本相通。而铁路网却未形成，但已在筹划之中。1996 年 3 月，亚欧首脑会议在曼谷召开，会上，马来西亚总理马哈蒂尔提出建设泛亚铁路，将新、马、泰铁路联接到中国昆明，我国进而提出联接到新亚欧大陆桥及朝鲜半岛的倡议，该倡议得到了与会首脑们的肯定。经多年来有关国家间的相互讨论、协商之后，“2006 年 4 月，在印尼雅加达，来自 60 多个国家和地区的 600 多名代表，在亚太经社会第 62 届年会落幕时，通过了《泛亚铁路网政府间协议》，一张连接从亚洲到欧洲 28 国、线路总长 81000 公里的庞大铁路网真实地呈现在世人面前。亚太经社会执行秘书金学洙说：‘《泛亚铁路网政府间协议》的通过为区域经济发展注入动力。’泛亚铁路网由四条运输线路联成：东北亚走廊，32500 公里，连接中国、朝鲜半岛、蒙古、哈萨克斯坦和俄罗斯；东南亚走廊，12600 公里，覆盖东盟，连接马来半岛、柬埔寨、越南和中国；南部走廊，22600 公里，从云南和泰国，经缅甸、孟加拉、印度、巴基斯坦和伊朗最后到达土耳其；北部走廊，13200 公里，从芬兰起，经俄罗斯，至伊朗、哈萨克斯坦、土库曼斯坦和乌兹别克斯坦。泛亚铁路网可将欧洲、中亚、东亚的铁路串在一起，未来甚至有可能催生亚洲的‘申根协定’。”①

---

① 《东方早报》记者刘莉报道，2006 年 4 月 13 日东方网。

该地区的另一个重要基础设施项目是泛亚洲公路网。《亚洲公路网政府间协议》已经于2004年7月在上海召开的第60届亚太经社会上通过。泛亚铁路与泛亚公路这两个项目将为本地区提供两个重要的国际运输网络，有助于加强本地区与世界经济的接轨。

在这方面，值得一提的是大陆桥问题。所谓大陆桥是指连接两个海洋之间的陆上通道，是横贯大陆的、以铁路为骨干的、避开海上绕道运输的便捷运输大通道。但它的功能，不仅仅是便于开展海陆联运，缩短运输里程；还可带动通道沿线经济开发，加强沿线各国社会经济交流，促进社会经济全球化。纵观人类社会经济发展过程，从空间结构和布局方面来看，已跨越两个阶段，即：第一阶段的“沿河经济”，即乘江河之利，逐江河而居，四大文明古国，即是沿河发展起来的。第二阶段是“沿海经济”，这是随着社会生产力的发展，特别是随着机械化、电气化大生产时代的到来，人类乘海洋之便利，进而开发沿海经济，特别是在江河入海口，依托内河，面对海外，建立城市，创造了近代文明。但随之而来的则是人口膨胀，江河污染。于是有了第三阶段，即大陆桥的出现。从此，人类可以乘陆桥之便利，逐陆桥而居，沿陆桥开发资源丰富、幅员辽阔的内陆经济，创建新的现代陆桥文明。

目前，世界上已有三条大陆桥：一是北美大陆桥，主要是自日本向东，通过海运经太平洋到北美西海岸，再经由横跨北美大陆的铁路，陆运到北美东海岸，再经大西洋海运到欧洲；其中还分美国与加拿大两条路线；此外，到美国西海岸的物资，也可以沿西海岸南下到南美国家。二是第一欧亚大陆桥，也叫西伯利亚大陆桥：以俄罗斯东部的符拉迪沃斯托克为起点，通向欧洲各国，最后到荷兰鹿特丹港的西伯利亚大陆桥。三是第二欧亚大陆桥，又称新欧亚大陆桥，是从中国连云港到荷兰鹿特丹的铁路联运线。这三条大陆桥的开通，已把欧、亚、美大陆与两端的海洋连接起来，实现了海陆联运的运输方式，带动了沿线国家经济的发展，也有力地促进了社会经济全球化。

新欧亚大陆桥是1990年9月建成投入运行的，1992年12月1日正式投入国际集装箱运输业务。它东起中国江苏连云港和山东日照市，途经江苏、山东、河南、安徽、陕西、甘肃、山西、四川、宁夏、青海、新疆11个省、区，89个地、市、州的570多个县、市，从阿拉山口出国境；出国境后可经三条线路抵达荷兰的鹿特丹港。中线与苏联铁路友谊站接轨，进入俄罗斯铁路网，途经阿克斗亚、切利诺格勒、古比雪夫、斯摩棱斯克、布列斯特、华沙、柏林达荷兰的鹿特丹港，全长10900公里，辐射世界30多个国家和地区。它比北线的西伯利亚大陆桥减少行程3000公里，比走海路费用节约20%，时间减少一半。北线经阿克斗亚、切利诺格勒，到彼罗巴甫洛夫斯克纳，再经莫斯科、布列斯特、华沙、柏林到达鹿特丹港。南线经过阿雷西、伊列次克、布良斯克，再经过布列斯特、华沙、柏林到达鹿特丹港。也可从阿雷西分路，通过伊朗的马什哈德到德黑兰，还可从布良斯克分岔由乔普到达匈牙利的布达佩斯；1996年5月，伊朗–土库曼斯坦铁路接轨，标志着新亚欧大陆桥西端南线全线贯通。以亚欧大陆桥为纽带，它将中国与独联体国家、伊朗、罗马尼亚、南斯拉夫、保加利亚、匈牙利、捷克、斯洛伐克、波兰、德国、奥地利、比利时、法国、瑞士、意大利、英国紧密相连。它对环太平洋经济圈的协调发展可起到重要作用，也使中国与世界大市场的距离更近。它将亚欧两个大陆原有的陆上运输通道缩短了2000公里运距。比绕道印度洋和苏伊士运河的水运距离缩短了1万公里。

不久的将来，随着泛亚铁路网的建成，欧亚之间将形成更多的大陆桥，甚至还可与非洲连接起来。建起亚欧非大陆桥。在亚欧非经贸合作中，大陆桥具有重要作用。它的东西两端连接着太平洋与大西洋两大经济中心，基本上属于发达地区，但空间容量小，资源稀缺；而其辽阔的中间地带亦即亚欧及非洲腹地，除少数国家外，基本上都属于欠发达地区，也是全球贫困人口密集地区，但这些地区空间容量大，资源富集，开发前景好，开发潜力大，是人类社会赖以生存、发展的物华天宝之地。因此，应建设亚欧非大陆桥，通过区域合作，优势互补，让这一地区的广大人民群众，携手并肩，乘陆桥之便利，共创现代陆桥新文明。

总而言之，没有交通运输业的如此迅速发展，就不可能有今天的商品经济全球化。有如前面提到的我国2006年从澳大利亚、巴西、印度、中东以及美国等国家和地区进口的铁矿石、石油、木材及大豆等56828万吨商品，以及2006年我国对美国、日本的4700亿美元的进出口贸易的绝大部分都是由海上运输的。如果没有每艘载重量达到十万乃至三十万吨，时速达到25海里以上的远洋巨轮，没有集装箱方式的采用，实现这样的物流，是不可能的。其他国家的情况也大体如此。

四、这一时期出现的一些社会因素也为商品经济全球化提供了有利的发展条件

商品经济全球化是在第二次世界大战结束后才明显显现的，至20世纪90

年代，前后经历了近半个世纪，才初步形成。在这一时期，除科学技术和社会生产力高速发展，促使商品经济全球化外，与这一时期出现有利于商品经济全球化的社会背景，也有着密切的关系。这些社会背景主要有以下几个方面。

(一) 广大殖民地和半殖民地国家独立，发展本国经济和加强国际经济交流的积极性空前高涨

在20世纪的1914到1945年的短短31年，史无前例的两次世界大战，给世界人民造成了无穷的灾难。但对世界各个殖民地和半殖民地人民来说，却有了两样完全不同的结果。第一次世界大战后，殖民地和半殖民地人民并没有改变命运。如我国是参加对德宣战的战胜国之一，在讨论处理战后问题的巴黎和会上，我国代表提出了取消列强特权和日本强加的“二十一条”不平等条约；归还大战期间被日本抢夺去的原德国在山东占有的各种特权，废除德奥在华的政治经济权益等要求。由于美、英、法、日等帝国主义国家的阻挠破坏，对前一方面的各项要求，根本就没有提到大会上讨论；对后一方面的各项要求则作出了这样的决定：德国在山东占有的各种特权，全部转让给日本；中国政府未得到《辛丑条约》有关各国大使的许可，不得自行处理北京使馆区德国所有的公私财产；德国应允许取消汉口与天津租界，中国将其开放作为公共居留贸易之用；德国应允许将广州沙面英国租界内的国有财产让与英国等。这样一来，不仅中国人民的正当要求全部被无理否决，而且进一步加深了帝国主义对中国的侵略。与此同时，欧洲各帝国主义列强还获得作为托管地的阿拉伯地区，进而扩大了它的殖民地范围。

第二次世界大战后，情况就完全相反，势不可挡的革命浪潮席卷世界，极其迅速地结束了欧洲各殖民国在亚非两洲的殖民统治。从1944年到1968年，63个约占全球总人口三分之一的国家和地区宣告独立。1949年，在遭受帝国主义侵害蹂躏一百多年的中国人民，也终于推翻了三座大山，从此站起来了，屹立在东方。这一大批新独立的国家的领导者和广大人民，深知经济落后，不仅生活艰难，还要遭受列强侵略之苦，多从此奋发图强，开展了国内经济建设，加强了国际间的经贸往来。于是，有了“1950年到1976年期间，第三世界经济以给人以深刻印象的5%的年增长率增长。”①。中东丰产石油的国家，很快进入高收入国家；许多发展中国家也进入了中等发达国家行列。中国、印度、巴西、俄罗斯还有了金砖四国之称。这些新兴国家成了商品经济进入全球

---

① ［美］斯塔夫里阿诺斯著：《全球通史1500年以后的世界》，第929页。

化的生力军。没有殖民地、半殖民地国家的独立，根本谈不上什么经济全球化；没有这些新兴国家的经济快速发展，也不会有现在的经济全球化。这应是20世纪末经济全球化的首要社会条件。

（二）国际统一大市场的形成，有利于国家间经贸交流的组织体制的建立

1. 第二次世界大战之后，在布雷顿森林会议、关贸总协定和美国等发达国家的推动下，虽然出现了经济全球化趋势，但当时存在两个对立的阵营，两个平行的国际市场。主要是1949年1月，苏联、保加利亚、匈牙利、波兰、罗马尼亚、捷克斯洛伐克六国政府代表在莫斯科举行会议，决定建立经济互助委员会，随后加入的还有民主德国、蒙古、古巴和越南，阿尔巴尼亚、老挝、阿富汗、安哥拉、埃塞俄比亚、莫桑比克、也门民主人民共和国和尼加拉瓜等国，他们以观察员身份派代表参加一些会议。经互会建立之初，其主要合作方式是发展贸易，进行科技交流。成员国在双边基础上曾签订了一系列贸易和科技合作协定。20世纪50年代中期以后，合作从交换领域逐步扩展到生产领域，强调“国际分工”和“生产专业化”，协调各国的经济计划，由双边关系扩大到多边经济关系。60—70年代，根据“国际社会主义分工基本原则”和“经济一体化综合纲要”，经互会建立了一系列国际机构，要求其成员国逐步实现生产、科技、外贸和货币金融一体化。这时，许多新兴国家经历经济发展，体制改革，逐步融入国际市场。经互会解体后，多数社会主义阵营国家蜕变为资本主义国家。中国从1979年开始经济转轨，并进行社会主义市场经济体制改革，至20世纪90年代已与国际市场接轨。从此，才真正形成了全球统一大市场，为商品经济全球化提供了必要条件。

2. 到20世纪70年代末，虽然已有国际货币基金组织、世界银行与关税与贸易总协定等国际性的金融、贸易组织，但这些组织基本上都是富人俱乐部，不论是资本市场还是商品市场，在各个国家之间，不仅存在着关税壁垒，还存在着种种非关税壁垒。加之当时还存在着社会主义与资本主义两个对立的阵营与两个基本隔绝的平行市场，因此还不可能出现全球性的统一大市场。此后，经几个回合谈判，参加关贸总协定的发展中国家逐渐增加，逐步缩减了一些非关税壁垒，并给了发展中国家在国际经贸往来中一些优惠待遇；最后，乌拉圭回合谈判成功，1995年1月成立世界贸易组织，关税进一步减让；此后，通过谈判又达成了基础电信、信息技术产品、金融服务贸易纳入自由贸易范畴的三个协议。我国经过长达15年的艰难谈判，于2001年12月11日加入世界贸易组织。到2007年1月，已有156个国家和地区加入世贸组织。从此，全

球统一大市场从纵横两方面发展壮大，国际货物贸易空前扩大，资本流动成倍地增长，而且国外直接投资、劳务贸易、科技贸易、信息传播、人员流动、国际旅游等领域都有了新的发展。这些领域的互相促进，互相结合，又进一步形成了一个宽领域、多渠道的市场体系。这个世界市场体系和市场体制，把各国的经济紧密地联系在一起，使各国发生着广泛的经济关系。

3. 随着科学技术的发展，交通通讯的现代化，促进了国家间的经济贸易和人员交往。20 世纪 80 年代以后国际互联网的发展，90 年代电子商务的出现，跨越国界的经济运行产生了全新的模式，偌大的一个地球，成了一个小小的村落。与此同时，跨国公司迅速发展，又从组织体制上将各个国家的经济连接在一起；再加上各个国家间的资本和劳动力的流动，自然生态环境的不断恶化，危害极大的传染病、毒品的快速传播，海盗和恐怖组织的出现，从时空两个方面，将各个国家从经济、社会、政治等方面联系在一起。

（三）第二次世界大战之后，美国在全球范围积极推行贸易自由化

第二次世界大战之后，民族觉醒了，在社会主义阵营鼓舞和支持下，殖民地纷纷独立，有的还实行了石油等资源国有化的政策。帝国主义列强，特别是经济实力最为强大的美国，已知继续依靠炮舰，以武力占领是不行了。于是它从本国利益出发，变换了手法，打着贸易自由化、支持发展中国家的旗帜，大举从经济上进入各个刚独立的发展中国家。因为，美国深知自己是当今世界经济实力最为强大、科学技术水平最先进的国家，国内大企业拥有充足的资金，优秀的工程技术人才，精明的企业家，只要实现世界市场自由化，商品与资本自由进出，它就可以获得更多经济利益，通过经济手段影响世界。

的确，在真正公平条件下，通过自由贸易，各国分工合作，在世界范围内优化资源配置，充分有效地利用好各国的生产要素，是可以实现互利双赢的。于是，美国就以此为理由，在二战后，先是积极主动地发起成立了国际货币基金组织和世界银行，使美元成为世界货币，并举起了以资金援助各国的旗帜；接着又与各发达资本主义国家一道签订了《关税与贸易总协定》，并建立了相应组织，作出了减让关税，消除贸易壁垒的倡议，以后，还给发展中国家某些优惠待遇，并提出了实现国际贸易自由化的口号。这几大组织，名义上是国际性经济组织，实质上都是在美国主导下的“富人俱乐部”。美国就是企图以此为机制，要求各国大开国门，实现市场自由化，促使世界经济朝着自由化的方向发展。这时的广大发展中国家，刚刚独立，都希望发展本国经济，但又缺乏资金、人才与经验，于是陆续接受了美国的要求。其结果，虽然也促进了发展

中国家经济的发展，从而也加速了经济全球化的进程，但需要指出的是，经济技术落后的发展中国家，与发达国家，在自由市场竞争中，必然处于劣势。何况发达国家，尤其是美国，还往往以所谓的反倾销、技术标准、环保标准以及知识产权保护等等手法，对本国市场、本国企业实行贸易保护主义。因此，在这几十年的国际经济交往中，真正从中得利最多的，则是少数发达资本主义国家，尤其是美国的大跨国公司。以下这组数据可充分说明这一点：

据国家统计局网站显示，2006 年全球 500 强企业中，美国有 162 家，占 32.4%，营业收入 73384 亿美元，占 35.1%，利润高达 5881 亿美元，占 38.5%；若再加上英、法、德、日等九个老牌资本主义国家，则以上三个方面的数值分别为 399 家、营业收入 176094 亿美元，利润 12495 亿美元，在 500 强中所占比重，则分别高达 79.8%、84.3% 和 81.7%。这 399 家跨国公司的营业收入，比同期全球所有中、低收入国家的国内生产总值 116619 亿美元，还要多 50.1%；它的利润收入，则接近全球所有低收入国家的国内生产总值 16118 亿美元。

以上诸因素中，科学技术和社会生产力的快速发展，是促进全球化的物质因素；殖民地半殖民地国家的纷纷独立，主权国家的大量出现，社会的进步，是促进全球化的社会因素；联合国及国际货币基金组织、世界银行和世界贸易组织等，是协调和规范国际经贸关系的世界性组织体制；发达国家、广大发展中国家为了维护和争取自身利益的愿望、相互间的博奕，是全球化商品经济发展的强大推动力。这一切汇集成一股强大洪流，促成了经济全球化。这是社会化大生产商品经济发展的必然结果，是任何人都无法阻挡的。经济全球化还处于上升发展之中，它同各国的社会化大生产商品经济一样，仍然遵循价值（剩余价值）规律，但它必然会产生新的矛盾和新的发展规律，因此，还需要有新的与之相适应的调控体制与机制，否则经济就难以正常运行与发展。

第六章　全球化大生产商品经济的新矛盾、新规律及其调控体制

商品经济全球化，已是当今世界经济发展的无可争议的事实。但当人们越来越多地谈到经济全球化问题时，却有两类截然相反的观点，有的人承认世界经济已全球化，但把“全球化”进程仅理解为同质的、和谐的、统一的过程，从而对全球化的历史作用只作简单化的解释；另有一些人则将它视为洪水猛兽，竭力反对。但是，商品经济发展的实践告诉人们，作为客观历史进程，商品经济全球化是社会生产力发展的必然结果，是谁也否定不了、反对不了的。当然，一切事物的发展过程都充满着矛盾。当商品经济由社会化大生产进入全球化大生产之后，也必然会产生新的矛盾与新的规律。因此，问题在于，不仅要承认经济全球化，更需要认识和分析经济全球化所产生的新矛盾和新规律，解决新矛盾和适应新规律，建立健全新的调控组织体制和机制，以推动经济全球化健康发展。这就是本章所要讨论的内容。

第一节　全球化大生产商品经济的新矛盾、新规律，需要建立新调控体制

一、全球化商品经济的发展，使各国间的经济联系日趋紧密，依存度不断增强

（一）全球化商品经济的发展，是各国经济联系日趋紧密、依存度不断增强的原因及其集中表现

价值（剩余价值）规律，是商品经济的基本规律。在价值（剩余价值）

规律的作用下，一个国家商品经济的发展，必然要越出国界，在全球范围优化配置资源，进行合理的生产部局。其必然结果是，既要求商品以及劳动力、生产资料、资金、技术，在各个国家间自由流动；又促使国际分工，从传统的产业分工加速向产业内分工发展，从而使有关国家的专业化生产日益细化，只生产部分产品，其他产品则依赖于国际市场，这就使每一个国家的生产成为世界性生产体系的一个环节。由此，必然导致各国经济交往不断扩大和商品经济全球化程度的不断提高。

20 世纪下半叶以来，世界各国之间经济依存度的不断增强，集中表现在：国际贸易总量和外汇收支总和占生产总量的份额迅速增长上。从 1990 年到 2006 年的 16 年间，世界进出口贸易总额占同期国内生产总值的比重，已由 32.1% 上升到 50.5%，平均每年增长 1.1 个百分点；外汇收支总和占同期国内生产总值的份额则由 1990 年的 60.1% 上升到 2006 年的 108.6%。详见表 6－1。

表 6－1　　1990—2006 年三项国际经济关系指标增长速度比较

年　份	1990	2000	2005	2006
世界国内生产总值（亿美元）	217961	318002	447954	486267
世界进出口总值（亿美元）	69715	131790	213050	245410
进出口总值占国内生产总值（%）	32.0	41.4	47.6	50.5
世界外汇收支总和（亿美元）	130970	282068	457495	528359
外汇收支总和占国内生产总值（%）	60.1	88.7	102.1	108.6

（二）随着依存度的增强，各国之间的经济必然形成“一荣俱荣、一损俱损”相依为命的格局

随着商品经济全球化程度的不断提高，国际分工的持续深化，各国经济对外依存度的增强，在世界范围内形成了一条条紧密衔接、犬牙交错的国际分工链，而各条分工链又相互连结成为“产业网络”。于是形成了“你中有我，我中有你”的局面。从而，各个国家间的生产经营单位联系日益紧密。而跨国公司的发展及其在各个国家的渗透，更把各个国家的经济，从商品生产、分配、交换到消费都有机地联系在一起。于是，原本是一个国家内的“国民经济体系”，现在放大、延伸成了全球范围内的“球民经济体系”。因此，在经济全球化时代，任何国家中的一个分工链条出现故障，都会引起“产业网络”震荡甚至某些部位断裂，并通过网络向全球扩散，各个不同国家中有关联的经

济体之间，就形成“一荣俱荣、一损俱损”相依为命的局面，经济衰退到来时，上游受“损”必然“损”及下游，并向四周扩散。反之亦然。2008 年美国金融危机震动了全球各行、各业，就是明显的例证。

一如 2008 年美国金融危机，波及欧洲，使欧洲金融界巨头富通集团遭遇严重打击，股价急跌，在接受救市注资无果后，银行业务目前已被荷兰政府和法国巴黎银行收购，昔日金融巨头已被“肢解”。中国平安保险公司投资富通，损失百亿元，据 2008 年 10 月 27 日晚间发布的公告，该公司第三季度出现净亏损，净亏损人民币 78.07 亿元。而冰岛作为第一个几近破产的主权国家，收到了经济全线崩溃的信号。只拥有 32 万人口的冰岛，是遭受危机最严重的国家之一，也是最适合作玩转金融杠杆工具反面教材的国家——仅仅 193.7 亿美元的国内生产总值竟然承担了高达 1383 亿美元的金融外债。为此，国际货币基金组织同意提供 60 亿美元紧急贷款；瑞典、挪威、芬兰和丹麦四国政府则决定联合向冰岛提供 25 亿美元援助贷款；荷兰财政部也同意为荷兰储户在冰岛 Icesave 银行破产中遭到损失的部分存款埋单。冰岛这个曾被联合国评为“最适合人居住的国家”，今后可能不得不重操旧业，将重心再次转移到捕鱼业上。

二如美国出现金融危机后，美国居民购买力大幅度下降，导致各国对美国出口萎缩，有些工厂倒闭，工人失业。一旦美国真的出现全面危机，进口必将进一步萎缩，对世界各国的连锁反应还会加剧，将会影响更多商品的供需平衡，会使世界各国更多的企业破产倒闭。美国一直是我国商品主要的出口国之一。2006 年，我国对美国出口商品总值占全部商品出口总值的 21%。美国经济衰退，导致我国出口萎缩。2008 年商品出口总值增幅，已由 1—9 月的 22.3%，下降为 10 月的 19.2%，11 月则为 -2.2%，12 月再降为 -2.8%。从而造成工业增加值的增幅也由 1—9 月的 15.2%，递降为 10 月的 8.2%、11 月的 5.4%、12 月的 5.7%。日本、韩国、越南等国家的商品出口，也出现了类似情况。

三如 2008 年上半年，对世界钢铁业来说，呈现着此前从来没有过的牛气。我国钢铁行业实现利润 982 亿元。于是矿石价格飞涨。在 2 月中旬，日本新日铁公司与巴西淡水河谷达成铁矿石协议价格比上年上涨 65%。随后，中国钢铁企业同淡水河谷达成协议，涨幅同前。可是澳大利亚的两大铁矿石供应商必和必拓、力拓却提出了更高的涨价要求，态度强硬，中国钢铁企业被迫接受了涨幅 96.5% 的合同。下半年，美国金融危机爆发，全球经济衰退，钢铁需求锐减。韩国浦项钢铁为应对钢铁需求减少和价格下滑，决定12月减产20万吨，2009年1月减产37万吨。全球最大的钢铁生产商安塞乐·米塔尔表示，在全球裁员9000人，其中欧洲员工约占6000人。我国钢铁产量6月份达到最高峰，然后逐步下滑，11月粗钢产量创下30个月来的新低。11月，我国钢铁企业全行业亏损额高达127.7亿元。12月，铁矿石生产商淡水河谷公司为应对金融危机，已在全球裁员1300人，并安排多达5500名员工“集体休假”，此外，还有1200名员工“脱岗培训”，并减产铁矿石3000万吨。力拓声称，将裁员1.4万人，资本投资减逾50%，并出售重要资产，力争使2009年的净债务削减100亿美元。有人把世界钢铁行业因美国金融危机，在2008年一年内发生的这种变化称之为“头高烧、脚奇冷”。石油情况与钢铁相似：2008年伊始，油价突破100美元，以后不断刷新，7月11日达到了顶点——147.27美元。从8月开始，油价的跳水之旅开始。9月15日，由于美国金融危机引发对美国经济的担忧，纽约市场油价在收盘时跌至每桶95.71美元。10月6日，纽约市场油价跌破每桶90美元，收于87.81美元。4天之后，纽约油价跌至77.7美元，12月19日，纽约商品交易所1月份交货的轻质原油期货价格收于每桶33.87美元，跌至近5年来的历史最低点。有人因此把它称之为：“沸点之后是冰点。”[①] 世界石油价格的大幅度下跌，又严重影响到石油输出国经济。

二、全球化商品经济的发展，产生了全球范围按比例发展规律，放大了固有矛盾，增添了新矛盾

（一）全球化商品经济的发展，产生了全球范围按比例发展规律

商品经济的运行全过程，即是商品的生产、分配、交换和消费过程。为要满足人类社会生存和发展的需要，商品生产过程必须持续不断地进行下去。因此，商品经济的运行过程，必然是商品的再生产过程。有了货币之后，商品的再生产运行过程，必然伴随着货币的反向运行过程，现代商品经济运行过程的全球化，必然是商品生产、分配、交换、消费过程以及相应的货币、资金运行过程的全球化。其主要表现为：

1. 许多商品生产所需的原材料、零配件，往往来自许多不同的国家、不同的地区、不同的企业，它们已不是由一个国家、一个地区、一个企业完成，

① 《国际金融报》，2008年12月30日。

而是由分布在全球几个、或几十个国家或地区的几个、十几个或数十个、数百个企业共同完成。

2. 各个企业生产出来的商品，都有部分或是全部销往国外，有的行销至世界许多国家；各个国家居民和社会集团消费的商品，不仅来自本国本地区，而且还来自世界各个国家和地区。因此，一方面必然伴随着大量商品通过众多的轮船、飞机、火车、汽车的运输过程；另一方面又必然伴随着货币的反向流通过程、资金的流出流入过程和国际外汇结算过程。

3. 以上一系列的国际间的商品、货币的流通过程，又必然涉及相关国家的财政税收、金融、居民就业和货币收支等一系列问题。而这一切都是商品经济全球化发展的必然结果，而且这种状况正在持续扩散与深化。

因此，随着商品经济全球化的发展，引发的国际产业分工不断深化，商品生产、再生产过程的链条会越拉越长。在这条长长的经济链条中，若有一个环节脱落或梗阻，就会危及全体。这一切，促使全球各国、各企业之间的经济联系日趋紧密，依存度不断加强，全球经济的共振性日趋明显。一个国家，尤其是某一个经济大国，一旦发生经济危机，极易波及其他国家，进一步加大了危机扩散的风险，就有可能爆发全球性经济危机。这些情况充分表明，在全球化大生产商品经济时代，各个国家为了本国经济的持续发展，为了顺利实现本国商品经济的正常运行，需要在全球范围内，保持上下游企业的相互协调发展，寻求各种商品的供给与需求的基本平衡，实现全球范围内的各部门、各行业的商品生产按比例协调发展。从而，在社会化大生产商品经济时代产生的，一个国家内的国民经济按比例发展规律，到了全球化大生产商品经济时代，则放大、延伸、转化为全球范围内的经济、社会、自然按比例协调发展规律。

（二）全球化商品经济的发展，加剧了社会商品供给与需求基本平衡的难度，更易爆发国际性经济危机

本书第一卷在分析商品经济的内在矛盾时即已经指出："使用价值与交换价值以及'私人'占有性与生产（供应）社会性这两对相互依存的矛盾，组成了商品的基本矛盾，既是商品生产和商品经济固有的主要矛盾；也是推动商品经济发展变化和形成商品经济基本规律（价值规律和剩余价值规律）的主要内因。因此，在研究商品经济发展变化规律过程时，必须紧紧循着商品这四种属性和两对矛盾发展变化的轨迹，进行探讨。""商品这四种属性和两对矛盾，虽然是商品以及商品生产、商品经济的共性，但随着社会生产力和商品经济的发展以及社会生产关系的变革，这两对矛盾本身和由这两对矛盾派生的其

他矛盾以及有关的商品经济规律，不仅会产生新的表现形式，而且还会在此基础上派生出新的矛盾和新的规律。因此，在研究社会化大生产商品经济、全球化大生产商品经济的特殊性时，必须与当时的社会生产力以及由社会生产力发展而派生的社会生产组织体制等新的客观条件紧密地联系起来分析探索。”①

正是基于以上这些商品经济固有的特性，在本卷前四章讨论社会化大生产商品经济时，即已指出：商品经济由小生产进入社会化大生产时代之后，产生了国民经济按比例发展规律，而商品经济在社会化大生产的新条件下，既加剧了固有的内外两对矛盾（即内在的使用价值与交换价值的矛盾，外在的“私人”占有性与生产社会性的矛盾）从而增加了国民经济按比例发展的难度；而且还增加了与人口增长以及大自然的两对新矛盾，并由此产生了社会化大生产商品经济的发展要与人口增长及与自然和谐协调发展的两条新规律。基于同样的道理，当商品经济由一个国家内的社会化大生产，扩大发展为世界范围内的全球化大生产之后，一国之内的国民经济按比例发展规律，就放大为全球范围内各部门、各产业、各种商品之间的按比例发展规律。在社会化大生产条件下，要实现各种具体商品以及社会全部商品的总供给与总需求的基本平衡，要使商品经济的内外两对矛盾得到充分解决，也即是商品交换价值的充分实现，已相当困难。现在要在全球范围内实现这种平衡，充分解决商品经济的内外两对矛盾，难度就更大了。其主要原因有四：

一是当社会生产力发展到全球化大生产阶段之后，社会分工越来越细，商品交易的范围越来越广，生产经营同类商品的企业越来越多，市场竞争越来越激烈，各个生产经营单位保护自身生产经营秘密的意识越来越强烈，各个商品生产经营单位越来越不容易准确地掌握市场商品供求状况，发展生产的盲目性加大。因此，各个商品的社会供需总量，更难免会经常处于不平衡状态。

二是在全球化大生产阶段，从事商品生产经营活动的企业的规模不断扩大，资本有机构成不断提高，企业里拥有更多的专用设备，当市场出现某些部门、行业的商品供需不平衡时，调节企业转产、减产的难度更大，也就是市场调节商品供需平衡难度加大。在优胜劣汰的市场竞争中，某些企业的减产、停产乃至倒闭更是难免。而一个大企业的破产倒闭，其影响和对社会的冲击波以及连锁反应就会更大。

三是在经济全球化时代，由于国际分工的深化，在世界范围内形成了一个

① 见《商品经济新论》第一卷《商品经济一般》，第64页。

紧密衔接、犬牙交错的国际分工链条和网络。每一个国家的生产都成为世界性生产的一个环节，形成“你中有我，我中有你”的局面，“球民经济”内各部门、各国家、各企业以及社会再生产各环节之间的关联度越来越强，联系越来越多，连接的链条越来越长，其中若有一个环节梗阻或脱落，就会发生连锁反应。在这样的情况下，某一种商品、一个行业产生供需不平衡，往往会像瘟疫一样逐步扩散波及其他。

四是当今世界有近二百个独立国家和地区，在经济全球化时代，要实现全部商品总供给与总需求基本平衡的难度就更大了。这时，若一个或几个大国一旦商品购买力萎缩，或通货急剧膨胀，就难免会引发世界性经济危机。由美国次贷危机引发的全球性金融危机，就是由此而来的。

以上四个因素综合作用的结果，使得在全球范围内实现商品供需平衡难度更大，商品内在的使用价值与交换价值，外在的“私人”占有性和生产社会性之间的矛盾必然加剧，商品价值实现的难度必然加大。这既意味着“球民经济”按比例协调发展的难度增大，更易爆发经济危机；又意味着组建有效的全球性调控体制的重要性与紧迫性。

（三）全球化商品经济的发展，增添了许多新矛盾

1. 全球化商品经济的发展，与现行的各国货币制度产生了矛盾。在全球统一大市场形成的同时，各个国家却存在着不同的货币，既有碍国家间的商品流通和经济交往，亦不便各国居民的外出旅游与购物。目前，世界各国多以美元，其次是欧元、英镑、日元作为国际通用货币，彼此间的货币收付，要以这四种货币进行结算。于是各个国家就有了外汇、汇率、外汇管理等一系列经济问题，由此，往往会出现外汇收支失衡。加之当今世界各国均已取消金、银本位制，实行信用货币，币值会因通货膨胀或紧缩，而经常出现波动，又会随之引发汇率变动风险，从而产生金融投机，并带来金融危机。因此，全球化商品经济，需要世界各国统一货币。欧盟各国，即是因此统一货币，加入欧元区的各国原来使用的本国货币已经取消。2009 年 1 月 1 日欧元区成员国已扩大到 16 个。

2. 商品和商品经济的内在特性，决定了它是属于全社会、全世界，不分国籍与国界，也不需要国籍与国界。于是，随着全球化商品经济的发展，要求开放国界，敞开国门，以便能在全球范围内优化配置资源，实现商品、资本和人员在全球范围内自由流动。这是商品经济发展的客观规律。从而，与现实国界的阻隔，产生了严重碰撞。现在虽然有了世界贸易组织保护自由贸易的规章制度，但各个国家之间仍然存在着许多贸易壁垒和形形色色的保护措施。为拆

除某些贸易壁垒而开展的多哈回合谈判，虽已进行了五年，最后还是无果而终。因而，国界、国门的存在，仍然人为地阻碍商品和生产要素的自由流通，严重地阻碍资源的优化配置和商品经济的正常运行与发展。

3. 随着社会生产力和商品经济的发展，人类社会与大自然之间的矛盾与日俱增。虽经联合国倡导，建“两型社会”、“发展循环经济”，走“可持续发展”的道路，但这又是一个全球性问题，需要全球统筹规划，协调推进。而现实世界有近200个主权国家和地区，虽然大家口头上都同意实施可持续发展战略，但当要求各国实施节能、降耗、减排、防污、治污，保护自然生态等措施时，因需要增加生产成本和必要投资，就很难达成协议，已达成的一些协议，也难以贯彻实施。这个问题的实质，也是全球化与独立的主权国家之间的矛盾。

4. 由于全球化商品经济的发展，国家间的社会、人员交往日趋频繁。于是产生了两方面的问题：一方面是国界的存在，严重地阻碍彼此间的交往与交流。如人员出国，既需经过许多关卡审批办理护照，又要兑换货币，携带一些物品进出还要经关卡查验。另一方面是从事商品生产经营活动的各个市场主体，在价值（剩余价值）规律的支配下，都有自己的利益，都企图追求自身利益的最大化，于是在跨国交往中，利益上的磨擦和碰撞日益增加。由此往往牵涉到各个国家的不同法律、法规问题，既增加了解决的难度，拖延了解决的时间，有时还会引起国家间的摩擦和冲突。

三、全球化商品经济的形成与发展，需建立与之相适应的健全的组织管理体制

（一）全球化商品经济的形成与发展，需要各个国家联合起来建立全球统一调控（调节、仲裁、协调）体制

经济基础的顺利发展，需要与之相适应的上层建筑。在全球化大生产商品经济时代，各个国家为了本国的经济社会的持续发展，为了顺利实现本国商品经济的正常运行，除了国内要继续保持国民经济协调发展外，与国外有关联部分，则需要在全球范围内保持“球民经济”按比例协调发展。可是现实世界却存在着阻碍这一客观规律顺利实现的三大因素：一是社会化商品经济原本已经存在的难以克服的“私人占有性”与“生产社会性”的矛盾，在进入全球化大生产商品经济阶段之后，又增加了以上提到的这些新矛盾，情况更加复杂、深化，更加难以解决。二是如上一章所介绍的，当今的全球化，已不仅仅是经济全球化，人际交往、社会生活以及在防治自然生态环境恶化、疾病传

播、恐怖主义、种族歧视以及大规模杀伤性武器扩散等方面，也将全球各个国家和人民紧紧地联系在一起。三是当今世界存在着200多个独立国家和地区，在国际间的经济交往中，在经济全球化的过程中，它们各有不同的经济利益，当彼此利益发生矛盾（往往是难免的）时，都会采取种种政策措施来维护自身的利益，从而又会人为地阻碍全球经济的协调发展。当这种不协调的情况累积到一定的程度，就会爆发世界性的经济危机。这些情况表明：当商品经济进入全球化时代，各个国家除了在国内继续加强混合型调控组织体制，做好国内经济运行的调控工作外，还需要建立全球性的组织体制，来调控全球化商品经济的运行，妥善解决以上这些新问题，使之能在全球范围内协调发展。

（二）世界现代史已经表明，全球性国际组织是各国社会经济发展的必然产物

1. 所谓国际组织，一般是指具有国际性行为特征的组织，包括成员为主权国家的政府间国际组织和未经政府间协议而建立的非政府间国际组织。现代意义上的国际组织，是生产力发展到一定水平，国家间多边关系发展到一定程度的产物。它首先是在欧洲随着工业革命的推进而产生的。具体地说，它是在19世纪欧洲经历工业革命，交通、通讯技术日渐发达，国家间的经贸往来以及政治、文化交往日益频繁的新形势下，各国之间一些共同问题需要商量解决，有些经济、贸易纠纷需要协调处理，于是，欧洲各有关国家就形成了会议协商制度。从1815年维也纳会议到1914年第一次世界大战爆发的一百年间，欧洲各个强国，随着彼此间的交往日益频繁，为妥善地协商处理有关各种重大问题的国际会议也日益增多，范围也不断扩大。经过经常性的协商会议制度的积累和发展，渐渐形成了国际立法的规则和手段，为其后国际组织的生成奠定了法律、技术上的基础；而一大批行政性、技术性组织的出现及其创立的国际事务局、大会制度和理事会制度，则为国际组织的兴起奠定了组织结构方面的基础。从而，现代意义上的国际组织也随之产生与发展。“据统计，1870年以前，世界上的国际性组织只有11个，1871—1900年增长到80个，到第一次世界大战爆发前夕已达200多个。”[①] 从国际组织的发展历史看，以上这一百年只是其准备阶段，它的真正发展则是在第一次世界大战以后。

2. 第一次世界大战的结束与国际联盟的建立以及国际组织的进一步发展。第一次世界大战，发端于1914年8月，到1918年11月结束，是一场主要发

① 冯特君：《当代世界经济与政府》，经济管理出版社2005年版，第284页。

生在欧洲但波及到全世界的大战，世界上大多数国家都卷入了这场战争，大约有6500万人参战，1000万左右的人丧生，2000万左右的人受伤。战争造成的经济损失，据估计达1700亿美元（若按现在美元币值计算，恐要超过5万亿）。战争结束后，痛定思痛。广大有良知的人士和政治家，都深知战争的罪恶与世界和平之可贵。为保证今后世界能持久和平，需要强有力的全球性的政府间国际组织。1919年1月18日至6月28日，第一次世界大战的战胜国（协约国）和战败国（同盟国）在巴黎凡尔赛宫召开了和平会议。1919年4月28日在巴黎和会上通过《国联盟约》。《盟约》中确定了国际联盟的组织机构、职能、原则和会员国的义务。1920年1月10日在美国总统威尔逊主持下，宣告国际联盟正式成立。在大战中对德奥集团宣战的国家和新成立的国家都是国际联盟的创始会员国，当时共有44个会员国。国际联盟的主要机构有大会、理事会、秘书处，并附设国际法庭、国际劳工局等，其中最主要机构是理事会。总部设在日内瓦。先后有63个国家加入国联。中国于1920年6月29日加入国际联盟。1937—1938年国联会员国最多时达58个。

国际联盟，是第一个以保障成员国领土完整、政治独立、共同防止侵略战争为宗旨的全球性的政府间国际组织。它倡导用民主协商的方式解决国际争端，顺应了世界发展的民主化趋势，并在客观上推动了这一趋势的发展，在世界历史上具有突出的地位。但英法两个帝国主义国家，一直把持着国际联盟的领导权，致使该组织成效不大，也未能阻止第二次世界大战的爆发。该联盟于1946年4月联合国正式运作后宣布解散。国际联盟虽然未能发挥它应有作用，但它毕竟是人类历史上第一个全球性的防止战争、保障世界和平的政府间国际组织，这一事实本身就具有十分积极的意义，它在实践过程所取得的成功经验和失误的教训，都给以后建立全球性国际组织留下了可贵的遗产。在此同时，从第一次世界大战结束到第二次世界大战爆发前夕，随着社会经济的进一步发展，世界各国间的交往更加频繁，关系更加密切，各种类型的国际组织也随之蓬勃发展，达到了500多个，其中有地区性的也有全球性的，并开始在国际舞台上显示其独特的作用。[①] 加之在这期间还发生了1929—1933年资本主义世界经济大危机。这又使人们认识到，建立全球性的政府间国际组织参与调控经济运行的必要性。

3. 过去的经验教训，加之全球化商品经济的发展，对国际组织又有了新的需要，因此，第二次世界大战之后，国际组织进入了大发展的新阶段。这一

① 冯特君：《当代世界经济与政府》，经济管理出版社2005年版，第285页。

阶段的特点是：国际组织的数目呈爆炸性增长，类型也已十分繁多，据百度网提供的资料，2005 年已达 7350 家。其中：有政府间的国际性组织，有民间的国际性组织，有全球性国际组织，有地区性国际组织，有专业性国际组织，有综合性国际组织，等等。国家间经济组织已成为国际多边经济交流与合作的重要形式，作用日益突出；经济贸易关系越来越取代政治军事关系，成了国际关系的主流。国际组织发展过程的史实，充分表明了它是社会经济发展的必然产物。由于本书是从如何调控全球化商品经济运行这个视角，来探讨国际性组织的，因此，这里只研究与经济有关的政府间国际组织，而且只将研究的重点放在与经济有关的问题上面。本章下面两节，先讨论全球性的政府间国际组织。下一章则将进一步研究地区性的政府间国际组织。

从目前情况来看，与经济有关的全球性政府间国际组织，主要是联合国、国际货币基金组织、世界银行和世界贸易组织。联合国是当今世界最高层次的综合性的国际组织；国际货币基金组织、世界银行和世界贸易组织，则是分别协调和管理国际货币金融、投资信贷和国际贸易三个领域的经济组织。从 60 多年来的实施情况看，这四大国际组织，在经济全球化的发展过程中，既是有关的法规的创建和组织实施者，又是有关经济运行过程的管理和协调者，还是经济运行过程中出现纠纷与争端的调解者。以下两节着重介绍这四个国际组织的基本情况。

几十年来的社会实践表明：随着政府间的国际性组织的建立，各个国家必然要让渡出一定的权力；实践还十分明确地预示其未来：随着全球化大生产商品经济的进一步发展，各个国家间的经济社会交流的频率的进一步加速、升级，必然要求相应的国际性组织体制和机制不断发展完善，各个国家的主权必然还要相应弱化，国界必然还要进一步开放。当然，国家主权的基本概念和国家的组织体制，在世界进入大同社会之前，还会继续存在。

第二节　联合国组织概况

一、联合国的建立

（一）联合国组织的产生及联合国宪章

联合国是目前世界上最大的、非赢利性的、由世界各主权国家组成的政府间国际组织。它建于 20 世纪 40 年代世界反法西斯战争胜利的凯歌声中。1942

年1月1日，正在对德、意、日法西斯作战的中、美、英、苏等26国代表在华盛顿发表了《联合国宣言》；1945年4月25日，来自50个国家的代表在美国旧金山召开联合国国际组织会议；6月26日，50个国家的代表签署了《联合国宪章》，后又有波兰补签；同年10月24日，中、法、苏、英、美和其他多数签字国递交了批准书后，宪章开始生效，联合国（United Nations）正式成立。这一天后来被称之为“联合国日”。1946年1月10日，第一届联合国大会第一阶段会议在伦敦举行，51个创始会员国的代表参加了这次会议，联合国组织正式开始运作。

联合国总部设在美国纽约，联合国官方正式使用的语言为阿拉伯语、汉语、英语、法语、俄语、西班牙语。6种语言同等有效，代表们发言时可以任意选用其中一种。

《联合国宪章》被认为是联合国的基本大法，它既确立了联合国的宗旨、原则和组织机构设置，又规定了成员国的责任、权利和义务，以及处理国际关系、维护世界和平与安全的基本原则和方法。遵守联合国宪章、维护联合国威信是每个成员国不可推脱的责任。

《联合国宪章》除序言和结语外，共分19章111条。它表达了使人类不再遭受战祸的决心，并且为防止战争、维持和平建立起一套完整、可行的运作机制。宪章规定，联合国的宗旨是“维护国际和平与安全”，“制止侵略行为”，“发展国际间以尊重各国人民平等权利及自决原则为基础的友好关系”，“促成国际合作，以解决国际间属于经济、社会、文化及人类福利性质之国际问题”等，以及不得干涉各国内政等原则。《宪章》规定，为实现上述宗旨，联合国及其会员国应遵循下列原则：联合国组织基于所有会员国主权平等；各会员国应忠实履行它们依宪章规定所承担的义务；各会员国应该以和平方法解决它们的国际争端；各会员国在它们的国际关系中，不得以不符合联合国宗旨的任何方式，对其他国家进行武力威胁或使用武力；联合国对任何国家采取防止或强制性行动时，各国不得对该国提供协助；在维护国际和平与安全方面，联合国应要求非会员国遵循上述原则；联合国除执行决议外，不得干涉任何国家国内管辖的事项。国际法院规约是《联合国宪章》的组成部分。

《联合国宪章》的制定和联合国的诞生是现代国际关系史上的一件大事，也是二战后规划和平体制的一项重大成就，它反映了各国民众的和平愿望。

（二）联合国的组织机构

1. 联合国大会。联合国大会，简称“联大”，由全体会员国组成。它是联合国的审议机构。每年举行一次常会，规定每年9月的第三个星期二开幕，通常持续到12月中旬，每届常会会期一般为3个月。如议程未讨论完毕，可延至第二年春天继续，但必须在下届常会开幕前闭幕。大会可在会议期间决定暂时休会，并可在以后复会。大会对于“重要问题”的决议，须由三分之二多数通过；对于“一般问题”的决议，半数以上通过即可。大会通过的决议，不具有法律约束力，但足以对会员国产生广泛的政治影响。除常会以外，应半数以上会员国或安理会要求，大会还可在15天内召开特别会议，在24小时内举行紧急特别会议。按照联合国宪章的规定，大会有权讨论宪章范围内任何问题，并向会员国和安理会提出建议。大会接受和审议安理会及其机构的报告；选举安理会非常任理事国、经济与社会理事会和托管理事会理事国；与安全理事会一起选举国际法院法官；根据安理会推荐批准接纳新会员和任命秘书长。联合国的预算和会员国分摊的会费都需经大会讨论决定。每届常会开会时，各国往往派出外交部长或其他部长级官员率代表团出席，一些国家元首和政府首脑也到会发表讲话。大会的1名主席和21名副主席，由常会全体会议按地区分配原则选举产生，安全理事会5个常任理事国为大会当然副主席，但也需经过选举。

2. 联合国安全理事会。联合国安全理事会，简称“安理会”，由中国、法国、俄罗斯、英国、美国等5个常任理事国和10个非常任理事国组成。非常任理事国按地区分配原则由大会选举产生，任期两年，不能连选连任。《联合国宪章》规定，安理会在维护国际和平及安全方面负有主要责任，职能是：根据宪章规定作出全体会员国都有义务接受并执行的规定；调查任何国际争端或可能引起国际摩擦或争端的任何情况，断定威胁和平、破坏和平或侵略的行动，并采取经济、外交或军事制裁行动来反对侵略；负责拟订军备管制的计划；向大会推荐新会员国和秘书长。安理会的行动以“五个常任理事国一致”的原则（即所谓“大国一致原则”）为基础，五个常任理事国在实质问题上都拥有否决权。经安理会通过的决议，对会员国具有约束力。安理会是联合国中唯一有权对国际和平与安全采取行动的机构。它有权对国际争端进行调查和调停，可以采取武器禁运、经济制裁等强制性措施，还可以派遣联合国维和部队，以协助缓和某一地区的紧张局势。联合国安理会作为国际集体安全机制的核心，已经成为公认的多边安全体系最具权威性和合法性的机构。

3. 联合国经济及社会理事会。联合国经济及社会理事会是根据《联合国宪章》设立的，是协调14个联合国专门机构、10个职司委员会和5个区域委员会的经济、社会和相关工作的主要机构。经社理事会还管辖 11 个基金会和规划署。经社理事会为讨论国际经济及社会问题，并为就此类问题制定面向各成员国和整个联合国系统的政策建议，提供中心论坛。它负责促进较高的生活标准、全民就业以及经济和社会的进步；解决国际经济、社会和卫生问题；促进国际间文化和教育合作；倡导对全体人类的人权和基本自由的普遍尊重。它授权从事或发起有关这些问题的研究和报告。它也授权帮助准备和组织经济、社会和相关领域的重大国际会议，协调这些会议的后续事项。经社理事会具有较广的职权，其权限涉及整个联合国系统的人类和金融资源的 70% 以上。经社理事会由 54 个理事国组成，经大会选举产生，任期 3 年，每年改选三分之一，可连选连任。

4. 联合国托管理事会。联合国托管理事会由安全理事会的五个常任理事国组成。随着联合国的最后一个托管领土帕劳取得独立，理事会于 1994 年 11 月 1 日正式停止运作。理事会修改其议事规则，取消每年举行会议的规定，并同意根据理事会或理事会主席的决定，或根据理事会多数成员或大会或安全理事会的要求，视需要举行会议。

5. 国际法院。国际法院是联合国主要司法机关，根据《联合国宪章》设立，以实现联合国的一项主要宗旨："以和平方法且依正义及国际法之原则，调整或解决足以破坏和平之国际争端或情势。"国际法院依照《国际法院规约》及其本身的《规则》运作。《规约》是《联合国宪章》的一部分。国际法院于 1946 年开始工作，取代 1920 年在国际联盟主持下设立的常设国际法院。国际法院在荷兰海牙和平宫。联合国六个主要机构中，国际法院是唯一设在纽约以外的机构。国际法院具有双重作用：依照国际法解决各国向其提交的法律争端，并就正式认可的联合国机关和专门机构提交的法律问题提供咨询意见。国际法院由 15 名法官组成，并由其行政机关书记官处协助。国际法院正式语文为英文和法文。

6. 联合国秘书处。联合国秘书处是联合国各机构的行政秘书事务机构。秘书长是联合国的行政首长，担任重大的国际政治责任。秘书长由联合国大会根据安理会的推荐任命，任期 5 年。秘书长在国际事务中以联合国代表的资格出现，代表联合国与会员国及其他国际组织进行联系，可以代表联合国到出现国际冲突和争端的地区进行了解和调解。

秘书处由秘书长和联合国工作人员组成，其职责是为联合国及其所属机构服务，并负责执行这些机构所制定的方案和政策。秘书长是联合国的最高行政首长。

此外，联合国根据需要还设立了数目繁多的各种理事会、委员会或其他机构。

7. 联合国下属的其他机构：联合国开发计划署（UNDP），联合国环境规划署（UNEP），联合国贸易和发展会议（UNCTAD），联合国人口基金会（UNFPA），联合国儿童基金会（UNICEF），联合国难民事务高级专员公署（UNHCR），联合国欧洲经济委员会（UNECE），世界粮食计划署（WFP），亚洲及太平洋经济社会委员会（ESCAP），和平利用外层空间委员会（COPUOS）。

8. 联合国专门机构（同联合国建立联系的政府间机构）。联合国专门机构就是在联合国体系内特定的专门领域从事国际活动的组织。这些国际组织无论在组织上或者是在活动上都是独立的，有独立的法律地位。它们不是联合国的附属机构，只是根据协定与联合国建立特殊的法律关系。联合国专门机构有其本身的会员国、联系会员国和观察员，联合国的成员国并不当然是专门机构的成员国。专门机构有其本身的组织约章、机关体系、议事规则和经费来源。其决议不须经联合国批准。由联合国经济及社会理事会负责协调联合国与专门机构的关系。

联合国专门机构有：国际劳工组织（ILO），联合国粮食及农业组织（FAO），联合国教育、科学及文化组织（UNESCO），世界卫生组织（WHO），国际货币基金组织（IMF），国际开发协会（IDA），复兴开发银行（世界银行）（World Bank），国际金融公司（JFC），国际民用航空组织（ICAO），万国邮政联盟（UPU），国际电信联盟（ITU），世界气象组织（WMO），国际海事组织（IMO），世界知识产权组织（WIPO），国际农业发展基金会（IFAD），联合国工业发展组织（UNIDO），国际原子能机构（IAEA），世界贸易组织（WTO）。

二、联合国成立以来的主要业绩

联合国在冷战期间由于受到东西方集团对峙的影响，之后又受美国霸权主义的干扰，在许多问题上虽然未能发挥应有的作用，但也不能因此否定联合国成立以来所取得的成就。客观地说，过去的六十多年，联合国在根除殖民制度、维护世界和平、开展人道主义活动和制定国际法规等方面发挥了许多积极作用；在推动世界经济发展，帮助落后国家发展经济、缩小贫富差距等方面也做了大量工作，取得了显著成效。在这里特别值得指出的是以下几点：

（一）在推进非殖民化事业上做出了卓越贡献，在维护世界和平方面发挥了重要作用

1952 年第 7 届联大通过了《关于人民与民族的自决权》的决议，1960 年第 15 届联大发表了《给予殖民地国家和人民独立宣言》，即著名的“非殖民化宣言”。为实施该宣言，1961 年联合国建立了非殖民化特别委员会。在联合国的推动下，11 块托管领土摆脱了托管地位，或独立，或加入邻国组成新国家；联合国成立初期的 84 块非自治领土的绝大部分迄今为止也已取得独立。在 1945 年联合国成立的时候，只有 51 个会员国，而今除了几块非自治领土外的 10 多亿人民在联合国的支持下摆脱了殖民统治。1946 年到 1970 年间，亚非两洲就有 61 个国家赢得了独立。现在，非殖民化的目标在全球已基本实现，今天联合国会员国已增加到 192 个，联合国的作用可谓功不可没。

为维护世界和平，联合国建立了以安理会为核心的集体安全机制。尽管联合国成立后，世界经历了漫长的冷战阶段和东西方对峙，也发生过多次规模不等的地区性冲突，以美国为首的几个国家先后发动了科索沃和伊拉克战争，但世界上并没有发生两次世界大战那样的全球性冲突。联合国迄今实施的 60 多次国际维和行动，虽然有索马里、卢旺达等失败的例子，但绝大多数都成功阻止了地区冲突的蔓延和扩大。在调解世界许多热点冲突中，联合国也有过不少成功的范例。如两伊战争的最终停息，柬埔寨和平协定的签订，苏联入侵阿富汗问题的政治解决，都得益于联合国的调解。

（二）在保护自然环境与制定可持续发展战略方面，联合国功不可没

第二次世界大战结束之后，随着社会生产力的发展，引发了自然生态日益失调，生存环境渐趋恶化。在世界广大有识之士的推动下，1972 年，联合国在斯德哥尔摩召开人类环境会议，第一次将环境问题纳入世界各国政府和国际政治的事务议程，并成立了环境规划署。大会通过《人类环境宣言》，向全球呼吁：必须更加审慎地考虑人类活动对环境产生的后果。1979 年联合国召开的第一次世界气候大会上，首次将气候变化作为一个引起国际社会关注的问题提上议事日程。1983 年的第 38 届联合国大会通过成立世界环境与发展委员会。1987 年 4 月 27 日于东京召开的环境特别会议上，世界环境与发展委员会提出《我们共同的未来》的报告，报告提出了“可持续发展”战略思想。

在发现臭氧层空洞后两年，在联合国主持下，各国于 1987 年签订了蒙特利尔议定书，规定各国必须减少对臭氧层起破坏作用的主要化学气体的排放

量；1988 年，联合国环境规划署和世界气象组织建立了政府间气候变化小组（IPCC）。1990 年 IPCC 发表了第一份气候变化评估报告。以 IPCC 的这份报告为基础，联合国大会于 1990 年建立了政府间谈判委员会，开始进行气候变化框架公约的谈判。1992 年联合国环境与发展大会（即里约地球峰会）上，154 个国家签署了《联合国气候变化框架公约》。其目标是将大气中温室气体浓度稳定在防止发生由人类活动引起的、危险的气候变化水平上。1994 年 3 月 21 日，即得到第 50 个国家的批准 90 天后，《公约》开始生效。到目前为止，《公约》有 189 个缔约方，其秘书处设在德国波恩。1995 年，《公约》第 1 届缔约方会议在德国召开，与会代表通过了“柏林授权”，要求各缔约方进行谈判，以通过量化目标和规定时限进行减排。1997 年 12 月于日本京都举行的第三次缔约方会议上促生了《公约》的第一个附加协议，即《京都议定书》（以下简称《议定书》）。《议定书》规定了《公约》附件里的国家的量化减排指标，即在 2008—2012 年间（第一承诺期）其温室气体排放量在 1990 年的水平上平均削减 5.2%。由于国家温室气体排放量 36.1% 的美国拒绝批准《议定书》，《议定书》直到 2005 年 2 月 16 日才开始生效。目前共有 175 个缔约方批准、加入、接受或核准《议定书》。

1992 年 6 月在巴西里约热内卢召开联合国环境与发展大会，共有 183 个国家的代表团和 70 个国际组织的代表出席了会议，102 位国家元首或政府首脑到会讲话。会议通过了《里约环境与发展宣言》（又名《地球宪章》）和《21 世纪议程》两个纲领性文件。前者是开展全球环境与发展领域合作的框架性文件，它提出了实现可持续发展的 27 条基本原则；后者则是全球范围内可持续发展的行动计划，它旨在建立 21 世纪世界各国在人类活动对环境产生影响的各个方面的行动规则，为保障人类共同的未来提供一个全球性措施的战略框架。从此，可持续发展得到世界最广泛和最高级别的政治承诺。以这次大会为标志，人类对环境与发展的认识提高到了一个崭新的阶段。大会为人类高举可持续发展旗帜，走可持续发展之路发出了总动员，使人类迈出了跨向新的文明时代的关键性一步，为人类的环境与发展矗立了一座重要的里程碑。

1993 年联合国发起防止土地沙漠化运动，联合国通过决议，确定每年 3 月 22 日为“世界水日”。

1995 年由多个涉海国家和地区在联合国形成并通过了一项“保护海洋环境免受陆源污染全球行动计划”的国际协定。协定由联合国环境规划署负责，号召区域海和各成员国分别制定相应的行动计划，旨在推动从国家、区域到全球的 3 个层面共同采取行动来保护海洋环境。截至 2005 年，已有 78 个国家、15 个海区、11 个联合国所属机构、7 个政府间合作组织及 29 个非政府组织加入了该计划。1999 年 11 月，150 多个国家和地区的官员聚集巴西，评估联合国 1992 年发起的防止土地荒漠化的努力取得的成果，并且讨论如何筹集资金。据有关专家说，阻止荒漠化并使环境开始恢复，需要几十乃至上百亿美元的资金，受荒漠化影响国家正在同联合国制定解决方案。截至 1999 年，已有 159 个国家和地区在联合国防止荒漠化公约上签字。

2002 年 8 月 26 日召开第二届地球峰会，讨论全球生存环境持续恶化问题。2004 年 4 月 25 日在东京参加地球观测峰会，来自 44 个国家和包括欧盟在内的 26 个国际团体的部长和大使们已通过了一项建立“全球综合地球观测体系”的十年计划。这一体系可帮助各国分享世界各地卫星、航标和气象气球的数据，它们将改变并增进我们对地环系统的认识。这种认识对促进人类健康、安全和幸福，保护全球环境以及实现可持续发展都是至关重要的。

以上记录的这些情况，仅是 30 多年来国际组织为解决好社会生产与自然生态环境矛盾问题的一部分活动，但已经足以说明联合国对当前存在的自然生态环境问题已十分重视。通过国际社会的这些活动，世界各国政府已普遍重视保护自然生态环境问题，并成立了相应组织，通过了相应立法，取得了一定成效。

（三）联合国在救灾、扶贫以及推动制定的《千年发展目标》，为降低全球贫困水平发挥了重要作用

在与“红十字”、“红新月”以及主要援助机构和捐助人的密切合作下，联合国相关机构在各国发生自然灾害时，提供必需的人道主义援助方面也做了大量工作。如在 2004 年 12 月 26 日印度洋发生海啸后不到 24 小时，联合国灾害评估和协调待命小组已经到达灾区最前线，在半年内就向 170 多万人发放了食物，为 110 多万无家可归者提供庇护，向 100 万人提供饮用水以及帮助 120 万儿童接种麻疹疫苗。在过去四十年，粮食计划署在全球最贫穷的国家投资了 335 亿美元，向近 14 亿人提供了 7.83 亿吨食品。联合国系统每年对成员国的贷款、援助达 100 多亿美元。仅联合国计划开发署目前就在各国承担 5000 多个工程项目，7000 名专业技术人员到现场指导。儿童基金会每年用于教育、保健、免疫等方面的开支也达 8 亿美元，对消除儿童疾病、减少死亡作出了贡献。

联合国千年发展目标，是联合国 192 个成员国一致通过的一项旨在将全球

贫困水平，在2015年之前降低一半（以1990年的水平为标准）的行动计划。2000年9月联合国首脑会议上签署《联合国千年宣言》，正式做出此项承诺。该发展目标主要有以下8个方面内容：（1）消灭极端贫穷和饥饿，使每日靠不到1美元为生的人和忍饥挨饿的人比例减半。（2）普及小学教育。确保所有的男童和女童都能完成全部的小学教育。（3）促进两性平等并赋予妇女权力。（4）降低儿童死亡率。五岁以下儿童的死亡率降低三分之二。（5）改善产妇保健。产妇死亡率降低四分之三。（6）与艾滋病病毒/艾滋病、疟疾和其他疾病作斗争。（7）确保环境的可持续发展能力。（8）全球合作促进发展。

2008年9月11日联合国发布了《2008年千年发展目标报告》，该报告指出：7年来，多数国家都做了一定工作，取得了一定成效。预计可在2015年达到大部分具体目标。然而，除非紧急采取额外的、加强的或修正的行动，有一些地区将继续处于落后地位，还有一些具体目标可能难以实现。为推动各国政府为如期实现千年目标而进一步采取行动，联合国于2008年9月25日在纽约总部举行千年发展目标高级别会议，会议决定将进一步采取应对措施，以保千年目标的实现。

三、联合国需要改革

联合国成立至今已有60多年，虽然业绩显著，但仍有许多缺失。加之现在的世界形势与联合国成立初期相比，已有很大变化，联合国的原定体制和机制，有些与当前的形势已不适应。因此，联合国需要与时俱进，至少有以下几方面的问题，需要研究改革。

一是安理会的代表性问题。当今世界加入联合国的近200个国家中，绝大部分是发展中国家，可是联合国安理会成员中的5个常任理事国，有3个是发达国家；亚洲地区41亿人口、47个国家，只有1个常任理事国；非洲近10亿人口、54个国家，却没有1个常任理事国，而欧洲人口不足8亿、45个国家，却占有3个常任理事国席位；这显然没有考虑地区性和代表性，很不公平。随着世界经济政治形势变化，安理会亟需增加发展中国家的席位，尤其需要增加非洲的、伊斯兰国家的代表。增加发展中国家在安理会的席位，增强安理会的代表性，不仅符合时代的要求，而且有助于增强安理会的行动能力。要有效地履行维护世界和平的职责，安理会不仅需要提高自身的权威，还必须增强同非洲联盟和伊斯兰国家组织等地区组织的合作，后者在解决地区冲突中的作用正变得越来越大。更多发展中国家进入安理会将有利于安理会加强与这些地区组织之间的合作与联系。但在如何改革安理会问题上，一直有着这样的论调：谁为联合国出的钱多，谁就应该在安理会拥有更多发言权，应该成为常任理事国。这种观点是根本站不住脚的。因为安理会既不是公司董事会，也不是大亨俱乐部，将会费同常任理事国席位简单挂钩更是有悖《联合国宪章》原则。交纳会费，是各成员国的义务，交费标准也是根据联大决议、按照各国都同意的计算方式确定的。有能力的国家愿为联合国多做一些贡献是好事，然而这绝不能成为索要特权的理由。

二是联合国工作的重点问题。在联合国的工作中，在一定程度上存在着“重安全、轻发展”的现象。有关联合国改革的讨论中，也往往偏重安全领域，因而特别偏重安理会的改革，而对发展领域的改革议得较少。然而发展是各国人民的共同诉求，是世界形势的主流，是集体安全机制和人类文明进步的基础。截至2006年，全球尚有31个国家人均国民收入在600美元以下，它们是当今世界最贫穷的国家，倘若将人均1000美元以下的也计算进去，则共有51个国家。可以说，不解决发展问题，安全问题也很难真正得到解决。因此，联合国改革，要高度重视发展问题，要着力通过改革解决如何切实落实“千年发展目标”问题。

三是树立联合国决议的权威性和约束力问题。由于联合国当年是以美国为首的少数发达资本主义国家主导下建立起来的，因此，在表面上，联合国宪章以及各种议事规则，看似公平、平等的，其实不然。首先表现在联合国大会的议事规则虽然是一国一票，少数服从多数，但联合国大会的决议，只有道义上的价值，对有关国家并没有约束力，无实际意义。如美国1979年入侵格林纳达，1989年入侵巴拿马，联合国大会都通过了谴责美国的决议，但未起作用；美国为了推翻不听命于它的古巴政府，对古巴实行了长期经济、商业和金融封锁。联合国大会已连续第17次通过决议敦促美国解除对古巴的制裁，赞成国家逐年递增。2007年决议以185票赞成，只有美国、以色列和帕劳3票反对，密克罗尼西亚和马绍尔群岛2票弃权。可是美国就是拒不执行。联合国也无可奈何。其次表现在安理会的议事规则中的常任理事国的否决权上。按照联合国宪章的规定，安理会的决议，对各个国家都有约束力。但议事规则规定的是安理会常任理事国“一致同意”的原则，从而每一个常任理事国，对安理会的决议，都有否决权。据此，只要涉及其中某一个常任理事国利益不能满足的决议就无法通过，联合国就发挥不了作用。因此，联合国曾被称做是“表决机器”，在美苏两个超级大国尖锐对峙时期，联合国又变成了“冷战场所”。《联合国宪章》设想的第二次世界大战后理想国际秩序并没有实现，集体安全很快被淹没在冷战之中，军事结盟政策故态复萌。联合国宪章给大国以否决权，本是让大国在维护和平方面承担特殊的责任，但是当年的美、苏，现在的美国，在安理会频繁使用否决权，使安理会难有作为，严重削弱了联合国的作用，同时，否决权又使它获得了免受安理会裁决的特权，造成了联合国不能有效解决大国争端的缺陷。

四是联合国任务与经费不足的矛盾问题。当今，经费不足已成为联合国开展有效工作的一大难题。"负责联合国内部管理事务的副秘书长凯恩9日表示，由于美元贬值、通货膨胀、安理会等机构赋予秘书处新的任务等因素影响，联合国2008年和2009年双年度预算可能至少会出现10亿美元的资金缺口"①，另据凯恩10月29日在纽约宣布，"个别成员国拖欠联合国正常预算已经超过7.5亿美元，其中仅美国一国就占94%，超过7.1亿美元，凯恩同时宣布，以美国和日本为首的个别成员国还大量拖欠联合国维和行动经费，截止到今年10月24日，共拖欠了29亿美元，其中美国和日本共占62%，高达18亿美元。根据各项统计，美国拖欠联合国的各种费用已经超过了15亿美元"②。

第三节 国际货币基金组织、世界银行和世界贸易组织

一、国际货币基金组织（IMF）和世界银行（WB）

（一）国际货币基金组织和世界银行的建立

1929年到1933年的经济大危机，对于发达资本主义国家来说，是一次严重教训，使它们深切感到，当商品经济进入社会化大生产阶段，经济运行仅靠"无形之手"已不行了。从而产生了凯恩斯的国家宏观调控国民经济的理论。与此同时，有识之士也认识到了随着社会生产力的发展，在国家间经济交往越来越密切的情况下，有必要建立国际性的经济调控体制和机制。1944年，第二次世界大战胜利在望，德、意、日国民经济破坏殆尽，英法经济在战争中也

① 中国新闻网，2008年10月10日。

② 中国网，2008年10月30日。

遭到重创，实力大为削弱。唯独美国综合国力急剧增长，并成为世界最大的债权国，黄金储备大增，美元的国际地位空前稳固。在这样的时代背景下，美国吸取第一次世界性经济危机的经验教训，既深知在当今国际经济联系日益紧密的时代，不仅国内需要政府参与经济调控，而且还需要建立相应的国际性组织来调控经济运行；也深知这是它建立世界经济霸权的良好时机，于是萌发了建立一个以美国为主导的、以美元为支柱的有利于美国对外经济扩张的国际货币和经贸体系的企图。国际货币基金组织和世界银行，就是在这样的背景下，由美国主导，于1944年7月，在美国新罕布什尔州的布雷顿森林召开的联合国国际货币金融会议上建立起来的。

布雷顿森林会议通过了《联合国家货币金融会议的最后决议书》以及《国际货币基金组织协定》和《国际复兴开发银行协定》两个附件，总称为《布雷顿森林协定》。根据《布雷顿森林协定》，先后成立了世界银行和国际货币基金组织。

世界银行，又称国际复兴开发银行，1945年12月27日，28个国家政府的代表签署了《国际复兴开发银行协定》，并宣布国际复兴开发银行正式成立。1946年6月25日开始营业，是一个非营利性的国际组织。1947年11月5日，它成为联合国专门机构，是联合国全球环境基金的执行机构，也是世界上最大的政府间金融机构之一。世界银行总部设在美国华盛顿，并在巴黎、纽约、伦敦、东京、日内瓦以及20多个发展中国家设立办事处。现在的世界银行已是一个集团组织，除世界银行本身外，还有其他四个机构，它们是：国际金融公司，国际开发协会，国际投资争端解决中心，多边投资担保机构。虽然在20世纪70年代布雷顿森林体系解体，而世界银行的作用不仅没有被削弱，反而不断发展壮大。

1946年5月国际货币基金组织正式成立，1947年3月1日正式运作。1947年11月15日成为联合国的专门机构，在经营上有其独立性，总部设在华盛顿。它既是各国政府间的官方机构，又具有企业经营性质。该组织的资金来源于各成员国认缴的份额。份额的多少按成员国的国民收入、黄金外汇储备、平均进口额、出口变化率和出口额占国民收入的比例等变量所构成的公式计算得出。每5年审定一次。各成员国按所认股份出资，这个份额是确定各国取得贷款和投票权的依据。

（二）国际货币基金组织的体制和运作准则

1. 国际货币基金组织的最高权力机构为理事会，由各成员国派正、副理事各一名组成，一般由各国财政部长或中央银行行长担任。每年9月举行一次会议，各理事单独行使本国的投票权（各国投票权的大小由其所缴基金份额的多少决定）；执行董事会负责日常工作，行使理事会委托的一切权力，在24名执行董事中，8名由美、英、法、德、日、俄、中、沙特阿拉伯指派，其余16名执行董事由其他成员国分别组成16个选区选举产生。执行董事每两年选举一次；总裁和3名副总裁由执行董事会推选，负责基金组织的业务工作，任期5年，可连任。由执行董事组成的临时委员会，是国际货币基金组织的决策和指导机构。国际货币基金组织每年与世界银行共同举行年会。国际货币基金组织设5个地区部门（非洲、亚洲、欧洲、中东、西半球）和12个职能部门（行政管理、中央银行业务、汇兑和贸易关系、对外关系、财政事务、国际货币基金学院、法律事务、研究、秘书、司库、统计、语言服务局）。

2. 国际货币基金组织的议事规则很特别，实行加权投票表决制。投票权由两部分组成，每个成员国都有250票基本投票权以及根据各国所缴份额所得到的加权投票权。由于基本票数各国一样，因此在实际决策中起决定作用的是加权投票权。加权投票权与各国所缴份额成正比。目前IMF的投票权主要掌握在美国、欧盟和日本手中，中国的份额甚至不如比利时与荷兰的总和。美国是IMF的最大股东，具有17.4%（现为16.83%）的份额。另外，IMF重大议题都需要85%的通过率，因此，美国享有实际否决权与决策权。IMF这种表决权的做法与传统国际法的基本原则显然是背离的，引起了不少国家尤其是发展中国家的不满。

3. 根据《国际货币基金组织协定》的规定，国际货币体系运作的基本准则是：以黄金为基础，以美元作为国际储备货币；美元直接与黄金挂钩，确定35美元等于1盎司黄金的价格；各国货币则与美元挂钩；各国中央银行持有的美元可按35美元/盎司的官价向美国兑换黄金。国际货币基金组织有监督国际汇率、提供国际信贷、协调国际货币关系三大职能。加上以上的议事规则，从而建立起了以美元和美国为中心的国际货币体系，确立了美元和美国的霸主地位。这也就是布雷顿森林体系的核心内容。

（三）《国际货币基金组织协定》的内在缺陷与修改

1. 《国际货币基金组织协定》的核心准则存在着自身无法克服的缺陷。其致命的一点是：它以一国货币（美元）作为主要储备资产，具有内在的不稳定性。因为，随着经济全球化的进展，国际贸易的迅速发展，只有靠美国的长期经贸逆差，才能使美元流散到世界各地，使其他国家获得美元供应，才能确保国际贸易的顺利发展。但美元的长期逆差，必然会造成美元泛滥，引起美元危机。而美国如果保持国际收支平衡，就会断绝国际储备的供应，引起国际清偿能力的不足。这是一个不可克服的矛盾。后来的实践充分证明了这一点。虽经几次修补仍然无效，该体系终于完全崩溃。从20世纪50年代后期开始，随着美国经济竞争力逐渐削弱，其国际收支开始趋向恶化。1960年，美国的黄金储备从战后初期的245.6亿美元，下降到178亿美元，已不足以抵补当时的210.3亿美元的流动债务，出现了美元的第一次危机。60年代中期，美国卷入越南战争，国际收支进一步恶化，1968年3月，美国黄金储备已下降至121亿美元，而同期的对外短期负债为331亿美元，引发了第二次美元危机。严重地动摇了美元的信誉，各国纷纷抛出美元兑换黄金，美国黄金开始大量外流。由此，引起了这一体系自身的变革。

2. 针对上述问题，1967年9月，国际货币基金组织年会授权基金理事会拟定以创设特别提款权（SDRs）为主旨的基金协定修改案，该修改案于1968年5月经基金理事会以决议通过，并于1969年7月经五分之三的成员国批准生效，这就是对基金协定条款的第一次修改。按照这此修改，基金组织将分3年建立95亿美元的特别提款权，该特别提款权可以用来购买外汇、支付国际收支逆差或偿还国际债务，但不能直接用于贸易或非贸易支付。提出这一修改方案的主要目的，在于扩大基金组织的贷款能力，希望利用这种“纸黄金”来补充国际储备之不足，进而代替和削弱黄金的国际储备作用；而各国在金融危机的压力下，也希望创造某种补充性国际储备，以解燃眉之急。但到1971年，美国的黄金储备（102.1亿美元）仅是它对外流动负债（678亿美元）的15.05%。此时，美国已完全丧失了承担美元对外兑换黄金的能力。于是，尼克松总统不得不于1971年8月15日宣布停止承担美元兑换黄金的义务，并放弃按35美元/盎司的官价兑换黄金的美元“金本位制”，实行黄金与美元比价的自由浮动。1971年12月，以美国为首的十国集团勉强达成了旨在认许美元贬值的《史密森协定》，按照这个协定，美元对黄金的比价将贬值7.89%，一些国家的货币被强制对美元升值，各国的汇率波动幅度被扩大为上下的2.25%。但是《史密森协定》所确定的这一汇率仍未反映各种货币的真实价值，也无法解决国际货币关系所面临的实际危机。1973年2月，美国再次使美元大幅贬值；欧洲共同体和十国集团发表联合声明，宣布其中央银行将不再为维持本国货币与美元的稳定比价而买卖外汇，从此，布雷顿森林时代结束。

1974年9月召开的国际货币基金组织年会，委托有发展中国家参加的临时委员会就国际货币基金协定条款修订提出方案。1976年1月在牙买加金斯顿会议上，达成了《牙买加协定》。基金理事会于1976年4月对国际货币基金协定进行了第二次修改，其主要内容包括：（1）确认成员国可以自由选择汇率制度，由此使浮动汇率合法化；但成员国有义务缩小汇率波动幅度，并且不得通过操纵汇率而取得不公平利益；基金组织有权对会员的汇率政策进行监督，使之符合各国的基本情况，有权要求成员国解释其汇率政策。（2）废除原协定中的黄金条款，使黄金与各国货币脱离联系而成为一种单纯的商品，实行黄金非货币化，成员国依原协定须以黄金支付的义务取消；基金组织持有的黄金将以市价出售其六分之一，另六分之一归还成员国，剩余部分依成员国决议处理。（3）确认未来将以特别提款权作为主要的国际储备资产，以特别提款权本位取代美元本位；特别提款权可以用来偿还对基金组织的债务，可以用于特别提款权账户参加国间的借贷，也可以作为债务担保；基金组织有责任加强对国际清偿能力的监督；增加发行特别提款权。（4）扩大对发展中国家的资金融通，放宽对成员国贷款的比例和数额。《牙买加协定》为现行的国际货币体系奠定了基础，使现行的国际货币体系得以运转。进入20世纪90年代后，基金理事会根据国际货币关系变化的状况，又对《基金协定》进行了第三次修改，这次修改主要是增加和调整了成员国的份额，为强化基金协定和基金组织的约束力，增加了成员国强制退出制度，同时在基金理事会内设立了成员国停止投票规则。

（四）国际货币基金组织的职能

国际货币基金组织是布雷顿森林会议的产物，是根据《国际货币基金协定》的规定建立起来的，随着布雷顿森林体系的解体，固定汇率制度的取消，代之以有管理的浮动汇率制度之后，国际货币基金组织的职能也有了调整。现在该组织的职能是：通过一个常设机构来促进国际间金融合作，为国际货币问题的磋商和协作提供方法；通过国际贸易的扩大和平衡发展，把促进和保持成员国的就业、生产资源的发展、实际收入的高水平，作为经济政策的首要目标；稳定国际汇率，在成员国之间保持有秩序的汇价安排，避免竞争性的汇价贬值；协助成员国建立经常性交易的多边支付制度，消除妨碍世界贸易的外汇管制；在有适当保证的条件下，基金组织向成员国临时提供普通资金，使其有信心利用此机会纠正国际收支的失调，而不采取危害本国或国际繁荣的措施；按照以上目的，缩短成员国国际收支不平衡的时间，减轻不平衡的程度等。

进入20世纪80年代以后，在美国的大力推行下，金融市场日益全球化、自由化，许多发展中国家开放资本市场，金融衍生品泛滥，金融投机活动猖獗，加之互联网络的普及，投机资金可以迅速增长并在各个国家间流动，这些因素叠加的结果，造成了许多国家先后爆发金融危机。据不完全记录：1980年代早期，智利和摩洛哥遭遇金融危机；20世纪80年代末，美国储蓄与贷款协会（S&L）遭受金融危机的打击；90年代初，危机登陆瑞典、芬兰、挪威以及东欧大多数转型中的国家；1994年至1995年，危机席卷委内瑞拉、巴西和墨西哥；1997年，泰国、印度尼西亚、菲律宾、马来西亚等国家先后爆发危机；1998年，俄罗斯拖欠债务引发震荡，影响之广甚至波及到遥远的巴西。因此，国际货币基金组织就成了救火队，为各个出现金融危机国家提供紧急贷款，在稳定金融秩序和缓解危机方面发挥了一定的作用。

2005年9月举行的国际货币基金组织年会上，批准了一项为世界最贫穷国家免除400亿美元债务的计划。同年12月21日国际货币基金组织执行董事会批准向19个世界最贫穷国家减债33亿美元。这是该机构为世界穷国减债计划的一部分。被批准减少债务的国家大多数是非洲和拉美国家，还有柬埔寨和塔吉克斯坦两个亚洲国家。

2008年由美国次级贷款危机而引发的全球性金融危机中，据媒体报道，国际货币基金组织在2008年10到12月，先后为协助各国缓减因受美国金融危机影响而产生的金融困扰，即已批准向冰岛、乌克兰、塞舌尔达、拉脱维亚以及巴基斯坦等国发放多项货款。

（五）世界银行的组织体制与主要职能

1. 世界银行最高权力机构是理事会，由成员国的财政部长、中央银行行长或级别相当的官员担任理事。每年秋天与国际货币基金组织联合召开年会。执行董事会是世界银行管理机构，由21名执行董事组成，其中5名由拥有股份最多的美、英、法、日、德委派，另外16名由其他成员国按地区选出。该行历届行长一般由美国总统提名，均为美国人。行长同时兼任国际开发协会会长、国际金融公司主席、多边投资担保机构的主席等职。其资金来源有三：各成员国缴纳的股金；向国际金融市场借款；发行债券和收取贷款利息。

目前，世界银行有184个成员国，其他机构有140到176个成员国不等。世界银行集团的所有组织都由一个由24个成员国组成的董事会领导，每个董事代表一个国家或一组国家。每个成员国的表决权分两个部分：第一个部分是所有成员国相同的，第二个部分按每个成员国缴纳的会费而不同。目前美国有16.4%的表决权，由于任何重要的决议必须由85%以上的表决权决定，因此，美国拥有否决权。

2. 世界银行成立初期的宗旨是致力于战后欧洲复兴。法国是第一个从世界银行得到贷款的国家。1948 年以后转向世界性的经济援助，主要通过向政府或向政府担保的企业的生产性项目提供贷款，对改革计划提供指导，帮助欠发达成员国实现经济发展。世界银行贷款有三个主要特点：一是贷款一般须与特定的工程项目相联系；二是贷款期限较长；三是贷款利率参照资本市场利率，但一般低于市场利率。

赠款是世界银行工作的有机组成部分。除通过国际开发协会提供赠款以外，世界银行还管理十几个赠款项目以及约 850 个捐款方的信托基金（每年支付的款项超过 10 亿美元）。

世界银行另一项职能是对发展中国家提供紧急援助。这是在发生自然灾害或任何对经济有重大影响并需做出迅速反应事件的情况下提供。例如，世界银行曾向埃塞俄比亚、马拉维和赞比亚提供 1.6 亿美元的援助，帮助其旱灾后的恢复工作。世界银行还在 2001 年 1 月古吉拉特邦地震后向印度提供约 6 亿美元的贷款用于重建。在实施防洪和森林防火措施方面，世界银行还设计了一些灾害管理项目。自 1980 年以来，世界银行还批准了 500 多项与灾害有关的业务，金额达 380 多亿美元。

世界银行向发展中国家提供长期贷款和技术协助来帮助一些国家实现反贫困政策。世界银行的贷款可用在非常广泛的领域，从对医疗和教育系统的改革到诸如堤坝、公路和国家公园等环境和基础设施的建设。除财政帮助外，世界银行还在所有的经济发展方面提供顾问和技术协助。

3. 国际开发协会。它是世界银行的无息贷款（软贷款）和赠款窗口，其宗旨是帮助世界上欠发达地区的协会会员国促进经济发展，提高生产力，从而提高人民生活水平。国际开发协会的贷款有以下特点：（1）贷款对象只能是国家，而且主要是最贫穷的发展中国家。从地域上看，这些国家主要集中在南亚和非洲。（2）根据国际开发协会章程，信贷活动一般是针对特定项目，在特殊情况下，也可提供规划性贷款或非项目贷款。协会成立初期，资金主要投向交通、电力、港口等基础设施和基础产业。20 世纪 70 年代后，由于意识到低收入国家往往非常倚重农业，因此国际开发协会的信贷比较集中于农村开发项目。协会还对其他长期才能产生效益或者很难用收入来表示的项目，如教育和其他人力资源等进行贷款。（3）协会的信贷是非赢利性的，不收利息，只收一定的手续费。（4）协会的信贷是长期贷款，期限长达 50 年，头 10 年不必还本，第二个10年起，每年还本1%，其余30年，每年还本3%，贷款可以全部或部分用本国货币偿还。2003年，国际开发协会向55个低收入国家的141个新项目提供了73亿美元资金，国际开发协会迄今为止已经提供了1820亿美元的信贷和赠款，其中近一半用于支持非洲。中国于1980年恢复了在国际开发协会的席位，成为协会的第二类成员国，即借款国，截止到1999年9月，协会共向中国提供了102亿美元无息贷款（软贷款）。截止到1998年6月底，共执行69个项目，为中国经济的发展作出了一定贡献。据《新兴的尼泊尔》报2008年2月2日报道：国际开发协会于1月31日批准向尼泊尔提供约159.26亿卢比的无偿援助（约合2.52亿美元），其中的1亿美元用于削减贫穷基金、4260万美元用于公路建设、5000万美元用于灌溉和水资源管理项目、6000万美元用于教育项目等。这是世界银行对外援助以来最大的一笔无偿援助。

4. 国际金融公司。国际金融公司是世界银行集团成员之一，专门负责私营部门的业务，其总部设在美国华盛顿特区。世界银行向私有企业贷款时要求相关政府提供还款保障，这在很大程度上限制了其业务范围。国际金融公司是为了弥补这一不足而建立的，它是帮助欠发达国家的计划的一部分。国际金融公司的宗旨是：鼓励成员国、特别是欠发达国家中有生产能力的私人企业的发展成长，为其新建、改建和扩建等项目提供资金，促进它们的经济发展，减少贫困，改进人民生活水平，从而补充世界银行的活动。国际金融公司与世界银行集团的其他机构一道开展活动，并从中互相协调，但是它在法律上与财务上是完全独立的。国际金融公司的178个成员国为其提供股本并且共同决定其政策。

国际金融公司在发展中国家从事私营部门的投资，募集国际金融市场上的资本，帮助客户提高社会和经济的可持续性，并为政府和公司提供技术援助和咨询。自1956年成立到2005财政年度，它已从其自有账户中承诺了490亿美元的投资，并安排了240亿美元的银团贷款，投资于140个发展中国家的3319家公司。

5. 多边投资担保机构。世界银行年会1985年10月通过了《多边投资担保机构公约》，1988年根据该公约成立了该机构。它是世界银行集团里成立时间最短的机构。多边投资担保机构，具有完全的法人地位，有权签订合同，取得并处理动产和不动产，并进行法律诉讼。它的宗旨是为了对国际私人投资的政治风险提供国际性保护，并向成员国政府提供投资促进服务，加强成员国吸引外资的能力，从而推动外商直接投资流入发展中国家。其目标是鼓励在会员国之间，尤其是向发展中国家会员国融通生产性投资，以补充国际复兴开发银行、国际金融公司和其他国际开发金融机构的活动。1990 年签署第一笔担保合同。作为担保业务的一部分，多边投资担保机构也帮助投资者和政府解决可能对其担保的投资项目造成不利影响的争端，防止潜在索赔要求升级，使项目得以继续。多边投资担保机构还帮助各国制定和实施吸引和保持外国直接投资的战略，并以在线服务的形式免费提供有关投资商机、商业运营环境和政治风险担保的信息。当今的商业界越来越清楚地认识到发展中国家存在着很好的投资机会。由于对不稳定政策环境的顾虑、对政治风险的洞察以及对具体投资机会的忽视，常常会阻碍投资。结果，作为经济增长的关键驱动因素，外商直接投资的大部分往往投向少数几个国家，从而在很大程度上忽视了世界上最为贫困的人群。该机构通过两种方式应对上述顾虑：一是通过向投资者和贷款者提供政治风险担保；二是通过提供技术援助，协助发展中国家吸引私人投资。多边投资担保机构自成立以来，已为 85 个发展中国家的投资型项目提供了 135 亿美元的担保。担保的项目几乎涉及从旅游业到电信业，从银行业到制造业等所有行业。对能源、采矿业、重工业和基础设施行业的大型资本密集型项目而言，保险尤为重要。这些担保可使投资规避源于货币的不可兑换及其转账限制（禁兑险）、战争和内乱（包括恐怖主义和怠工）险、征用险及违约险等非商业性风险。

6. 国际投资争端解决中心。国际投资争端解决中心是世界银行集团的一个投资促进机构，仲裁投资争端的国际性机构，成立于 1966 年 10 月，总部设在华盛顿。国际投资争端解决中心的宗旨和任务是，制定调解或仲裁投资争端规则，受理调解或仲裁投资纠纷的请求，处理投资争端等问题，为解决会员国和外国投资者之间争端提供便利，促进投资者与东道国之间的互相信任，从而鼓励国际私人资本向发展中国家流动。该中心解决争端的程序有调停和仲裁两种。

二、世界贸易组织（WTO）

（一）世界贸易组织成立的经过——从关贸总协定到世界贸易组织

世界贸易组织的前身是关税及贸易总协定。建立世贸组织的设想也是在 1944 年 7 月举行的布雷顿森林会议上提出的，当时设想在成立世界银行和国际货币基金组织的同时，成立一个国际性贸易组织。1946 年 2 月，联合国经社理事会开始筹建该组织，成立了一个筹备委员会着手起草国际贸易组织章程。1947 年联合国贸易及就业会议签署的《哈瓦那宪章》同意成立世贸组织，后来由于美国的反对，世贸组织未能成立。1947 年 4 月至 10 月，在日内瓦召开的第二次筹委会会议，决定将正在起草中的国际贸易组织宪章草案中涉及关税与贸易的条款抽取出来，构成一个单独的文件，即称之为《关税及贸易总协定》（GATT），简称“关贸总协定”，并经过谈判形成一项临时适用议定书，作为总协定的组成部分，于 1947 年 10 月 30 日由 23 个国家和地区签署。它于 1948 年 1 月 1 日起开始实施。

关贸总协定原本是一个临时规则性的“协定”，但随着形势发展，在这个总协定的基础上又逐渐形成了一个相应的国际经济组织，其总部设在日内瓦。关贸总协定的最高权力机构是缔约方大会，一般每年举行一次。由缔约方常任代表组成的理事会，在大会休会期间负责处理总协定的日常和紧急事务。秘书处为职能机构，提供经常性服务。此外，关贸总协定理事会下还设有 20 个机构，如贸易与发展委员会，国际收支限制委员会、关税减让委员会、反倾销委员会、纺织品委员会等分别负责各种专门问题的事务。缔约方截至 1994 年底发展到 128 个，分为三个层次，即缔约方国家和地区、事实上适用关贸总协定国家和观察员国家。

关贸总协定组织的主要活动是举行削减关税和其他贸易壁垒的谈判。这种谈判有一个专门术语称为“回合”。从 1947 年至 1979 年，在总协定的主持下各国共进行了 7 次多边贸易谈判。据不完全统计，前 7 轮谈判中达成关税减让的商品就近 10 万种。除组织多边关税及贸易谈判外，关贸总协定还组织有关国家对于商业政策方面出现的问题进行磋商，解决争端；协助个别国家解决其本国贸易中的问题；帮助有关国家加强地区性贸易合作；执行培训国际贸易专业人员的计划等。

1993 年 12 月 15 日，第 8 轮谈判（即乌拉圭回合）取得更为重大的进展，批准了一份“最后文件”。该文件规定将建立世界贸易组织，以取代目前的关贸总协定的临时机构，同时对几千种产品的关税进行了削减，并把全球贸易规则扩大到农产品和服务业。1995 年 12 月 12 日，关贸总协定 128 个缔约方在日内瓦举行最后一次会议，宣告关贸总协定的历史使命完结。根据乌拉圭回合多边贸易谈判达成的协议，从 1996 年 1 月 1 日起，世界贸易组织取代关贸总协定，开始运作，负责管理世界经济和贸易秩序，总部设在瑞士日内瓦莱蒙湖畔。

世界贸易组织是一个独立于联合国的永久性具有法人地位的国际组织，在调解成员争端方面具有更高的权威性。2005 年 12 月，世贸组织总理事会在香港正式批准太平洋岛国汤加加入，其正式成员身份于一个月后生效。中国自 1986 年申请重返关贸总协定以来，为复关和加入世界贸易组织已进行了长达 15 年的努力，于 2001 年 12 月 11 日正式成为世界贸易组织成员国。

（二）世界贸易组织的宗旨和职能

1. 世界贸易组织的宗旨。世界贸易组织的宗旨和关税与贸易总协定的宗旨一样，都是为了提高成员国生活水平，保障充分就业、保证实际收入和有效需求的大幅度稳定增长，同时使世界资源得到最有效利用。在此基础上，世界贸易组织又增加了扩大货物和服务的生产和贸易以及可持续发展的目标。为了实现这些目标，世界贸易组织要作出积极努力，以保证发展中国家，特别是最不发达国家在国际贸易增长中获得与其经济发展需要相当的份额，同时，通过互惠互利安排，实质性削减关税和其他贸易壁垒，消除国际贸易关系中的歧视待遇。

2. 世界贸易组织的职能是：（1）负责协定和多边贸易协议的实施、管理和运作，并促进其目标的实现，同时为多边贸易协议的实施、管理和运作提供框架。（2）世界贸易组织为其成员就多边贸易关系进行的谈判和部长会议提供场所。同时提供使谈判结果生效的框架。（3）当世界贸易组织成员发生纠纷时，通过该组织的贸易争端解决机制，来解决成员间可能产生的贸易争端。（4）审议各成员的贸易政策。其目的在于促进所有成员遵守多边贸易协议的规则、纪律和承诺，增加透明度。（5）世界贸易组织与负责货币和金融事务的国际组织如国际货币基金组织和世界银行及其附属机构进行合作，以增强全球经济决策的一致性，保证国际经济政策作为一个整体和谐地发挥作用。（6）对发展中国家和最不发达国家提供技术援助和培训，给予发展中国家的特殊和差别待遇，包含在乌拉圭回合达成的大多数单独协议和安排中，这些规定中的一项内容是向发展中国家提供技术援助，以使它们能够履行协议所规定的义务。

（三）世界贸易组织的基本原则

世界贸易组织的基本原则是多边贸易体制的基础，贯穿于世贸组织的各个协定和协议中。主要有：

1. 最惠国待遇原则。最惠国待遇是指，一成员方将在货物贸易，服务贸易和知识产权领域给予任何其他国家的优惠待遇，立即和无条件地给予其他各成员方。其实质是保证市场竞争机会均等。

2. 国民待遇原则。国民待遇原则，是一成员方处理本国与其他各成员方贸易关系应遵循的基本原则。是指对其他成员方的产品、服务或服务提供者及知识产权所有者所提供的待遇，不低于本国同类产品、服务提供者及知识产权所有者所享有的待遇。

3. 透明度原则。透明度原则的主要内容，包括贸易措施的公布和贸易措施的通知两个方面。就是要求成员方的各项贸易措施（包括有关法律、法规、政策等）适时公布，同时还应将这些措施及其变化情况通知世贸组织。

4. 自由贸易原则。自由贸易原则是要求成员方在世贸组织框架下，通过多边贸易谈判，实质性削减关税和减少其他贸易壁垒，开放市场，为货物和服务在国际间的流通提供便利，扩大成员方之间的货物和服务贸易。

5. 公平竞争原则。世贸组织强调开放和公平竞争，反对扭曲市场竞争的措施，纠正不公平的贸易行为，主要是指倾销和补贴。在贸易和贸易有关的知识产权领域创造和维护公开、公平、公正的市场环境。

6. 对发展中国家的优惠待遇原则。多边贸易体制高度重视发展问题，认识到发展中国家履行义务的灵活性和特殊需要，世贸组织沿袭了关贸总协定关于发展中国家优惠待遇相关协议和条款，并在其相关规定中加以完善。

（四）世界贸易组织的组织体制

1. 部长级会议。它是世界贸易组织的最高决策权力机构，由所有成员国主管经贸的部长、副部长级官员或其全权代表组成，至少每两年举行一次会议，讨论和决定涉及世贸组织职能的所有重要问题，并采取行动。

部长级会议的主要职能是：任命世贸组织总干事并制定有关规则；确定总干事的权力、职责、任职条件和任期以及秘书处工作人员的职责及任职条件；对世贸组织协定和多边贸易协定做出解释；豁免某成员对世贸组织协定和其他多边贸易协定所承担的义务；审议其成员对世贸组织协定或多边贸易协定提出修改的动议；决定是否接纳申请加入世贸组织的国家或地区为世贸组织成员；决定世贸组织协定及多边贸易协定生效的日期等。下设总理事会和秘书处，负责世贸组织日常会议和工作。世贸组织成员资格有创始成员和新加入成员之分，创始成员必须是关贸总协定的缔约方，新成员必须由其决策机构——部长会议以三分之二多数票通过方可加入。

2. 总理事会。它是在部长级会议休会期间，其职能由总理事会行使，总理事会也由全体成员组成。总理事会可视情况需要随时开会，自行拟订议事规则及议程。同时，总理事会还必须履行其解决贸易争端和审议各成员贸易政策的职责。总理事会下设货物贸易理事会；服务贸易理事会；知识产权理事会。这些理事会可视情况自行拟订议事规则，经总理事会批准后执行。所有成员均可参加各理事会。

3. 各专门委员会。部长会议下设立专门委员会，以处理特定的贸易及其他有关事宜。向总理事会直接负责。已设立贸易与发展委员会；国际收支限制委员会；预算、财务与行政委员会；贸易与环境委员会等专门委员会。截至1999年5月，世贸组织共有30多个理事会和常设委员会。

4. 秘书处与总干事。由部长级会议任命的总干事领导的世界贸易组织秘书处，设在瑞士日内瓦，工作人员大约有500人。秘书处工作人员由总干事指派，并按部长会议通过的规则决定他们的职责和服务条件。部长会议明确了总干事的权力、职责、服务条件及任期规则。世贸组织总干事主要有以下职责：他可以最大限度地向各成员施加影响，要求它们遵守世贸组织规则；总干事要考虑和预见世贸组织的最佳发展方针；帮助各成员解决它们之间所发生的争议；负责秘书处的工作，管理预算和所有成员有关的行政事务；主持协商和非正式谈判，避免争议。

（五）参加世界贸易组织的权利和义务

1. 权利：（1）能使产品和服务及知识产权在成员中享受无条件、多边、永久和稳定的最惠国待遇以及国民待遇；（2）对大多数发达国家出口的工业品及半制成品受普惠制待遇；（3）享受发展中国家成员的大多数优惠或过渡期安排；（4）享受其他世贸组织成员开放或扩大货物、服务市场准入的利益；（5）利用世贸组织的争端解决机制，公平、客观、合理地解决与其他国家的经贸摩擦，营造良好的经贸发展环境；（6）参加多边贸易体制的活动获得国际经贸规则的决策权；（7）享受世贸组织成员利用各项规则、采取例外、保证措施等促进本国经贸发展的权利。

2. 成员国需承担如下基本的义务：（1）在货物、服务、知识产权等方面，依世贸组织规定，给予其他成员最惠国待遇、国民待遇；（2）依世贸组织相关协议规定，扩大货物、服务的市场准入程度，即具体要求降低关税和规范非关税措施，逐步扩大服务贸易市场开放；（3）按《知识产权协定》规定进一步规范知识产权保护；（4）按争端解决机制与其他成员公正地解决贸易摩擦，不能搞单边报复（5）增加贸易政策、法规的透明度；（6）规范货物贸易中对外资的投资措施；（7）按在世界出口中所占比例缴纳一定会费。

（六）世界贸易组织的运行机制

世界贸易组织的运行机制，在继承关贸总协定的基础上，对其作了进一步完善，在这方面特别值得一提的是世界贸易组织建立的决策机制、争端解决机制与贸易政策审议机制。

1. 决策机制。世界贸易组织在进行决策时，主要遵循‘协商一致’原则，只有在无法协商一致时，才通过投票表决决定。讨论一项提议或拟议中的决定时，应首先寻求协商一致。所有缔约方都表示支持，或者没有反对，即为协商一致通过。在无法协商一致进行投票表决时，每一成员拥有一票。总的原则是部长级会议和总理事会依据所投票的多数作出决定，除非有关协定另有规定。一般关于条款的投票表决和关于义务豁免的表决，需获得成员的四分之三支持才能通过。关于修正案的表决，需获得成员的三分之二支持，可以通过。

2. 世界贸易组织的贸易争端解决机制。随着国际贸易的不断发展，国际经贸领域的贸易战也日见频繁。根据《争端解决规则和程序谅解》协议，在解决国际经济贸易纠纷方面，世界贸易组织的争端解决机构是总理事会，该机构负责处理围绕乌拉圭回合最后文件所包括的任何协定或协议而产生的争端。根据世界贸易组织成员的承诺，在发生贸易争端时，当事各方不应采取单边行动对抗，而是通过争端解决机制寻求救济并遵守其规则及其所做出的裁决。世界贸易组织在解决争端事务方面，已形成一套规范的程序。

3. 贸易政策审议机制。它是世界贸易组织管辖的一项多边贸易协议。它由目的、国内政策透明度、审议程序、报告、与《1994 年关贸总协定》和《服务贸易总协定》的国际收支条款的关系、对机制的评审、国际贸易环境发展综述等 7 条组成。根据该协议，世界贸易组织还需对其成员国的贸易政策进行定期审议。《贸易政策审议机制》规定的审议频率为，在世界贸易市场份额中居前 4 名的成员每 2 年审议一次，居前 5—20 名的成员每 4 年审议一次，其他成员每 6 年审议一次，最不发达国家成员可以有更长的审议间隔时间；此外还规定了审议的程序。《贸易政策审议机制》目的是通过对各成员的全部贸易政策和做法及其对多边贸易体制运行的影响进行定期的集体审议和评估，促进所有成员更好地遵守多边贸易协议和适用的多边贸易协议项下的规则、纪律和承诺，并通过深入了解各成员的贸易政策和实践，实现其更大的透明度而使多边贸易体制更加平稳地运作。

世界贸易组织还建立了贸易政策审议机构，负责贸易政策审议机制的运作，对各成员的贸易政策进行审议。

（七）世界贸易组织对国际贸易的作用

世界贸易组织及其前身关贸总协定，作为协调和管理世界贸易的政府组织，自成立以来，对世界贸易的正常开展，已发挥了重要作用。

自1947年以来，关贸总协定一共组织了八轮贸易谈判，到1994年乌拉圭回合谈判结束时，各国关税已大幅度下降，非关税壁垒也已有所拆除。在此同时，还建立了一套国际贸易政策体系，缓和了缔约国之间的贸易磨擦，对世界贸易的发展和实现全球范围优化资源配置，已发挥了一定的促进作用。

世界贸易组织比之关贸总协定，体制与机制都更加完善；关税进一步削减，贸易壁垒亦进一步拆除；对世界贸易的正常化提供了更有效的保障。

对广大发展中国家来说，现行的国际多边贸易体制和各项规则，多是在发达国家主导下制定的，保护的首先是发达国家的利益，对发展中国家有利的特殊规定，都是经坚持团结斗争才得来的。1948年的关贸总协定条款中反映发展中国家特殊利益的只有第18条，标题为“对经济发展政府援助”。以后随着更多的发展中国家加入关税和贸易总协定，经七个回合谈判中的联合斗争，终于在协定中增加了第四部分“贸易与发展”、“普惠制”、“授权条款”等对发展中国家的优惠条款。如规定：发达国家给予发展中国家普遍优惠制待遇，允许发展中国家之间相互给予关税和非关税优惠待遇，给予最不发达国家特惠待遇等。普惠制提出了“有利于发展中国家的普通的、非互惠的、非歧视的优惠关税制度”的原则，主要目的是增加发展中国家和地区的出口，获得更多的外汇收入，促进经济增长。“授权条款”，即“对发展中国家差别的和更加优惠的待遇，非互惠的以及发展中国家充分享受”。另外，根据农产品特殊保障机制，世界贸易组织发展中国家成员可在农产品进口激增40%的情况下，采取提高关税等特殊保障措施保护本国农业免受冲击。

乌拉圭回合谈判中，发展中国家的地位有了很大改变，开始由以前单纯的制度接受者地位向制度供给者发展。在乌拉圭回合谈判中，发展中国家团结起来取得了一定成果。在乌拉圭回合谈判后，世界贸易组织发动的一系列谈判中，发展中国家的共同立场又取得了以下成果：

2003年8月30日，世贸组织总理事会一致通过了关于实施专利药品强制许可制度的最后文件。根据这份文件的规定，发展中国家成员和最不发达国家成员因艾滋病、疟疾、肺结核及其他流行疾病而发生公共健康危机时，可在未经专利权人许可的情况下，在其内部通过实施专利强制许可制度，生产、使用和销售有关治疗导致公共健康危机疾病的专利药品。这不仅将大大降低相关专利药品的市场价格，而且将有利于更迅速和有效地控制、缓解公共健康危机，确保生命健康基本权利得到尊重和保护。

2005 年 12 月 13 日至 18 日，世界贸易组织第六次部长级会议在中国香港举行，会议通过了《部长宣言》，规定发达国家成员和部分发展中国家成员 2008 年前向最不发达国家所有产品提供免关税、免配额的市场准入；联合国副秘书长安瓦尔乔杜里表示，这一举措可为最不发达国家每年带来 80 亿美元的好处。

三、国际货币基金组织、世界银行和世界贸易组织存在的问题

国际货币基金组织、世界银行和世界贸易组织（包括前身《关贸总协定》，以下同），都是在 20 世纪 40 年代，在美国主导下成立的。当时，美国主导成立这些组织的目的，就是要趁其他发达国家都受严重的战争创伤而处于弱势，唯独美国经济科技实力雄厚（2006 年世界国内生产总值中，美国一家尚占 27.4%，想当年约在 40% 以上）之机，以这些机构为工具，来推行它的野心。为此，它精心设计出了前两者的决策制度：舍弃一国一票制，代之以股份公司的决策制度，美国为控股大老板，对重大决策拥有最后决定权；至于世界贸易组织，表面上是一国一票制，但基本准则是“协商一致”，只要美国得不到想得到的利益，就达不成协议。因此，这三个机构，从成立之日开始，就是美国攫取私利、推行霸权主义干预别国内政的工具。六十多年来这三个机构的行为，充分表明了这一点。

（一）国际货币基金组织（IMF）存在的问题

1. 这个组织的一个重要职能原本是对成员国进行资金融通，维持国际金融市场的正常运行。但是，自 20 世纪 80 年代以来，美国开始推行新自由主义理念，放任金融自由流动，大规模的国际金融创新开始成为一股势不可当的潮流。金融衍生工具成为最重要的金融创新内容，金融衍生工具越来越复杂。它成为越来越多的国际银行和金融机构从事投机交易、规避风险的金融工具，变成了最具风险的金融工具。国际金融创新的兴起为投机资本的活跃创造了条件，而国际货币体系却对庞大投机资本，不能进行有效的监督和约束，使得一些国际投机资本能够无所顾忌地进行金融投机，在国际金融市场上兴风作浪，加剧了国际金融市场的动荡。与此相反，当有国家金融支付出现问题，需要国际货币基金组织融资解难时，它却在提供贷款时，有较为苛刻的条件和鲜明的政治倾向性。例如，亚洲金融危机爆发后，国际货币基金组织在对各国的援助

协议中，附加了以下条件：一是整顿金融秩序，勒令部分金融机构破产，并对金融机构进行重组，使其尽快达到“巴塞尔协议”的资本金要求，但在此过程中必须保护存款者和债权人的利益；二是开放金融市场，取消对外资参与本国金融机构的限制；三是削减财政开支，紧缩经济，提出新年度的宏观经济预测指标（包括降低GDP增长率、遏制通货膨胀水平、改善国际收支）；四是调整经济结构，进行市场化和私有化改革。这一切，分明是借机推行美国的新自由主义路线，干涉受援国内政。

2. 国际货币基金组织这种趁火打劫的行径，不仅受到受援国的普遍不满，而且也受到了西方有良知的经济学家们的谴责：米尔顿·弗里得曼和乔治·舒尔茨都认为，正是IMF对1995年墨西哥金融危机的救济导致了1997年爆发并且其影响一直持续的亚洲金融危机。所以，亚洲金融危机的元凶正是IMF。米尔顿·弗里得曼教授指出：“每当世界市场出现风险时，投机家都会得到IMF的援助而不会受到损失，这是不正常的。IMF用别人的钱鼓励投机，成了东亚的不稳定因素。救济由于愚蠢投资而受到打击的民间金融机构，这件事本身就是个错误。”他主张“将IMF解体”。马丁·费尔德斯坦教授认为IMF为亚洲开错了药方。它不把主要着眼点放在调节成员国的经常收支上，却越来越重视对受援国进行大幅度的机构改革和制度改革，而这无论从短期还是从长期来看都会给该国带来相反的结果。他认为，IMF应该提供的是基于专业知识之上的建议、劝告，IMF也不能利用救援的机会，强求受援国进行与恢复往常收支不一定必要的、本应当由当事国的政治体制负责的那些经济改革。原美国国务卿基辛格博士也曾指出，IMF自告奋勇承担了许多让人想象不到的职能，但对于自己的行为会给受援国带来多大的政治冲击一点没有把握。必须对国际金融机构进行改革，创建一种新的金融管理体制，通过这个新体制来找出区分长期资本和投机资本的方法，缓和由于过剩的投机资本对全球规模的经济体制所带来的冲击。

（二）世界银行（WB）存在的问题

世界银行的宗旨：成立初期是促进欧洲复兴，1948年后转向从事世界性的经济援助，20世纪60年代末确立了消除贫困的宗旨。当前，世界银行每年向发展中国家提供200亿美元的贷款。可是按照成立时的协定，世界银行行长（也就是世界银行集团的行长），必须由美国提名任命。因此，同国际货币基金组织一样，世界银行在贷款时总要贯彻美国的意图，附带若干条件，要接受贷款国家接受它的政策主张，在多数情况下，受援国都要承诺履行自由经济政策的意向。正如2007年6月4日《人民日报》《从世行行长换人说起》一文（作者：方明）所说的："2005年，布什提名新保守派的强势人物、伊战策划者、时任国防部副部长的沃尔福威茨担任世行行长，力图将美国式自由和民主通过世行这一渠道在全球推行。针对新行长将利用世行金融力量在中东等地区'推广民主'的质疑，沃尔福威茨自称不会将贷款和'推广民主'联系在一起。而事实上，在任职期间，沃尔福威茨经常用中止或延缓贷款、契约等方法，以惩罚一些国家的'腐败行为'为借口，来推行美国的新自由主义路线。后因'女友门'丑闻而被迫离职。美国提名由佐利克接替，提名后称，他将继续推进沃尔福威茨的'反腐败运动'，并制定帮助发展中国家的新计划。因此，美国通过世行推动受援助国家的'经济自由'和'政治民主'的做法还将继续下去。"美国就是这样利用世界银行的。诚然，加强对贫困贷款和援助使用情况的监管是十分必要的，但提供贫困贷款和援助不应有任何前提条件，否则有违其消除贫困的核心宗旨。

（三）世界贸易组织（WTO）存在的问题

1. 在世界贸易组织的一些协定中，特别在执行中，至今仍然存在着许多对于发展中国家不公正的歧视性的问题。一如美国和各个发达国家，一直高喊贸易自由化，但在谈判中达成协议的自由化，却只限于对它们有利的项目。如在生产要素和产品中，只允许它们有出口优势的货物、服务和金融自由流动；而不允许发展中国家具有优势的劳动力自由流动；而在货物中，它们又特别强调它们具有优势的制成品自由化，并一再降低关税；而对发展中国家有一定优势的纺织品和农产品，则一再设置种种阻碍流通壁垒，并且一直对本国农产品实行高额补贴，导致这两类商品自由化程度严重滞后。很多对发展中国家有出口优势的农产品，发达国家的关税还高得惊人，其中有些竟高达200%和300%。

二如发达国家尤其是美国，在科学技术方面占有绝对优势。因此，它们在强调自由化的同时，却又极力垄断科学技术，而不让扩散，并在贸易协定中，设立了保护知识产权协议，并以此为依据，以远远高于生产价格的高垄断价格，向发展中国家推销产品，索取高额专利费。

2. 世界贸易组织虽然在决策制度中是一国一票制，但它更强调的是"协商一致"原则。有些大国常常从本国利益出发，操纵或控制有关问题的解决。使世贸组织很难在公正客观基础上作出决定。如在多边谈判中，美国就利用这一原则，当它想获得的利益不能实现时，就不达成协议。如多哈回合谈判，从

2001 年开始，至 2008 年 8 月，进行了 8 个年头，无果而终。其中关键问题之一，是美国在原本答应取消棉花补贴的问题上做文章。在棉花问题上，美国一方面始终不肯完全取消国内棉花补贴，另一方面却要求发展中国家成员削减棉花进口关税。时任中国代表团秘书长张向晨评论说，美国的巨额棉花补贴扭曲了国际棉花贸易，而发展中国家成员有限的关税是保护农民生计的合法手段，两者根本不应相提并论。

3. 世贸组织是各缔约方在经济贸易利益关系调整过程中妥协的产物，它是由一些原则和一系列的‘例外’所组成。正如有的学者说，要把它看做是一个软法律文件。这种先天不足使各缔约方，有时难以很好地加以约束。

（四）国际货币基金组织、世界银行和世贸组织均需改革

通过此次美国金融危机，也从另一个视觉，显示这两个国际金融组织存在的问题。于是改革国际金融体系的呼声进一步高涨。基于此，第 63 届联合国大会主席德斯科托·布罗克曼宣布将成立一个专家工作组，负责全面审视国际金融体系，并就各国为建立一个更为稳定的全球经济秩序应采取的措施向联合国提出建议。声明还指出，各国越发深刻地意识到，目前金融系统的动荡无法通过某些国家或地区零敲碎打得到解决，需要全球协调一致的努力才可应对。布罗克曼并对工业化国家及广大发展中国家对金融危机采取的举措表示欢迎。他指出，随着要求变革的呼声越来越高，建立一个新的金融体系的过程必须在民主的基础上包容各方意见，必须可靠且具可持续性，而有着 192 个会员国的联大应当启动这个过程。[①] 布罗克曼在一份声明中表示，不少国家的领导人在 2009 年 9 月联大一般性辩论期间提出，有必要 1944 年在美国新罕布什尔州布雷顿森林举行的“联合国货币金融会议”上所确立的全球货币和金融安排进行“根本性的改革”，以更好地反映目前全球经济相互依赖和联系的现实，更好地以公正、可持续的方式应对各种新的挑战。

总之，随着经济全球化的发展，国际货币基金组织、世界银行和世界贸易组织，只有在公平、公正的原则下，进行根本性的体制和机制改革，才能在维护和构建世界经济新秩序中，有效地发挥调控和协调作用。

① 中国新闻社，2008 年 10 月 21 日，记者李静。

第七章　经济全球化与区域性国际经济组织

区域性国际经济组织的建立与发展，既是商品经济全球化进程的必然产物；也对商品经济全球化的深化，有着重要的促进作用；又与建立全球性国际经济调控体制，存在着相互影响、相互促进的关系。因此，在探讨经济全球化问题时，有必要将它列为一个重要内容进行分析研究。根据本书特定的研究对象，本章也只研究与经济有关的区域性各国政府间的国际经济组织（以下简称“区域性国际经济组织”），而且只将研究的重点放在与经济有关的问题上面。从当今实际情况来看，与经济有关的区域性国际组织，大体上有两大类型，一类是纯属经济范围的区域性国际组织，如亚洲开发银行、石油输出国组织等；另一类是涵有经济内容的综合区域性国际组织，如欧盟等。本章讨论和介绍的对象，就是这两种类型的区域性国际经济组织。以下所称的区域性国际经济组织，都是包括这两者在内的区域性国际经济组织。由于当今世界，与经济有关的区域性国际经济组织很多，限于篇幅难以一一介绍，只拟在第一节对区域性国际经济组织作一般论述的基础上，在第二节着重对最具先导性的欧盟作深入的研究，然后再在第三、四两节分别对亚洲、非洲及美洲的主要区域性国际经济组织作扼要介绍。

第一节　区域性国际经济组织概论

一、区域性国际经济组织概况

（一）区域性国际经济组织的一般特征和发展

1. 区域性国际经济组织是相对于全球性国际经济组织而言的。顾名思义，它是某一地区范围内的若干个国家，为了某一个或某一些共同目的而结成的国际经济组织。这种国际经济组织，是由两个或两个以上国家，依据其缔结的条约或其他正式法律文件而建立的常设性机构。区域性经济组织既具有国际组织的一般属性，也具有其独有的特点。其主要特点有三：

一是地域性，即各个组织内的成员国，基本上是特定区域内相邻或相近的国家；在经济上具有共同的利益，在民族、历史、文化、语言、宗教等多方面，或其中某几方面有一定的共同性；在政治和经济上有共同关心的问题，从而有着相互依存的关系。因此，有了联合起来、相互协调、广泛合作，并结成永久性组织，以保障共同利益，促进经济发展的需要。

二是这类组织，对内具有开放性，即在成员国之间，根据条约或有关正式法律文件确定的某些领域，相互敞开国门、撤销关卡，如相互减免关税、商品进出入自由等；对外，具有封闭性，即对非成员国仍然设有关卡，如在商品进出入境方面，有一定的限制或实行较高的关税等。从而每一个区域性国际经济组织都形成了有一定封闭性的利益共同体。

三是有根据成员国签订的条约、协定而建立的经济组织体制，即有一定的常设机构和相应的规章制度，以保证订立的条约、协定的实施，保护成员国的共同利益，协调成员国之间的关系。

2. 区域性国际经济组织，究竟是从何时开始产生的，说法不一。但现代的区域性国际经济组织，则是在第二次世界大战后的六十多年内才发展起来的。这些组织最早成立的是 1944 年 9 月签订，于 1948 年 1 月正式成立的《荷兰、比利时、卢森堡关税同盟》。从此，开启了现代区域性国际组织的先河。

1947 年 7 月美国凭借其雄厚实力，提出“马歇尔计划”，官方名称为“欧洲复兴计划”，帮助其欧洲盟国恢复因世界大战而濒临崩溃的经济体系，并以抗衡苏联和共产主义势力的名义，向欧洲渗透和扩张。苏联认为“马歇尔计划”会威胁它对东欧的控制，就出炉了著名的“莫洛托夫计划”。该计划的主要内容为：苏联对东欧国家的经济援助以及发展东欧国家对苏联的贸易。在该计划基础上，1949 年，苏联、保加利亚、匈牙利、波兰、罗马尼亚、捷克斯洛伐克等六国成立了经济互助委员会，以对抗美国和西欧。这时，处在两强夹击下的西欧，随着复兴建设，经济有了较快发展，国际市场竞争和政治斗争渐趋激烈。西欧各国充分认识到面对竞争力强大的美苏两霸，需要联合起来才能保护自身的利益，于是 1950 年 5 月 9 日，当时的法国外长罗贝尔·舒曼代表法国政府提出建立欧洲煤钢联营计划。1951 年 4 月 18 日，法国、联邦德国、意大利、荷兰、比利时和卢森堡在巴黎签订了建立欧洲煤钢共同体条约，又称《巴黎条约》。1952 年 7 月 25 日，欧洲煤钢共同体正式成立，到 1958 年则发展成了欧洲经济共同体。为了保护自身的经济利益，也是为了与《欧洲经济共同体》、《经济互助委员会》相抗衡，英国、瑞典、挪威、瑞士、奥地利、丹麦和葡萄牙七国，于 1960 年 1 月 4 日签订了《建立欧洲自由贸易公约》，同年 5 月 3 日，正式成立《欧洲自由贸易联盟》，总部设在日内瓦。此后，在 20 世纪六七十年代，随着广大殖民地国家的纷纷独立，并走上了市场经济发展道路，商品经济有了较快发展，市场竞争进一步趋于激烈，先是拉丁美洲，后是亚洲、非洲，均吸取欧洲经验，为了保护自身刚发展起来的稚嫩经济和政治体，也陆续建立起了一批区域性国际经济组织。后因 70 年代经济衰退，各国普遍出现贸易保护主义倾向，区域性国际经济组织陷入停滞状态。直至 80 年代后期，尤其是 90 年代以后，随着苏联解体，原社会主义阵营各国普遍由计划经济转向市场经济，区域性国际经济组织又随之蓬勃发展。目前世上绝大多数国家都已分别加入这些区域性国际经济组织，至少是参加了一个区域性组织，有的国家则分别参加多个组织。当然，各地区之间的差别很大，发展程度也不相同。

（二）现有区域性国际经济组织的基本模式

现有的区域性国际经济组织，从不同视角，以不同标志，可有各种不同的分类形式。以下从区域性国际经济组织成员国之间联合（合作）的紧密程度——指成员国之间允许相互经贸往来的自由化程度（也即是相互开放的程度），亦即是指各个成员国，对它所参加的国际经济组织让度的经济管辖权的多少——的高低这个视角进行分类，那么现有的区域性国际经济组织，从低到高，大体可划分为以下六种模式：

1. 优先贸易安排。优先贸易安排，也称优惠贸易安排。它是指成员国通过签订协议，彼此之间对某一经济行为相互提供优惠待遇，如对全部商品或部分指定商品双方相互提供优惠关税，以抵御外来商品的侵入。这是一种初级、最松散的国家间的经济关系。从严格的意义上说，这仅仅是经济关系，并不属于经济组织。

2. 自由贸易区。自由贸易区是指两个或两个以上的国家或行政上独立的地区，通过达成某种协定或条约，相互取消进口关税和非关税壁垒，实现商品自由流通的一种区域性国际经济组织。但同时，各成员国仍享有对外的自主决策权，保留自己的对外贸易政策，乃至关税政策，它们对非成员国仍然可以保持它认为必要的贸易壁垒。所以，有人把自由贸易区称为半关税同盟。

（1）建立自由贸易区对成员国可以发挥以下几方面的积极作用：一是由于成员国间取消了关税和非关税壁垒，而对非成员国仍保留关税和某些非关税壁垒，从而在成员国市场内，对非成员国的同类商品就可以提高竞争力，就可以在一定范围内抵御非成员国优势商品的入侵。

二是在自由贸易区内市场，各国价高、质次的商品，会被成员国中价低物美的商品所替代，物美价廉的商品可以得到较快发展，对出口国有利；而进口国居民则可买到物美价廉的商品，也因此而受益。一般情况下，每一个成员国总会各有自己优势产品。因此，相互都会因此而得利。

三是通过建立自由贸易区，一可扩大对外贸易规模，随着贸易规模的扩大，将产生生产和流通的规模效益，并带来产业集聚效果；二可随着区域统一市场的形成，将促进区域内垄断行业的竞争，提高生产效率；增加贸易创造效应、市场扩张效应和促进竞争效应，会带来许多正面影响。

（2）自由贸易区有以下两方面的局限性：一是自由贸易区成员国之间的联合，仅仅限于彼此之间的关税优惠和自由贸易往来，并没有限制各成员国对非成员国的贸易关系，彼此之间并没有联结成利益的共同体，还不能形成对抗外力的合力。

二是它会导致某些非成员国有可能将自身具有竞争优势的产品，先运进对外关税较低的成员国，然后再转运到另一高贸易壁垒的成员国。为了避免出现这种商品流向的扭曲，自由贸易区组织均制订“原产地原则”，规定只有自由贸易区成员国的“原产地产品”才享受成员国之间给予的自由贸易待遇。理论上，凡是制成品在成员国境内生产的价值额占到产品价值总额的50%以上时，该产品应视为原产地产品。

以上情况表明：自由贸易区组织，比之优先贸易安排，成员国之间的经济联系与合作，有了一定的加强，从而进一步增加了市场竞争和保护的力度。但它仍然是一种较松散、较低级的国际经济组织模式，所能增加的竞争和保护力度还比较有限。

3. 关税同盟。关税同盟是指两个或两个以上国家，通过缔结协定，减免彼此关税和贸易壁垒，并对非成员国实行统一进口关税税率的一种区域性国际经济组织。这类组织是在内部实行自由贸易区的基础上，还统一了对外关税，实质上是各成员国将关税税率的决策权让渡给了区域性国际组织。从而，关税同盟组织，在关税这一领域，对各国成员国有了约束力，已具有超国家性能，从而进一步密切了成员国之间的经济关系。它筑起了共同的“对外壁垒”，避免了自由贸易区需要以原产地原则作为补充措施。从这个意义上看，关税同盟比自由贸易区，排他性更强一些，所以抵御外来风险的能力也更强。为达到这一目的，关税同盟协定往往规定成员国在同盟内部必须在一定期限内分阶段、逐步地做到以下各点：一要从各自现行的对外关税税率，过渡到同盟所规定的统一关税税率，直至最后取消成员国彼此间的关税。二要制定统一的对外贸易政策和对外关税税率。同盟成员必须在规定时间内，分别调高或调低各自原有的对外关税税率，最终建立共同的对外关税税率；并且逐步统一各自的对外贸易政策。建立关税同盟组织，会产生以下的积极效应：

（1）关税同盟组织建立以后，市场范围随之扩大，为成员国之间产品的相互出口创造了良好的条件，促进了企业生产的发展，使生产者可以不断扩大生产规模，降低成本，得到了规模经济的效益，从而更加增强了对非成员国同类商品的竞争能力。

（2）关税同盟的建立促进了成员国之间企业的竞争。在各成员国在组成关税同盟以前，国内的一些部门往往已经形成垄断企业，占居国内市场，获取超额垄断利润。因而不利于资源优化配置和技术进步。而建立关税同盟以后，就会给这些原有的垄断企业带来其他成员国同类企业的竞争，必然会在同盟内部营造起浓烈的竞争气氛。从而，必然会迫使原有的垄断企业纷纷改善生产经营管理水平，增加研发投入，采用新技术，促进了生产成本的降低，生产效率的提高。同时也有可能会进一步促进成员国企业联合与合并，从而可以进一步增加对外的竞争力，进一步获得规模效益。

（3）关税同盟的建立有助于吸引外部投资。关税同盟的建立意味着对来自非成员国产品的排斥，同盟外的国家为了抵消这种不利影响，可能会将生产点转移到关税同盟内的一些国家，在当地直接生产并销售，以便绕过统一的关税和非关税壁垒。这样，客观上便产生了一种伴随生产转移而产生的资本流入，可吸引外国的直接投资。

建立关税同盟组织也需要防止其产生消极的不良效应。一是关税同盟的建立，有可能在一段时期之后，促成了新的更加大型的垄断企业，如果关税同盟的对外排他性很强，那么这种保护所形成的新垄断企业又会成为技术进步的严重障碍。为此，需要同盟内部建立反垄断法。如有必要和可能，关税同盟组织可不断吸纳新的成员国参加，以不断加入新的竞争对手，以保持同盟内部企业的活力。二是关税同盟内部各国，若基础设施、资源条件等方面的差距过大，建立关税同盟以后，可能会出现资本逐步向投资环境比较好、资源比较丰富的国家流动，从而会拉大成员国之间经济发展水平的差距。为此需要同盟内部制定必要的促进各成员国协调发展的政策。

4. 共同市场。共同市场，是成员国之间的经济联系和合作程度，比关税同盟还要高一个层次的、更为紧密的一种区域性经济组织形式。其特点是各成员国之间，完全取消关税壁垒，不仅实现自由贸易，资本、劳动力等生产要素也自由流通；并对非成员国实行统一关税。在这种情况下，作为商品和生产要素流通的媒介——货币的统一也显得必要了。这样一来，参加共同市场的成员国就形成了一个统一的大市场。在这个统一的大市场内，可以较充分实现资源的优化配置。从而可以大大地提高成员国企业对外的竞争力。为此，就需要各成员国给所建立的共同市场组织让渡出较多的权力，主要有：进口关税制定权，以及技术标准、国内间接税率的调整等非关税壁垒的制定权等。这就是说，参加共同市场的成员国政府，干预本国经济活动的权力需随之相应削弱，这也可以说是商品经济发展的必然趋势。

由于建立共同市场，需要成员国在以上这些方面实行一致的政策措施，而在一般情况下，在共同市场建立之前，参加共同市场各成员国的进口关税以及各种非关税壁垒，都是不相同的，因此，建立共同市场时，需要给各个国家在关税税率和非关税壁垒等方面有一个调整期，要求各成员国在规定的时间内，按照共同协定的要求，使之达到预定的共同标准。同时，还需要金融、交通运输以及有关的法律法规与之协调配合。所以共同市场的建立，需要一个过程，不能一蹴而就。

5. 经济联盟。经济联盟，是指两个或两个以上的国家之间通过达成某种协议，不仅要实现共同市场的目标，还要在共同市场的基础上，实现成员国经济政策的协调。经济联盟的显著特征是：一要在成员国之间实现统一的市场体制，形成统一的共同市场；二要进一步地制定一系列保证统一市场体制顺利运行的共同经济政策，如财政政策、货币政策、汇率政策等；三要统一货币，建立统一的中央银行，并赋予统一发行货币权，实现货币联盟。因此，经济联盟比之共同市场，需要各成员国让渡并赋予该组织以更多的经济政策制定权。可见，经济联盟是成员国间经济合作更为紧密、层次更高的一种区域性经济组织，它有助于商品市场、资本市场和劳动力市场的顺利运行，在很大程度上消除了成员国政府经济政策的某些调整方向，或调整程度的不一致，给市场一体化正常运行带来的干扰。因此，经济联盟组织已是一个有了一定超国家权力的组织。从而它的整体实力和对外的竞争力也就更加强大。

6. 经济一体化组织。经济一体化组织，是区域性国际经济组织中最高的一个层次。它的基本特征是该组织内各成员国已将它对国内经济的最高管辖权统统让渡给了这个区域性国际经济组织，也就是成员国之间的经济，已基本有机地融为一体，成为一个强大的经济实体。为此，它必须具有共同的政治组织体制和一定的统一法律法规。也可以说它至少已是一个邦联制的国际组织。

所谓邦联制是一种复合制的国家联合形式，是指若干个独立的主权国家为实现某种特定目的（如军事、经济方面的要求）而组成的一种松散的国家联合。这是一种特定形态的国家体制。它是根据各成员国所缔结的条约而组成的。成员国除了根据条约而明确表示让予或委托邦联机构的权力外，其他权力仍然保留，维持着成员国主权的完整性。各成员国既可将让予邦联的权力收回，也可以自由退出邦联。邦联的事务由邦联成员国“首脑会议”或邦联会议按条约的规定共同决定。由上可见，邦联仅是一种国家联盟的形式，比联邦制松散，它还不是国家实体。因此严格说来，邦联还算不上一种国家结构形式。

以上六种区域性国际经济组织模式，基本上是按照开放程度由低到高的次序排列的。从现有世界各地的区域性国际经济组织来看，它们的建设过程，多是从低级模式开始，然后逐步完善而进入高级模式的。

二、区域性国际经济组织，是商品经济全球化进程的必然产物

（一）商品经济的竞争性和当今世界各国发展的不平衡性，是区域性国际经济组织建立和发展的主要动因

竞争，是商品经济发展的固有特性。有商品经济就有竞争。商品经济全球化，竞争也就随之国际化。它意味着每一个国家、每一个企业都要直接或间接地接受国际竞争的考验。而当今世界各国经济发展还很不平衡：一方面是美国、已组成强大联盟的西欧发达国家以及世界经济第二大国日本，以它们所具有的科技、人才和资金优势，企图霸占世界市场。另一方面则是广大发展中国家，尤其是其中的中小国家，以一国之力，势单力薄，难以经受全球化竞争的冲击。在当今的商品经济全球化时代，就近组织区域性经济组织，通过政策协调，变该组织内各国之间原有的恶性竞争，为团结一致形成的合力，使之“1+1>2”，以应对全球化给各国带来的冲击，抵御列强的竞争压力，是现代每一个国家，尤其是发展中国家的必然对策。在这方面欧洲联盟的发展壮大过程

及其成效，已给世界各个发展中国家树立了很好的榜样。世界上现有区域性经济组织，就是在以上诸因素的综合作用下，随着商品经济全球化浪潮的推动，而逐步建立和发展起来的。

（二）全球性国际组织存在的缺陷，成了区域性国际经济组织建立与发展的推进器

上一章介绍的四大全球性国际组织，虽然是为调控全球化商品经济运行而建立起来的。可是在现实的资本主义社会形态占主导地位的条件下，这些全球性国际经济组织产生了两方面的缺陷：

一是全球性国际组织，虽然订立了许多规章制度，但由于成员众多，组织庞大，运作程序复杂，加之各国，尤其是当今世界唯一的霸权主义者美国，都企图通过合作获得尽可能多的利益，这就注定了要在具体实施过程中，消除矛盾、达成互利协议，难度很大。如世界贸易组织，从 2001 年 11 月在多哈发起的首轮多边回合谈判，至今已有 8 年，甚至在“发展中国家要求美国降低棉花出口补贴，而美国则要求发展中国家降低棉花进口关税”这样的一个小问题上，美国都不相让，谈不下来，无果而停。当涉及更多、更重大、更高层次的经济利益时，要在全球范围内达成一致协议，就更难了。相对来说，区域性经济组织的成员数量少，彼此之间多是地域相邻、社会政治制度相似、生产力发展水平相近、有类似的文化历史背景，具有开展经济合作的诸多优势，能减少谈判的复杂程度和难度，易于在较小范围内推动互利合作和经贸自由化进程。

二是现有的两个全球性金融组织——国际货币基金组织与世界银行，均为美国所操纵，已成为美国实现其经济利益和政治目标的工具。当发展中国家需要它们支助时，它们就会根据美国的需要，对这些国家提出各种政治要求和不合理的改革要求。这种格局，在短期内还不可能有根本性的转变。实践已经表明，广大发展中国家，尤其是中小国家，通过建立区域性组织，不仅可以增加国际市场竞争力和抵御外来危机侵蚀力，还增强了在参加全球性国际组织谈判时的话语权。

现有的全球性国际经济组织的这些缺陷，就成了区域性国际组织发展的推力。上面介绍的六种类型区域性国际组织，就是按照区域性经济组织内各成员国之间相互联合、合作的程度，以及由此所能增加的竞争力的强度，由低向高排列的。组织层次越高，组织内的成员国越多，该组织及其成员国对外的竞争力、抗干扰力和话语权越强。因此，几十年来，随着经济全球化的发展，区域

性经济组织越来越发展壮大，组织层次也逐步提升。

（三）区域性国际经济组织的建立、发展，与全球性国际组织又是相互促进的

区域性国际经济组织的建立与世界贸易组织、国际货币基金组织和世界银行等全球性经济组织，是互动互促、并行不悖的关系，即一方面是有如上面所指出的：现实的全球性经济组织的缺陷，成了推动区域性国际经济组织发展的机制；而另一方面则是区域性经济组织的发展，还会从以下三个方面促进全球性经济组织逐渐趋于完善。

1. 因为区域性经济组织与全球性经济组织，两者的目标和所遵循的原则是一致的，都是要通过成员国之间相互减让关税和消除非关税壁垒，以实现贸易自由化和资源的优化配置；通过资金的自由流动和国际金融组织的调节，实现国际收支的基本平衡，保持汇率的基本稳定，从而促进经济发展、生活改善。所不同的只是范围的大小。从这一点来说，商品经济区域化，只不过是商品经济全球化的一个过程，它不仅不影响，而是有助于商品经济全球化的进程；区域性国际经济组织不仅不影响全球性经济组织的功能，而且还是全球性国际经济组织功能的有效补充。

2. 由现在的区域性国际经济组织的建立过程可知：由于它们的成员国多是近邻，多有基本相同的民族宗教文化、历史遭遇与经济利益。因此，在组织内多能本着平等协商、公平互利互让原则，建立起规范的合作体制与机制。随着时间的推移，社会经济的发展，人类社会文明程度的提高，各个区域性组织合作的内容越来越广泛，经过联合发展越来越加壮大，涉及到的外部和内部问题越来越多，其组织体制必然会越来越规范化、制度化、公平公正化，组织体制、机制必然越来越加完善。这样的区域性经济组织的发展壮大，必将成为制约现存霸权主义的有生力量；同时，既可为建立规范的、公平公正的全球性经济组织体制提供有力保证，也可为建立规范的、公平公正的全球性经济组织体制打下坚实基础。

3. 当各个区域性经济组织建立、发展起来之后，随着社会生产力和全球化商品经济的发展，有如下面将介绍的欧洲联盟、南美洲国家联盟、东南亚国家联盟等区域性经组织那样，会逐步联合而发展壮大，在不久的将来，有可能在全球范围，形成若干个规范化的区域性经济组织。这时，再在这些区域性经济组织的基础上，组成全球性国际经济组织，进行双边的、多边的谈判，就比较容易达成协议了；这时的全球性国际经济组织，也能较充分地发挥其应有的

功能。因此，在当今的商品经济全球化时代，世界各国，尤其是广大发展中国家，为了确保商品经济的可持续发展和正常运行，固然要力争改革、完善现有的全球性国际经济组织；与此同时，还必须抓住机遇，本着互利双赢和既有利于发展经济又有利于改善人民生活的原则，发展、完善、壮大区域性国际经济组织。

三、当今世界区域性国际经济组织的基本情况

欧洲联盟，可以说是当今世界上较早建立、较为完善的一个区域性国际经济组织，它已初具经济一体化组织的雏形，但并不完善，尚需进一步建设。在欧洲联盟的带动下，世界各地都掀起了建立区域性国际经济组织的浪潮，至今已建立起很多政府间的区域性经济组织。世界各个国家都已加入一个或同时加入几个国际组织，有些区域性国际组织已不断发展壮大。目前世界上组织体制较为完善的区域性国际经济组织的基本情况见表 7－1。限于篇幅，以下三节只拟介绍其中几个具有可供镜鉴之处的区域性经济组织的建立、成长和壮大情况。

表 7－1　　2006 年世界区域性国际经济组织的基本情况

	成员国（地区）（个）	人口（亿人）	国土面积（万平方公里）	国内生产总值（万亿美元）
欧洲联盟	27	4.8	432	12.0
上海合作组织	6	15.0	3019	3.8
东南亚联盟	10	5.1	450	0.9
南亚合作联盟	8	14.8	491	0.9
海湾合作委员会	6	0.34	267	0.6
非洲联盟	53	8.6	3020	不详
阿拉伯国家联盟	22	1.5	1400	1.2
亚太经合组织	21	29	不详	19.0
北美自由贸易区	3	4.4	2157	15.1
加勒比国家联盟	25	约 2 亿	约 500 万	约 0.5
南美洲国家联盟	12	3.6	1760	1.1

注：（1）表中资料，有一部分来自百度网站，有一部分来自国家统计局网站，有个别国家资料是估算的，故不甚精确。

（2）表中的海湾合作委员会，系海湾阿拉伯国家合作委员会的简称。

第二节 欧洲联盟

一、欧洲联盟的建立（1950—1993年）

西欧是资本主义制度最早的诞生地，也是第一次产业革命的发祥地，面积不大而国家众多，经济发达而市场狭小。第二次世界大战之后，欧洲经济遭受严重破坏，殖民地纷纷独立，昔日的世界霸主地位，已为美苏所取代。这时的西欧，一方面是美国的渗透，另一方面是苏联的虎视，失落而明智的昔日列强，深知只有联合起来，才能在世界上占有一极的地位。因此，很快消除积怨，在西欧最先发起组织区域性国际经济组织，在经历60多年的努力之后，随着社会生产力和商品经济全球化的发展，现已建成了区域性国际组织——欧洲联盟，成了当今世界强大的一极，也为世界各国建立区域性国际组织，提供了宝贵经验，树立了样板。现将其建设过程，简介如下：

（一）从欧洲煤钢联营共同体到欧洲共同体（1950—1967年）

早在1944年，荷兰、比利时、卢森堡三国就订立了关税同盟；1946年9月，英国首相丘吉尔即曾提议过建立“欧洲合众国”。1950年5月9日，法国外长罗贝尔·舒曼代表法国政府提出建立欧洲煤钢联营的倡议，得到了德、意、荷、比、卢五国的响应；1951年4月18日，六国在巴黎签订了建立欧洲煤钢共同体条约，又称《巴黎条约》。《巴黎条约》确定在成员国间就煤钢产品取消关税和进出口限制；对外采取共同关税和贸易政策；并对这两种产品的运费、价格等有关问题达成了协议。1952年7月25日，欧洲煤钢共同体正式成立。

总结煤钢联营的成功经验，参加欧洲煤钢共同体六国经多次协商，于1957年3月25日，六国外长在罗马签订了建立欧洲经济共同体与欧洲原子能共同体的两个条约，合称为《罗马条约》。《罗马条约》的中心内容是：建立工业品关税同盟和农业共同市场，逐步协调经济和社会政策，实现商品、人员、服务和资本的自由流通。规定在12年过渡期内，分三个阶段逐步取消成员国间一切关税和贸易限制；建立共同农业基金，统一农产品市场和价格，对农产品出口予以补贴，并调整农业结构；对外实行统一的关税率；该条约还对一些特殊商品允许采取例外措施并制定了保护条款；对运输政策、贸易政策、经济发展政策、国际收支政策、竞争规则、财政收入等也作出了规定；条约还决定设立欧洲社会基金和欧洲投资银行，以便在共同体内提供工人就业的机会和促进工业企业的现代化。

《罗马条约》还确定，共同体的主要机构有：部长理事会、执行委员会、欧洲议会、欧洲法院。条约还规定设置经济政策委员会、预算委员会、运输委员会、货币委员会等一系列附属机构和专门机构。

1965 年 4 月 8 日，6 国在布鲁塞尔签订了《布鲁塞尔条约》，决定将欧洲煤钢共同体、欧洲经济共同体和欧洲原子能共同体合并，统称欧洲共同体。《布鲁塞尔条约》于 1967 年 7 月 1 日生效，欧洲共同体正式成立。共同体从 1970 年起基本实现了共同外贸政策，在关税、贸易和关税协定的缔结、贸易自由化措施、出口政策等方面实施一致行动原则。这个共同体主要致力于欧洲经济方面的合作与联合，是欧洲区域性的经济组织，它对战后欧洲经济的发展和欧洲国际地位的提高起到了非常重要的作用。

（二）从欧洲共同体、关税同盟到欧洲联盟（1967—1993 年）

1. 关税同盟的建成与欧洲共同体的扩大。欧洲共同体成立之后，成员国根据《罗马条约》的要求开展了多方面的工作，于 1968 年 7 月提前两年完成了预定计划：对内取消了成员国之间的关税和限量壁垒，统一了农产品价格，建立共同农业基金，用于保证农产品收购价格、出口补贴、改进农业生产设施和生产结构调整；对外开始实行共同关税政策，建立了农产品关税壁垒。从此，欧洲共同体真正成了关税同盟。

1972 年欧洲共同体与欧洲自由贸易联盟在布鲁塞尔签订建立自由贸易区协议，确定五年过渡期，到 1977 年，双方成员国之间完全取消工业品关税和数量限制。在实现以上目标之后，双方又于 1984 年开始就建立单一的欧洲经济区进行谈判。此后，由于形势的变化，经过多年的谈判，《欧洲自由贸易联盟》中的英国、爱尔兰、丹麦三国于 1973 年 1 月 1 日，希腊于 1981 年，葡萄牙、西班牙于 1986 年也先后加入欧洲共同体。至此，欧洲共同体成员国达到了 12 个。

2. 统一大市场的基本建成与欧洲联盟的诞生。1985 年 2 月，欧洲共同体执委会提出了建立欧洲统一大市场的目标，确定将成员国分散的市场连成一个拥有 3.2 亿人口的统一大市场，在统一市场内实现商品、劳务和资本的自由流动；同年 6 月，欧洲共同体首脑会议通过了《关于完善内部市场的白皮书》，提出在欧共体内建立“无国界”的统一大市场，拟从 1993 年 1 月 1 日起真正实行人员、商品、资本、服务的自由流通。1986 年 2 月，各成员国正式签署为建成大市场而对《罗马条约》进行修改的《欧洲单一文件》。为建立统一大市场，需逐步取消各种非关税壁垒，包括有形障碍（海关关卡、过境手续、卫生检疫标准等）、无形障碍（法规 、技术标准）和财政障碍（税别、税率差别）；为此，欧洲共同体委员会于 1990 年 4 月提出了实现上述目标的 282 项指令（截至 1992 年 12 月 10 日，264 项已经理事会批准，尚有 18 项待批。在必须转化为 12 国国内法方可在整个联盟生效的 219 项法律中，已有 115 项被 12 国纳入国内法）。1991 年 12 月 11 日，欧洲共同体在荷兰马斯特里赫特举行首脑会议，通过了以建立欧洲经济货币联盟和欧洲政治联盟为目标的《欧洲联盟条约》，亦称《马斯特里赫特条约》（简称《马约》）。1993 年 1 月 1 日，欧共体宣布其统一大市场基本建成，并正式投入运行。1993 年 11 月 1 日《马约》正式生效，欧洲共同体更名为欧洲联盟。这标志着欧洲经济共同体走向了欧洲经济政治联盟，即由经济实体走向了经济与政治结合的实体。

二、欧洲联盟成员的进一步扩大与组织体制的不断完善

（一）欧洲联盟成员进一步扩大，经济实力逐步增长

1994 年 12 月 9 日至 10 日，欧洲联盟 12 国和即将加入欧盟的奥地利、瑞典和芬兰的领导人在德国埃森就改进欧盟机制，促进经济增长和欧盟向东欧扩大问题达成一致。1995 年 1 月 1 日，奥地利、瑞典和芬兰退出欧洲自由贸易联盟，加入欧盟，欧盟成员国扩大到 15 个。欧盟成立后，经济快速发展，1995 年至 2000 年间经济增速达 3%，人均国内生产总值由 1997 年的 1.9 万美元上升到 1999 年的 2.06 万美元。欧盟的经济总量从 1993 年的约 6.7 万亿美元增长到 2002 年的近 10 万亿美元。2002 年 11 月 18 日，欧盟 15 国外长会议决定邀请塞浦路斯、匈牙利、捷克、爱沙尼亚、拉脱维亚、立陶宛、马耳他、波兰、斯洛伐克和斯洛文尼亚 10 个中东欧国家入盟。2003 年 4 月 16 日，在希腊首都雅典举行的欧盟首脑会议上，上述 10 国正式签署入盟协议。2004 年 5 月 1 日，这 10 个国家正式成为欧盟的成员国。这是欧盟历史上的第五次扩大，也是规模最大的一次扩大。2007 年 1 月，罗马尼亚和保加利亚两国加入欧盟，欧盟经历了 6 次扩大，成为一个涵盖 27 个国家，总人口超过 4.8 亿，国民生产总值高达 12 万亿美元的当今世界上经济实力最强、一体化程度最高的国家联合体。

（二）《申根协议》的实施

1995年7月，10年前西德、法国、荷兰、比利时、卢森堡五国在卢森堡的一个小城市申根签署的《申根协议》正式全面生效。该协议的目的是取消相互之间的边境检查点，即在成员国之间取消边境管制，持有任一成员国有效身份证或签证的人，可以在所有成员国境内自由流动，旅游者如果持有其中一国的旅游签证即可合法地到所有其他申根国家。同时则协调对申根区之外的边境控制。该协定签订以后，截至2008年12月12日，已有瑞士、冰岛、比利时、德国、丹麦、法国、挪威、瑞典、葡萄牙、希腊、西班牙、意大利、奥地利、芬兰、卢森堡、荷兰、爱沙尼亚、匈牙利、立陶宛、拉脱维亚、马耳他、波兰、斯洛文尼亚、斯洛伐克、捷克等国陆续加入。申根成员国已增加到25个国家。申根区国家中，除瑞士、挪威和冰岛之外均为欧洲联盟成员国。随着“申根协议”的启动和实施，成员国之间取消了海关，也即是消除了国门，商品、人员均如同在国内一样自由流动了。为了达到这个协议的要求，很多国家都要放弃很多领域方面的主权。这既是促进经济发展的利器，也是促进欧洲联盟统一的重要工具。

（三）欧洲联盟的统一货币——欧元

1. 随着欧共体建成关税同盟，加之国际金融市场动荡的影响，欧共体执委会为稳定汇率，1969年2月提出了建立经济货币联盟的“巴雷计划”；12月海牙首脑会议正式决定建立经济货币联盟。后因国际金融危机和以美元为中心的布雷顿森林体系的崩溃，经济货币联盟计划流产。但此后，愈演愈烈的美元危机造成汇率的不稳定，使得欧洲共同体各国深感稳定汇率的重要性。于是，在1978年4月的欧共体首脑会议上，德国和法国提出了有关欧洲货币体系的联合动议；同年12月的欧共体首脑会议通过了建立欧洲货币体系的决议。1979年3月，欧洲货币体系正式生效。该货币体系包含四个要素：欧洲货币单位“埃居”（ECU）；汇率稳定和干预机制；信贷与货币支持机制；对第三国的汇率协调政策。其中，汇率机制是欧洲货币体系的制度基础，而共同货币“埃居”则是体系的核心。严格地讲，“埃居”并不是一种真实存在的货币，而是由各成员国的货币按一定比重计算形成的篮子货币，其作用是作为汇率机制的共同标准和干预汇率的参照点，同时作为成员国的中央银行之间的结算和储备货币，“埃居”的这些特征以及此后的顺利运营，使其成为欧元的前身。

2. 20世纪80年代末，随着欧共体统一市场建设的顺利进展，建立经济货币联盟终于成为欧洲经济一体化进程的下一个重大目标。1989年4月，欧共体执委会制定了建立经济货币联盟的详细计划；6月，欧共体马德里首脑会议通过《关于实现欧洲经济和货币联盟的报告》，明确提出自1990年7月1日开始分三阶段实施经济货币联盟的目标。这个目标的主要内容是：成员国把货币决策管理的自主权转让给欧洲中央银行，这个超国家机构将承担起行使成员国货币主权的职能，以确保价格稳定及实现统一大市场在经济增长和就业方面的整体利益。其中第一阶段的主要内容是与统一市场建设工作保持一致，加强财政和货币金融政策的协调合作，取消外汇管制，允许资本自由流动，所有成员国都纳入欧洲货币体系的汇率机制并实施相同的波动幅度。

3. 1991年12月，欧洲共同体第46届首脑会议在荷兰的马斯特里赫特签订的《经济联盟条约》确定了经济和货币联盟的最终目标，以及各成员国参加经济和货币联盟的标准（通膨率在5%以下，财政赤字不超过国民生产总值的3%，公共债务不超过国民生产总值60%）；规定至迟于1998年7月1日成立欧洲中央银行，并于1999年1月1日实行单一货币。按原先计划，如到1996年，有7个国家达到了符合规定的经济标准，便于1997年实行单一货币，但需由12国多数表决通过；如届时达到上述标准的不到七国或多数表决未能通过，那么已达到标准的国家，至迟于1999年1月1日放弃本国货币而实行单一货币，其他国家待达到标准后参加。

1992年2月7日，各国外交部长和财政部长正式签署了欧洲联盟条约，条约确定了经济货币联盟的结构和时间表，最终目标是建立欧洲中央银行和用欧洲货币“埃居”代替各国货币。1994年1月1日，欧洲联盟开始经济货币联盟建设的第二阶段：建立欧洲货币局，为向欧洲中央银行过渡和实现统一货币准备条件，制定所需的规章和程序；逐步缩小汇率波动幅度，促进“埃居”的使用并扩大其功能；建立经济政策的协调和监督机制，敦促成员国实现经济趋同。

4. 1998年5月2日，欧洲联盟布鲁塞尔首脑会议宣布德国、比利时、奥地利、荷兰、法国、意大利、西班牙、葡萄牙、卢森堡、爱尔兰和芬兰11国为欧元创始国（2001年1月1日，希腊正式成为欧元区第12个成员国），1999年1月1日，正式启动欧元。1999年1月1日，欧洲经济货币联盟按期进入第三阶段，锁定参加国货币的汇率，与“埃居”相等值的统一货币“欧元”正式启动，设在德国法兰克福的欧洲中央银行作为整个欧元区的中央银行开始运作，它负责统一发行欧元，负责欧元运营的监管和统一货币政策的制定实施。但在2001年12月31日以前的过渡期内，欧元只是账面货币，不发行纸币和硬币，私人和企业可以自由选择使用欧元或者各国货币的账户，而政府发行的新公债和金融机构之间的交易必须使用欧元。2002 年 1 月 1 日，欧元正式流通，3 月 1 日，欧元成为欧元区国家唯一法定货币。在发展区域性国际经济组织的过程中，能将各个成员国的货币统一起来，能让各个成员国放弃自己的货币发行权，的确是空前的创举。

欧元的顺利运营已经使得欧元区国家受益匪浅：在欧元区内部，随着欧元问世带来的货币政策的统一和财政政策的协调，以及汇率风险消失、交易成本降低、价格差异减小和更为透明的市场，欧洲统一市场中商品、人员、服务和资本的自由流通更为便捷，使得企业达到更高的效率和竞争力。这对于成员国经济形成一个统一的经济实体，从而达到长期共同繁荣发展和抵御外部经济冲击，无疑是非常有利的。

欧元问世以来，作为国际货币的地位日益提高，欧元已经成为仅次于美元的被广泛使用的国际货币。在欧元区之外，有五十多个国家将本国货币的汇率与欧元挂钩，在这些国家中，在银行和货币兑换所可以得到欧元纸币。欧元正在成为世界融资的重要工具。当然，一种货币的国际地位是要逐步确立的，欧元要在真正意义上成为与美元平起平坐的国际货币，尚有待时日。但可以肯定的是，美元在战后至今的国际金融体系中的惟一核心货币地位已经受到挑战，一个以美元和欧元为主导货币的两极体系正在形成和发展。

现在看来，欧元的流通对欧元区各国稳定汇率，缓减此次美国金融危机的冲击已发挥重要作用。它不仅促进了欧元区各国经济发展和欧洲联盟的巩固。从历史演变的角度考察，货币一直是国家主权的重要象征，随着欧洲公民对使用统一货币的利益的感知，必然会产生消除欧元区内部其他经济、政治障碍的诉求，从而推动民族国家向统一欧洲的目标迈进。1946 年 9 月，英国首相丘吉尔提出的建立“欧洲合众国”设想，也许将由此而渐渐走向现实。而这一实践又给世界上各个区域性经济组织建设，提供了宝贵的经验。但到 2009 年初还有 11 个欧盟成员并未使用欧元，表明欧盟还没有成为统一的欧元区，还有待于完善。

（四）从经济联盟到政治联盟

1.《马约》确定了政治联盟的基本目标，并首次提出欧盟要建立共同外交和安全政策。为便于推行共同外交与安全政策，该条约在决策方式上，规定对某些决定可采取特定多数制，这是对原来实行的每项决定必须一致通过这一规定的重要补充。《政治联盟条约》原本还准备把欧洲联盟变为一个地区性防御机构，作为政治联盟的组成部分。由于英国反对建立独立财务体系，结果条约规定，把欧洲联盟建设成欧共体的防务机构，负责制订欧洲的防务政策，同时与北约保持一定联系。条约还规定用5年时间，让欧洲联盟与北约把包括后勤在内的各项工作统一起来。《马约》是欧洲一体化进程中取得的一次突破性的进展，它表明欧共体将朝着一个经济、政治、外交和安全等多种职能兼备的联合体方向发展。因此，《马约》在欧洲一体化进程中具有里程碑的意义。

2. 1997年6月17日，欧盟首脑会议通过了《阿姆斯特丹条约》，同年10月2日，欧盟外长签署了该条约，1998年5月1日正式生效。《阿姆斯特丹条约》是对欧盟已有条约（主要是《马约》与《罗马条约》）的一项修正案，主要是通过改写、添加或删节现有条约条款及附件，如议定书、声明、宣言等，对之进行修订和增补。《阿约》的签订表明欧盟在深化一体化建设方面又取得了重大进展，为建设“社会的欧洲”建立了法律基础。在共同外交安全政策方面，欧盟各国也表现出了一定的政治意愿。

3. 2001年12月15日，欧盟布鲁塞尔首脑会议通过《拉肯宣言》。《拉肯宣言》指出：欧洲联合的道路已走了50年，现在已经走到了十字路口并处于历史的紧要关头；欧盟及其政治体制应当通过改革变得更加民主和高效，在全球化和多极化的世界上发挥更大的作用，也使欧盟扩大后仍能有效运作；并宣布创立具有全面代表性的制宪筹备委员会，为“欧洲的前途”提供改革方案。从而揭开了欧盟深层次改革的帷幕。会议还任命法国前总统吉斯卡尔·德斯坦为制宪筹备委员会主席，意大利前总理阿马托和比利时前首相德阿纳为副主席，由他们3人和另外9名代表组成主席团，领导筹委会的工作。2002年2月28日在布鲁塞尔召开欧洲制宪会议，会议旨在为欧洲实现政治联盟提供一个宪法性条约，对欧盟未来的整体结构进行规划。

4. 2004年6月17日召开欧盟25国首次峰会，18日，欧盟的第一部宪法条约草案获得通过。该宪法将取代欧盟原有庞杂的法律文件，保证欧盟扩大后机构的正常运转；10月，欧盟25个成员国的领导人在罗马签署了欧盟历史上的第一部宪法条约，标志着欧盟在推进政治一体化方面又迈出重要的一步。但欧盟宪法条约签署后，还需欧盟各成员国根据本国的法律规定予以批准方可生效。此后，欧盟25国中已有西班牙、斯洛文尼亚、立陶宛、匈牙利、意大利、希腊、奥地利、斯洛伐克和德国、保加利亚、比利时、拉脱维亚、卢森堡等12个成员国分别通过议会表决或全民公决批准了《欧盟宪法条约》。但由于法国、荷兰全民公决否决，《欧盟宪法条约》所有的工作付之东流。

5. 2007年6月23日，参加欧盟峰会的27国首脑在布鲁塞尔就替代《欧盟宪法条约》的新条约草案达成协议。2007年10月19日，欧盟非正式首脑会议通过了欧盟新条约，从而结束了欧盟长达6年的制宪进程。新条约被称为《里斯本条约》。12月13日，欧盟各国领导人在里斯本正式签署《里斯本条约》，随后交由各成员国批准。各国签署后，该条约于2009年1月生效。《里斯本条约》取代了2005年在荷兰和法国全民公决中遭否决的《欧盟宪法条约》。《里斯本条约》是在原《欧盟宪法条约》的基础上修改而成的被视为《欧盟宪法条约》的简化版，但不再沿用“宪法”的名称。

至此，欧洲的多数国家经历了半个多世纪，总算建成了一个较有成效的、初具一体化雏形的区域性国际政治经济组织，也可以说是已向建立邦联制国家迈出关键性的步伐。欧盟的半个多世纪的经历，在许多方面，对世界各国组建区域性国际组织，具有重要参考价值。

三、从欧盟建立与发展过程中得到的若干启示

（一）欧盟的建立与发展过程表明：随着商品经济全球化的推进，已显现国家融合的曙光和实现区域一体化的可能性与必然性

欧盟的建立与扩大不是偶然的，是在商品经济走向现代化、全球化时代，欧洲商品经济发展的客观要求。从1951年4月18日，法国、联邦德国、意大利、荷兰、比利时和卢森堡共六个国家在法国巴黎签订了《欧洲煤钢共同体条约》至今已经历了近60年。现今的欧盟已是一个超国家机构，通过入盟国家让渡部分主权，并正在逐步走向经济、政治、外交、军事一体化。

欧盟的发展进程，可视为欧洲历史上第一次通过和平方式实现了欧洲某种程度上的统一，是一种新的社会实验。有关欧盟要建立的未来边界在哪儿？进一步发展的组织模式是“邦联”还是“联邦”？未来实体的名称叫“欧洲联盟”还是别的什么？尚难预料。英国首相丘吉尔曾有过的“欧洲合众国”的设想，在当年也许会被认为是空想，今天看来，可以说是科学的预言。美国、俄罗斯、中国等多民族大国，早就已经存在。为什么欧洲联盟不能再发展壮大，成为一个合众国呢？当然，其发展前景还存在许多变数，要建立真正意义上的统一欧洲联盟，还是“路漫漫其修远兮”。

欧盟的发展历程，在人类社会发展的历史长河中，只不过是弹指一挥间，它既是社会形态和组织制度的一个伟大的变革与创举；又是经济社会全球化时代的合规律的产物。它必然还会随着全球化的进展而不断深化。因为，在当今

的全球化时代，固然各个国家还有各自不同的诉求和不同发展重点，但在经济、社会、自然等领域，都有许多活动，凭某一个国家的力量，那怕是当今的超级大国——美国，都无法求得解决，何况众多中小国家！当今国际社会发生的许多问题，唯有诸多国家联合起来才具备行动能力。因此，随着社会生产力的进一步发展，经济、社会的日益趋向全球化，各个国家逐步走向融合，是社会发展的历史必然。欧盟的成立与发展进程已预示这种发展的可能性与必然性。它已为亚、非、美洲各民族国家的融合提供了榜样与经验。

（二）消除成员国的隔阂和积怨，实现互信是建立区域性国际组织的首要条件

欧洲共同体的核心是法国与德国。从历史上看，法德两国曾发生过许多次战争。近一百多年间即有过三次大战：一是 1870 年 7 月爆发的普法战争，结果是法败，割地又赔款（割阿尔萨斯、洛林两省、赔款 50 亿法郎给德国）；二是 1914 年 8 月爆发的的第一次世界大战，结果是德败，除赔款外，法国收回了阿尔萨斯、洛林两省，并控制了原属德国的萨尔矿区，德国的殖民地则被英法等国以“委任托管”形式而瓜分；三是第二次世界大战中，先是德国战领了法国，战争结束后，法国参与瓜分德国。总而言之，法德两国可以说是百年怨家、宿敌。但由于德国政治家和广大人民的明智，深刻反省法西斯主义给欧洲乃至世界人民犯下的滔天罪行，并坚定地采取有力措施，彻底清除其影响，得到了法国以及其他曾受其侵害国家人民群众的谅解。从而法德两国在新的基础上，达到了友好、互信。因此，才有了起初的欧洲煤钢联营和以后的欧洲共同体。这是很值得我们的邻国日本借鉴的。

（三）区域性组织的扩大和组织模式的提升，都应以三有利（互利双赢和既有利于发展经济又有利于改善人民群众生活）为准则，顺序渐进

在欧盟的近 60 年的发展历程中，可以说是有过两次教训。一是欧盟的第一部宪法条约由于法国、荷兰全民公决否决，而付之东流；二是东扩过快，在 2004 年 5 月一次增加了东欧的 10 个成员国，接着于 2007 年 1 月又增加了 2 个成员国，以至有了以后内部出现的东西欧成员国之间的貌合神离的局面。其实，这两件事是同一根源，即都是背离了“三有利”和顺序渐进的原则。这是因为在短短的两年半时间内，增加的 12 个东欧成员国中的绝大多数国家，在经济发展水平与原有西欧的 15 个成员国的差距较大。东欧各国的入盟，主要是寄希望于从中得到经济上的支持；西欧各国之所以尽情邀请它们入盟，更多是出于政治上的向东扩张的考量。当这些东欧国家在未经任何过渡模式，而

直接进入了高度融合的欧洲联盟之后，互有损益，相互不相适应的情况必然随之而来。西欧政治家们以政治得益而满意，不少人民身感经济受损而不满；东欧各国在入盟后，并没有得到原以为可得到的利益，而心存不满。如据《国际金融报》2009年3月3日报道："在欧盟，几乎每个事关经济的议题都会引发东、西欧成员间的争执。在一些西欧国家看来，东欧成员国借加入欧盟获取了高额农业、工业补贴，并且从西部吸引走了大批投资，导致西欧的失业率攀升。而一些东欧国家则认为，西欧以极低的成本榨取了大量东欧劳工的劳动力价值，入盟更使东欧成了欧盟发达国家的倾销地。欧盟委员会负责经济与货币事务的委员阿尔穆尼亚承认，欧洲各国在振兴经济方面各自为战，未能携手合作。以至面对陷入严重衰退的实体经济，一些西欧国家在救助本国金融机构时，要求它们优先向本国企业和个人发放贷款，导致这些金融机构将大笔资金从东欧等国外市场撤回国内。这种'自扫门前雪'的保护主义做法，令东欧国家遭遇资金断流危险。在2009年3月1日欧盟各国领导人会议上，东欧各国提出建立一个总额为1900亿欧元救助东欧经济体的统一基金提案，遭到了德国总理默克尔的反对，未能通过。所以，欧盟轮值主席国捷克总理托波拉内克在会后总结说：'只有各国协调行动、遵守欧盟共同准则，欧盟才能克服金融危机。我们不希望出现任何新的分界线，不希望欧盟被一条南北欧或东西欧分界线分裂开。'"因此，有人把欧盟内部存在的这种现象，称之为"欧盟貌合神离"，这也应是建立和发展区域性国际组织时，值得吸取的经验教训。

第三节 东盟与"10+3"、"10+1"及海湾合作委员会

一、东南亚国家联盟与"10+3"和"10+1"

东南亚国家联盟，以下简称东盟，是东南亚的印度尼西亚、菲律宾、马来西亚、泰国、新加坡、老挝、文莱、缅甸、柬埔寨、越南十国组成。2006年，东盟内总人口5.6亿，面积448万平方公里，出口总值7707亿美元，进口总值6830亿元，是亚洲起步最早的一个重要区域性国际经济组织。东盟建立与发展的动因固然是多方面的，但最主要的还在于通过联合增加市场竞争力，以保证本地区经济的正常运行和持续发展。对此，新加坡前总理吴作栋即曾这样

指出："西欧统一大市场和北美自由贸易区的建立，对东盟国家的经济将产生巨大影响，作为一种应付手段，东盟也要建立自己的自由贸易区。"当然，东盟的联合也还有着日本和中国的因素。

（一）东盟的成立与发展

1. 东盟各国，原来是分属英、法、美、荷各国统治的殖民地，第二次世界大战结束后才陆续独立，有的国家在独立之后还是贫困落后的农业国。因此，东盟的组织建设起步较晚。它的前身是马来亚（现马来西亚）、菲律宾和泰国于1961年7月31日在曼谷成立的东南亚联盟。1967年8月7日至8日，印度尼西亚、新加坡、泰国、菲律宾四国外长和马来西亚副总理在曼谷举行会议，发表了《东南亚国家联盟成立宣言》，正式宣布东南亚国家联盟成立，简称东盟（文莱在1984年、越南于1995年、缅甸和老挝于1997年、柬埔寨于1999年4月陆续加入东盟）。在此之后，虽然开过三次首脑会议，通过一些宣言，但总的来说，直至20世纪90年代初，实际成效甚微，只能说是一个彼此磨合起步阶段。

2. 1992年1月27—28日，第4次东盟首脑会议于新加坡召开，六国首脑签署了《1992年新加坡宣言》、《东盟加强经济合作框架协定》和《共同有效优惠关税协定》。这三个文件构成了东盟今后处理内外关系的基本框架：确定在15年内建立东盟自由贸易区，将关税最终降至0—5%，基本实现成员国之间免税；并"设立部长级理事会来监督、协调和检查东盟自由贸易区计划的实施"；商定采取新的和富有创新精神的措施，加强东盟内部在工业、矿产品、能源、金融、银行、粮食、农业、林业、运输和通讯方面的合作；加强研究和发展、技术转让、旅游推销、人力资源开发和其他经济有关领域的合作；决定今后东盟每3年举行一次首脑正式会议，在两次正式会议之间举行非正式会议。同年，东盟6国又分别召开了外长和经济部队会议，发表了《东盟关于南中国海宣言》，强调"必须用和平手段"解决南中国海争端；越南、老挝首次应邀出席东盟外长会议，签署了《东南亚友好合作条约》并被吸收为东盟观察员；决定对缅甸采取"位设性接触"政策，明确反对西方国家把人权及环保同经济合作和发展援助挂钩。各国同意：从1993年1月1日起对15大类产品调低关税；委托东盟秘书处对"东亚经济核心论坛"提出其宗旨及组建方案，供各国讨论。

1995年12月14日至15日，在泰国首都曼谷举行第5次东盟首脑会议。东盟七国政府首脑签署了加强东盟经济合作框架协定修正议定书。东盟部长们签署了东盟自由贸易区有效普惠关税协定修正议定书、东盟服务业框架协定书、东盟知识产权框架协定书、东盟优惠贸易协定修正议定书等 8 个文件。东盟 7 国、柬埔寨、老挝和缅甸政府的首脑分别代表本国政府签署了《东南亚无核区条约》。会议正式批准到2003 年实现东盟自由贸易区计划的决定，各国承诺将尽最大努力到 2000 年将关税税率降到 0—5%。会议在结束时发表的《曼谷宣言》，呼吁东盟在进入 21 世纪时发展成为容纳所有东南亚十国的组织，并决定将印度升级为“对话国”。东盟首脑还决定自本次首脑会议后每年举行一次非正式首脑会议，以协调内部立场。

经过这两次会议，东盟进入了快速发展期。但好景不长。1997 年 7 月，泰国爆发金融危机，并很快波及整个东南亚。经济危机带来了严重通货膨胀，经济增长减速，有的还出现不同程度的负增长。直至 2000 年才全面复苏。在这期间，东盟各国虽然也继续出台多项加强合作的措施，但限于当时的主客观条件，进展缓慢。

3. 2000 年，东盟经济全面复苏。经历这次经济危机，使东盟各国充分认识到现有的组织模式和组织体制过于松散，不足以抵御突发性事件，尤其是金融危机的侵袭。于是，21 世纪伊始，有了新的举措：

2001 年 11 月的第 7 次首脑会议，通过了《河内行动计划》的中期报告，并确定了新的优先合作项目，其中包括：东盟区域一体化、信息和通信技术以及人力资源开发；设立东盟商业咨询理事会，并鼓励私营企业从 2002 年起举行定期的东盟商业峰会；同意 2002 年初启动东盟一体化特惠体系，使东盟新成员越南、老挝、柬埔寨和缅甸能免税进入较发达的其他东盟成员国市场；同意加强多领域合作，包括能源、旅游、农业和通信；会议还就恐怖主义问题和艾滋病问题分别发表东盟领导人宣言。为了早日实现东盟内部的经济一体化，东盟自由贸易区 2002 年 1 月 1 日正式启动。自由贸易区的目标是实现区域内贸易的零关税。文莱、印度尼西亚、马来西亚、菲律宾、新加坡和泰国六国已于 2002 年将绝大多数产品的关税降至 0—5%。越南、老挝、缅甸和柬埔寨四国将于 2015 年实现这一目标。

2002 年 11 月的第 8 次东盟首脑会议，就实现东盟一体化、打击恐怖主义等共同关心的地区性和国际性问题进行了讨论，并达成了共识。东盟各成员国领导人签署了《东盟旅游协定》，旨在进一步促进东盟旅游业的发展。

2003 年东盟十国签署了《巴厘第二协约宣言》，一致同意在 2020 年成立类似欧盟的“东盟共同体”，包括“东盟经济共同体”、“东盟安全共同体”

和“东盟社会与文化共同体”，决定在2020年建立一个内部共同市场，从而实现商品、投资、服务和人员的自由流通。

4. 2007年恰逢东盟成立40周年，11月20日，参加第13次东盟首脑会议的10个成员国领导人签署了对东盟而言具有划时代意义的《东盟宪章》以及《东盟经济共同体蓝图宣言》、《东盟环境可持续性宣言》、《东盟关于气候变化宣言》等重要文件。2008年10月21日《东盟宪章》获得所有成员国通过。2008年12月15日，《东盟宪章》正式生效。《东盟宪章》是东盟成立以来第一份对所有成员国具有普遍法律约束力的文件。这一文件的签署为东盟进行制度化合作以及作为一个整体对外交往提供了重要依据，标志着东盟共同体建设和一体化进程进入新的发展阶段，是东盟发展的一个重要里程碑。后面的三个《宣言》则为东盟加快一体化建设，迎接未来挑战奠定了基础。

《东盟宪章》对东盟发展的目标、原则、地位以及框架等作出了明确规定：

（1）目标：维护并加强本地区和平、安全与稳定；保持本地区无核武化，支持民主、法制和宪政，为东盟居民提供公正、民主与和谐的和平环境；致力于经济一体化建设，构建稳定、繁荣和统一的东盟市场和生产基地，实现商品、服务和投资自由流动，促进商界人士、技术人才和劳动力的自由往来；增强合作互助，在本地区消除贫困，缩小贫富差距。加强开发人力资源，鼓励社会各部门参与，增强东盟大家庭意识。

（2）原则：继续坚持不干涉内政的基本原则；尊重各成员国的独立、主权、平等、领土完整和民族特性；坚持以和平手段解决纷争；不干涉成员国内政；就涉及关系东盟共同利益事宜加强磋商机制，依照东盟条约和国际惯例解决纷争，棘手问题将交由东盟首脑会议协商决定。

（3）地位：《东盟宪章》对各成员国具有约束力，赋予东盟法人地位。

（4）架构：东盟首脑会议为东盟最高决策机构，每年举行两次会议；东盟成员国领导人在峰会上决定有关东盟一体化的关键问题，决定发生紧急事态时东盟应采取的措施，任命东盟秘书长；设立4个理事会，其中一个由外长组成，负责协调东盟重要事务，另外3个分别负责政治安全、经济一体化和社会文化事务，每个理事会各由一名副秘书长负责；成立一个人权机构，致力于改进本地区人权状况。

东盟宪章规定每年8月8日为“东盟日”，并对东盟旗帜、徽章作出了相关规定。

5. 2009 年 3 月 1 日，第十四届东盟峰会是《东盟宪章》正式生效后的首次聚会。会上通过了《东盟共同体 2009—2015 年路线图宣言》等一系列重要文件，其中包括建设东盟经济共同体、东盟政治安全共同体和东盟社会文化共同体三方面内容，在推进东盟共同体建设方面又迈进了一大步。会上还就应对全球金融危机和经济衰退、粮食安全及争取在本地区实现千年发展目标等议题进行了磋商，发表了相关声明。声明强调东盟国家应协调行动，共同应对全球金融危机；声明还呼吁：所有国家避免增加贸易壁垒，尽快对国际金融秩序进行大胆改革，建立普遍、公正的国际金融新秩序。

东盟自 1967 年组建，至今已有 40 多年，从目前情况来看，要建成经济共同体还有很长的路程。与欧盟相比，东盟建设要艰难曲折得多。其中原因，很值得有关国家思考。

（二）东盟与中、日、韩“10 + 3”——东亚合作机制

“10 + 3”是指东盟十国和中、日、韩三国合作机制的简称，也是真正意义上的东亚合作机制。与“10 + 3”并行的是东盟分别与中、日、韩领导人（“10 + 1”）会议，即三个“10 + 1”合作机制。

由于多方面的原因，东盟自 1967 年建立至 20 世纪 90 年代初，进展缓慢，而在此期间，世界各国的区域性国际组织发展迅速，在全球化浪潮的冲击下，东盟各国有了加速发展的紧迫感。1990 年马来西亚总理就曾有过建立东亚地区合作机制的倡议，也得到了东亚国家的支持。因美国的强烈反对，这个倡议未付诸实施。后经 1996 年 3 月的欧亚会议和 1997 年 7 月爆发的东亚金融危机，东亚各国深深认识到有建立东亚地区经济合作组织的必要性。于是才有了“10 + 3”的合作机制。

1997 年 12 月 15 日，首次东盟与中日韩领导人在马来西亚首都吉隆坡举行首次会议。这就是东盟“10 + 3”的由来。在这次会议上，东盟各国和中、日、韩三国领导人就 21 世纪东亚地区的前景、发展和合作问题交换了意见，取得了广泛共识。中国领导人在这次首脑会议期间，与东盟国家领导人进行了单独会议。双方发表了《中国—东盟首脑会议联合声明》，确定了中国—东盟面向 21 世纪睦邻互信伙伴关系的方向和指导原则。

从此以后，基本每年举行一次东盟与中、日、韩领导人会议，在会议期间，一般都同时分别举行“10 + 1”会谈以及中日韩三国领导人会议。通过前后十多次会谈、会议，各方都达成了一定的共识，分别签订了一些协议、作出了一些决定，也取得了一些实质性成果。如：

1999年11月第三次东盟与中日韩领导人会议，发表了《东亚合作联合声明》。这可以说是“10+3”发展进程中的一个转折点；

2003年第7次东盟与中、日、韩领导人会议，东盟与中国，东盟与日本在双边合作上都有了新的突破。中国与东盟签署了《面向和平与繁荣的战略伙伴关系》，并加入了《东南亚友好合作条约》。2007年1月第10次东盟与中日韩（“10+3”）领导人会议，中国与东盟双方签署了《中国—东盟自由贸易区服务贸易协议》，这是中国—东盟经贸合作领域的又一重大成果，标志着中国—东盟自由贸易区建设向前迈出关键的一步。此外，双方还签署了《落实中国—东盟面向共同发展的信息通信领域伙伴关系北京宣言的行动计划》等合作文件，并续签了《中国—东盟农业合作谅解备忘录》。

2007年11月第11次东盟与中国、日本、韩国（“10+3”）领导人会议，通过了第二份东亚合作联合声明及2007—2017年（“10+3”）合作工作计划。

通过这十多次会议的会谈，“10+3”在金融与货币合作上，中国与东盟在自由贸易区建设以及大湄公河次区域合作方面，已取得一定的实质性成果。以下将对此作进一步介绍。

（三）“10+3”的金融与货币合作

1. 1997年爆发的亚洲金融危机，暴露出亚洲地区缺乏应对国际金融危机的合作体系。于是有了几种建立亚洲金融货币合作机制的构想：

1997年9月，日本提出建立“亚洲货币基金”的设想，计划筹资1000亿美元，为亚洲各国提供必要的流动资金，以稳定其汇率，并防范外来各种投机资金的侵害。美国担心这一设想会威胁美元和国际货币基金组织在世界的主导地位，竭力反对。1998年12月，中国香港特别行政区金融管理局总裁任志刚提出建立亚洲货币同盟的建议。在这方面特别值得注意的则是1998年12月，菲律宾总统在东盟首脑会议上提出的在亚洲实行单一货币的设想。

1999年1月，东盟与中、日、韩高峰会议上通过了《东亚合作共同声明》，表示要加强彼此之间的金融货币及财政政策的协调与合作，并认为实行单一货币也是有可能的；同年8月，在马来西亚召开的东亚货币同盟国际研讨会上，东盟秘书长在会议总结时说：“一种东盟货币至少变得可以考虑了。”2002年4月，在中国海南召开的博鳌论坛上，亚太各国领导人也曾讨论推进亚元的问题。此后，亚洲开发银行对如何建立和实施“亚元”问题进行深入的研究与设计。其基本设计概念，主要是参考欧元诞生前后的经验，即欧盟当时公布的“欧洲计算单位”。“亚元”的单位同样采取一揽子货币方式，其中包括人民币、日元、韩元及东盟十国的货币，采取各种货币的加权平均值进行计算。同欧盟通用欧元一样，亚洲也实行单一货币——亚元，是商品经济全球化的进一步发展和亚洲各国合作的进一步加强的必然结果。但亚洲的情况比欧洲复杂，要实行单一货币需要走更长的路。这里有两个主要因素：一是需要日本能同德国一样真正认识到过去对亚洲人民的严重伤害，彻底清理自身的军国主义意识，以消除各国对日本的戒心；二是需要彼此之间遵守承诺，都不输出意识形态，不干涉别国内政，以消除彼此意识形态上的戒心。因此，亚洲目前还不具备实行单一货币的条件。亚洲的金融货币合作，需要从当前的实际出发。

2. 根据亚洲当前的实际情况，东盟与中、日、韩创造了《清迈协议》模式。这里所说的《清迈协议》，是指2000年5月，“10+3”财长在泰国清迈共同签署了建立区域性货币互换网络的协议。该协议主要包括两部分内容：首先，扩大东盟互换协议的数量与金额；其次，建立中日韩与东盟国家的双边互换协议。之后，东亚“10+3”货币互换机制取得了实质性进展，截至2003年12月底，中、日、韩与东盟10国共签署16个双边互换协议，金额达440亿美元。迄今为止，《清迈协议》是亚洲货币金融合作所取得的最为重要的制度性成果，它对于防范金融危机、推动进一步区域货币合作具有深远意义。

但清迈协议是双边协议。双边协议的特点，一是一个国家需要援助时，是由援助国自己决定是否提供援助，这样就会有很多风险，比如援助国以各种理由不愿意提供援助等；二是如果受援国需要货币援助，在双边协议的框架下意味着该国需要许多轮的双边谈判，而一系列的谈判过程，既可能会丧失预防危机的最佳时机，也要增加谈判成本。为此，2008年5月4日，东盟和中、日、韩财政部长经过一天的会议，确定为筹建中的共同外汇储备基金出资至少800亿美元，其中，中日韩分担80%的出资额，余下的20%由东盟国家负担；同时还就借款适用条件、启动机制等关键要素的概念进一步达成了一致。同时，各方承诺进一步加快工作进度，以便就包括借款的具体条件以及借款协议条款的具体内容等所有要素达成共识。此外，还对清迈双边货币互换协议的主要原则进行了修订，根据修订后的原则，各国在启动双边货币互换过程中，将执行集体决策机制。这一修订将有利于清迈协议向“多边制”过渡。

3. 2009年2月22日，东盟和中日韩（“10+3”）举行特别财长会议，就当前形势下各国采取的应对危机的宏观经济政策交换了看法；就进一步深化区域财金合作达成了广泛共识。会议发表了《亚洲经济金融稳定行动计划》。在这份行动计划中，各方承诺要加快《清迈协议》多边化进程，尽早建成区域外汇储备库，并同意将储备库规模从800亿美元扩大到1200亿美元，以增强本地区危机自救能力。会议还商定，当各国遇到类似1997年亚洲金融危机的紧急情况时，可以从储备基金申请借用外汇。按照原来的设想，基金交由国际货币基金组织（IMF）管理。这次会议提出建立独立的区域监控机构和机制，以监测经济运行和资金的使用。[①]

（四）中国与东盟自由贸易区建设

2001年11月，在第5次中国与东盟领导人会议上，双方一致同意于10年内建立中国—东盟自由贸易区，并授权各国经济部长和高官尽快开始谈判。时任总理朱镕基还提出将农业、信息产业、人力资源开发和湄公河流域开发等确定为21世纪初中国与东盟合作的重点领域，得到东盟领导人的赞同。为支持东盟一体化进程，朱镕基宣布将向东盟成员中的三个最不发达国家，即老挝、缅甸和柬埔寨提供特殊优惠关税待遇，并成立了中国与东盟商务理事会。中国与东盟还举行年度外长会议及高官磋商会等。此外，双方还有中国—东盟经贸联委会、中国—东盟科技联委会、中国—东盟联合合作委员会及东盟北京委员会等对话框架。

根据第五次中国与东盟领导人会议的决定，通过谈判，于2002年签署了《中国—东盟全面经济合作框架协议》，决定深化区域经济合作，到2010年建成中国—东盟自由贸易区。为此，2003年，中国与东盟各国领导人还共同确定，在广西南宁举办一年一度的中国—东盟博览会和中国—东盟商务与投资峰会，为东盟各国和中国的企业家进行商品交易、投资洽谈、经济技术合作，提供重要平台。

经过精心的筹备，2004年首届中国—东盟博览会，吸引了1505家企业参展，共设展位2506个，境内外参展商、采购商1.8万余人，其中境外采购商4000多人，共签订合同金额近1000亿元人民币。与此同时还举行了中国—东盟商务与投资峰会。首届中国—东盟两会均取得了巨大的成就。

2005年7月20日，中国和东盟按《货物贸易协议》规定，正式开始对原产于对方的7000余种产品相互给予优惠关税待遇，这标志着中国—东盟自由贸易区经过数载的筹备，进入了全面实质性建设阶段。一个拥有19亿人口（2006年数据，以下同）、国内生产总值达3.6万亿美元、进出口贸易总额为

① 《人民日报》，2009年2月23日。

3.1万亿美元的大市场，从此形成。

2006年，中国—东盟建立对话关系15周年纪念峰会在广西南宁举行，双方领导人为中国—东盟未来发展做出完整的规划。此后中国—东盟战略伙伴关系不断深化和发展，双方政治互信日益加深，经贸合作不断拓展，社会文化交往更加密切。双方确定了农业、信息通信技术、人力资源开发、相互投资、湄公河流域开发、交通、能源、文化、旅游、公共卫生、环境等11个重点合作领域。

2008年10月在中国广西举办了第五届中国—东盟博览会和中国—东盟商务与投资峰会，也取得了丰硕成果。中国与东盟贸易额由2004年的1059亿美元增加到2007年的2025亿美元，提前3年实现双方领导人提出的2000亿美元的贸易目标。2008年1—9月，双方贸易额达1804亿美元，比去年同期增长23%，已互为第四大贸易伙伴。相互投资不断扩大，东盟对华投资已形成相当规模，中国企业对东盟投资快速增长。东盟十国都已成为中国公民的旅游目的国，人员往来更加频繁。双方各领域合作呈现出平等互信、互利共赢的良好发展态势。

2008年岁末，中国政府首次任命中国驻东南亚国家联盟大使一职。在中国—东盟战略伙伴关系深入发展，东盟共同体建设快速推进的新形势下，此举充分体现了中方对推进中国—东盟在各个领域合作的政治意愿，体现了中方对东盟共同体建设和一体化进程的坚定支持，相信必将对推动中国与东盟在各领域的友好交流与互利合作产生积极影响。

（五）大湄公河次区域合作

大湄公河次区域是指澜沧江—湄公河流域。全长4880公里的澜沧江—湄公河发源于中国的青藏高原唐古拉山，自北向南流经中国青海、西藏、云南三省区和缅甸、老挝、泰国、柬埔寨、越南五国，于越南胡志明市附近注入南中国海。河流的中国境内段称为澜沧江，中国境外段称为湄公河。

1992年，在亚洲开发银行的倡议下，澜沧江—湄公河流域内的中、缅、老、泰、柬、越六个国家共同发起了大湄公河次区域经济合作机制，以加强各成员国间的经济联系，促进次区域的经济和社会发展，实现区域共同繁荣。亚行作为参与方和出资方，主要负责为有关会议及具体项目的实施提供技术和资金支持。这个合作机制也可以说是中国与东盟，即“10+1”的内容之一。

大湄公河次区域经济合作以项目为主导，比较务实。经过十多年的发展，大湄公河次区域已经成为世界上发展最快的地区之一。该地区年平均经济增长速度超过6%。截至2007年12月，大湄公河次区域经济合作围绕基础设施建设、跨境贸易与投资、私营部门参与、人力资源开发、环境保护和自然资源可持续利用五大战略重点，共开展了包括交通、能源、电信、环境、农业、人力资源开发、旅游、贸易便利化与投资九大领域180个合作项目，动用资金总额100多亿美元。

大湄公河次区域经济合作日常决策机构是部长级会议，下设9个专题论坛和工作组，分别负责交通、电信、能源、环境、人力资源开发、旅游、农业、贸易和投资。领导人会议是其最高决策机构，从2002年起每3年召开一次，各成员国按照字母顺序轮流主办。

2002年11月3日，大湄公河次区域经济合作首次领导人会议在柬埔寨金边举行。会议批准了《次区域发展未来十年战略框架》，并决定其后每3年在成员国轮流举办一次领导人会议。会后，有关国家签署了《大湄公河次区域便利运输协定》谅解备忘录、《大湄公河次区域便利运输协定》中方加入书和《大湄公河次区域政府间电力贸易协定》。

2005年7月4日至5日，大湄公河次区域经济合作第二次领导人会议在中国昆明举行。会议围绕"加强伙伴关系，实现共同繁荣"的主题，进行深入讨论并达成广泛共识，确立了以"相互尊重、平等协商、注重实效、循序渐进"为主要内容的合作指导原则，并发表了《昆明宣言》。与会六国领导人还签署了便利客货运输、动物疫病防控、信息高速公路建设和电力贸易等多项合作文件，批准了贸易投资便利化行动框架和生物多样性保护走廊建设等多项合作倡议。

2008年3月30日至31日，大湄公河次区域经济合作第三次领导人会议在老挝万象举行，六国领导人围绕"加强联系性、提升竞争力"的主题，就加强基础设施互联互通，贸易运输便利化，构建伙伴关系、促进经贸投资，开发人力资源、增强竞争力，可持续的环境管理，次区域合作与发展伙伴关系等六大方面的合作构想交换意见。与会各国领导人签署了《领导人宣言》，指出了大湄公河次区域经济合作面临的机遇与挑战以及未来行动的方向，提出2008—2012年大湄公河次区域经济合作发展行动计划。与会领导人还签署了《实施次区域跨国电力贸易路线图谅解备忘录》以及《经济走廊可持续与均衡发展谅解备忘录》等一系列合作文件。

16年来，六国合作的大湄公河流域开发已取得初步成果："最新统计显示，截至2007年底，在次区域经济合作框架内，在交通、能源、电信、环境、农业、人力资源开发、旅游、贸易便利化与投资九大领域共开展180个合作项目，其中投资项目34个，总投资达98.7亿美元，技术援助项目146个，涉及资金1.66亿美元，有力地推动了次区域各国的经济社会发展。中国今后还要在交通、能源、电信、农业、环境、人力资源开发、卫生、旅游、贸易和投资等方面继续加强合作。"①

（六）从东盟"10+3"建设进程中得到的几点启示

1. 东亚地区是当今世界上经济发展最快的地区之一，理应早该建立起紧密的区域性经济组织。可是第二次世界大战以后，多数东亚各国，都陆续与美国建立重要的经济互补联系。这是不对称的经济依存关系，虽然会在一定时期促进了经济快速发展，但弱势一方的经济很容易受到冲击，易产生危机。1997年的金融危机就是一次严重的教训；2008年再次遭受了美国金融危机的冲击。现在回过头来看，若能在1997年之前建立起较紧密的东亚经济合作组织，既有助于东亚地区各国的经济稳定与安全，也有可能大大减缓这两次金融危机冲击所造成的损失；还有助于改善同美国的依存结构。可是实际情况并非如此，"10+3"合作机制直至1997年才诞生，而诞生至今又已有12年，却仍然未能形成正式的政府间合作组织。原因何在？很值得深思。该是亡羊补牢，加强东亚联盟的时候了。

2. 实事求是地说，影响东亚国家合作的原因固然是多方面的，而其中的一个重要因素则是彼此之间缺乏信任。具体因素至少有二：

一是东亚的多数国家都曾受过日本的欺凌，虽然时间已过去六十多年，但日本不仅一直未能像德国那样从根本上反省过去军国主义分子犯下的滔天罪行，彻底清除国内军国主义意识；而且还在教科书中和一些媒体上，篡改、掩饰侵略战争历史事实；把罪大恶极的头号战犯，尊为"英雄"，年年祭奠；还企图霸占邻国领土、领海，等等。因此，东亚各国对它一直存有戒心。与此同时，日本一直还将自己与美国捆绑在一起来对待亚洲各国。对此，需要日本的政治家们深省，他们应有清醒的认识，应以德国为榜样，尽快以实际行动来消除邻国的戒心，重建彼此之间的信任。

二是我国与周边各国一直都有着历史上遗留下的领土、领海的未定边界问题。新中国成立以后的60年，经同各方真诚谈判，除印度外，我国与所有国家的陆地边界问题都已和平协商解决。但在领海方面的边界，至今多未解决，

① 新华网北京2008年3月26日电。

加之还有社会制度、意识形态上的差异以及美国的从中作梗等方面的问题，以至有的东南亚国家对我国心存疑虑。为此，2002 年 11 月 4—5 日在柬埔寨首都金边举行第 8 次东盟首脑会议上，中国与东盟各国外长及外长代表还签署了《南海各方行为宣言》。宣言确认中国与东盟致力于加强睦邻互信伙伴关系，共同维护南海地区的和平与稳定。宣言强调通过友好协商和谈判，以和平方式解决南海有关争议。在争议解决之前，各方承诺保持克制，不采取使争议复杂化和扩大化的行动，并本着合作与谅解的精神，寻求建立相互信任的途径，包括开展海洋环保、搜寻与求助、打击跨国犯罪等合作。这一宣言对保持南海地区和平与稳定、增进中国与东盟互信有重要的积极意义，需尽快落实。中国历来是言之有信的。可是有些国家，往往因某些国内因素，不时发出不和谐的声调，制造事端。希望这些政治家们，要以国家人民利益为重，按照《南海各方行为宣言》既定的原则办事，实现互信。

3. 为了加快东亚各国的合作进程，亟需有关各方在着手解决好以上这两个问题的同时，可在“10 +3”和三个“10 +1”机制，以及已达成的《货币合作协议》即《清迈协议》的基础上，进一步在科技、人力资源、金融开放与资本流动等方面达成新的合作协议，然后再由此建立起较完善的东亚经济合作组织体制。这是全球化商品经济发展的客观要求，机不可失，时不再来，需要有关国家珍惜。

二、海湾阿拉伯国家合作委员会

（一）海湾阿拉伯国家合作委员会的建立及其组织体制

海湾阿拉伯国家合作委员会（以下简称海合会），1981 年 5 月在阿联酋阿布扎比成立。其成员为阿拉伯联合酋长国、阿曼、巴林、卡塔尔、科威特、沙特阿拉伯六国。成员国总面积 267 万平方公里，人口约 3400 万，拥有丰富的石油资源，已探明的石油储量约占全球石油总储量的 45%。这 6 个国家的政治、经济体制相似，王室联系也非常紧密，在政治、经济、外交、军事等方面都存在着共同的利益，是中东地区重要的区域性组织。总部设在沙特阿拉伯首都利雅得。

海合会的宗旨是：加强成员国之间在一切领域内的协调、合作和一体化；加强和密切成员国人民间的联系、交往与合作；推动六国发展工业、农业、科学技术，建立科学研究中心，兴建联合项目，鼓励私营企业间的经贸合作。

海合会每年 11 月或 12 月轮流在六国首都召开首脑会议，截止到 2005 年

12月已举行过26届。海合会首脑会议已先后发表了《科威特宣言》、《阿布扎比宣言》、《麦纳麦宣言》、《多哈宣言》，并通过了《海合会与其他国家、地区集团和国际组织发展关系和进行谈判的长期战略》等一系列文件。此外，六国的外交、国防、内政、石油和财经等大臣（部长）还定期或根据需要召开会议，对政治、经济、军事、外交等方面的重大问题进行商讨，以协调立场，采取联合行动。

2001年12月，也门被批准加入海合会卫生、教育、劳工和社会事务部长理事会等机构，参与海合会的部分工作。

（二）海合会建设的成就

海合会建立之后，积极促进成员国之间的合作，推动经济一体化进程，以适应经济全球化的发展形势。中间虽因认识上的偏差走过一段很长的弯路，但一经认识，很快纠正，因此，该组织虽然成立较晚，而建设进度较快也较有成效：

1. 着眼未来，舍弃眼前利益，统一进口关税税率，为建立统一市场奠定了基础。海合会从1981年成立时起，就着手谈判统一非成员国商品进口关税税率，为建立统一的海湾市场铺平道路。但在此后的18年中，六国的有关部门为统一关税，进行了无数次的谈判和协商，却一直未能取得突破，关键是：阿联酋为发展转口贸易，规定的税率较低，担心提高税率将影响其海港城市迪拜的自由贸易港地位；而对于实行较高税率的巴林和沙特来说，降低税率意味着减少税收，彼此为维护自身的经济利益而互不让步。经18年实践，六国首脑渐渐认识到：面对经济全球化挑战的紧迫性，不联合就没有出路，就要受制于人，舍弃暂时的利益，会赢得未来的更大发展。因此，在1999年11月第20届首脑会议上，六国领导人，以适应世界形势变化的愿望，相互让步，于是很快地就成员国进口税率达成了协议。

在协议中将进口商品划分为三大类：一是免税商品（包括食品、医药等生活必需品），二是基本商品（海湾各国用于生产领域的产品），三是其他消费品；把这三类商品的税率分别定为：0、5.5%和7.5%。上述统一税率从2005年3月1日起实行。对海湾六国来说，统一税率是一个具有深远影响的事件。因为只有海湾国家统一了税率，才能进而建立统一的海湾市场；只有建立了统一的市场，才有利于海湾各国间人才、资金和技术的流动。这不仅对海湾各国的发展有益，更有利于六国组成一个强大的经济实体，参与世界范围内的竞争。这是海湾国家面对经济全球化挑战采取的重要举措，对海合会六个成员国的经济发展产生深远影响，并从此加快了合作进度。

切勿“因小失大”，这一深刻的经验教训，很值得世界上所有区域性经济组织的成员国，在处理彼此之间的关系时借鉴。

2. 建立关税同盟与共同市场，并积极筹建统一货币区，推动了经济一体化进程。2002 年的第 23 届海合会首脑会议，设定了在 2007 年底前成立海湾共同市场的时间表。2003 年 1 月 1 日，海合会 6 国正式启动关税联盟。该联盟规定，对从海合会成员国以外地区进口的商品征收 5% 的统一关税，同时六国之间将最终取消关税壁垒。按照海湾经济一体化进程的时间表，六国在 2007 年底前建立海湾共同市场，最终将在 2010 年 1 月发行海湾地区统一货币。此后，经六国的共同努力，2007 年 12 月 4 日在多哈召开的第 28 届海合会首脑会议，发布了《多哈宣言》。《多哈宣言》确定：2008 年 1 月 1 日起正式启动海湾共同市场。会议闭幕式上宣读《多哈宣言》。该《宣言》指出：共同市场的成立是为满足海湾各国人民实现拥有海湾公民身份的愿望，确保他们在海合会各成员国居住、工作、投资商贸活动以及医疗和教育等方面受到平等对待；海湾共同市场的目标是创造“一个市场”，让海湾各国人民都能从海湾经济中受益，拓宽海合会成员国内部和外来投资的领域，增加海湾经济作为整体带来的收益，提高生产力以及最有效地利用资源，改善海合会成员国的谈判地位以及提升其在世界经济体中的地位。宣言说，成立共同市场是海湾国家在推进经济一体化过程中迈出的重要一步，并致力于在 2010 年发行统一货币。

2008 年 12 月 30 日，第 29 届海湾阿拉伯国家合作委员会（海合会）首脑会议发表了声明和《马斯喀特宣言》，通过了《货币联盟协议》和《货币委员会宪章》。为建立海湾中央银行奠定了基础。各国首脑在声明中回顾了海湾经济一体化取得的成就和遇到的阻碍，要求海合会相关机构解决问题，确保在 2009 年 9 月之前消除实现经济一体化的阻碍。根据货币联盟协议的规定，货币联盟协议生效后两个月，货币委员会宪章将开始生效，这标志货币委员会成立。货币委员会成立之后，将致力于完善单一货币的支付和结算系统准备工作，确立和发展单一货币的发行和流通框架，制定海湾央行的法律和制度。海湾央行一旦建立后，将自动取代货币委员会并履行其功能和职责。协议还规定，未来的海湾央行将完全独立，不隶属于任何海合会机构，能够独立制定和执行货币政策。任何海合会下属机构以及成员国政府不得向海湾央行及央行各执行机构发布指令或施加干涉。高度的经济趋同是建立货币联盟的基础。尽管近年来海合会各成员国一直致力于完成各项经济趋同指标，并取得了一定的成绩，但目前海合会成员国经济趋同指标的完成情况也参差不齐，把通货膨胀率控制在两位数以内的趋同目标迄今仍未实现，这将是在2010年实现单一货币的主要障碍。

海合会在加强内部建设的同时，越来越依靠整体参与国际和地区事务，在重大国际和地区问题上采取统一立场，积极发展对外经贸合作，海合会已同包括中国、欧盟在内的世界多个国家和组织启动了自由贸易谈判，也已取得一定成果。

第四节 美洲、非洲的主要区域性国际经济组织

一、南美洲安第斯共同体、南方共同市场和南美洲国家联盟

（一）安第斯共同体

安第斯共同体（以下简称安共体）的前身为安第斯集团，成立于1969年5月，由秘鲁、玻利维亚、厄瓜多尔、哥伦比亚和智利五国政府的代表，在哥伦比亚的卡塔赫纳城举行会议，讨论小地区经济一体化问题，26日签署了《小地区一体化协定》，后称《卡塔赫纳协定》。同年10月16日，该协定生效。因成员国均系安第斯山区域国家，故称安第斯集团或安第斯条约组织。

该组织由于内部各国在许多问题上存在着分歧，合作进展缓慢：1973年2月13日，委内瑞拉加入。1976年10月30日，智利退出；1990年11月，第4次首脑会议通过了《拉巴斯纲要》，确定五国于1992年1月1日建成自由贸易区的目标；1991年12月，第6次首脑会议批准了五国关于建立自由贸易区的协议，决定从1992年1月1日起实施共同对外关税；后因秘鲁和委内瑞拉断交，建立地区自由贸易区的计划被迫推迟，安第斯地区一体化发展面临严重危机；直至1993年，才建成拉美和世界上第一个由发展中国家组成的自由贸易区。

1994年5月，五国就共同对外关税达成一致意见，从1995年1月1日起对地区以外的国家采取11.8%的平均关税，根据产品的种类，关税分为5%、10%、15%和20%四档。11月，五国签署了共同对外关税协定，该协定从1995年2月1日起生效，至此，安第斯关税联盟宣告成立。

1996年3月，第8次首脑会议决定成立安第斯共同体，1997年8月1日，

安共体正式开始运作。2001 年，第 13 次首脑会议决定力争于 2005 年 12 月 31 日前建立安第斯共同市场，逐步扩大各国间人员流动自由，自 2002 年 1 月 1 日起，成员国之间相互承认个人身份证，最迟于 2005 年 12 月 31 日颁发安共体统一护照；并争取在 2002 年 1 月前完成与南方共同市场建立自由贸易区的谈判。2003 年 6 月，第 14 次首脑会议上，巴西总统卢拉作为特邀嘉宾与会。会议主要讨论了如何加强安共体与南方共同市场在政府和经济领域内的合作问题。

2004 年 7 月，安共体总统理事会第 15 次会议签署了《基多纪要》。《纪要》强调了 5 成员国在制订安第斯共同安全政策和规划建立安第斯和平区，以及在扫毒、保护人权等方面取得的进展推动在各个领域合作的战略协议；在短期内要与欧盟开始有关自由贸易协议的谈判；在联合国改革的进程中要进行协调，以统一立场。此后，在同美国进行自由贸易谈判问题上，哥伦比亚、秘鲁、厄瓜多尔和委内瑞拉有了严重分歧，前 3 个成员国执意要谈，后者则坚决反对并以退出为条件。

从安共体建立 30 多年的实践经验来看，区域性国际组织的成员国之间，在合作建设过程中，对各种问题出现分歧是难免的。但由于未能妥善解决，出现了种种不利于合作的举动，延误了共同体建设。因此，在组建区域性国际组织时，建立起有效的分歧解决机制是很有必要的。

（二）南美洲南方共同市场

1. 南美洲南方共同市场（以下简称南方共同市场）的建立。1991 年 3 月 26 日，南美洲的阿根廷、巴西、巴拉圭和乌拉圭四国总统，在巴拉圭首都亚松森举行第一届首脑会议，签署了关于建立南方共同市场的《亚松森条约》，条约于同年 11 月 29 日生效。该组织的宗旨是：通过有效利用资源、保护环境、协调宏观经济政策、加强经济互补，促进成员国科技进步，最终实现经济政治一体化。1995 年 1 月 1 日，南方共同市场正式启动，共同对外关税联盟开始生效。根据成员国达成的有关统一关税的协议，约 9000 种产品中的 85% 在共同市场内部实行免税，其余 15% 产品的关税在 1999 年前逐步减免。南方共同市场是南美地区最大的共同市场，为南美国家主要的谈判实体，为协调南美国家对外贸易谈判立场起了主要作用。尽管近些年来南方共同市场内部贸易争端不断，维持南方共同市场仍是各国政府的优先战略考虑。进入 21 世纪以来，为加强对外谈判实力，南方共同市场国家求同存异，维护和加强内部团结的政治意愿升温。南方共同市场成立后的 10 年内，成员国内部经济贸易冲突不断，再加上成员国政府的更迭和巴西、阿根廷及乌拉圭三国先后发生严重的金融危机，以至在一些实质问题上进展甚少。

2. 南方共同市场组织的扩大。2005 年，随着世界各国的区域性国际经济组织迅速发展，使得南方共同市场国家重新认识到地区结盟的重要性。特别在巴西、阿根廷、巴拉圭和乌拉圭的左翼力量先后上台，出台了一系列政治经济改革方案，从而使上述四国再度集合在一起，重新启动南方共同市场。由于巴西、阿根廷、乌拉圭以及 2006 年加入的委内瑞拉四国的经济都已达到中等发展水平，2006 年人均国民收入分别为：4730、5150、5310 和 6070 美元，唯有巴拉圭经济发展水平较低，但 2006 年人均国民收入也已达到 1400 美元，而巴西和阿根廷又是南美洲两个最大的国家。从此之后，南美洲各国的合作就进入了快速发展阶段：

2005 年 12 月 9 日南方共同市场在乌拉圭举行了为期一天的第 29 次首脑会议，在南方共同市场结构转换基金、能源合作、多边投资、开发淡水资源、地区外合作等一系列问题上达成了广泛协议。

2006 年 7 月 4 日，巴西、阿根廷、巴拉圭、乌拉圭和委内瑞拉五国元首，在委首都加拉加斯举行南方共同市场特别会议，共同签署委内瑞拉完全加入南方共同市场协议。玻利维亚总统莫拉莱斯作为特别嘉宾出席了这一签字仪式。随着委内瑞拉的加入，拉美一体化迈向新起点，革新南方共同市场已经成为五国政府的共同愿望。五国总统在签字仪式上表示，委内瑞拉的加入，将加强这一地区组织的力量。南方共同市场今后的目标不仅要扩大贸易，而且还要深化合作，共同解决贫困和社会不公问题。南方共同市场要求成员国间进行和谐合作，共同创造就业机会，加强文化联系，以贸易促进成员国的经济、民主和社会各项事业的全面进步。委内瑞拉议会当天批准了查韦斯政府与南方共同市场签订的协议。根据协议，委内瑞拉从 2006 年 7 月 4 日起加入南方共同市场对外谈判，并以正式成员身份审查南方共同市场已经进行的各项谈判内容，并享有表决权。委内瑞拉加入南方共同市场，使一度停滞不前、毫无生气的南共同市场重新活跃起来，向最终实现其宏伟目标——经济政治一体化迈出了新的一步，长期被搁置起来的关于建立南方共同市场议会的计划也在本届首脑会议得到了通过。

（三）从安第斯共同体和南方共同市场到南美国家共同体再到南美国家联盟

1. 从安第斯共同体和南方共同市场到南美国家共同体。南美国家共同体的诞生经历了漫长曲折的过程。早在1824年，南美解放者西蒙·玻利瓦尔就曾呼吁南美大陆的独立与统一。随着国际形势的发展，以及应对经济全球化带来的挑战，南美国家要求增强地区经济实力的愿望日益强烈。2000年9月，在巴西总统卡多佐倡议下，在巴西举行首届南美国家首脑会议。与会首脑一致认为，南美国家只有通过地区一体化、增强本地区经济实力，才能应对经济全球化带来的挑战，才能增强与其他经济区域的谈判实力。在此基础上，他们还提出了建立一个属于南美国家自己的共同空间的设想。这一设想在2002年7月第二届南美首脑会议上得到重申。2004年12月，南美国家在秘鲁举行第三届首脑会议，会议通过了《库斯科声明》，宣布成立南美国家共同体。南美国家共同体由玻利维亚、哥伦比亚、厄瓜多尔、秘鲁和委内瑞拉5个安第斯共同体成员国和阿根廷、巴西、乌拉圭和巴拉圭4个南方共同市场成员国，以及智利、圭亚那和苏里南共12个南美国家组成。

2005年9月30日，第1届南美国家共同体首脑会议通过了《主席声明及优先日程》、《行动计划》和《基础设施一体化声明》等文件，还就南美地区一体化进程中的趋同问题发表一项声明，表示将促进南美国家之间经济互补协议的趋同化，并要求地区内的有关一体化组织对此进行研究。首脑会议还对尼日利亚总统奥巴桑乔提出的举行南美—非洲国家首脑会议的建议表示欢迎。首脑会议还一致表示，将为落实南美—阿拉伯国家首脑会议决议和建议而努力。

2006年12月8日，第2届南美国家共同体首脑会议，还邀请墨西哥和巴拿马的政府代表以观察员身份出席了会议。会议通过了《科恰班巴宣言》和《深化南美一体化进程战略计划》等文件。《科恰班巴宣言》指出：随着全球化的不断深入，地区发展不平衡、土著居民边缘化等问题日益突出，地区一体化是解决问题的有效途径；宣言呼吁：南美各国共同研究建立21世纪地区一体化新模式，加快地区间交通、电信等基础设施建设，改善地区能源供需平衡，实现政治、经济、社会、文化等领域的均衡发展。《深化南美一体化进程战略计划》建议成立高官委员会，以协调南美国家间的一体化进程，并深化南方共同市场和安第斯共同体的体制性联系。会议还决定，第3届南美国家共同体首脑会议将于2007年在哥伦比亚举行。同年，还将在委内瑞拉举办地区能源一体化首脑会议。

2. 成立南方银行。2006年，委内瑞拉总统查韦斯和阿根廷总统基什内尔提出成立南方银行的设想，得到南美国家积极响应。厄瓜多尔、玻利维亚、巴拉圭、乌拉圭和巴西相继表示赞成。经过多轮谈判，同年10月在巴西里约热内卢举行的南美国家财政部长会议正式通过了成立南方银行的协议。2007年12月9日，委内瑞拉、阿根廷、巴西、厄瓜多尔、巴拉圭和玻利维亚的领导人在阿根廷首都布宜诺斯艾利斯签署文件，正式成立南方银行。南方银行是第一家由拉美国家自己控制的区域性国际银行。南方银行的成立，标志着拉美金融一体化取得的巨大成果。南方银行的成立将为南美各国在融资方面提供便利，以摆脱国际货币基金组织和世界银行通过提供贷款，向这些国家的经济决策过程所施加的影响。巴西总统卢拉说，成立南方共同银行是拉美一体化进程的重要成果。拉美国家只有加强团结，才能在国际舞台上拥有更大的发言权。他呼吁更多的南美国家加入南方银行。南方银行的倡议者之一、委内瑞拉总统查韦斯说，建立南方银行是南美国家实现经济独立和发展的战略，它可以帮助南美国家摆脱对发达国家的经济依附。他同时倡议南美国家克服困难，加强团结，积极推动南方银行的发展。

3. 从南美国家共同体再到南美洲国家联盟。2007年4月，南美国家共同体首脑会议决定将南美国家共同体改名为南美洲国家联盟。会议宣布将效仿欧盟，建立起一个包括共同货币、议会和护照的新共同体；联盟将合并已有的两个自由贸易组织——南方共同市场和安第斯共同体，建立起一个覆盖南美洲的自由贸易区，分别于2014年和2019年前取消非敏感商品和敏感商品的关税。联盟总部将设于基多，而南方银行将设于巴西利亚。南美洲国家联盟由玻利维亚、哥伦比亚、厄瓜多尔、秘鲁四个安第斯共同体成员国和阿根廷、巴西、乌拉圭、巴拉圭和委内瑞拉五个南方共同市场成员国，以及智利、圭亚那和苏里南共12个南美国家组成。它是一个囊括南美洲所有独立国家的综合性组织，共有3.61亿人口、面积1760多万平方公里和国内生产总值1万多亿美元、2000亿美元的出口总额、3000亿美元的外债、800万平方公里的森林面积以及占世界总量27%的淡水的地区性组织，其综合能力居世界第5位。该组织另有2个观察员国：巴拿马和墨西哥。

2008年5月23日，南美洲国家联盟特别会议在巴西首都巴西利亚举行，12个成员国的领导人签署了酝酿已久的《南美洲国家联盟宪章》。宪章指出，南美洲国家将加强成员国之间的政治对话，重点在经济、金融、社会发展和文化交流等领域开展区域一体化建设。宪章规定，南美洲国家联盟的专门机构包括一个由国家元首和政府首脑组成的委员会、外长委员会、代表委员会以及设在厄瓜多尔首都基多的秘书处。《南美洲国家联盟宪章》的签署，标志着南美洲一体化进程取得了一个里程碑式的胜利，也标志着南美国家从此将以一个共同的身份出现在国际舞台上。这是一项伟大的创举。

南美洲地大物博，有丰富的石油、各种金属、稀有金属和渔业资源；农业也有巨大发展潜力。过去，许多国家是军人统治，加上20世纪90年代末的金融危机，经济发展曾一度受到抑制。今天，大部分国家已是左派执政，经济发展潜力开始释放。随着国家联盟的建立，南美洲已是当今世界政治经济体系中一支不可忽视的力量。因此，在它们制定的《国家联盟宪章》中也初步显现特点，其中最主要的是它表明：南美洲国家联盟虽然以欧盟模式为榜样，但是拉丁美洲不仅要发展经济，还应当更为关注社会发展、保证民生。

二、北美自由贸易区

在北美洲，加拿大与墨西哥都是美国的邻国，加拿大是发达的资本主义国家，墨西哥则是发展中国家。北美自由贸易区，由美国、加拿大和墨西哥三个国家组成，它是在美国主导下，先建立了美加自由贸易区，然后再扩大而成的。

（一）美加自由贸易区的建立

美国与加拿大的经济合作是从1965年两国签订《汽车自由贸易协定》开始的。1965年，为了降低汽车生产成本，提高两国汽车在国际市场上的竞争力，加拿大与美国签订了在汽车及其零部件生产方面实行自由贸易的协议。其结果是，加拿大的汽车生产获得了规模经济的好处，效益大大提高。此后，虽然美加两国都有联合起来，建立美加自由贸易区的设想，但由于美国贸易保护主义抬头，进展缓慢。直到20世纪80年代，随着欧洲共同体和日本力量的增强，在世界各地与美加争夺商品和资本市场的势态加剧，美加两国逐步认识到：双方建立自由贸易区才是抗衡的重要手段。双方于1986年开始正式谈判，1988年1月1日两国首脑正式签订了《美加自由贸易协定》，经两国国会审议批准，1989年1月1日协议正式生效。《协定》的主要内容包括：从1989年1月1日开始的10年内，相互逐步取消从对方进口商品（包括农产品）关税和非关税壁垒；取消对服务业的关税限制和汽车进出口的管制，开展公平、自由的能源贸易；在投资方面两国将提供国民待遇；建立一套共同监督的有效程序和解决相互间贸易纠纷的机制；为防止转口逃税，还确定了原产地原则；逐步改善投资环境，实现投资、人员流动自由化；逐步放松对各自金融市场的管制。从这些内容来看，美、加自由贸易区，实质上是一种类似于共同市场的区域性经济组织。自此以后，两国之间的经贸往来有了较快的增长。

（二）北美自由贸易区的建立

美国是当今世界最强大的发达国家，墨西哥则还是一个发展中国家，因此，在经贸上具有较强的互补性。对墨西哥来说，在科学技术、建设资金、商品出口等方面都依赖于美国，因此，有着建立自由贸易区的愿望。在美国看来，有着1亿多人口的墨西哥是潜在市场；墨西哥劳动力便宜，生产成本低，是美国理想的投资地区；商品的自由贸易能够使美国在墨西哥的投资更加有利可图。于是美国在建立美加自由贸易区的同时，也着手建立美墨自由贸易的工作。

1986年8月美墨两国领导人提出双边的框架协定计划，1987年11月签订了一项有关磋商两国间贸易和投资的框架原则和程序的协议。在此基础上，两国进行多次谈判，于1990年7月正式达成了美墨贸易与投资协定。同年9月，加拿大参与谈判。1991年6月，三国在加拿大多伦多举行首轮谈判，后经多次磋商，1992年8月12日达成了《北美自由贸易协定》，经三国国会先后批准，1994年1月1日正式生效。

《北美自由贸易协定》的宗旨是：取消贸易壁垒，创造公平竞争的条件，增加投资机会，保护知识产权，建立执行协定和解决争端的有效机制，促进三边和多边合作。该协定将用15年的时间，分3个阶段取消关税及其他贸易壁垒，实现商品和劳务的自由流通，在3国9000多种产品中，立即取消50%的关税，15%以上的产品在5年内取消关税，剩余的关税将在6—15年内取消。由于墨西哥与美国、加拿大的经济发展水平差距较大，而且在经济体制、经济结构和国家竞争力等方面存在较大的差别，因此，在《北美自由贸易协定》中，给予墨西哥一定的优惠待遇，如《北美自由贸易协定》中规定：对墨西哥给予了一定的优惠待遇：

——对墨西哥占有劳动力优势的纺织品和成衣方面，只要符合原产地规则，除取消一部分产品关税外，美、加取消其配额限制，并将关税水平从45%降到20%；

——对于汽车产品，美、加逐步取消对墨西哥制造汽车征收的关税，其中轻型卡车的关税从25%减到10%，并在5年内全部取消；重型卡车、公共汽车、拖拉机的关税则在10年内取消。墨则将在10年内取消美、加汽车产品的关税及非关税壁垒，其中对轻型卡车在5年内取消关税。

——美、加分别取消其对墨农产品征收的61%和85%的关税；墨则取消对美、加农产品征收的36%和4%的关税。另外，墨拥有10至15年的时间来逐步降低剩余农产品的关税，并有权通过基础设施建设、技术援助以及科研来支持本国农业发展。

——在能源工业方面，墨保留其在石油和天然气资源的开采、提炼及基础石油化工工业方面的垄断权，但非石油化工工业将向外国投资者开放。另外，协定同时规定对投资者给予国民待遇，对投资者不得规定诸如一定的出口比例、原产品限制、贸易收支、技术转让等限制条件。

作为补充，美、加、墨在1998年又就取消500种关税达成协议。该协议从1998年8月1日生效，其中规定美国免税进口墨西哥产的纺织品、成衣、钟表、帽子等，墨西哥则向美国的化工产品、钢铁制品、玩具等商品开放其市场。此协议实施后，大约93%的墨西哥商品能享受到美国的免税优惠，大约60%的美国商品直接免税进入墨西哥市场。

北美自由贸易区是世界上第一个由发达国家和发展中国家联合组成的贸易集团，成员国之间的经济既有较大互补性和相互依存性，又有明显的不对称性。美国是墨西哥最大的贸易伙伴和投资来源国，双边贸易约占墨外贸总额的70%，对美出口约占墨出口总额的80%，墨西哥吸收外资主要来自美国。因此，墨西哥对美国的依赖程度很深，美国经济情况往往决定着墨西哥的经济发展。1996年至2000年美国经济有较快的发展，墨西哥经济也随之起飞；自2001年始，美国经济发展趋缓，墨西哥呈现停滞状态。2004年起，随着美国经济形势好转，墨西哥经济又有了较快的发展。详见表7－2。

表7－2　　北美三国国民生产总值和出口总值增长表

	国内生产总值增长（%）				国内生产总值增长（%）		
	美　国	加拿大	墨西哥		美　国	加拿大	墨西哥
1996年	4.4	4.4	6.8	2002年	1.9	3.4	0.6
1997年	4.4	3.3	4.9	2003年	3.0	2.0	1.6
1998年	3.6	4.6	5.0	2004年	3.6	2.8	4.4
1999年	4.1	5.1	3.6	2005年	3.1	3.1	2.8
2000年	4.1	4.4	6.6	2006年	2.9	2.8	4.8
2001年	1.2	1.5	－0.3				

资料来源：国家统计局网站。

由于以上这些问题，墨西哥国内对墨西哥加入北美自由贸易区的评价褒贬不一、莫衷一是。其实，对发展中国家来说，加入发达国家主导的区域性组织，虽然有可能带来经贸发展机遇，但若加入的协定，未能根据两者之间经济上的实际差距给予发展中国家相应的优惠政策，若发展中国家自身决策不当，都会带来严重的负面影响。墨西哥1994—1995年的金融危机，即是由此而来的。一般地说，发展中国家，很难指望凭借进入“富人俱乐部”来解决弱势群体的社会、经济问题。

三、非洲联盟

非洲联盟，是继欧盟之后成立的重要的国家间联盟，是集政治、经济、军事等为一体的全洲性政治实体。非盟的主要任务是维护和促进非洲大陆的和平、稳定，推行改革与减贫战略，实现发展与复兴。它的前身是1963年5月成立的非洲统一组织（简称“非统”）。

（一）从非洲统一组织到非洲联盟

从二战后到20世纪60年代初，非洲大陆的独立国家由4个增加到30多个。许多非洲国家虽然在政治上获得了独立，并不意味着这些国家拥有了与世界其他国家一样的地位。1963年5月，31个非洲独立国家元首、政府首脑或他们的代表在埃塞俄比亚首都亚的斯亚贝巴举行会议，通过了《非洲统一组织宪章》，决定成立非洲统一组织，简称“非统组织”，总部设在亚的斯亚贝巴。

“非统”的宗旨是：促进非洲国家的统一与团结；协调和加强非洲国家在各个方面的合作；努力改善非洲各国人民的生活；保卫和巩固非洲各国的独立及主权、领土完整；从非洲根除一切形式的殖民主义，促进国际合作。

国家和政府首脑会议是该组织的最高权力机构，每年举行一次，协调该组织的总政策，对有关问题作出决议。会议下设部长理事会和秘书处，部长理事会由成员国外交部长或其他部长组成，负责筹备首脑会议。秘书处为常设机构，秘书长由首脑会议选举产生，任期4年。此外还有解放委员会，调解、和解与仲裁委员会，经济和社会委员会，教育、文化、科学和卫生委员会以及防务委员会等专门机构。

“非统”成立初期的主要目标是实现非殖民化。因此，“非统”成立后，一直高举团结统一、反对殖民主义、维护非洲各国独立与主权的旗帜。正是在非统组织的倡导下，许多非洲国家不仅将同一宗旨写进国家宪法，而且也为此付出了艰巨努力。非统组织成立30多年来，在促进民族解放，加强各国的团结与合作，调解地区冲突，协调对各种国际问题的立场等方面发挥了很大作用，为和平进步事业作出了很大贡献。

到20世纪90年代，随着两次石油危机和冷战的结束，在全球化的冲击下，非洲国家经济面临着高债务、原材料价格下跌和贫困化等严峻问题。于是，非洲国家领导人更加意识到加强非洲各国经济合作的重要性。1991年，“非统”各成员国在阿布贾第27届首脑会议上通过了《关于建立非洲经济共同体条约》又称《阿布贾条约》。此后，“非统”首脑会议对经济合作问题一直保持高度关注，并对非洲不同地区建立区域性国际经济组织，采取鼓励与支持的态度。从而，既为非盟的成立奠定了坚实的基础，也推动了非洲各个区域性国际经济组织的建立与发展。

1999年9月，非统组织第4届特别首脑会议通过《苏尔特宣言》，决定成立非盟。2000年7月，第36届非统首脑会议通过了《非洲联盟章程草案》。2001年7月，第37届非统首脑会议决定正式向非盟过渡，2002年7月8日，“非统”在南非德班召开最后一届首脑会议，9日至10日，非洲联盟举行第1届首脑会议，并宣布非洲联盟正式成立。

（二）非洲联盟的组织体制和宗旨

1. 非洲联盟总部设在埃塞俄比亚首都亚的斯亚贝巴，共有53个成员国，其主要机构有：非盟首脑会议、执行理事会、泛非议会、常驻代表委员会和非盟委员会。首脑会议为非盟最高权力机构，其主要职责是制定非盟的共同政策、监督政策和决议的执行情况、向执行理事会和委员会下达指示等。首脑会议每年在非盟总部或应邀在成员国召开。在成员国提出要求并经三分之二成员国同意后，非盟可召开特别首脑会议。执行理事会由成员国外长或其他部长组成，每年举行两次会议，负责实施大会决议和对成员国的制裁。根据《非洲联盟宪章草案》，非盟下设联盟大会、部长理事会、泛非议会、司法机构、非洲法院和非洲银行等专门机构。

2004年3月18日，非盟泛非议会在埃塞俄比亚首都亚的斯亚贝巴正式成立。泛非议会由非盟53个成员国各派出5名议员组成，设有1名议长和4名副议长，根据规定，在未来5年内泛非议会只履行协商与建议的职能，从2009年起开始行使其立法职能。

2. 非洲联盟的宗旨是：在非洲国家与人民间实现进一步的统一与团结；维护成员国主权、领土完整与独立；加快本大陆政治与社会经济一体化；在涉及本大陆及其人民利益事务方面制订并捍卫非洲共同立场；根据《联合国宪章》及《世界人权宣言》，鼓励开展国际合作；促进本大陆的和平、安全与稳定；发展和促进共同的贸易、防务和外交政策，以确保非洲大陆安全并加强谈判地位；倡导民主原则与制度，促进广泛参政及良政；确保妇女有效参与政治、经济和社会文化领域的决策；遵照《非洲人权宪章》及其他相关人权文献提倡并保护人权；创造必要条件以使本大陆在全球经济及国际谈判中发挥应有的作用；推进经济、社会、文化以及非洲经济一体化的持续发展；促进各领域合作以提高非洲人民的生活水平；在现有及未来的地区经济共同体中协调政策以逐步实现非盟目标；通过加强对各领域，特别是科技领域的研究，推动本大陆向前发展；与相关国际伙伴合作以根除可预防疾病及提高本大陆健康水平；邀请和鼓励海外非洲裔侨民全面参与非盟建设。

3. 截至2009年2月，非洲联盟共举行了12届首脑会议，两届特别首脑会议。为消除地区贫困、促进非洲大陆经济发展、积极落实2001年发起的“非洲发展新伙伴计划”，推动各国加强基础设施建设、吸引和争取外资及援助，以促进非洲大陆经济一体化。在维护地区安全、调解地区战乱冲突方面，都做了大量工作，也取得了成效。如2004年7月，第3届非盟首脑会议在埃塞俄比亚首都亚的斯亚贝巴召开。大会通过了《非盟的展望与非盟委员会的任务》、《非盟2004—2007年战略框架》和《非盟委员会各部门行动计划》三个纲领性文件，敦促非盟成员国加紧落实“非洲发展新伙伴计划”，加速非洲一体化进程。2009年2月，第12届非洲联盟（非盟）首脑会议主题为“非洲基础设施建设”。与会者着重讨论非洲交通和能源领域基础设施建设、应对全球金融危机以及建立非盟政府和非洲和平与安全状况等议题。会议第一天举行闭门会议，主要讨论建立非洲联盟政府及“非洲合众国”，加快非洲大陆政治、经济一体化步伐问题。经激烈辩论，决定推迟建立非洲联盟政府。主要是与会各国领导人担心建立非洲联盟政府将会损害本国主权，不赞成立即建立。作为折中方案，同意先将非盟常设执行机构非盟委员会变为新的非盟权力机构，逐步向非洲联盟政府过渡。建立非盟政府及“非洲合众国”的构想是利比亚领导人卡扎菲在1999年率先提出的。其终极目标“非洲合众国”将拥有自己的议会、军队和中央银行，以应对全球化的挑战，提高非洲在国际上的地位。这一构想尚未得到非洲所有国家认同。实现这一目标，需要一步一个脚印地前进，水到才能渠成。从目前非洲的实际情况来看，非盟仍鼓励与支持非洲各个不同地区继续加强建立区域性国际经济组织建设。几十年来，非洲各地已建立起一些区域性国际组织，主要的有：东部和南部非洲共同市场、东非共同体和南部非洲发展共同体。

四、非洲的其他区域性国际经济组织

（一）东部和南部非洲共同市场

1. 东部和南部非洲共同市场，简称“东南非洲共同市场”，其前身为1981年成立的东部和南部非洲优惠贸易区。1993年11月，优惠贸易区首脑会议通过了把贸易区转变为共同市场的条约。1994年12月，优惠贸易区首脑会议正式批准了该条约，东南非洲共同市场正式成立。

东南非洲共同市场的宗旨和目标是：废除成员国之间关税和非关税壁垒，实现商品和劳务的自由流通；协调成员国关税政策，分阶段实现共同对外关税；在贸易、金融、交通运输、工业、农业、能源、法律等领域进行合作；对外债问题采取统一立场，协调各国经济结构调整方案；建立货币联盟，发行共同货币，最终实现经济一体化。

东南非洲共同市场共有20个成员国，它们是：赞比亚、乌干达、马拉维、安哥拉、布隆迪、科摩罗、埃塞俄比亚、肯尼亚、马达加斯加、毛里求斯、纳米比亚、卢旺达、塞舌尔、苏丹、斯威士兰、刚果民主共和国、吉布提、埃及、厄立特里亚、津巴布韦。

2. 东南非洲共同市场的组织体制：（1）首脑会议：最高决策机构，一般每年举行一次。如有需要，可以临时举行特别会议。（2）部长理事会：向首脑会议提交报告和对共同市场进行全面管理，负责共同市场的规划、发展和外交事务，包括财务和行政管理的监督和审议。（3）政府间委员会：跨部门机构，由各成员国的政府高级官员组成，负责不同合作领域的项目与行动计划的执行和管理。（4）技术委员会：由各领域的专家组成，负责行政和预算以及各经济部门事务。（5）东南非洲共同市场主席任期1年，由成员国轮流担任。秘书处为常设机构，由秘书长领导，负责该组织的日常协调事务。秘书处设在赞比亚首都卢萨卡。（6）贸易和开发银行：设在肯尼亚首都内罗毕。（7）结算银行：设在津巴布韦首都哈拉雷。（8）共同市场法院：设在赞比亚首都卢萨卡。

（二）东非共同体

东非共同体最先成立于1967年，成员有坦桑尼亚、肯尼亚和乌干达三国，它们是依靠共同的“斯瓦希里”文化传统而形成的经济互助合作体。“斯瓦希里”一词源自阿拉伯语，其原意就是“海岸”。“斯瓦希里”族体为非、亚经济文化交流的产儿，它除受阿拉伯文化影响外，还汲取印度尼西亚和亚洲其他国家文化的成分，形成了自己的文化。“斯瓦希里”文化在肯尼亚影响深远。“斯瓦希里”语是当今非洲最常用的语言之一，并曾于中世纪与其他民族共同创造了阿扎尼亚文明。后因成员国间政治分歧和经济摩擦加剧，于 1977 年解体。1993 年 11 月，坦、肯、乌三国开始恢复合作关系；1996 年 3 月 14 日，三国成立东非合作体秘书处，秘书处设在坦桑尼亚阿鲁沙市；从此加快了合作步伐。

1996 年 7 月 1 日，宣布三国货币可自由兑换。1997 年 3 月，成立东非证券管理局，以协调三国资本市场的开发与合作；4 月，合作体第 2 届首脑会议通过《1997—2000 年东非合作体发展战略》；9 月，东非护照启用；1998 年 4 月，合作体部长委员会第 9 次会议提出了《东非共同体条约》草案。

1999 年 3 月 31 日，三国开始颁发东非护照；5 月 6 日，合作体部长委员会举行会议，决定在 2000 年 7 月 1 日实行合作体内零关税和统一对外关税；11 月 30 日，三国总统签署《东非共同体条约》，宣布正式成立东非共同体。2000 年 7 月 7 日，共同体条约经三国议会完成批准手续后正式生效。东非共同体的宗旨是：加强成员国在经济、社会、文化、政治、科技、外交等领域的合作，协调产业发展战略，共同发展基础设施，实现三国经济和社会可持续发展，逐步建立关税同盟、共同市场、货币联盟，并最终实现政治联盟，建立东非国家政治联邦。

2005 年 1 月 1 日，三国关税同盟正式启动。2006 年 4 月，东非共同体首脑会议正式批准组建共同市场的时间表。根据时间表，三国将从 2006 年 7 月 1 日开始有关共同市场规划的谈判，2008 年 12 月结束谈判并签署该规划，2009 年 6 月由共同体各成员国议会批准，最终于 2010 年 1 月正式启动东非共同市场。

2007 年 6 月，经东非共同体第五次特别首脑会议批准，布隆迪与卢旺达两国正式加入该共同体，从而使东非共同体成员国增至 5 个。扩大后的东非共同体面积达 181 万平方公里，人口 1.06 亿，国内生产总值估计在 500 亿美元左右；8 月 20 日，东非共同体五国特别首脑会议在坦桑尼亚北部城市阿鲁沙举行。会议通过一项决议，决定加快共同体的一体化进程，以确保在 2010 年前实现地区共同市场和单一货币的目标，为最终实现政治联邦奠定基础。

2008 年 7 月，东非共同体同意取消成员国间非贸易壁垒。从此，东非共同体迈开了新步，推进入了新的发展时期。

（三）南部非洲发展共同体

南部非洲发展共同体，简称“南共体”，其前身是 1980 年成立的南部非洲发展协调会议。1992 年 8 月 17 日，南部非洲发展协调会议成员国首脑在纳米比亚首都温得和克举行会议，签署了有关建立南部非洲发展共同体条约、宣言和议定书三个文件，正式将该组织更名为南部非洲发展共同体，以促进地区经济一体化。南共体的宗旨是在平等、互利和均衡的基础上建立开放型经济，打破关税壁垒，促进相互贸易和投资，实行人员、货物和劳务的自由往来，逐步统一关税和货币，最终实现地区经济一体化。南共体一体化进程的五个目标是：2008 年创立自由贸易区，2010 年实现关税同盟，2015 年建立共同市场，2016 年成立中央银行和实现货币同盟，2018 年实行统一货币。

南共体是非洲经济最发达、国民最富裕的地区，但成员国之间的经济发展水平差距很大，既有非洲经济首富南非，也有非洲最贫穷的国家。为此，南共体在建立自由贸易区问题上采取了务实灵活的政策，主要是将削减关税的时间表标准分为比较发达国家、中等收入国家、最不发达国家三个层次；根据这个标准，南非、博茨瓦纳、莱索托和纳米比亚早在 2000 年就取消了大多数商品的进口关税；毛里求斯等国家从 2000 年开始逐年下调关税，到 2008 年基本完成预定目标；莫桑比克、赞比亚等国家从 2004 年开始逐渐下调关税直至达标；刚果（金）和安哥拉因本国特殊情况暂缓关税下调。

2007 年 8 月 17 日，南共体后备部队在卢萨卡成立。2008 年 8 月 17 日，南部非洲发展共同体自由贸易区正式启动，除安哥拉和刚果（金）外，共有 12 个南共体成员国决定加入自由贸易区。正在此间参加南共体首脑会议的各国领导人出席了启动仪式。根据协议，85% 的商品在南共体自由贸易区内免除关税，纺织、化工和汽车制造等行业的相关产品将在 2012 年前实现零关税。稀有金属等战略性资源以及二手商品不适用零关税政策。

南共体总部设在博茨瓦纳首都哈博罗内。现有成员国包括安哥拉、博茨瓦纳、刚果（金）、莱索托、马拉维、毛里求斯、莫桑比克、纳米比亚、南非、斯威士兰、坦桑尼亚、赞比亚、津巴布韦和马达加斯加 14 个国家。南共体 2006 年的总人口达 2.5 亿、国内生产总值超过 4300 亿美元。总面积 990.21 万平方公里，约占非洲面积的 32.8%。

南共体自成立以来，在加强成员国团结与合作，促进区域经济和社会发展以及推动地区经济一体化进程等方面发挥了重要作用。但从目前情况来看，南共体内的 14 个国家经济发展差距仍然很大。如 2006 年的人均国民生产总值，有三个国家已超过 5000 美元，但还有 7 个国家还不到 650 美元（详见表 7-3），多数人民群众温饱都未解决，其中有几个国家国内社会还很不安定。

表 7-3 **2006 年南共体各国人均国民收入** 单位：美元/人

	人均国民收入		人均国民收入
刚果（金）	130	莱索托	1030
马拉维	170	安哥拉	1980
马达加斯加	280	斯威士兰	2430
莫桑比克	340	纳米比亚	3230
津巴布韦	340	南非	5390
坦桑尼亚	350	毛里求斯	5450
赞比亚	630	博茨瓦纳	5900

资料来源：国家统计局网站。

一般地说，在区域性组织内部，要实现统一关税、统一货币直至一体化，需要各成员国在经济、社会各方面达到基本均衡的、相同的发展水平。而目前南共体内部各成员国之间却存在着如此大的落差，而南非一国的国内生产总值约占南共体所有成员国国内生产总值的70%；南非每年向南共体其他成员国出口大量产品；而作为大多数南共体成员国经济支柱的农产品和矿产品却很难进入南非市场。在这样的一个群体内，少数富国（就人口而言，三个富国仅占20%）与多数穷国，在工资水平、商品价格水平、汇率水平、财政税收政策，都会有很大差异，实现自由贸易区究竟能给贫困国家带来多大好处，尚有待实践检验；其以后的目标：关税同盟、建立共同市场、货币同盟、统一货币又该如何推进，更需要很好地分析研究。

从目前情况来看，不论是非盟，还是北美自由贸易区，在经济发展水平差距较大的国家之间，建立区域性国际经济组织方面，尚无成功的范例。我们以为：推进区域性国际经济组织建设，一要本着互利双赢的准则；二要牢牢地放在两有利（既要有利于发展各成员国的生产，又要有利于改善各成员国人民生活）的基础上。否则，与其欲速不达，不如把建立区域性国际经济组织时间放长一些，先帮助后进国家把生产和人民生活搞上去。

第八章　商品经济全球化的利弊与发展前景

商品经济全球化，从内容上讲是社会生产力发展的必然结果，是社会生产关系适应社会生产力发展要求的历史趋势。随着科学技术和社会生产力的发展，商品经济的全球化还会不断深化，从而将会继续推进政治、社会也走向全球化，尽管道路漫长而曲折，最终，必将进入马克思所预见的，每个人自由全面发展的大同社会。但在当前资本主义生产关系处于主导地位的现实世界，对各个国家来说，商品经济全球化的发展，则是一把双刃剑，既是机遇也是挑战。对全球化进程中出现的政治、经济、民族、宗教、国家等各种矛盾，若处理得好，结果会是利大于弊；一旦处理不当，则会是弊大于利。如何正确认识和对待商品经济全球化进程中的问题，对各个国家来说，显得十分重要。反对、阻挠全球化是违反客观规律的，只能是增加曲折，是不可能奏效的。我们以为正确的态度应是：因势利导，兴利除害，相互适应，使之到达美好的彼岸。这就是本章要探讨的内容。

第一节　商品经济全球化的利与弊

一、经济全球化进程，若处理得当，各个国家都可能普遍受益

（一）一般意义上的经济全球化，是社会生产力发展的必然产物，对全社会都是有利的

一般意义上的经济全球化，是就其自然属性和一般的社会属性而言的，意味着各个国家作为全球经济分工的一个组成部分，可以根据自己在资源和自然

条件等方面的特有优势，实现资源的优化配置和生产的优化布局，可在国际经济分工中，实现优势互补。从而可以使人尽其才、物尽其用、地尽其利。既有利于各个国家经济的发展和人民收入的增加，也可以节约资源消耗、提高劳动效率，降低生产成本、改善产品质量、带动国际贸易的发展。

经济全球化，必然带来竞争国际化；国际竞争的压力，会成为各个国家经济发展的动力。在当前的国际竞争中，胜负的关键在于产品物美、价廉、质佳。为此，需要科学技术创新，各国都需要有一批有能力进行科技创新的人才。从而，经济全球化会有力地推动各国科教事业的持续发展和国民素质的不断提高。

互联网的发展加快了信息的传播速度，促进了经济全球化。经济全球化又反过来有力地推进互联网络及电子商务的发展。由此，许多企业可以逐步进入无仓库、无库存、无店面的新型经营模式；可大大加速商品和资金周转速度；节约商品生产和流通成本、提高生产经营效率；各国人民可获得物美价廉的商品，既节约开支，又提高生活质量。

经济全球化，有利于解决经济、社会发展面临的一系列全球性共同问题。在当今世界经济发展过程中，产生了生态失调、环境污染、不可再生资源越来越少、传染病防治、反恐、缉毒等一系列需要各国共同应对的问题。经济全球化，紧紧地将各个国家的利益有机地联系在一起，从而，有利于各国在处理这些共同性问题上，容易取得共识，能有效地理解和配合。近几年的实践也已经证明了这一点。

商品经济全球化的发展，使各国人民的交往日益便捷、频繁，文化交流日益加强。从而，可增进各国人民的相互了解和互信，已可能在潜移默化中互相包容并渐趋融合，有助于各国和平共处。

以上各点综合作用的结果，可以有力地促进各国经济的发展和人类生活质量的改善；各个国家及人民命运的关联度和依存度将日益加深；经济利益上的融合，人民之间的相互了解，长此以往，最终将会进入相依为命的境界，为制止世界大战、实现世界永久和平和全球经济社会政治一体化创造了必要条件。

（二）全球化商品经济的发展，若处理得当，可为发展中国家提供有利的发展机遇

经济全球化的主要受益者，当然是发达国家，但它也可为发展中国家创造有利的发展机遇，若处理得当，发展中国家也可从中受益。

1. 商品经济全球化有利于资金、技术从发达国家流向资源丰富、劳动力

价格便宜的发展中国家。有资料表明，1990—1997 年间流入发展中国家的国际资金增长了 5 倍，最高年流量达 2650 亿美元，既促进了发展中国家经济的发展、购买力的提高、市场的扩大，也使发达国家扩大了对外贸易、发展了国内生产。

2006 年 9 月 30 日《经济日报》报道："联合国贸易和发展会议 29 日发表的《2005 年度世界投资报告》指出：在流入发展中国家的外国直接投资强劲增长的带动下，全球外国直接投资的整体流量在经历了连续 3 年的下降后，2004 年度开始有所回升。2004 年度全球外资流入总量达到 6480 亿美元，比上年度增长了 2%，其中流入发展中国家的总量激增了 40%，达到 2330 亿美元。但是流入发达国家的直接投资却减少了 14%，为 2330 亿美元。"

报告认为，外国直接投资之所以集中到发展中国家，主要基于以下几方面原因："（1）由于日趋激烈的竞争压力迫使众多跨国企业探索提高竞争力的新途径。日益增长的新兴市场为跨国公司探索低成本产品的生产和提高价格竞争力成为可能。20 多个发展中国家为吸引更多外资降低了公司所得税，因此许多跨国公司都先后选择了向这些市场扩展业务。（2）许多跨国公司向发展中国家扩大投资，主要是出于合理调配生产、实现规模经济和降低生产成本的综合考虑。（3）许多初级产品价格普遍增高，进一步刺激了外国直接投资流向石油和矿产品等天然资源丰富的发展中国家。（4）去年某些发展中国家外国直接投资上扬与跨国兼并和收购活动紧密相连。"

报告特别指出，外国直接投资的研发活动也正在加速向发展中国家转移。在 2002—2004 年度全球 1773 个外国直接投资项目中，有 1095 个是在发展中国家实施的，其中在亚太地区的发展中经济体中实施的就占世界总数的近一半，达 861 个。全球跨国公司新的研发中心也正在向发展中国家转移，在联合国贸发会议的一项调查中，半数以上的跨国公司已经在中国、印度或新加坡开设了研发中心，愿意把中国作为未来研发中心的跨国公司数量最多，其次是美国，印度第三。这一事实表明，发展中国家已具备了与跨国公司全球研发体系接轨的能力。

2. 不发达国家的劳动力可流向发达国家。据 2006 年 4 月 6 日《人民日报》报道："联合国的一份报告显示，全球国与国之间的移民数量不断增加，目前已接近 2 亿人口。这份为本周正在举行的联合国人口与发展委员会年度会议准备的《世界人口监测报告》说，到 2005 年底，出生在一个国家而目前却在另一个国家生活的国际移民，总数为 1.91 亿人。1990 年至 2005 年的平均年增长率为1.4%。国际移民的四分之三集中在28个国家，其中五分之一在美国。迁移趋势继续向发达国家集中，1990年国际移民中有53%生活在发达国家，到2005年这一比例已经提高到61%，其中三分之一在欧洲，四分之一在北美。

国际移民对迁入国和迁出国的经济和社会发展都有相当大的影响。例如，由于发达国家的人口出生率低，新移民日益成为这些国家人口增长的主要来源。1990年至1995年，发达国家的人口增长有一半来自新移民，2000年至2005年竟然高达四分之三。预计到2010年以后，发达国家的所有人口增长都来自新移民。国际移民汇回原籍国的侨汇也呈上升趋势，2004年底达到2260亿美元。”

3. 国际社会对不发达国家支持的力度还会随着经济的发展而有所增强。《人民日报》2006年6月2日发表严启发的文章指出：“据经济合作与发展组织最近发布的统计数字，2005年该组织30个成员国提供的发展援助共计1065亿美元，较上年增长31.4%，创历史新高。有关专家估计，2005年，60多个国家提供了不同形式和数量的发展援助，全球发展援助总额约为1200亿美元，比上年增加约300亿美元。”

发展援助是发达国家和部分发展中国家政府，向低收入发展中国家提供的经济支持，包括无偿捐赠、技术援助和优惠贷款三种基本形式。发展援助是缓解全球经济失衡、缩小南北差距的重要途径。

2005年全球发展援助迅速增长的原因主要有二：一是大规模的债务减免。当年主要授援国对战乱国家及重债贫穷国家实施的债务减免总额超过230亿美元，仅经合组织发展援助委员会成员国就对伊拉克、尼日利亚分别减免了140亿美元和50亿美元的债务。二是海啸救灾款占相当大的比例。2004年12月印度洋海啸爆发之后，许多国家向海啸受灾国提供了援助，援助总额超过60亿美元。

但是，全球发展援助规模离发展援助目标和国际共识仍有较大距离。1970年，联合国发展筹资大会制定了发展援助目标，即发达国家提供的发展援助应占其国内生产总值的0.7%。2002年，在墨西哥蒙特雷召开的联合国发展筹资国际会议提出，发达国家应主动承担国际义务，增加发展援助规模，应至少在2015年前实现0.7%的目标，并将发展援助更多地用于减少贫穷、促进教育和健康等方面。这就是著名的“蒙特雷共识”。而2005年，发达国家提供的发展援助占国内生产总值的比例仅为0.33%，离0.7%的目标仍有很大差距。换个说法，2005 年发达国家提供的发展援助规模应为 2260 亿美元，实际援助还不到一半。目前，全面履行“蒙特雷共识”的国家只有丹麦、卢森堡、荷兰、挪威和瑞典。

“新华社东京 2008 年 4 月 6 日电：（记者钱铮、刘浩远）为期两天的八国集团发展部长会议 6 日在东京闭幕时发表一份公报重申，八国集团将加强政府开发援助的相关措施，以向发展中国家提供更为行之有效的援助。公报说，根据经济合作与发展组织的统计，2007 年世界政府开发援助总额刚刚超过 1000 亿美元，与会代表对此表示担忧。公报表示，八国集团将继续致力于履行有关政府开发援助的相关承诺，特别是在 2010 年前兑现对非洲援助翻倍的相关条款”。①

4. 在以上诸因素的作用下，从宏观上考察，经济全球化的三十多年来，不论是高收入国家，还是广大发展中国家的经济都持续发展，而后者还有着较快的发展，参见表 5－5。

毋庸置疑，经济全球化是机遇，它既可为发达国家带来巨大利益，也可为发展中国家提供发展良机。

二、从实际情况考察，现实国际环境下的经济全球化，也暴露出了许多弊端

由于现实世界的经济全球化，是以美国为首的几个少数发达资本主义国家及其跨国公司主导下的经济全球化，实质上是新自由主义体制主导下的不公平、不合理的经济全球化，暴露出了许多不利于发展中国家经济发展的弊端，主要的有以下几个方面。

（一）在现实的国际市场竞争中，由于多方面的原因，广大发展中国家，多处于不利地位

1. 当今的经济全球化是商品经济全球化。因此在全球化过程中，充满激烈的市场竞争。相对于发达国家及发达国家的跨国公司来说，发展中国家及其企业，由于先天不足，在市场竞争中，一般均处于劣势。这主要是因为：发达国家及其跨国公司，拥有强大的经济实力和先进科学技术，规模庞大、资金实力雄厚、握有大批先进的专利技术，在市场竞争中，具有先天的优势。发展中国家在起跑时就处于不平等状态。在这种情况下，制定的市场竞争规则，理应

① 《人民日报》，2008 年 4 月 7 日。

对发展中国家有相应的优惠。但由于目前国际上主管经济全球化的三个主要国际性组织——国际货币基金组织、世界银行和世界贸易组织的前身“关税和贸易总协定”，都是在20世纪40年代末在美国伙同几个发达国家主导下建立的。因此，有如第六章所介绍的，其中规定的各项国际间经贸往来的规则，多偏向于发达国家，而不利于发展中国家。于是又有了游戏规则上的不公平。两者叠加的结果就是，发展中国家在市场竞争和整个经济全球化进程，所处的地位就更加不平等了。

正如英国《卫报》2006年9月5日发表的《别被这场改革蒙骗了：国际货币基金组织仍然是富国的代言人》（作者 乔治·蒙比奥）所说的：“国际货币基金组织是一个有184个成员的机构，由美国、日本、德国、英国、法国、加拿大和意大利等七国管理经营。一项重大决定需要85%的票数，这确保美国（17%的投票权）对该机构的实质性工作拥有否决权。英国、德国、法国和日本共有22%的投票权，并各自在董事会享有永久席位。加拿大和意大利有8%的投票权。其他欧洲国家的权力也不容小视。例如，比利时可直接控制2.1%、间接控制51%的投票权，是印度或巴西的两倍还多。欧洲、日本、加拿大和美国一共有63%的投票权。相比之下，80个最穷的国家一共只有10%的投票权。

这些配额甚至不再反映各国在金融方面对经营国际货币基金组织所做的实际贡献。如今，该组织的大量基金都来自‘附庸国家’的偿还贷款，7国集团的行事态度却好像这个基金属于它们。它们决定谁来管理它（总裁永远是欧洲人，副手永远是美国人）、钱怎么花。既然如此，根据一种让富国代表穷国发言的奇怪体制，发展中国家为什么还费心出席？”

2. 美国一方面通过它所控制的以上三大全球性国际组织大力对发展中国家推销新自由主义政策，要求各个发展中国家全面实行市场化，让资本、贸易全面自由流动；而它自己则采取种种保护主义。从而使广大发展中国家，在经济全球化进程中，总是处于不利地位。如在商品和生产要素交易过程，美国口头上一再强调市场自由化，消除非关税壁垒，可是实际行动中，它只实行对发达国家有利的资金和商品实行市场自由化，而一直不允许对发展中国家有利的劳动力和技术市场自由化。不仅如此，在商品市场方面，还对发展国家有一定出口优势的农产品和纺织品作出了特殊规定：对农产品，发达国家可实行高额补贴政策；对纺织品出口则实行配额制度。在技术市场上，发达国家不仅不允许它拥有的先进技术自由上市交易，而且既定出了保护知识产权的规则，又制造出了所谓的高附加值理由，以大大高于商品实际生产价格的垄断价格，向发展中国家推销它们的制成品，收取专利费。另外还要以所谓的“反倾销”、“提高技术标准”等名义实行贸易保护主义，阻止发展中国家某些商品进入发达国家市场。

3. 经济全球化的发展，从本质上讲是国际分工深化的结果。世界各个国家都以不同形式在不同层次上参与国际分工，目的是分享由经济全球化带来的利益，同时尽可能地减少或避免由经济全球化所造成的损失。然而，在当今世界，决定各国参与国际分工的形式、层次的主导权掌握在发达国家手中。而这些发达国家总是千方百计地在扩大和发展有利于自己的水平型国际分工，集中发展资本、技术乃至知识密集型的行业，而把一些资源密集型、劳动密集型行业转移到发展中国家，形成了发达国家与发展中国家之间特殊的“垂直水平型”的产业分工，许多国家出现了产业结构畸形化的发展趋势，从而导致产业结构的独立性、完整性和综合性逐渐解体。其结果是有利于发达国家，损害了发展中国家。主要表现在两个方面：一是发达国家在所谓的知识产权和高附加值的名义掩护下，一方面大大提高其出口商品的价格，另一方面低价进口发展中国家的初级商品，对发展中国家进行剥削和掠夺。二是全球化商品经济的发展，在国际经济交往中，必然带来更大的风险。发达国家由于技术先进、资金雄厚，以及产业结构的高度化，其优势产业无论在总量上还是在结构上都比发展中国家具有更强的影响力，因此，其在开放格局下的产业风险较小，产业安全和经济安全度较高。而发展中国家则与此相反，其产业开放后必然面临较大的风险。

4. 经济全球化，资本可以在全球范围内自由流通，目前全球资本市场（包括证券市场与债券市场）的总规模估计已高达35万亿美元，其中的绝大部分掌握在发达国家的资本家手中。当今国际金融市场已连结成电脑网络，巨额金融资本可以一天二十四小时不停地在全球各地流通，每天外汇交易额高达1.5万亿美元，可是其中只有5%与商品及服务有关，用于投机牟取暴利的竟高达95%。另外还有7.5万亿美元的短期游资在全球各地流窜，伺机牟取最大利润。在拥有巨额资本的国际金融投机家的炒作下，几十亿、几百亿美元的资金可以在数小时之内离一国而去，弱国、小国极易受到冲击，并由此产生金融危机和经济的大衰退。20世纪90年代许多新兴国家之所以接二连三地爆发金融危机，多与此有关。如，1994年墨西哥发生的金融危机，1995年2月巴林银行的倒闭，1997年发生的东南亚金融危机，近年阿根廷金融和经济危机，以及与国际金融密切相关的苏东国家经济的大规模倒退，日本经济十多年启动不起来，处于新经济的美国也发生了衰退等等，都对世界经济发展造成了巨大的损失。这充分暴露出，世界金融市场等发展过程中给世界经济带来的消极影响。

5. 发展中国家，本来就缺少人才，优秀知识分子更少。但由于发展中国家工资水平低，发达国家工资水平高，发展中国家的民族企业工资低，外来的跨国公司工资水平高，在高工资的引诱下，发展中国家自己培养的一些优秀人才，却纷纷出国或留学不归，有的则进入了国内的外国企业工作。

（二）在新自由主义主导下的商品经济全球化，使发展中国家的经济利益已受到发达国家的重大伤害

1. 当前的世界经济是资本主义制度主导下的商品经济，随着经济全球化的进展，先进的资本主义企业的大量涌入，对广大发展中国家的民族工业形成了冲击，自然生态遭到破坏，创造的大量社会财富流入了发达国家；宝贵的资源被廉价掠夺，甚至国家经济命脉受控于人，从而危及国家的主权独立。在经济全球化时代，发展中国家因缺乏资金和人才，为了发展本国经济，对外开放、引进外资，在提供廉价劳动力的同时，又实行税收、地租等优惠政策。这样做的结果，固然引进了外资和跨国公司，但也严重地伤害了本国的利益。中国即已饱尝这一苦果。

大批外国企业进来了，吸收了一批劳动力就业。但在此同时，大批发展中国家民族企业倒闭，许多工人失业。虽然本国工人从外资企业获得了工资，但是极其微薄，而真正的赢家则是外国企业。2006 年美国《纽约时报》网站有一篇题为“需要组装：中国作为亚洲的工厂”的文章指出：“美国的大型跨国公司和其他外国公司，其中包括零售商，是生产这些廉价产品的中国工厂背后看不见的手。这些公司从贸易中获得了大部分利润。麻省理工学院的教授黄亚生解释说：‘20 世纪 90 年代，总部设在美国、欧洲、日本和亚洲其他地方的外国公司基本上都将生产转移到中国进行。但是控制权以及这些生产带来的利润都牢牢掌握在外国公司手中，尽管中国从全球化中得到了工资上的好处，但它没有留下全球化带来的利润。’瑞士银行的经济学家董涛说：‘所有这一切的最大受益者是美国，一个芭比娃娃的售价是 20 美元，但中国只能获得其中的 35 美分。’”①

① 转引自 2006 年 2 月 11 日《参考消息》。

2. 负责尼日尔社会论坛事务的哈马度·布拉马切尔诺说：“居住在尼日尔贫民窟的人之所以住在城市贫民窟里，是因为新自由主义政策使农村地区陷入贫穷和饥饿，他们只好逃离农村来到城市谋生，贫民窟是他们无可奈何的选择。在非洲，大部分农村都存在着同样的问题。在西方发达国家主导的国际农产品市场上，享受着大量补贴的农产品毫不费力地将非洲农业经济推向破产的边缘。”

2005 年 1 月 21 日《国际金融报》发表《国家利益不能受制于跨国公司》（作者邓聿文）。该文指出：“此前，有关 54 家在华跨国公司就内外资企业所得税并轨问题向国务院上书一事引起了业界和舆论的广泛关注。目前外资企业名义税负是 15%，实际税负是 11%，而内资企业的名义税负是 33%，实际税负为 23% 左右。无论是名义税率，还是实际税率，内资企业的税负都是外资企业的一倍。这种情况世所罕见。因此，入世（指加入世界贸易组织，引者注）以后，理当本着内外资企业平等的原则，将两者的所得税合并。

事实上，自 20 世纪 90 年代中期起，“并轨”税法的提议和草案前后已有数十稿。但现在，上书要求‘说法’的竟是 54 家赫赫有名的跨国公司，这多少有些出人意料。根据有关报道，跨国公司上书的主要内容包括优惠政策，现有优惠政策的过渡性措施，合理的、具有国际竞争力的企业所得税税率，关于税前列支费用，企业所得税汇总申报缴纳等几个部分。其中，优惠政策包括希望保留的优惠政策和希望更新的优惠政策两方面，并且特别提出，希望新的企业所得税能够就现有的优惠政策给予外商投资企业 5—10 年的过渡期。

从上述要求来看，跨国公司并非不在意税收优惠。这似乎跟前面的看法相悖，对此的一个合理解释，笔者认为也许是跨国公司想‘鱼和熊掌兼得’，否则，它们也不会在享受着税收优惠好处的同时，又变着花样地避税。国家税务总局的有关官员曾表示，一些跨国公司利用非法手段避税，每年给我国造成税收收入损失保守估计达 300 亿元以上。另据统计，目前我国 60% 以上的外资企业账面亏损，其中有许多跨国公司是‘常亏不倒户’，即企业连年亏损，却不断追加投资，扩大经营规模。原因就在于很多跨国公司通过各种避税手段转移利润，逃避纳税义务。”

多年来，外资企业在中国享受着超国民待遇。现在 54 家跨国公司采取联名上书，要求这种待遇就值得我们思考了。显然，它们是想利用自己强大的市场优势和舆论影响来左右政府的决策。跨国公司此举反映了外资在中国市场上已结成一个广泛的利益联盟，并成为一支重要的既得利益集团力量。其实，外资今天已经成为中国经济的重要组成部分，有的跨国公司已占有中国市场半数以上的份额。跨国公司的发展历史表明，它们不仅操纵着经济全球化进程，也在相当程度上左右着有些民族国家的国内政治；有的跨国公司，还出钱帮助某人、某派参与竞选，甚至参与该国的政变；有的则利用自己强大的市场垄断力量，与东道国的相关利益集团结合起来，使政府政策有利于自己谋取更大利益。发展中国家要全面认识跨国公司的作用，要从“54 家跨国公司采取联名上书”事件中，认识跨国公司的本性。对外开放引进外资是必要的，但不能以牺牲本国人民的根本利益为代价。

（三）以上各点综合作用的结果，是全球各阶层居民之间、各个国家之间的贫富差距仍然很大，有一段时期还呈进一步扩大趋势

联合国 2000 年《人类发展报告》公开承认：“迄今为止的全球化是不平衡的，它加深了穷国和富国、穷人和富人的鸿沟。”联合国开发总署统计数字揭示：世界人口中五分之一的最富有者与五分之一最贫困者，人均收入比，在 1980 年是 30:1 到 1997 年已扩大到 74:1；1998 年，前者消费了全球 86% 的商品和服务，而后者仅消费了 1.3%，仅为 30 年前的 2.3% 的一半。据国家统计局网站提供的数字计算，2006 年，占世界总人口 15.8% 的高收入国家，占有国内生产总值的 75.8%；而占世界总人口 36.9% 的低收入国家的国内生产总值，却仅占 3.3%。

另据 2002 年 8 月 27 日《经济日报》报道，2002 年 8 月 26 日在南非召开的第二届地球首脑会议提供的资料表明：全球前三大富豪的财富超过了 48 个最贫穷国家的国内生产总值的总和；过去 10 年间，南北人均 GDP 的差距，已从 20 世纪初的 43 倍，扩大到目前的 60 多倍。联合国 1971 年确定的最不发达国家为 25 个，30 年后的今天增至 49 个。非洲总体国民生产总值现为 4200 亿美元，但债务却高达 3400 亿美元。占世界总人口五分之一的发达国家，其收入占世界总收入的 60%、个人消费占 85%；这些高收入人群消费着世界 58% 的能源、45% 的鱼肉和 84% 的纸张。与此同时，全球尚有 12 亿人日花费不足 1 美元、8 亿多人营养不良、24 亿人缺乏基本的卫生设施、日均两万多人死于饥饿。2001 年，全球就有 500 万儿童因营养不良、体质太差染病而死亡。联合国贸发会议估计，按目前情况发展下去，2015 年世界赤贫人口将从目前的 3.07 亿上升到 4.2 亿。越来越多的人认识到，南北方国家在世界资源和财富分配上的不平衡，是全球可持续发展进程迟缓的根本原因。

“非洲面积居世界第二位，2005 年，人口占世界的 13%，但经济总量仅占

全球的2%，尽管目前非洲经济保持较快增长，但由于经济总量小、起点低，仍然难于在短期内缩小与世界平均水平的差距，要达到《非洲发展新伙伴计划》所设定的目标，尚需要克服众多困难。尤其突出的是，全球49个最不发达国家有34个在非洲，全球最贫困的10个国家全部在非洲，另外还有800多万流离失所的难民、2300多万艾滋病患者和病毒携带者、2亿多人长期营养不良等，非洲经济目前所保持的增长态势仍然不足以提供非洲民众摆脱贫困状态所需要的动力。”①

德国《新德意志报》2000年7月22日发表《全球化、美国谋求霸权和基辛格的担心》一文，引用了美国前国务卿基辛格说的话：“全球化对美国是好事，对其他国家是坏事……因为它加深了贫富之间的鸿沟。”德国总理施罗德发起的有美国、德国、加拿大、法国、意大利等14国政府首脑参加的2000年6月3日柏林国际会议通过的《21世纪现代国家管理柏林公报》承认：不能听任全球化任意发展，因为“全球化没有给所有人，尤其是发展中国家带来利益”。联合国2000年《人类发展报告》也承认：“迄今为止的全球化是不平衡的，它加深了穷国和富国、穷人和富人的鸿沟。”

“世界银行统计资料表明，1950年，工业化国家的国民平均收入是不发达国家的国民平均收入的10倍。到了1965年，这一比例是15:1；世界银行预计，到20世纪末，这一比率将是30:1。”②

新华网加拉加斯2006年4月28日电（记者：尹南）报道，联合国粮食及农业组织第29届拉美和加勒比地区会议提供的资料表明：拉美和加勒比地区的饥饿人口从1990—1992年间的5900万人减少到2001—2003年间的5200万人。此外，这一地区农产品贸易总额2004年达到400亿美元，这一数字说明该地区的农产品总量丰富，贫困和饥饿问题主要集中在分配环节上……联合国粮农组织总干事迪乌夫说，应该看到拉美和加勒比地区国与国之间仍存在较大差异，中美洲和加勒比地区的饥饿人口从1990—1992年间的1270万人增加到2001—2003年间的1410万人。中美洲和加勒比地区的饥饿人口不降反升，这说明这一地区消除贫困和饥饿的任务仍十分艰巨。根据联合国粮农组织提供的数字，拉美地区还有9600万人处于极度贫困状态，占人口总数的18.6%。

---

① 《人民日报》，2006年4月18日。

② 引自斯塔夫诺斯著、吴象婴、梁赤民译，上海社会科学出版社出版的《全球通史——1500年以后的世界》第918页。

（四）发达国家，在经济全球化的进程中，受益者主要是极少数大资本家，而许多劳动者也成了受害者

随着经济全球化的深化，在发达国家，一方面是资本家为攫取更多的利润，将国内一部分劳动密集型和污染严重企业，迁向劳动力价格低廉和对防治污染要求不严的发展中国家；另一方面是广大发展中国家的廉价商品和劳动力的涌入，威胁其同类中小企业的生存与发展。这两者综合作用的结果是：减少了本国人员的就业机会。于是有了以下恶果：

1. 发达国家的大资产阶级，通过跨国公司从发展中国家获得了越来越多的财富，而劳动者就业机会减少，失业者增多。因而，极少数大富豪拥有财富的增幅，持续远远超过生产的增幅，贫富差距持续扩大，情况有如表 8－1 所示。

表 8－1　全球身价在十亿美元以上的极少数富豪的财富高速增长

	2004年	2005年	2006年	2007年	比上年增长（%）			
					2004年	2005年	2006年	2007年
身价十亿以上富豪总人数（人）	691	739	946	1215	23.4	6.9	28.0	28.4
身价十亿富豪资产（万亿美元）	2.2	2.6	3.5	4.4	15.8	18.2	34.6	25.7
发达国家国内生产总值（万亿美元）	33.17	34.86	36.58	—	11.0	5.1	4.9	—
富豪资产占国内生产总值（%）	6.6	7.4	9.6	—	—	—	—	—

资料来源：（1）有关富豪的数据，来自《福布斯》全球亿万富豪排行榜；

（2）发达国家国内生产总值，来自国家统计局网站；

（3）比上年百分比均按现价计算。

2. 据英国《观察家报》2005 年 6 月 8 日文章报道："外国记者对美国有一种共同的反应：美国是一个极端的国土，最好的东西跟最坏的东西一样容易发现。……在过去 25 年，美国中等家庭的收入增加了 18%。然而，1% 的最高收入人群的收入增加了 200%。25 年前，收入最高的美国人的平均收入是最底层的人的 6.7 倍，现在是 9.8 倍。不同地区的差异变得更大。在加利福尼亚，从 1969 年以来，下层家庭的收入下降了 4%，而上层家庭的收入增长了 41%。由此产生了一种向少数最富的美国人大大倾斜的经济。美国 10% 的最富的家庭现在控制了三分之一的国家财富，20% 的最富的家庭控制了三分之二的财富。这是一个正在从中间分割的社会，而这种情况是在经济增长的背景下出现的。在 1980—2004 年间，美国的国内生产总值增长了近三分之二，但它

没有使所有人的生活都得到改善，而只是让这个国家的一部分人变得更加富裕，另一部分人则陷入更深的劳苦贫困的黑洞。美国现在有 3700 万人生活在贫困之中，占人口的 12.7%，是发达国家中最高的。”

3. 2006 年 4 月 6 日《经济日报》发表的《日本贫富差距日趋严重》一文（作者乐绍延）指出：“随着日本经济的复苏，企业利润大幅增加，但劳动家庭的可支配收入却在减少。在今年 3 月底结束的本财务年度，在东证主板市场上市的 1332 家公司的税前利润总额达到 25.41 万亿日元（117 日元约合 1 美元），纯利润达 14.14 万亿日元，是连续第三年更新历史最高纪录。所有法人企业的税前利润从本轮经济周期启动时的 2001 年度的 28.2 万亿日元增长到了 2004 年的 44.7 万亿日元，增长了约 60%。然而同期的普通劳动家庭可支配收入却从 45.25 万日元降到了 44.49 万日元。……日本国税厅的统计数据显示，在年收入超过 2000 万日元的人数增加了 1.8 万人的同时，年收入低于 300 万日元的职工人数增加了 160 万人。”

联合国秘书长安南 2000 年 4 月发表《千年报告》曾明确指出：“首先，全球化的好处和机会仍然高度集中于少数国家，在这些国家内的分布也不平衡。第二，最近几十年出现了一种不平衡现象：成功地制定了促进全球市场扩展的有力规则并予以良好实施，而对同样正确的社会目标，无论是劳工标准，还是环境、人权或者减少贫穷的支持却落在后面。更广义地说，全球化对许多人已经意味着更容易受到不熟悉和无法预测的力量的伤害，这些力量有时以迅雷不及掩耳的速度造成经济不稳和社会失调……甚至在最强大的国家，人们不知道谁是主宰，为自己的工作而担忧，并担心他们的呼声会被全球化的声浪淹没。”

第二节　经济全球化进程中的“反全球化运动”

一、20 世纪 90 年代以来的“反全球化运动”

由于在现实的经济全球化进程中，出现了以上所述的越来越严重的社会问题，于是，有了媒体报道和书刊论述的全球性的“反全球化运动”：20 世纪 90 年代开始，在世界各地掀起了一股强大的街头“反全球化”的示威、游行运动，有的还出现暴力冲突；“9·11 事件”之后，街头运动稍有缓和，于是有了以论坛、会议等理性形式的“反全球化运动”。我们没有亲身经历过“反全球化运动”，有关这方面的信息全是从相关媒体及书刊上间接得来的。现将收集的部分信息，择要简介如下。

（一）有关街头“反全球化运动”情况

1. 从各方面报道的情况来看，有如上一节的论述，随着全球化的进展，不论是发展中国家还是发达国家，都产生了正负两面效应。于是，许多国家都有一批政治家、学者、非政府组织以及许多人民群众，掀起了一股强大的街头“反全球化运动”。这股“反全球化运动”，大体是在20世纪90年代才掀起的。之后，运动的规模越来越大、运动的方式越来越激烈、频率也越来越高。

1994年，世界银行和国际货币基金组织成立50周年庆祝大会在西班牙马德里召开，近千名反全球化人士在会场外举行游行示威，并打出“50年就够了”的旗号，反对这两大组织提出的经济结构调整方案。1995年10月，世界银行和国际货币基金组织在华盛顿召开年会，以及1996年2月，在泰国首都曼谷举行欧亚会议开幕式的当天，都有1000多人举行抗议活动，喊出“反对贸易自由化”、“反对经济全球化”的口号。

1998年5月末，在日内瓦世贸组织部长会议开幕的当天，就有1万多名反全球化人士发起和平示威；与此遥相呼应的是，在美国、印度也有零星的抗议活动，在巴西的游行则吸引了5万人参加。

1999年6月18日，在德国科隆召开八国经济峰会。遭到反全球化人士的抗议与抵制，而且引发世界范围内的抗议高潮，有40多个国家的多个城市同时举行示威游行。

1999年11月30日，世贸组织部长会议在美国西雅图召开，会议主要议程是进行新一轮多边自由贸易谈判。此前世界各地反全球化人士已通过互联网进行了组织与联系，会议开幕之日，约5万名反全球化人士从全球各地云集西雅图，他们组织起大规模的示威游行，在会场外组成人墙，阻拦代表进入会场，约有700个非政府组织参与了这次抗议活动。在这次抗议活动中，美国劳联—产联成功地组织起一场经过批准的大游行。有的媒体则说是：1999年11月底12月初发生在美国的“西雅图风暴”，拉开了世界范围的反全球化运动的序幕。有4万人组成的全球化抗议者队伍与警察在整个西雅图发生全面冲突，警察逮捕了310人，另有多人受伤。反全球化运动与推进全球化的国际峰会在同一时间和同一地点举行，前者与后者进行针锋相对的斗争。

在“西雅图风暴”后，直至2001年“9·11事件”前的近两年时间里，大大小小的反全球化抗议活动发生了近百次，几乎是哪里有重大国际性会议，那里就有反全球化群众集会的冲击和干扰。其中特别值得一提的是2001年7月20—22日，西方八国首脑会议在意大利港口城市热那亚召开。与此同时，全球各地10万名反全球化人士以及700多个非政府组织集中热那亚。意大利政府为此安排2万名保安人员，并出动装甲车、直升飞机和舰船严阵以待。会议开幕的当天，10来万名抗议者打着“全球化导致贫困的旗帜”示威游行，并与警察发生冲突，一名青年被警察打死。

2. 2001年“9·11事件”之后，为避免恐怖组织的袭击，在重大国际会议召开时，主办国家加大了对反全球化抗议活动的监控力度，这对反全球化运动的抗议活动产生了不利影响。即使如此，在以后的日子里，反全球化运动，仍然同以前一样在持续进行着：

2001年11月20日，国际货币基金组织和世界银行在加拿大渥太华召开年会，有数千人在会场外示威游行；同年12月，欧盟成员国在比利时布鲁塞尔召开首脑会议，有8万余名抗议者示威游行。

2002年1月31日—2月5日，在美国纽约召开世界经济论坛年会。这是“9·11”事件之后不久在美国召开的国际会议，美国政府大大加强了安全保卫工作力度。但会场外仍有1.5万多人打着反对新自由主义、反对跨国公司、反对霸权主义旗号的抗议者。

2002年6月26日，为避免爆发大规模的反全球化示威抗议活动，八国峰会在加拿大偏远的落基山脉度假小镇卡纳纳斯基斯召开。该小镇距离城区一百多公里，并采取了严格的保安措施。但仍有各种抗议行为发生。同年12月13日，欧盟成员国在布鲁塞尔召开首脑会议，又有8万名反全球化人员在布鲁塞尔举行示威游行，要求政府采取必要措施减少失业。

2003年6月2—3日，八国峰会在法国小城埃维昂召开。此次峰会除了正式参加会议的八国首脑外，还邀请了包括亚洲、非洲在内的多国元首参加南北领导人非正式对话会议。与会国家领导人除少数下榻在埃维昂附近外，绝大多数都入住在瑞士莱蒙湖畔的洛桑和日内瓦。反全球化运动的10余万抗议者从全球各地汇集到日内瓦、洛桑和距离埃维昂很近的法国边境小镇安娜马斯，展开和平抗议活动，试图阻止八国集团会议的召开。其中有数百人使用暴力与军警对峙。他们连续几天在上述城市的政府机关大楼、会场外举行示威，向标志性建筑物乱掷石块、硬木、啤酒瓶，军警不得不用催泪气体和高压水枪驱散示威者。抗议者星期天晚上纵火焚烧建筑物和车辆的暴力抗议活动造成了数百万美元的损失。

2003 年 9 月，世界贸易组织在墨西哥坎昆召开第五次部长会议，2 万多名世界各地反全球化人士及 980 个非政府组织不远万里来到坎昆与世贸组织唱对台戏，批评世界贸易体系缺乏公平性，世贸组织是“由超级大国控制的强权组织”，是“不顾穷国和各国劳工等弱势群体而强行推行全球化的堡垒”。在坎昆会议开幕的第一天，就发生示威者与军警冲突事件，在冲突中，一名韩国农民自杀，于是引发更大规模的暴力冲突。最后，坎昆会议无果而终。

2004 年 6 月 13 日，在韩国召开世界经济论坛年会，近万名反全球化运动人士，走上街头示威游行，指责经济论坛是富人剥削穷人的工具，并高喊不要全球化。

（二）有关理性“反全球化运动”简况

一般地说，上面介绍的这些街头“反全球化运动”，虽然多数示威游行是平和的，但每次参加的成员复杂，有：许多国家的多种非政府组织和多方面、多阶层人士；既有来自发达国家的，又有来自发展中国家的；既有社会活动家、环境保护主义者、消费者利益保护者、宗教界领袖，又有工会领导人和劳工；既有全球化的直接受害者，更有全球化直接受害者的利益代表。他们打的虽是反全球化的名义，但所要反对的目标却并不一致，其中大多数人所要反对的并非全球化本身，而是其中存在的弊端；反战往往是其中的重要内容；但其中也确有部分成员是直接反对全球化的。另外，即使是反全球化的人员，也往往只是揭露问题，而无解决对策，结果只能是为反对而反对；何况有的示威游行过程，还出现暴力冲突。因此，这些运动虽然声势浩大，但收效不大。可以说，这是一种非理性的群众运动。面对这些现实，有的运动组织者，通过总结经验教训，有了理性的思考，开始以研讨会、论坛的模式来替代直接对抗的街头示威游行方式。这种方式的“反全球化运动”，与推行全球化的国际会议不在同一地点举行，而是一种独立行动。目前，以“反全球化”为重要目标的国际性论坛已有很多，如欧洲社会论坛、哈瓦那全球化论坛、全球化国内论坛、世界社会论坛等。其中以世界社会论坛参加者多，规模大，影响力较深远，现简介如下：

1. 世界社会论坛的成立。世界社会论坛是由巴西劳工党倡导，并由全世界非政府组织、知识分子和社会团体代表参加的大型会议。它是 2000 年 6 月，世界各地的非政府组织代表在日内瓦举行会议决定成立的。世界社会论坛反对由自由市场控制的全球化以及新自由主义的过分做法导致的灾难、不平等和不公正现象。世界社会论坛每年举行一次。它与世界经济论坛的最大区别是：更加开放，与会代表不管持何种立场与观念，不管来自那个国家和阶层，都可以自由地参加讨论与当今全球化相关的任何问题。世界社会论坛成立之初是与世界经济论坛相对立的会议，2003 年举行的第 3 届世界社会论坛认为，世界社会论坛不应成为与世界经济论坛相对立的会议，而应成为一个独立自主的论坛。如今，世界社会论坛更关注推动全球的社会发展，主要反映与世界经济论坛不同的观点。

巴西的一些组织组成的委员会酝酿和组织了第 1 届世界社会论坛，大会于 2001 年 1 月 25 日至 30 日在巴西的阿雷格里港召开。委员会在评估了论坛的成果及论坛提出的前景后，认为有必要起草一个原则宪章，以指导根据该倡议而开展的后续工作。2001 年 4 月 9 日，在巴西圣保罗，由组成世界社会论坛组织委员会的诸组织，讨论通过了名为《世界社会论坛原则宪章》的世界社会论坛纲领，2001 年 6 月 10 日由世界社会论坛国际理事会修改后通过。

2. 世界社会论坛的宗旨。世界社会论坛《宪章》确定世界社会论坛的“宗旨是反对新自由主义，反对资本对世界的主宰，反对任何形式的帝国主义，致力于建立一个全球性的社会，这个社会的取向是在人类之间以及人类和地球之间建立富有成果的关系。……世界社会论坛将成为一个寻找和建设各种替代方案的长期运动，它们不能被削减成仅仅是一些组成论坛的事件。……这些替代方案旨在确保全球化的团结成为世界历史的新阶段。它将尊重最广泛的人权、所有国家的所有男女公民的人权以及环境；其依赖于那些致力于社会正义、平等和人民主权的民主的国际体系和国际组织”。

3. 世界社会论坛的特点。从世界社会论坛《宪章》以及历届年会的内容看，它具有以下三个方面的特点：

一是参与者的广泛性。《宪章》第 9 条提出：“世界社会论坛将永远向多元主义开放，向所有决定参与其中的不同组织和运动的各种行动方式和活动方式开放，向各种不同性别、种族、文化、年龄和身体条件的人开放，条件是他们遵守本原则宪章。”因此，几乎全世界的左翼非政府组织、劳工组织和社会团体、反全球化的社会力量和组织都积极参与。

二是世界社会论坛比世界经济论坛更加开放。与会者不管持何思想，来自何阶层，只要不鼓吹暴力革命，都可以自由讨论与全球化有关的问题，而且可以用各种形式表达自己的观点，因此除了讲演、展览之外，演唱、影视、游行都是世界社会论坛的重要活动。

三是其反新自由主义全球化的特性。由于参加者大多数是发展中国家民间组织的代表，他们对当今经济全球化带来的负面影响持激烈的批评态度，所以世界社会论坛在一般人的印象中就成了反全球化的论坛。

4. 世界社会论坛每年举行一次年会，历届年会情况如下：

第1届世界社会论坛：2001年1月25日在巴西南部城市阿雷格里港开幕，122个国家和地区的近1万名代表出席了会议。本次会议的主题是“世界不是一件商品”，会议的中心目的是“为反新自由主义联盟的建立奠定基础”。会议还就免除第三世界国家债务、加收资本流通税、创建自由贸易协定的替代方式、农业家庭化等问题进行探讨。出席世界社会论坛的巴西代表坎迪多说，世界社会论坛反对的只是由自由市场控制的全球化。会议反对的是新自由主义的过分做法导致的灾难、不平等和不公正现象。28日，世界经济论坛和世界社会论坛代表举行电话会议，双方代表就全球化及其后果等问题进行直接交锋。开幕式结束后，与会代表举行了反新自由主义游行。

第2届世界社会论坛：2002年1月31日—2月5日在巴西阿雷格里港召开，来自123个国家的1.5万名代表出席了会议。会议的主题是“建立一个更加团结的世界”，中心口号是“另一个世界是可能的”，会议围绕经济全球化进程中存在的问题，如环境、劳工待遇、妇女地位等开展了讨论和各种演讲，很多组织还就减债、国际货币基金组织和世界银行的改革提出建议。与会代表表示反对建立美洲自由贸易区，认为这是个带有殖民化色彩的方案。与会者还提出，作为补偿性措施，西方债权银行应取消发展中国家的债务，并要求对国际货币基金组织和世界银行等国际性机构进行改革。会议期间，联合国秘书长安南致信与会代表说，众多代表的出席表明了世界社会论坛的重要性，他呼吁各位代表要与各国政府和企业进行合作，共同改变世界，而不是采取同政府对立的立场。他还承诺，呼吁在纽约出席世界经济论坛会议的代表倾听世界社会论坛代表以及他本人的呼声，与发展中国家一起，同贫困进行斗争。会议期间，与会代表还同在纽约出席世界经济论坛会议的代表举行了电话会议，就经济全球化问题进行了交流，但双方没有达成一致意见。

第3届世界社会论坛：2003年1月23—27日在巴西南部城市阿雷格里港举行，有近10万名世界各地的民间组织和代表出席。此次会议以争取和平、反对战争为中心议题。美国著名语言学家乔姆斯基在大会发言中指出，美国在威胁世界和平，正在疯狂地推动对伊拉克战争，目的就是要控制世界上重要的中东石油。此外，会议还就民主和可持续发展、人权和社会平等、传媒、文化多样性和反对霸权主义，政治权力、社会文明和促进和平等问题进行深入讨论。反对全球化、要和平，不要战争，是自始至终贯穿本届论坛各项活动的主题。与会代表们对美国的单边主义做法和新自由主义经济思想提出了批评。他们认为，目前的全球化不仅影响到发展中国家的经济发展，导致世界的不平等，同时也将当今世界上最迫切需要解决的问题挤到了次要位置上。代表们呼吁联合国成立一个类似于安理会的机构，以便对当前的全球化进程做出调整。同时，他们要求国际组织进行改革，致力于解决贫困、战争和环境恶化等世界范围的社会问题。各国政府也同样应该致力于解决这些问题，而不应该将主要精力投入到全球化方面。

第4届世界社会论坛：2004年1月16日至21日移师印度孟买举行，来自世界各地130个国家和地区、2500个非政府组织的近8万名代表出席了会议。他们来自各个社会阶层，从工会活动分子到无地农民，从环境保护主义者到左翼政党的代表等等。会议主要讨论了反对美国对伊拉克的军事行动，明确地反对霸权主义，反对美国总统布什的单边主义。来自日本的和平主义代表当天还举行集会和游行，抗议日本政府决定向伊拉克派兵。全球化进程中出现的众多问题也是本次会议的议题之一。世界社会论坛印度组委会的人士表示，与会人士并不是要反对全球化本身，而是反对全球化带来的不平等和不公正。目前，全球化在某些方面正面临畸形发展的危险，这已对发展中国家的经济发展产生负面影响，导致了世界的不平等，加剧了发达国家与发展中国家间的贸易失衡以及贫富悬殊的扩大等。此外，会议对一些社会问题，如艾滋病、贫困、教育等也进行了广泛的讨论。

第5届世界社会论坛：2005年1月26日又在巴西南方城市阿雷格里港举行。共有来自135个国家的15万各界人士与会。论坛的组委会也邀请了一些精英人士，如世界银行、国际货币基金组织的负责人以及一些国家的元首和国际知名人士。其中包括：南美洲的两位国家元首——巴西总统卢拉和委内瑞拉总统查韦斯；1998年诺贝尔文学奖得主、葡萄牙作家若泽·萨拉马戈等。本届论坛的主题是“另一个世界是可能的”。在为期6天的论坛期间，与会者就全球化、一体化进程中出现的弱势群体、被边缘化的人群和国家、环境污染、贫穷饥饿、维护和平、消除贫困、普及教育等新的社会发展模式问题进行了广泛的讨论，并提出了350多项建议。巴西总统卢拉在会上发出强烈呼吁，要求全球行动起来向贫困宣战。

第6届世界社会论坛：2006年1月19日至23日，在马里首都巴马科举行。本届世界社会论坛分成三个部分，不再设立中心会场。这三个会场分别设在巴马科、委内瑞拉首都加拉加斯及巴基斯坦南部城市卡拉奇。会议共组织了600多场各类活动，来自世界各地的2万多名反全球化人士出席了首次在非洲大陆举行的大型非政府组织的会议。

第7届世界社会论坛：2007年1月20日至25日，在肯尼亚首都内罗毕召开，首次把会场完全设在非洲国家。全世界反全球化的组织代表和活动人士约8万人齐聚一堂。本届会议以“人民的斗争，人民的选择”为主题，发表了他们对各种社会经济问题的看法。其议题涉及艾滋病、种族歧视、自由贸易、妇女儿童权益、非洲青年人失业、减债和消除贫困等。会议深刻揭露了在广大发展中国家尤其是非洲国家“新自由主义的过分做法所导致的灾难、不平等和不公正现象”，并就反对发达资本主义国家主导下不公正的全球化体系达成共识。同时，本届论坛充分加强了非洲与世界的联系和团结，增强了人们建设充满尊严、正义的“另一种世界”的信心，对世界反全球化运动而言是一届具有不同寻常意义的论坛。

第8届世界社会论坛：2009年1月27日—2月1日，在巴西北部城市贝伦举行，来自142个国家和地区的10多万名社会团体代表呼吁重建国际金融秩序，保护环境，建设一个更为公平的世界。代表们呼吁立即改革联合国，建立一个能够监管金融市场趋势的国际机制，以取代目前以美元作为主导货币的国际金融体系。代表们还呼吁各国政府重视环境保护事业，倡议设立国际环境税，对世界范围内的环保工作提供资金支持。本届世界社会论坛会议的一个重要内容是鼓励发动对新自由主义的攻势，拉丁美洲的总统们号召组成一个反对新自由主义的意识形态、政治和经济的攻势。委内瑞拉总统查韦斯说，“我们将坚持拉丁美洲的一体化，论坛应当准备走向攻势”。随后他与玻利维亚总统莫拉莱斯、厄瓜多尔总统科雷亚和巴拉圭总统卢戈一起出席在帕拉联邦大学举行的报告会，查韦斯在讲话时重提这一想法。莫拉莱斯要求国际上动员起来结束美国所推动的干涉主义。

会议组织者之一、巴西人坎迪多·格日博夫斯基介绍说，2009年的世界社会论坛是在全球性金融危机的背景下召开的。年会期间，来自5808个社会团体的代表们在“建设一个别样世界”的主题下，举行了大约2400场包括研讨会、艺术展览和运动会在内的各种活动，探讨世界发展的新模式。格日博夫斯基说，许多代表都认为这场金融危机是一次机会，有助于人们审视全球化的弊端，寻找其他途径建设一个更加团结、更加民主和更加公平的世界。

二、对“反全球化运动”问题的评析

（一）将以上这些群众运动，笼统地称之为“反全球化运动”并不贴切

1. 在本卷第五章中，我们已经指出经济全球化既具有自然属性又具有社会属性。一般意义上的经济全球化，是指其自然属性，它是社会生产力，尤其是现代科技发展的产物。但经济全球化又必然存在于特定的社会形态之中，因此，它必然渗透着所赖以存在的社会形态的特性，这就是它的社会性。从科学范畴来说，“经济全球化”一词应是泛指一般意义的经济全球化。而特定社会形态下的经济全球化，就不宜笼统地称为“经济全球化”，而是应该标明它所具有的社会形态的内涵。如当今时代的经济全球化，是在资本主义商品经济主导下的经济全球化，但它所实际内涵的还不仅仅是一般的资本主义性质，而更主要的还是渗透着美国主导下的新自由主义的、不公正、不合理成分的经济全球化。这里所说的新自由主义是源于古典自由主义的一种经济思潮，其核心是私有化、市场化和自由化。在经济全球化浪潮中，新自由主义被美国从经济思潮上升为国家意识形态，并创造出了“华盛顿共识”，从理论推向实践，即通过它操纵的国际货币基金组织、世界银行、世界贸易组织（包括其前身关税与贸易总协定），将其强行推销给各个发展中国家。由此可见，现实的经济全球化的内涵具有两面性：一方面它是现代社会生产力发展的结晶，反映了当前世界生产力发展的客观要求；另一方面它又反映了当前世界少数发达资本主义国家主导的生产关系特征。作为人类现代社会生产力发展的一个必然的阶段，在一定历史范畴内，它推动了世界经济的发展。因此，具有一定的社会进步意义。但又因为它渗透着美国主导下的新自由主义的、不公正、不合理成分，从而给世界带来了弊端和严重恶果。

现实经济全球化的这种性质，有如我们在本书第一卷中讨论商品、市场的含义时，曾一再强调指出的：商品、商品经济，市场、市场经济等经济范畴，原本都是中性的，它们既不姓“社”，也不姓“资”。因此，当要将它们用于说明某一社会形态中的商品、商品经济时，就需要在其前面加上一定的限制词，如资本主义商品经济、社会主义商品经济等等。在这里，资本主义商品经济，社会主义商品经济，固然都是商品经济，但“商品经济”并非就是资本主义商品经济，也并非就是社会主义商品经济。因此，要说现实存在的某一个国家的经济性质时，就必须加上相应的社会形态的限制词。

2. 由以上的分析可知，一般意义上的经济全球化，它是社会生产力发展

的必然产物，它有利于优化资源配置，可以做到人尽其才、物尽其用、地尽其利，对社会整体来说，它是有利的。这种一般意义上的经济全球化，是不会有人反对的，也是不应反对的。其实，被媒体和书刊上称的“反全球化运动”所反对的，并不是全球化本身，尤其不是作为客观趋势和自然历史进程的全球化；那些强烈抗议全球化的示威人群自己也多不大使用“反全球化”一词。准确地说，反全球化运动的人士所反对的是现实世界存在的，对人民群众带来恶果的全球化，是渗透着美国主导下的新自由主义的、不公正、不合理成分的全球化，也即是现实全球化进程中会制造、产生弊端和恶果的成分。正如1998年度诺贝尔经济学奖得主阿玛蒂亚·森所说的那样，这些反全球化人士其实并不是真正地反对全球化，他们是在反对某种同他们本身信念、价值观相背离的全球化，其中有对世界南北差距拉大、分配不均的忧虑，有对几个大国主宰世界的不平，当然也免不了为了维护自身的狭隘民族利益甚至是无政府主义。

联合国秘书长安南在2001年4月3日发表的《我们人民：二十一世纪联合国的作用》（即《千年报告》）中也认为：“很少有人、团体或政府反对全球化本身。他们反对的是全球化的悬殊差异。首先，全球化的好处和机会仍然高度集中于少数国家，在这些国家内的分布也不平衡。第二，最近几十年出现了一种不平衡现象：成功地制定了促进全球市场扩展的有力规则并予以良好实施，而对同样正确的社会目标，无论是劳工标准，还是环境、人权或者减少贫穷的支持却落在后面。更广义地说，全球化对许多人已经意味着更容易受到不熟悉和无法预测的力量的伤害，这些力量有时以迅雷不及掩耳的速度造成经济不稳和社会失调。……人们日益焦虑的是，……他们的呼声会被全球化的声浪淹没。”

3. 不可否认的是，在“反全球化运动”的队伍中，确实也有一些人是全然反对和敌视全球化的。如在这些人群中，有的环保组织成员，有的发达国家失业者及其代表。他们之所以如此，因为从表面现象上他们看到了：在商品经济全球化过程，因许多发达国家将一些重污染的、劳动密集型企业，迁移到劳动力工资低廉的发展中国家。从而造成自然生态的更加失调、污染更加严重；发达国家部分蓝领工人失业、收入下降等弊端。但这一切只是表面现象，若透过现象看本质，则可知其过错并不在全球化，而是在于资本主义制度本身，在于资本家的唯利是图。如工厂的搬迁，从宏观上考察，是资源的优化配置，对社会是有利的。从微观考察，其根本动因，则是资本家贪图高额利润，由此，资本家和国家的收入都增加了；发达国家来说有技术和资金的优势，加之收入又增加了，在搬迁劳动密集型企业之后，一个负责任的政府，就应通过有效的政策措施，再建起资金密集型、科技密集型企业，以确保工人充分就业。这些工作做好了，工人不仅不会失业，而且国家经济也发展了，工人的生活也可以得到改善。为什么他们没有这样去做，并不在于全球化，而是在于资本主义制度。至于污染加重，其根源更是直接来自工厂主为贪图私利而违反环境保护条例的产物，更与全球化无关。其实，在资本主义国家，工人失业、两极分化，环境污染、生态失调，早在经济全球化之前就已有之。这是资本主义社会的必然产物，马克思在《资本论》中早已做了精湛的论述。没有任何理由将责任推到经济全球化的身上。这些情况表明：这部分反全球化人士是选错了反对对象，他们该反对的应是有关的资本家和有关的政府官员，应是资本主义制度。

4. 从以上情况来看，十多年来世界各地广大群众反对经济全球化进程中出现的各种不公平、不合理的经济行为，从而严重地伤害着一大批弱势群体的生存条件和环境，笼统地称之为"反全球化运动"是不确切的。因此，巴西代表坎迪多在第1届世界社会论坛年会上即正确地指出：世界社会论坛反对的只是由自由市场控制的全球化，是新自由主义的过分做法导致的灾难、不平等和不公正现象；古巴前国务委员会主席菲德尔·卡斯特罗，把全球化分为两个层次，即作为客观历史进程的全球化和当今新自由主义全球化。他并且指出，当今的全球化是"资本主义经济和新自由主义全球化"。从当前的实际情况来看：以美国为首的西方强国所要实现的全球化，其本质是要求以新自由主义思想为主导的、以实现全球少数人利益为目的的资本征服整个世界的全球化。他们所要达到的全球化，绝不仅仅是要在经济上维护不公正、不合理的国际经济的旧秩序，而且还要求按照美国的价值观和社会政治模式，促进全球社会生产关系、社会政治制度和思想文化的一体化。基于对现实世界实际情况的深刻洞察，菲德尔·卡斯特罗在《全球化与资本主义》、《现代资本主义——特征及矛盾、新自由主义和全球化》两部书中，曾全面地批判了新自由主义全球化给世界带来的严重危害和灾难。他在1999年2月的一次演讲中，即曾这样指出："资本主义和新自由主义的全球化带给了我们什么，资本主义存在300年后，此时此刻有8亿人口挨饿；10亿人口是文盲，40亿人口生活贫困，2.5亿儿童要做工，1.3亿儿童受不到任何教育，1亿孩子流落街头，每年有1100万5岁以下的儿童死于营养不良、贫困和可以预防或可以治愈的疾病；多个国家内部和多个国家之间的贫富差距不断加大；生态环境遭到无情的、几乎不可逆转的破坏；不能恢复的重要资源正在迅速被浪费和消耗；大气、地下水、河流、海洋受到污染；气候的变化已经带来了不可预言的、明显的后果。本世纪，10 万公顷的原始森林消失了，还有同样面积的土地变成了沙漠或无用的土地。"[①] 他不仅批判了新自由主义全球化，而且提出了其替代方案——社会主义全球化：能给整个人类带来福音的全球化，是世界各国逐步共同富裕的全球化。

由以上分析可知，曾广被称为"反全球化运动"的群众运动，所反对的并非一般的全球化，也不是全球化的整体，而是其中的弊端和恶果。而这些弊端和恶果，从根本上说，是来自资本主义社会形态，最主要的根源还在于美国的新自由主义、霸权主义和大资产阶级的贪婪。现借用菲德尔·卡斯特罗的用词，将这一时期兴起的声势浩大的"反全球化运动"以下改称为"反新自由主义全球化运动"。当然，也要实事求是地看待全球化进程，有些发展中国家在全球化过程出现的问题，并不完全是来自全球化的外因，还确有国内的问题。

（二）"反新自由主义全球化运动"的主流是积极的

十多年来的世界性"反新自由主义全球化运动"，随着运动的深入发展而进入理性阶段以后，正在朝着正确的方向发展。目前这个运动，已由其初始阶段的反对全球化进程中存在的各种弊端和不良后果，转向为以反对由美国及其跨国公司（大资产阶级）主导的新自由主义、霸权主义，包括经济、政治的全面性的社会运动；已由单纯的消极反对，转向在反对的同时，提出积极的解决问题的对策。因此，这一声势浩大的群众运动，虽然其中也的确存在着某些消极因素，但在总体上，它对经济全球化和社会进步，都已发挥了积极作用。

1. 这一运动，可以说是一场：既对新自由主义，同时也对由美国操纵的三大全球性国际经济组织——国际货币基金组织、世界银行和世界贸易组织——存在的弊端，及其对广大发展中国家所造成的伤害的大批判、大揭露、大控诉运动。它有助于抵制和克服它们对世界各国经济发展的消极作用。有如前面所介绍的，这一群众性的游行示威运动，就是从 1994 年在马德里抗议国际货币基金组织和世界银行召开成立 50 周年庆祝大会开始的。此后，哪里有这三大组织召开国际会议，哪里就会有抗议、揭露、批判它们的群众运动。世界

① 菲德尔·卡斯特罗：《全球化与现代资本主义》，社会科学文献出版社 2000 年版，第 54—55 页。

社会论坛历届年会中的一个永恒不变主题就是“反对新自由主义的全球化”，倡议建立一个平等、公正、充满正义的世界。在历次群众运动的各种集会上，对美国推行的新自由主义以及由美国操纵的这三大全球性国际经济组织的批判、揭露乃至控诉，一直不绝于耳！其中有的控诉，确实让闻者心碎与愤怒。在2007年7月28日陆夏发表的《第7届世界社会论坛综述》一文中，在综述2007年1月20日至25日，在肯尼亚首都内罗毕举行的以“人民的斗争，人民的选择”为主题的世界社会论坛第七届年会上，就有以下两个实例：

（1）负责尼日尔社会论坛事务的哈马度·布拉马切尔诺说：“居住在尼日尔贫民窟的人之所以住在城市贫民窟里，是因为新自由主义政策使农村地区陷入贫穷和饥饿，他们只好逃离农村来到城市谋生，贫民窟是他们无可奈何的选择。在非洲，大部分农村都存在着同样的问题。在西方发达国家主导的国际农产品市场上，享受着大量补贴的农产品毫不费力的将非洲农业经济推向破产的边缘。”国际公平贸易联盟、西班牙公平贸易运动主席卡罗娜·雷恩特斯说：“我们要实现公平贸易，只有这样才能让工人和农民从中获益。”在新自由主义全球化条件下，这种公平贸易对发展中国家而言是稀缺的。一方面，西方发达国家利用自身强大的财力对本国农产品进行大额补贴，使价格扭曲；另一方面，他们又主张贸易自由化，要求发展中国家开放市场，大幅削减农产品及其制成品的进口关税。美国、欧盟、澳大利亚、日本等国利用世界银行和国际货币基金组织，以援助之名强迫非洲各国接受他们的要求，而在对本国农产品补贴上却迟迟不肯让步。这种新自由主义性质的不公平贸易所带来的恶果，就是非洲等发展中国家农村经济持续不断的恶化、边缘化和破产，大批农民被迫离开农村到城市寻找工作。但是他们大多数没有什么技能，没有接受必要的教育，失业成为普遍现象，因此只能沦为城市贫民。更让人担忧的是，在贫民窟中居住的多数年轻人都没有工作。据肯尼亚官方数据显示，肯尼亚16—24岁人口在所有失业总人数中占到了61%。掌管科洛哥科天主教堂的莫斯科第说：“没有工作的年轻人很容易陷入犯罪的泥沼，他们因失业而与日俱增的愤怒是一颗定时炸弹。”

（2）2007年世界社会论坛诞生了一个由40多个非洲组织参加的新的非洲水资源联盟以反对水资源的私有化。据来自坦桑尼亚女性活动联盟的蒂斯·基巴姆巴介绍，2003年坦桑尼亚政府被迫以1.02亿美元的价格将达累斯萨拉姆地区的自来水供应卖予City Water公司。这个公司是由英国的Biwater公司、德国的Gauff公司和坦桑尼亚当地的Superdoll公司共同组建的。之所以将其私有化，其根本原因在于水资源的私有化既是国际货币基金组织改善结构性调整协助项目的一个交换条件，也是2000—2003年其给予坦桑尼亚减贫和促进经济增长协助计划的一个交换条件。而这种私有化，不仅发生在坦桑尼亚，在肯尼亚等其他非洲国家以及拉丁美洲国家、亚洲国家都广泛存在。一方面，水资源的私有化提供给当地人民的是糟糕的服务、不合理的价格，另一方面，私有化企业在利润驱动下往往进行裁员，造成大量失业。正如本届论坛一本新书《南非的国体、私有化和公共部门》的作者所指出的，私有化严重破坏了国民经济，使成千上万的工人失业，却没有实现真正的外资流入和高新技术的获取。另外，国外跨国公司和当地企业联合起来，通过私有化企业共同瓜分本来应该属于本国民众财富的重要公共资源。玻利维亚总统莫拉莱斯说："水是一项基本人权。谁都不可以被剥夺这项权利。"然而，西方发达国家却利用掌握在其手中的国际金融机构这一工具，肆意掠夺本该属于当地人民的这项最基本的人权，以满足跨国公司不断追逐高额利润的需求。

2. 当这一运动进入理性阶段之后，它有利于引导各民间组织和个人，通过广泛讨论达成正确的共识。因为这些讨论是建立在自由、平等基础上的。百家争鸣，真理会越争越明，然后可在形成共识的基础上，提出克服现存弊端和恶果的良策。世界社会论坛第5届年会上，19位世界著名的进步学者，包括伊曼纽尔·沃勒斯坦、萨米尔·阿明、贝纳德·卡森、沃尔登·贝洛等共同起草的《阿格雷里港宣言》即是其中较为全面的一个。

这个《宣言》共12条内容，主要是：取消南方国家的外债；对金融交易、国外直接投资、跨国公司合并收益、武器交易以及导致严重温室效应的生产活动征收国际税（最要紧的是针对投机资本征收托宾税）；坚决摧毁所有形式对有组织犯罪、腐败、各种非法交易、诈骗、逃避金融监管以及大公司甚至政府的非法操作有利的"乐土"；地球上所有居民都享有工作的权利，都享有社会保障和退休金的权利，而且要做到男女之间权利的平等；推动农业生产的发展，完全禁止所有农产品出口补贴（主要是美国和欧盟）；对所有类型的关于生物（人、动物或植物）的知识，都禁止授予专利权，禁止对各种公共物品特别是水，实施私有化；依靠公共政策来反对各种歧视、排外主义、反犹主义和种族主义，完全认可土著居民的政治、文化和经济权利（包括使用自然资源的权利）；采取紧急措施来消除环境恶化以及温室效应所导致的严重气候变迁所带来的威胁；除在联合国明令之下的军事行动外，立即拆除所有外国军事基地，实现从所有国家，特别是伊拉克和巴勒斯坦的撤军；确保所有公民都享有获取信息的权利；对国际机构推行民主化改革，以确保《联合国人权宣言》所规定的人权以及经济、社会、文化权利得到弘扬。这意味着要把世界银行、国际货币基金组织和世贸组织纳入联合国的决策机制和体系之中。如果美国一再违反国际法，那就考虑把联合国总部从纽约迁到另一个国家，而南方国家更为合适。

对这个《宣言》，美国有一个网站的编者曾这样说："尽管我们认为这个《宣言》是现代版的'乌托邦'，但我们还是把它推荐给读者，因为它毕竟对当前世界进行了某种程度的揭露和批判，这一点也是很可贵的。"但从《宣言》的内容来看，我们以为其可贵之处，还在于它对当前世界上存在的弊端进行揭露和批判的同时，并提出了相应的具体改进建议。我们还以为：这是一个可贵的开端，随着群众运动的深化，经大家相互讨论、争议，必然会产生内容会越来越加完美，会得到越来越多人认同的新《宣言》。而且我们也非常高兴地看到：世界社会论坛与世界经济论坛所代表的主流国际社会的沟通和对话，这将会有助于从交流中得到更多的共识；将有助于建设和谐的世界。毫无疑问，和谐世界的建设不是件易事，但是对抗无助于和谐世界建设。同时，以发达国家为主导的国际体制和世界秩序也需要有批评的声音和制约的力量，从这个意义上看，世界社会论坛所代表的力量和发出的声音，也是非常有价值的，国际社会不仅需要倾听，而且需要做出积极反应。但为要实现"反新自由主义全球化运动"的目标，尚需继续努力，须团结一切可团结的力量。在这里有一个值得注意的问题，就是要做好宣传解释工作，使某些误将造成环境污染、自然生态失调和发达国家工人失业的原因，归诸于全球化的观点，转变为能认识到产生这些问题的真正根源，并将他们引导向该反对的目标，进入"反新自由主义全球化运动"的队伍中来。

"反新自由主义全球化运动"，是在国际工人运动和国际共产主义运动处于低潮时期出现的，是一种有广泛社会基础的特殊的国际运动。这个运动的锋芒，从一开始就直接指向由美国为首的七国集团主导的全球化的弊端和产生的严重恶果；指向依照七国集团制定的规则推行全球化的国际组织——世界贸易组织、国际货币基金组织和世界银行存在的缺失。这是从生产关系角度发出的呼声，是很可贵的，它又一次证明：社会发展的道路虽是曲折的，但必然是不断前进的。从这一群众运动中，让人们看到了社会不断进步的新时代即将来临的曙光。世界上的左翼力量和有识之士应积极加入这个行列，并将这一世界性的群众运动，在揭露和批判资本主义新自由主义全球化的同时，推动经济全球化，把它引向卡斯特罗提出的，能给整个人类带来福音的，能使世界各国逐步共同富裕的社会主义全球化轨道。

第三节 商品经济全球化的发展前景

一、社会实践已经表明：商品经济全球化发展的前景必然是经济、政治、社会的全面全球化

（一）从近半个世纪的历史进程，可以预见今后科学技术和社会生产力还会快速发展，它将为经济全球化进程提供更坚实的物质基础

自第二次世界大战结束六十多年来，随着科学技术的进步，社会生产力有了较快的发展，虽然中间有过多次衰退，但世界经济总量还是翻了三番。随着社会生产力的发展，近三十年间的科学技术突飞猛进。可以肯定地说，未来的30年，科学技术的进步还会加速。因此，世界经济还将继续快速发展。

科学技术的不断进步，社会生产力的不断发展，是人类社会发展的铁律。以今天世界的生产力比之500年前世界的生产力，它所释放出的能量，真是不可同日而语。科学技术的巨大进步，使一个偌大的地球，在许多方面，确实已有如一个小小的村落。可想而知，随着时间的推移、科学技术的加速进步、生产力的进一步发展，交通通信设施还会更加先进、更加快捷。因此，相对来说，地球还会进一步“缩小”。这将是科学技术和社会生产力发展的必然趋势。从而，还会为经济全球化的进程提供更为坚实的物质基础。

（二）随着“反新自由主义全球化运动”的进一步深化，以及吸取此次全球性金融危机的教训，将会给今后的经济全球化进程，提供较为有利的社会环境

1. 从前面有关“反新自由主义全球化运动”发展情况可知：这一场声势浩大的群众运动，已使发展中国家的政治人物以及广大人民群众，逐渐认识到了“新自由主义全球化”的危害性。今后随着运动的持续发展，人们对这方面的认识还会越来越深化。而通过这次由美国次级贷款危机而引发的全球性金融危机，不仅使世界上更多的人们认识到新自由主义的危害性；也使美国及其他发达国家的领导人及其精英们也深感其危害深重。因为，这次由美国次贷危机引发的全球性金融危机，从体制上说，就是新自由主义惹的祸；就是过度纵

容自由放任的市场经济，坚持政府管的越少甚至不管最好、最有效率的自由市场体制，酿成的恶果；就是资本主义生产关系对不断发展的社会生产力的反动。其实，完全自由市场经济的资本主义，会产生严重经济危机的问题，马克思早有论断，且被历史和现实所一再证明。

2008年10月11日《人民日报海外版》的评论说得好："为赚取丰厚利润，美国华尔街的投资银行和保险公司等金融机构，把属于'垃圾信用等级'的次级房屋贷款债券等，精心包装为各种金融衍生品后，把它们推销到全球各地。这与一些奸诈的水果商为烂苹果添加精美包装，然后卖给不知情的顾客，在本质上并无二致。这是美国华尔街和全球投机资本追逐利润的贪欲无限膨胀的产物。《资本论》早就指出：'一有适当的利润，资本就会非常胆壮起来。有50%的利润，就会引起积极的冒险；有100%，就会使人不顾一切法律；有300%，就会使人不怕犯罪，甚至不怕绞首的危险'。近几十年来，作为投机资本的投机工具，全球金融衍生品总量已相当于世界GDP总量的8到10倍。这些投机资本能够为所欲为，以及美国次贷危机最后恶化为金融危机的根本原因，在于金融监管的缺位。西方国家尤其是美国长期以来一直推行自由市场价值观，即'华盛顿共识'，鼓吹最少的政府干预、金融自由化、贸易自由化和全面私有化。但是，当美国房地产泡沫破裂，多达12家金融机构倒闭，欧洲多家银行面临破产危机或被迫接受国有化之后，美欧的金融监管当局发现，市场根本无法解决所有问题。过分强调、相信市场的自由调节作用，只会带来金融灾难。"

美国金融家理查德·比特纳在所著的《贪婪、欺诈和无知——美国次贷危机真相》一书中，以他亲身经历，通过一系列的实例，提露出了美国次贷危机产生的真相，然后极其概括而又十分形象地指出："如果说次级贷款行业有什么艺术性可言的话，那就是'无中生有'……如果说贷款公司用鸡屎做了一盘鸡肉沙拉，那么评级机构就会将其做成了法国小牛排。"[①] 因此，应对这场危机，首先要抛弃"华盛顿共识"。

2. 经历此次金融危机的教训，不仅是发展中国家，而且包括美国在内的发达国家，也已认识到经济全球化，不仅需要各国政府加强对本国市场的监管，而且还需要相应地完善对国际市场的管理。昔日曾大力向发展中国家强行推销新自由主义体制的美国，以及欧洲主要资本主义国家，面对今日的金融危

---

① 见该书中译本，中信出版社2008年版，第114页。

机，不得不改弦易辙，而大肆进行政府干预，并采取了曾被其批判为效率最为低下的国有制。在美国不仅仅是花旗银行，摩根士丹利、高盛等公司都可能被收归国有；而冰岛已经把大型商业银行收归国有。

据《人民日报》2008 年 9 月 24 日报道：“法国金融市场管理局主席米歇尔·普拉达 2008 年 9 月 22 日表示，复杂金融衍生产品的大量推出，扩大了金融危机的影响，欧洲金融监管机构应采取协调行动，加强对金融市场的监管。普拉达在接受法国一家电台采访时说，近几年金融衍生产品不断推出，而金融监管机构则对这些产品缺乏评估。他强调，资产的证券化确实分散了金融机构的风险，但助长了美国住房市场危机向世界范围扩散。普拉达认为，各方都应对危机进行反省。他表示，要更好地监管金融衍生产品市场，仅仅提出对这些产品多加关注是不够的。欧洲金融监管机构应采取协调行动，以避免由于各国政策不一致而留下‘监管空白’”。

2008 年 11 月在华盛顿召开的二十国集团领导人金融市场和世界经济峰会，15 日发表的宣言，也强调对世界经济和国际金融市场加强监管的重要性。宣言指出，得到有效监管的金融市场是确保经济发展、就业和减贫的基本因素。宣言还说，在金融市场已全球化的今天，各国监管当局在履行自身职责的同时，必须加强国际合作，支持市场竞争与创新，加强金融市场透明度及监管机制，确保所有金融市场、产品和参与者都受到相应监管或监督。宣言又说，与会各国将根据公认和强化的国际行为准则，促进和保护世界金融市场的诚信，防止非法操纵市场、欺诈和滥用行为，防范金融风险。

早在 2003 年 1 月 23—27 日举行的第 3 届世界社会论坛上，代表们就曾呼吁联合国成立一个类似于安理会的机构，以便对当前的全球化进程做出调整。2009 年 1 月 27 日—2 月 1 日，在巴西北部城市贝伦闭幕的第 8 届世界社会论坛，来自 142 个国家和地区的 10 多万名代表，又再次呼吁重建国际金融秩序，呼吁立即改革联合国，建立一个能够监管金融市场趋势的国际机制，以取代目前以美元作为主导货币的国际金融体系。

据《人民日报》2009 年 2 月 7 日报道：德国总理默克尔 2009 年 2 月 5 日在柏林会晤了经济合作与发展组织秘书长古里亚、世界贸易组织总干事拉米、国际劳工组织总干事索马维亚、国际货币基金组织总裁卡恩和世界银行行长佐利克，同上述组织领导人就改革现行国际经贸和金融问题举行了磋商，并发表联合声明。五位领导人表示支持默克尔不久前提出的成立联合国经济理事会的倡议，主张制定“国际可持续经济宪章”。联合声明说，世界五大经济组织将加强合作，以支持一个更强大、更纯洁、更公平的世界经济。另据《参考消息》2009 年 3 月 16 日报道：在英国举行的二十国集团（G20）财长和央行行长会议已同意改革国际金融体系：G20 财长和央行行长还同意结束 50 年来国际货币基金组织和世界银行领导人分别由欧洲和美国政府决定的规则。根据宣布的方案，中国和其他新兴国家将获得对国际货币基金组织活动的更大发言权。

在这里还有必要再引用法国总统萨科齐的谈话以及人们对他的评论：据中央社巴黎 2008 年 11 月 1 日电：“在一年前，他还是右派力扛自由主义大旗，坚持自由市场经济的健将，……今年 9 月，眼看美国雷曼兄弟破产带来的全球金融危机即将演变为全球性经济衰退危机，萨科齐月底在土伦发表有关经济金融政策的演讲中，居然说出‘认为市场总有理的观念是一种疯狂的想法’，一反他过去对自由经济的信念，甚至呼吁重新审视资本主义的同时，……指责金融海啸始作俑者美国所采取的放任资本主义，‘这是不能接受和不应该的模式，这种资本主义是对我们所崇信的资本主义的背叛’。……而在国内，10 月初制定为中小企业筹资的 220 亿欧元扶持计划，然后是 3600 亿欧元的救市计划，资助企业的战略投资基金。10 月 28 日宣布使用国家资金提供 10 万个鼓励就业的合同，……萨科齐回到‘国家无所不在’的旧传统，毕竟除此之外别无选择，这也使得他在腼腆承认已成为社会主义者时，又多了拿破仑主义者的封号，媒体则讥讽他‘早晨来时还是自由主义者，到了晚上就转换成十足的共产主义者’。”① 这就是资产阶级政客机会主义的本性。

以上这些情况充分表明，时代将会给经济全球化进程提供较为有利的社会环境。

（三）以上两方面的形势预示：今后经济全球化还会持续深化，并逐步走向经济、政治、社会全面全球化；经过区域性一体化而走向全球性一体化

1. 在以上两个有利条件的综合作用下，在全球范围内优化资源配置规律的支配下，经济全球化将会持续发展下去，并能继续带动政治、社会朝着全面全球化方向发展。

前面第五章第三节在论证经济全球化是商品经济发展的必然产物时，已经指出：“经济全球化，是建立在现实世界‘三个不均衡性’基础上的商品经济发展的内在要求；是商品经济发展到一定条件时的必然产物。这里所说的

① 《参考消息》，2008 年 11 月 3 日。

'三个不均衡性'是指：世界各国存在着自然环境、自然资源以及生产力水平的不均衡；这里所说的'一定条件'，最主要的有两个：一是由于这一时期蓬勃兴起的新科技革命带来生产力的大发展；二是这一时期出现的诸多新的有利于商品经济全球化的社会因素。"

从实际情况看，以上所说的"三个不均衡性"和"两个最主要条件"，今后还会继续存在。因为：（1）世界各个国家之间存在着自然环境的差异性与自然资源分布的不平衡性，是谁也无法改变的客观存在。从而决定了各个不同地区有不同的产业优势，今后同样会由此而继续促进国家间互通有无的商品流通。世界各国，不同自然环境，产生了一个个美丽的、独特的风景区；不同的历史背景，有不同的文物古迹。这些自然景区和古迹，现在是、今后仍然会是世界各国居民旅游休闲胜地，仍然会是今后继续推进经济全球化的一个重要因素。至于世界各国的生产力发展水平的差距，虽是人为因素，但要消除这一差距尚需时日，在今后的一段较长时间内，还会继续存在。（2）从目前已知的情况，可以有把握地预见未来：新科技革命带来生产力发展的条件，"反新自由主义全球化运动"的深化，以及全球性经济危机的教训，均可为今后的经济全球化进一步健康发展提供新的更为有利的条件。

在以上这些因素的综合作用下，今后，随着商品经济的进一步发展，将会有助于推动经济全球化逐步走上健康的发展轨道。表 8 - 2 显示的 2001—2007 年的七年内，商品生产的全球化程度，呈持续稳步递增的趋势，就是在以上所指出的诸因素的作用下形成的。

表 8 - 2　　2001—2007 年世界进出口总值与国内生产总值及其比率

年　份	2001	2002	2003	2004	2005	2006	2007
世界国内生产总值（亿美元）	312950	324923	369599	415518	447954	486267	543470
世界进出口总值（亿美元）	126534	132290	154380	187700	213050	245410	281940
进出口总值占生产总值（%）	40.4	40.7	41.8	45.2	47.6	50.5	51.9

资料来源：国家统计局网站。

既然以上诸因素，今后还会继续存在，那么，由上表数据显示的发展趋势，今后还会持续下去。由此，可以预见：在今后的一定时期内，经济全球化程度还会进一步提高与深化。有如前面第五、六、七章所论述的，随着社会生产力的发展，经济的全球化程度的提高和深化，必然会带动社会、政治的进一步全球化，并最终将由区域性的经济、政治、社会一体化而走向全球一体化。

这将是人类社会发展的必然趋势。

2. 由上面第七章所介绍的情况可知，四十多年来，在欧洲联盟的启示下，亚洲、南北美洲和非洲都已在步其后尘，建立起相应的区域性组织，由自由贸易区，经关税同盟、共同市场到经济联盟，逐步持续不断地发展壮大，并且多已提出向经济政治社会一体化方向发展。这已是不可逆转的社会发展趋势。在这些区域性组织的发展过程中，各个成员国，都自愿地让渡出相应的国家主权赋予组建的区域性组织。如，为彻底解决经济全球化与现行货币体制的矛盾，就需要统一币制，就需要各个国家将货币发行权，统一让渡给全球性的统一组织；为确保能在全球范围内实现资源的优化配置，以及生产要素能在全球范围内自由流通，就需要各个国家拆除关卡，取消关税，敞开国门，实行统一的经济政策和管理体制。这就要求各个国家向全球性的组织上交出相应的主权。至于为确保“球民经济”能按比例协调发展，还需要赋予这个全球性组织以更大的管理权限。

3. 社会实践还表明，在建设联合国、国际货币基金组织、世界银行和世界贸易组织（包括其前身关贸总协定）的六十年来，各个成员国，同样已经将部分主权让渡给这些全球性国际组织。在全球化过程中，各个成员国向区域性、全球性组织，让渡出部分主权，是不以各个国家领导人和人民大众主观意志为转移的客观必然。如在国际贸易领域即已出现这种情况。你要加入世界贸易组织，就要遵守这个组织的规章制度、服从这个组织作出的决定乃至是对你的处罚。为此，你必须按照该组织的规章制度，让渡出相应的国家主权，敞开必要的国门。即使如此，各个国家还都十分乐意加入这个组织。因为，在经济全球化时代，加入这个组织，按照国际贸易规则修改本国相关法律法规，让渡必要的主权，敞开某些国门，对本国来说是利大于弊。时至今日，世界上已有160多个国家和地区加入这个组织，尚未加入的多在申请之中。此外，全球化商品经济的发展中，人口、自然生态保护、传染病防治、毒品、走私、打击恐怖组织、防止大规模杀伤性武器扩散等等方面的问题，都困扰着各个国家的发展和人民生活，而这些问题都已超越国界，已将各个国家有机地联结在一起。任何国家都不可能将自己与世界其他地区发生的事情隔绝开来，国家主权和国界已经不再是避风港。而这些问题的解决，都已非一个国家的能力所能做到，需要国际合作，由相应的国际性组织来进行处置，需要协商、合作解决的国际问题，都对国家主权原则提出了挑战。2007 年出现的世界性的禽流感，就显示出世界卫生组织的权威性和重要性以及各个国家在这方面听令于世界卫生组织的必要性。由此可见，为了确保全球化商品经济的正常运行和持续发展，必然需要世界各国大合作、大融合，最终形成一个全球全面统一的组织管理体制。至于这个组织将是什么模式，现在尚难预料，可以是联邦制国家，也可称之为联合国，亦可以是别的什么模式。

国家主权观念是几千年来国际交往的基本准则。当进入全球化大生产时代之后，已经到了须重新考虑的时候了。

二、从经济全球化到经济、政治、社会全面全球化的前进道路是漫长的、还将是曲折的，只会逐步推进

（一）建立全球全面统一的组织，不可能一蹴而就，需要循序渐进，要经过漫长的岁月和艰难的历程

首先，因为现有的近 200 个独立的主权国家，彼此之间，在经济发展水平、意识形态、价值观念、民族、宗教、语言、文字、生活习惯等等方面，都有着很大的差异性，要将它们融合成一体，是需要时间的。实践已经表明，现有国家的融合，只能是逐步推进。如欧盟，从 1950 年起步，至今已快 60 年了，虽然成员国已发展到 27 个，已建立了统一货币——欧元，已签订全面敞开国门的《申根协议》，但真正加入欧元区的，还只有 16 个国家。面对当前陷入严重衰退的实体经济，一些西欧国家在救助本国金融机构时，它们优先向本国企业和个人发放贷款，导致这些金融机构将大笔资金从东欧等国外市场撤回国内。这种“自扫门前雪”的保护主义做法，令东欧国家遭遇资金断流危险。在 2009 年 3 月 1 日欧盟各国领导人会议上，东欧各国提出建立一个总额为 1900 亿欧元救助东欧经济体的统一基金提案，遭到了德国总理默克尔的反对，未能通过。《国际金融报》2009 年 3 月 3 日报道：“在欧盟，几乎每个事关经济的议题都会引发东、西欧成员间的争执。在一些西欧国家看来，东欧成员国借加入欧盟获取了高额农业、工业补贴，并且从西欧吸引走了大批投资，导致西欧的失业率攀升。而一些东欧国家则认为，西欧以极低的成本榨取了大量东欧劳工的劳动力价值，入盟更使东欧成了欧盟发达国家的倾销地。欧盟委员会负责经济与货币事务的委员阿尔穆尼亚承认，欧洲各国在振兴经济方面各自为战，未能携手合作。欧盟轮值主席国捷克总理托波拉内克在会后总结说：‘只有各国协调行动、遵守欧盟共同准则，欧盟才能克服金融危机。我们不希望出现任何新的分界线，不希望欧盟被一条南北欧或东西欧分界线分裂开。’”所以，有人把欧盟内部存在的这种现象，称之“欧盟貌合神离”。欧盟 27 个

国家，不论是人口，还是国土面积都不及我国的一半，不到全球总量的十分之一；彼此之间的经济水平、意识形态、价值观、宗教、生活习惯等方面的差异性，相对来说，还是比较小的，但要真正融合成一体，都这样困难。全球范围内融合的难度就可想而知了。因此，面对现实，全球性国际组织的建立，只能循序渐进：先从建立某一些最紧迫的局部领域着手，然后再逐步推进到全局；先从建立松散型的组织着手，然后再逐步推进到紧密型的组织。

其次，社会实践也已表明：要真正建成完善的全球经济、政治、社会一体化，其道路是漫长的。因为，要建立全球经济、政治、社会一体化，必须同时建立起与之相适应的全球性的国际组织管理体制。可以想象得到：与经济、政治、社会全球一体化相配套的全球性组织体制，必然要求现有的各个独立国家，将各自的最高行政权力逐步让渡给这个全球性的管理机构。为要顺利地做到这一点，一个最基本的条件是世界各个主要国家的经济水平已基本接近，可是从2006年人均国内生产总值看，发达国家已经达到38120美元，中低收入国家仅为2000美元。若按今后的年均增长速度，后者高于前者3.5%计算，则需要86年才能达到同一水平；2006年人均国内生产总值，美国为41060美元，占世界人口数半数的中国、印度、巴基斯坦、尼日利亚、孟加拉国、越南、菲律宾、埃塞俄比亚、刚果（金）等9国分别为：2010、730、690、520、480、690、1290、160、120美元。即使按照年平均增长速度，后者高于前者4%计算，要达到美国水平，中国需要77年，印度则要103年。何况，还需要妥善处理好复杂的社会制度、民族宗教、意识形态等方面的差异问题，现实国家权力的逐步让渡问题。只有在生产力高度发展、社会产品极大丰富，人类精神文明进入一个高的境界的基础上才有可能实现。而这一切，都不可能一蹴而就，而是需要漫长的时间。欧盟从当年的煤钢联营走到今天的欧盟，已经历了近60年，但离真正的经济、政治、社会一体化还有很长的路要走，就是一个明证。

（二）同一切事物的发展进程一样，政治、经济、社会全面全球化的进程，也会有曲折

目前可以预见到的主要因素有以下几点：首先，在此次发生的世界性金融危机期间，一方面是许多国家经济衰退，国际经济交往规模会相应缩小；另一方面，许多国家难免会采取这样或那样的贸易保护措施，闭关自守倾向可能再次出现。从而，在近几年，会产生一些“去全球化”现象。同样，也可以预见今后的经济发展过程，只要世界仍然是资本主义社会形态占据主体地位，仍

难免会反复出现周期性经济衰退，从而再反复出现周期性的“去全球化”现象。但这一切，都只是经济全球化过程中的一个插曲，过后仍会以更大的步伐前进。

其次，以美国为首的新老帝国主义国家，一般地说，它们是不愿意也不会轻易放弃剥夺广大发展中国家财富的企图的。它们的大资产阶级几百年来修炼成的贪婪习性，是不可能很快改变的。近来美国奥巴马政权，表面上说是要倾听外界声音，而其行为并非如此，其一连串霸权主义行径已可见一斑：一是美联社报道，2009 年 1 月 12 日，美国空军在华盛顿特区的博林基地正式启动了全球打击指挥中心（GSC），美国空军部长迈克尔·唐利上将亲自把一枚棒形钥匙，交给博林基地司令官詹姆斯·M·科瓦尔斯基准将，并表示 GSC 将确保美国的核心战略利益。美国此举是为摆脱“相互确保摧毁”的核僵局，确保美国有能力“一次性摧毁俄罗斯或中国所有远程核力量”①。二是 2009 年 2 月美国国会在国内外一片强烈反对声中，还是通过了经济刺激方案中列入的购买美国货的贸易保护主义条款。三是 2009 年 2 月 9 日英国《卫报》报道：“美国利用英国原子武器工厂进行核研究。”四是 2009 年 2 月 20 日《俄塔社》华盛顿电：“吉尔吉斯斯坦总统 20 日签署了议会昨天通过的关闭美军马纳斯基地法案，法案自签署之日起生效。美国国防部长表示，美国不认为继续使用马纳斯基地的谈判已经结束。”言外之意，他还想赖着不走。五是 2009 年 2 月 25 日，美国国务院发表了《2008 年国别人权报告》，再次对世界 190 多个国家和地区的人权状况进行指责，而对自己糟糕的人权纪录只字不提。足见其自以为是，好干涉别国内政的劣根性难改。六是 2009 年 3 月 8 日美国一艘海洋监测船非法侵入我国南海水域作业，我国当然要制止其非法行径，而它还恶人先告状，提出所谓的抗议。这些事件中透露出帝国主义国家的大资产阶级及其代表人物，是不会改其本性的。退一万步说，即使奥巴马有改革之心，但现实的美国是大财团们的美国，并非奥巴马的美国。对奥巴马政府不可寄予侈望。

再次，正如上面所说的，从经济全球化到全面全球化，还涉及货币的统一，国家主权的让渡，民族、宗教、文化、价值观的融合等一系列问题。要帝国主义国家在这些方面作出让步同样是很难的，也可以说是不可能的。剥削、统治别人，要将他们的意识形态、价值观强加给别人，是帝国主义国家的本性。因此，在现实世界，今后的全球化进程，仍然不会一帆风顺，还会有阻力

① 来源：2009 年 1 月 19 日中青在线。

与曲折。所以，“反新自由主义全球化运动”还需在更高的层次上，持续进行下去；更需要广大发展中国家政府和精英们，面对现实采取有效应对策略。

综合上述情况可知，在资本主义社会形态占主导地位的时代，是不可能建立起完全公平、公正的全球化组织体制的，因此，也是不可能真正实现经济、政治、社会全面全球化的。因为，这是发达的资本主义国家及其大资产阶级所不允许的。这样的社会，只能是在世界进入社会主义、共产主义社会形态占主体地位的时候才能出现。时代潮流滚滚向前，顺之者倡，逆之者亡。这个时代是社会发展的客观必然，是一定会到来的，但它不会很快到来，更不会自动到来。这将是本书第三卷要研究的中心内容。

三、面对现实国际环境，为要完善全球性的社会组织管理体制，使之适应全球化大生产商品经济顺利发展的要求，尚需各方面共同努力

（一）广大发展中国家，需要大力发展、壮大、完善区域性国际组织

1. 在经济全球化的大潮推动下，地区性国际组织已蓬勃发展起来。实践告诉人们：区域性国际组织的发展与巩固，既可促进成员国的经济发展，形成相互支持体系，以防止本身出现经济危机；还可增强防御受发达国家经济危机的侵害，形成抗衡霸权主义的多极化世界；也有利于推进全球性国际组织的完善与深化。因此，世界各国都要在积极推动改革全球性国际经济组织的同时，积极参加有关的区域性国际组织，为完善、壮大地区性国际组织作出贡献。而欧盟的实践已经表明：在现实条件下，完善、发展、壮大区域性国际组织，并逐步走向一体化，是可能的。但要使可能成为现实，还需要在具体建立过程中，把握正确原则，采取有效政策。其中最为重要的原则是：互信与互利，而且还需要重新认识国家主权的意义。

（1）区域内的各个国家，只有互信才能有真正的合作与联合。可是，在封建和资本主义时代，相邻国家之间往往会存在和发生这样或那样的隔阂和积怨。在这种情况下，消除隔阂和积怨，实现互信，则是建立区域性国际组织的首要条件。有如上一章在论述欧盟及东盟“10+3”时，即曾提到正反两方面的事例。一是法德两国可以说是千年冤家、宿敌。但由于德国政治家和广大人民的明智，深刻反省法西斯主义对欧洲乃至世界人民犯下的滔天罪行，并坚定地采取有力措施，彻底清除其影响，从而得到了法国以及其他曾受其侵害国家人民群众的谅解。从而法德两国在新的基础上，达到了友好、互信。因此，才有了起初的欧洲煤钢联营和以后的欧洲共同体。二是东盟“10+3”的合作联

合至今之所以进展缓慢，其中的重要原因之一，即在于迟迟未能解决好隔阂与积怨。为了大家的共同利益，希望日本能很好地以德国为鉴。有关领海边界争议各国，应根据已达成的协议，尽力以和平方式解决争端，在未解决之前，搁置争议、共同开发。

为了加快东亚各国的合作进程，亟需有关各方在着手解决好以上这两个问题的同时，可在“10+3”和三个“10+1”机制，以及已达成的“货币合作协议”即“清迈协议”的基础上，进一步在科技、人力资源、金融开放与资本流动等方面达成新的合作协议，然后再由此建立起较完善的东亚经济合作组织体制。这是全球化商品经济发展的客观要求，机不可失，时不再来，需要有关国家的政治家以及宣传媒体者珍惜。

（2）区域内的各个国家的合作与联合，同全球性合作一样，都只有实现互利双赢，才能真正加强与深化，只求利己，甚至损人利己，到头来会以害己而告终。2003年10月6日至8日，在印度尼西亚巴厘召开的东盟“10+3”会议上，温家宝总理进一步阐述了中国政府确定的“与邻为善、以邻为伴”的对外关系方针，提出了“睦邻、安邻、富邻”的具体政策。这是完全符合经济全球化时代要求的处理国家、民族关系的先进思想，将成为各国的共同理念。各个国家，关键是发达国家尤其是美国的政治家，必须清醒地认识到，在商品经济全球化时代，世界各国、各民族，只有走和睦相处、互利互惠、共同发展的道路，自身才能生存与发展。实践已经表明，而且还要进一步表明，以强凌弱，其必然结果是两败俱伤。第一、二次世界大战的结果是这样，美国入侵朝鲜、越南，原苏联入侵阿富汗，以色列、巴勒斯坦的相互交恶，其结果也是这样。美国的伊拉克战争已日益显露出同样的厄运。但愿世界各国的媒体能对此广为宣传。

2. 国家和国家主权都是历史的产物，是在一定的客观条件下形成的。随着客观条件的发展变化，国家与国家主权也是可变的。今天世界存在的近200个国家，即是经历几千年来分分合合发展而来的。当然世界历史不会、也不允许回到当年“日不落”的大英帝国时代。但当随着科学技术的进步、社会生产力的高度发展，偌大的地球已成了一个小村落，在这样的客观条件下，上一章提到的欧盟、东盟、南美洲国家联盟、南部非洲自由贸易区、海湾阿拉伯国家合作委员会等区域性国际组织，如处理得当，在平等、互利、双赢的基础上，逐步完善和壮大，经邦联而再发展成联邦制国家，既是必要的也是可能的。

商品经济的发展，要求消除国界；科学技术的进步、社会生产力的发展，地球已将成为一个小村落，届时，既可以也应该拆除国界。基于此，我们说全球一体化将是社会发展的必然。

（二）需要各个国家都积极主动地，参与经济全球化过程的兴利除弊工作

1. 需要现有各种“反新自由主义全球化”的组织，团结广大媒体，积极做好宣传解释工作，力促各个富国尤其是美国的政治家以及跨国公司的企业家们，在经济全球化进程中，遵循平等互利的原则来处理与广大发展中国家的关系。要通过必要的宣传与斗争等多种途径，力促他们树立远大眼光，正确认识到：当今世界，发展中国家人口占80%，绝大部分资源分布在这些国家，只有这些国家的经济发展、人民富裕起来，才能有广阔的市场；才能促进发达国家更加发达、人民更加富裕；才有可能保证全球经济稳定运行与持续发展。各个国家，关键是发达国家尤其是美国必须清醒地认识到，在商品经济全球化时代，世界各国、各民族，只有走和睦相处、互利互惠、共同发展的道路，自身才能生存与发展。实践已经表明，而且还要进一步表明，以强凌弱，损人利己，其必然结果是两败俱伤。此次美国金融危机产生的前因、后果，再次充分说明这一点。当然，要各个富国尤其是美国的政治家、企业家们自觉自愿地做到这一点是很难的。因此，还需要有强大的外部压力与推力。最有效的办法是：将宣传工作与建立强大完善的区域性国际组织结合起来，推动发展中国家经济增长，以软硬两手相结合，来遏制弊端，实现互利双赢的经济全球化。

2. 广大发展中国家，还需采取有效的国内对策，力争在全球化大潮中趋利避害。在现实的经济全球化的条件下，广大发展中国家经济发展中出现的种种问题，有许多确实是遭受“新自由主义全球化”伤害而引发的。但实事求是地说，其中有的还是由于国内的不安定和自身应对的政策措施不当而产生的。在这方面最为关键的是以下三点：

一是广大发展中国家，一定保持社会安定团结。这是发展经济的基础。从近几十年来的实际情况来看，有的亚洲、非洲国家经济发展之所以缓慢，其中一个重要原因，就在于国内不安定和谐。在现代社会，国内各党派政见不同，是正常的，但应以和平手段通过议会斗争。采用暴力手段，生灵涂炭、民不聊生，于心何忍，己又有何得？值得这些国家的政治家们深思。

二是广大发展中国家一定要真正明白：和则两利，斗则两败，只有相互友好合作才能求得双赢的道理；大家都建立“以邻为善、以邻为伴”的对外关系方针，实行“睦邻、安邻、富邻”的政策；切实做到以和平谈判协商解决

彼此分岐与争端。切勿一味通过企求帝国主义国家的支援，来解决发展中国家间的纷争。这样做的结果必然是既害人更害己。国际关系史上，有的是这样的实例。

三是半个世纪以来，广大发展中国家，在如何有效地利用商品经济全球化进程中提供的国际条件，来发展本国经济，既有丰富的成功经验，也有沉重的失误教训。这些宝贵的经验教训都是花了沉重的代价得来的，是值得借鉴的宝贵财富。广大发展中国家都有必要吸取过去的经验教训，趋利避害，在今后的商品经济全球化的进程中，制定有效的趋利避害的政策措施，以尽可能好地把本国经济社会发展起来。

参考文献

1.《马克思恩格斯全集》，人民出版社 1972 年版。

2.《列宁选集》，人民出版社 1960 年版。

3.《邓小平文选》，人民出版社 1993 年版。

4.《陈云文集》，中央文献出版社 2005 年版。

5. 菲德尔·卡斯特罗著，王玫、邓兰珍、王洪勋译：《全球化与现代资本主义》，社会科学文献出版社 2000 年版。

6. 许涤新主编：《政治经济学辞典》，人民出版社 1983 年版。

7. 中共中央书记处研究室、中共中央文献研究室：《坚持改革、开放、搞活》，人民出版社 1987 年版。

8. 李长久：《21 世纪的主战场》，新华出版社 1999 年版。

9. 斯塔夫里阿诺斯著，吴象婴、梁赤民译：《全球通史》，上海社会科学出版社 1999 年版。

10. 杨坚白：《国民经济综合平衡的理论和方法论问题》，人民出版社 1984 年版。

11. 赵景峰：《经济全球化的马克思主义经济学分析》，人民出版社 2006 年版。

12. 樊亢、宋则行、池元吉、郭吴新等编著：《主要资本主义国家经济简史》，人民出版社 1973 年版。

13. 刘金源、李义中、黄光耀：《全球化进程中的反全球化运动》，重庆出版社 2006 年版。

14. 王丽娟等：《全球化与国际政治》，中国社会科学出版社 2008 年版。

15. 唐士其：《全球化与地域性：经济全球化进程中国家与社会的关系》，北京大学出版社 2008 年版。

16. 21世纪论坛2000年会议组委会秘书处编：《经济全球化的二十个问题》，中国文史出版社2001年版。

17. 庄起善主编：《世界经济新论》，复旦大学出版社2001年版。

18. 冯特君：《当代世界经济与政治》，经济管理出版社2005年版。

19. 卢望平：《世界经济概论》，北京工业大学出版社2006年版。

20. 谈毅主编、李惊雷副主编：《国际区域经济合作》，西安交通大学出版社2008年版。

21. 黄东升主编：《当代世界政治与经济》，中国经济出版社2006年版。

22. 张宇燕杰、马杰：《共享繁荣》，上海远东出版社1997年版。

23. 莫里斯·博恩斯坦编：《东西方的经济计划》，商务印书馆1987年版。

24. 宋原放主编，郭加复、巢岭副主编：《简明社会学词典》，上海辞书出版社1982年版。

25. 袁恩桢、李鸿江、张继光、张文英：《计划与市场》，上海人民出版社1984年版。

26. 国家计委培训中心宏观经济管理编辑部编：《宏观经济调控》，中国计划出版社1995年版。

27. 冯之浚、郭强、张伟：《循环经济》，中共党史出版社2005年版。

28. 吴季枪：《科学发展观与中国循环经济战略》，新华出版社2006年版。

29. 杜放、于海峰：《生态税·循环经济·可持续发展》，中国财政经济出版社2007年版。

30. 国家统计局编：《伟大的十年》，人民出版社1959年版。

31. 国家统计局编：《奋进的四十年》，中国统计出版社1989年版。

32. 国家统计局编：《国家统计局统计年鉴》。

33. 理查德·比特纳著，覃扬眉、丁颖颖译：《贪婪、欺诈和无知（美国次贷危机真相)》，中信出版社2008年版。

34. 何必主编：《中国革命史》，武汉大学出版社1990年版。